Peregrinos de los caminos de Dios
© Publicaciones Infinito
© Dra. María Luisa Iravedra, 2022

Diseño Gráfico y Producción: ZOOMideal
Director de Arte: Juan Carlos Torres Cartagena
Asistente de diseño: Ivette Rangel
Director de producción: Arturo Morales Ramos

ISBN: 979-8-3271-4079-0

Diseñado en Puerto Rico e impreso en Estados Unidos

Registrado en la Librería del Congreso de Estados Unidos de América bajo el Número de Registro: TXu 2-224-029

Reservado todos los derechos. Queda rigurosamente prohibida, sin la autorización escrita por la autora intelectual y poseedora del copyright, bajos las sanciones establecidas en las leyes, la reproducción total o parcial de esta obra por cualquier medio o procedimiento técnico, mecánico o electrónico, así como la distribución de ejemplares mediante alquiler o préstamos públicos.

RECONOCIMIENTO

"Peregrinos de los Caminos de Dios" es una historia de amor y fortaleza, de reivindicación y lucha. Es la magnificación de la perseverancia ante las adversidades de la vida, que en todo momento nos presenta algún obstáculo que tenemos que vencer para ser más fuertes.

Escribí esta novela de manera autobiográfica en 1981, tomando como base los relatos de mis familiares cuando tuvieron que salir de Cuba a raíz de la revolución cubana en 1959. La historia que se recrea presenta la trayectoria, desde principios del siglo XX, de varias familias que se relacionaron entre si significativamente. Esta obra titulada PEREGRINOS DE LOS CAMINOS DE DIOS es un homenaje para los miembros de esta familia y de todas las familias que pasaron por tantas vicisitudes, persecuciones y luchas desde mucho antes de la Revolución Cubana en 1959. Cabe destacar que los nombres de las familias y personajes involucrados en esta historia han sido reemplazados por nombres ficticios a los fines de proteger su identidad y, de esta forma proteger su privacidad.

En el devenir de mi vida en Puerto Rico, conocí en 1990 a mi esposo José Luis Rivera Ortiz natural del Barrio de la Plata, en Aibonito y que era un gran estudioso de la historia de su Puerto Rico y del Caribe. Mi esposo quiso leer mi novela sin publicar todavía en esa época y pudo conocer la magnitud de los sinsabores y calamidades que sufrieron aquellas personas que obligados por el destino tuvieron que abandonar sus países de origen y deambular por la comunidad internacional hasta encontrar un sitio donde le permitieron establecer nuevas raíces. El efecto que produjo el relato en el espíritu de mi esposo fue tan profundo que finalmente me convenció de publicar esta novela en Puerto Rico.

Los puertorriqueños hemos tenido la suerte de nacer en esta Isla de bendiciones donde la mano de Dios no ha permitido que crezca y se desarrolle la semilla del racismo, como tampoco la segregación racial, hemos acogido en nuestro suelo a todo ser humano que ha necesitado un hogar. Esto ha sido así, porque crecimos en un Puerto Rico cosmopolita, donde en nuestra cotidianidad es normal convivir con personas de cualquier parte del mundo.

A diferencia de otras partes del mundo, en Puerto Rico no ha calado la sombra del racismo como se conoce en los Estados Unidos o peor aún en la Europa oriental donde la xenofobia llega a extremos perversos que provocan el asesinato en masa de los más débiles. Aquí, como en otras partes de la América latina, en momentos de necesidad, olvidamos las diferencias que nos definen como seres humanos individuales para unirnos en la típica solidaridad latinoamericana que nos arropa a todos los latinos por igual. Con este mismo amor que nos define como pueblo, les presento la historia recreada en este libro y que dedico a la memoria de mi esposo el Ing. José Luis Rivera Ortiz fallecido en el año 2018, un puertorriqueño noble y trabajador, pero sobre todo orgulloso de su Patria y de sus raíces.

Dra. María Luisa Iravedra Dago

Nota Aclaratoria

La historia que se recrea presenta la trayectoria, desde principios del siglo XX, de varias familias que se relacionaron entre si significativamente.

Esta obra titulada **PEREGRINOS DE LOS CAMINOS DE DIOS** es un homenaje para los miembros de esta familia y de todas las familias que pasaron por tantas vicisitudes, persecuciones y luchas desde mucho antes de la Revolución cubana en 1959.
Cabe destacar que los nombres de las familias y personajes involucrados en esta historia han sido reemplazados por nombres ficticios a los fines de proteger su identidad y, de esta forma proteger su privacidad.

Dra. María L. Villeneuve-Román
Editora

ÍNDICE

PARTE I

Ariel Baumanis abandona Rusia — 8

PARTE II

La familia Baumann llega a Inglaterra — 29

PARTE III

Los Diez Mandamientos la familia Baumann se establece en Cuba — 37

Primer Mandamiento — 38

Segundo Mandamiento — 50

Gobierno de Cuba — 79

Tercer Mandamiento — 87

Cuarto Mandamiento — 147

Hilda y Valdés llegan a la Florida — 159

Aurore y Eva llegan a Miami — 175

Un nuevo comienzo — 187

La conversión de Hilda al Judaísmo — 196

Quinto Mandamiento — 202

Sexto Mandamiento — 211

Séptimo Mandamiento — 236

La boda de Louis y Eva — 239

Octavo Mandamiento — 252

Noveno Mandamiento — 283

Décimo Mandamiento — 325

La noche de Seder — 353

Galería de fotos — 360

Y los hijos de Israel fructificaron y se multiplicaron y fueron aumentados y fortalecidos en extremo y se llenó de ellos la tierra. Entretanto, se levantó sobre Egipto un nuevo rey que no conocía a José y dijo a su pueblo: He aquí el pueblo de los hijos de Israel es mayor y más fuerte que nosotros. Ahora, pues, seamos sabios para con él para que no se multiplique y acontezca que, viniendo una guerra, él también se una a nuestros enemigos y pelee contra nosotros y se vaya de la tierra. Entonces pusieron sobre ellos comisarios de tributos que los molestasen con sus cargas y edificaron para Faraón las ciudades de almacenaje, Pitón y Remeses. Pero cuánto más lo oprimían, tanto más se multiplicaban y crecían, de manera que los egipcios temían a los hijos de Israel. Y los egipcios hicieron servir a los hijos de Israel con dureza y amargaron su vida con dura servidumbre, en hacer barro y ladrillo y en toda labor de campo y en todo su servicio, al cual los obligaban con rigor (Éxodo 2,3). En aquellos tiempos sucedió que crecido ya Moisés, salió a sus hermanos y los vio en sus duras tareas y observó a un egipcio que golpeaba a uno de los hebreos, sus hermanos. Entonces miró a todas partes y viendo que no aparecía nadie, mató al egipcio y lo escondió en la arena. Al día siguiente salió y vio a dos hombres que reñían; entonces dijo al que maltrataba al otro: ¿Porque golpeas a tu prójimo? Y él respondió: ¿Quién te ha puesto a ti por príncipe y juez sobre nosotros? Entonces Moisés tuvo miedo y dijo: Esto ha sido descubierto. Oyendo Faraón acerca de este hecho, procuró matar a Moisés, pero Moisés huyó, delante de Faraón y habitó en la tierra de Madian (Éxodo 2,3).

PARTE I
ARIEL BAUMANIS ABANDONA RUSIA

El exilio de esta familia se inicia: en la Rusia de los Zares imperiales para principios del siglo XX. Los Baumanis tenían un hijo llamado Ariel, quien a los 14 años era un joven robusto que se preparaba para el ingreso a la universidad de San Petersburgo. Ariel era el único hijo de la acaudalada familia Judía Baumanis; joyeros y orfebres al servicio de la nobleza rusa. Sus padres Aarón y Sarah provenientes de Letonia habían escalado altas posiciones en la sociedad rusa debido a la extraordinaria habilidad de Aarón en el montaje de exquisitos aderezos de diamantes que eran solicitados por los miembros más encumbrados de la nobleza y que pagaban sus servicios generosamente. Sin embargo, debido a su origen, los Baumanis no eran recibidos en los salones de la alta sociedad que rechazaba a los Judíos por considerarlos una raza inferior de acuerdo con la política nacionalista de los Zares.

Los Baumanis vivían en la opulencia, pero estaban conscientes del rechazo de la sociedad rusa hacia ellos; por lo cual ofrecieron a su hijo la más exquisita educación para que en el futuro su hijo pudiese escalar posiciones sociales a las cuales ellos no habían tenido acceso. Además, Aarón le exigió al joven Ariel que antes de entrar a la universidad se adentrase en los detalles del negocio de la orfebrería que era la base de la riqueza de la familia. Ariel complació a su padre y durante dos años aprendió el oficio de orfebre convirtiéndose en un experto.

A los 16 años el joven Baumanis había alcanzado una gran estatura y era de complexión corpulenta, lo que, unido a un rostro aceitunado, de profundas ojeras y cabello rebelde e hirsuto lograban completar una apariencia que se distinguía del aspecto eslavo de sus amigos. Su físico de aspecto oriental lo hacía merecedor de frecuentes bromas por amigos y por los empleados de su padre en los talleres de orfebrería.

—Ahí viene el gran oso, cuidado... bromeaban los criados de Baumanis.

Al joven Ariel no le molestaban los comentarios de sus siervos porque, aunque notaba cierto toque de racismo y desprecio, él se sentía un hombre poderoso, tenía las manos curtidas, los dedos llenos de cicatrices y el espíritu emprendedor y resuelto de la gente de su raza.

Cuando Ariel acabó el adiestramiento en los talleres de orfebrería Baumanis, Aarón tomó las manos de su hijo y le dijo:

—Eres un hombre con una profesión, la orfebrería, el dinero va y viene porque no conoce dueño, pero los conocimientos que has adquirido en el oficio de orfebre te mantendrán con los pies en el suelo y te ayudarán a preservar a tu familia entre los justos de la tierra.

—Ahora, hijo mío, podrás ir a la universidad a cultivar tu intelecto y desarrollar las destrezas sociales que te permitan acceder a los círculos de poder a los que yo por ser un emigrante de Letonia no tuve acceso. Tú eres un joven de la alta sociedad rusa, el dinero da poder, en cuestión de pocos años podrás acceder a la nobleza como otros Judíos poderosos en este país y llegar a ser un hombre muy importante, concluyó Aarón mirando con orgullo a su hijo.

—Padre, le respondió Ariel. ¿A quién te refieres cuando hablas de otros Judíos poderosos en nuestro país? Acaso te refieres a los judíos que se encuentran entre los revolucionarios que están tratando de levantar un país pleno de derechos y justicia para el pueblo ruso.

—No, querido hijo Ariel, esos judíos a los que te refieres se encuentran entre los Bolcheviques y están siendo manejados por los enemigos de Rusia. Yo me refiero a los amos de la economía mundial, a los hombres que deciden el destino de las naciones y el derrotero de todos los pueblos del mundo, en otras palabras, a los dueños del dinero.

—Hijo mío, los judíos somos una masa de seres humanos homogénea que se distribuye a través del mundo unidos por la fe y la promesa hecha por Dios de que al final de nuestro largo peregrinar encontraremos la tierra prometida. Después de tantos años tratando de integrarme a la sociedad, puedo decirte que no he sido aceptado por los que se llaman los verdaderos rusos. Solo el trabajo arduo y alcanzar una fortuna considerable me ha permitido sobrevivir entre mis enemigos. Tengo la esperanza de que una segunda generación como la tuya pueda seguir escalando posiciones y echar raíces en esta tierra.

—No te preocupes padre, las cosas en Rusia están cambiando para el bien de todos y yo me propongo ser parte de ese cambio. Jamás te voy a defraudar, ni a ti ni a mi pueblo, seguiré tus consejos, iré a la universidad y regresaré para ayudarte en el negocio familiar.

—Así sea Ariel, que Dios te acompañe hijo mío. Contestó Aarón, poco convencido pero esperanzado en que Ariel habría de lograr hacerse de una posición digna en la sociedad Rusa.

La estancia en la universidad marcó el destino de Ariel, leyó todos los libros que pasaron por sus manos, se unió a círculos Revolucionarios y entró en varias conspiraciones para derrotar al gobierno de los Zares a pesar del temor y desacuerdo de su familia. Aarón Baumanis estaba desolado y durante ese periodo su hijo estaba haciendo todo lo contrario de lo que él había soñado para su futuro. A los 18 años Ariel se relacionó con la doctrina de Marx y entró a un grupo clandestino llamado "Koba" donde por primera vez tuvo conocimiento del hambre y la desigualdad social que imperaba en Rusia. Indignado ante la política abusiva arrogante de los Zares contra la población, siente en su corazón el mismo dolor que lacera al pueblo Ruso.

—Esto es el infierno. Al diablo con los Zares, gritaba Ariel en las manifestaciones públicas. El joven se enfrentaba a sus compañeros universitarios y les cuestionaba su actitud sumisa y servil ante el gran Zar de todas las Rusias.

—No sería mejor si pudiéramos derrocar al Zar y construir una nueva Rusia donde no haya desigualdad social y en la que cada ruso tenga su propia voz para reclamar sus derechos a una vida digna. Esto era lo que cuestionaba Ariel a un público cada vez más numeroso que acudía a escuchar al joven ruso y que lo aplaudía fervorosamente.

Para desgracia de Ariel sus seguidores eran los rusos pobres, los emigrantes y los estudiantes que recibían el dinero justo para costear sus gastos universitarios. Entre la muchedumbre que lo respaldaba no había nadie que pudiera apoyar económicamente la causa revolucionaria. Los Judíos revolucionarios, en su mayoría Bolcheviques, estaban respaldados por agentes alemanes interesados en desestabilizar el gobierno de la Rusia Zarista. No obstante, él no confiaba del todo en las intenciones de Alemania; quienes eran un enemigo natural de Rusia.

Esperanzado de que su padre le asignara fondos para contribuir con la lucha revolucionaria contra los Zares de Rusia decidió regresar a su casa. Cuando Ariel llegó a su hogar encontró a su padre en mal estado de salud. Las preocupaciones que tenía Aarón acerca de la seguridad y bienestar de su familia en la Rusia Zarista lo habían llevado a pensar seriamente en buscar un nuevo hogar para su familia.

—Padre! ¿Qué tienes? preguntó Ariel.

Aarón le contestó:

—Hijo, nuestro destino es cruel, ya tú ves, que tras tantos años de sacrificio y dedicación a la familia real, tenemos que sufrir humillaciones por parte de la nobleza Rusa.

—El Príncipe Yusupov ha desatado una persecución contra los Judíos, nadie se escapa de su crueldad, desde el más humilde hasta el más encumbrado hebreo de Moscú ha sufrido los desmanes del noble tártaro.

—Ayer, el secretario del Zar nos canceló el más importante trabajo que había sido encargado por la familia real.

—Estoy endeudado con el emporio comercial del Barón Lionel Walter Rothschild a causa de una importante compra de diamantes que había encargado, por lo que tendré que entregar a los socios del Barón en Rusia la mayor parte de mis propiedades para saldar la deuda.

—Ariel, tu vienes a mi pidiendo ayuda para el sufrido pueblo Ruso, el mismo pueblo que cuando siente los rigores del hambre y la desesperación nos acusa de todos sus males.

—Si, hijo, continuó Aarón, acepto todo lo que me estás diciendo, el pueblo Ruso sufre, pero no tanto como sufriremos nosotros y tú sigues exponiendo a nuestra familia a las garras de la policía Zarista.

—Ariel, te imploro por nuestra seguridad y supervivencia como familia que dejes atrás la lucha revolucionaria y te unas a los negocios de la familia Baumanis, terminó diciendo Aarón a su hijo. Muy a su pesar, Ariel asintió.

—Si padre, cuenta conmigo, ingresaré en el negocio familiar, no sería justo que te dejara solo en esta situación.

De esa manera, una vez graduado de la Universidad de San Petersburgo y presionado por su padre comenzó a trabajar en el periódico Ira perteneciente a su familia donde vuelve a sentir el dolor de la gente pobre y de los obreros oprimidos del país y escribe incendiarios artículos que son bien recibidos por la clase proletaria y grupos Revolucionarios de Moscú. De nuevo, su padre advierte al joven Ariel de las represalias que tomará la policía Rusa contra la familia si el sigue delatando el horror de la política de los Zares contra el pueblo y el futuro que planificaron para él se vendrá abajo.

Incapaz de permanecer indiferente al sufrimiento de sus compatriotas Rusos y decepcionado de la política xenófoba y abusiva de los Zares, el 1 de mayo de 1901 Ariel se reúne con sus camaradas, entre ellas la joven pianista judía Anya Shapyro en su casa de la calle Volodia para participar en los sucesos de la manifestación obrera en la ciudad de Tiflis donde 3,000 obreros empuñarían banderas rojas al grito de "Viva la República".

Tras el triunfo de la manifestación del 1 de mayo, Ariel y Anya se dirigen a la provincia de Batum donde trabajan miles de obreros de la refinería Rothschild. Allí organizan protestas contra los Rothschild por el despido de 500 obreros. El 9 de marzo de 1902, las fuerzas Zaristas atacan a las multitudes revolucionarias matando cientos de personas. La represión del ejército y la policía rusa contra los obreros fue terrible, cientos fueron deportados a Siberia y otros torturados y asesinados para escarnio público. Ariel y Anya huyen de las purgas Zaristas durante dos años infiltrados en la organización de los Soviets, delegaciones del gobierno Zarista para determinar las necesidades del proletariado industrial.

En el Soviet de San Petersburgo los jóvenes se entregan a la organización de elecciones para la asamblea constituyente, tan esperada por el pueblo Ruso. No obstante, el Zar declara públicamente que revisar la constitución es una pérdida de tiempo y un atentado contra la dignidad real. El Zar provoca con su oposición de abrir al país a un proceso democrático el que se desatara y hará que explotase explosión la primera revolución rusa en octubre de 1905. La pareja comienza a sentir el terror y la angustia por la supervivencia, pues una de las consecuencias de la revolución de 1905 fue la represión contra los judíos por parte del partido de los "Verdaderos Rusos".

El gobierno Zarista sabe que entre los revolucionarios se encuentran muchos Judíos y comenzaron una campaña de persecución contra miembros de la comunidad hebrea confiscando negocios y despojando de sus bienes a familias enteras que se encontraron repentinamente en la miseria absoluta. Los más afortunados pudieron escapar de las purgas Zaristas mediante soborno, pero los más pobres fueron asesinados y descuartizados sin piedad por los mismos campesinos Rusos, quienes ignorantes y sumidos en la superstición y los dogmas religiosos les achacaban a los judíos los problemas sociales por los que atravesaba y sufría que su país.

Mientras tanto, la familia Baumanis era víctima de la adversidad y la represión de la policía Zarista a la que logra contener sobornando a los altos funcionarios con fuertes sumas de dinero. Aarón comienza a sentir el abandono de la protección de los Zares que suspenden los últimos encargos de alta joyería comprometiendo la inversión realizada por los Baumanis en diamantes y oro para suplir a la nobleza Rusa. Discretamente, a través de agregados de la familia del Barón Lionel Walter Rothschild, líder de la comunidad Judía en Gran Bretaña, Aarón visita el consulado de Inglaterra preparando la huida de Rusia para él, su mujer y su hijo Ariel.

A su llegada al Consulado, le indica el Cónsul inglés que la consigna de la Rusia nacionalista era: "Los hebreos son una raza de seres despreciables que están fuera de la ley" y que la policía Zarista estaba realizando purgas en la comunidad hebrea con el fin de eliminar a los hebreos de las instituciones más importantes del país y que ellos, los Baumanis no se escaparían de dichas persecuciones. El Cónsul le recomendó que abandonara con su familia su residencia y que ese mismo día se refugiaran en la embajada porque había un viaje hacia Inglaterra autorizado por el gobierno Ruso donde podría incluirlo a tono con el mandato del Barón Rothschild. No obstante, Aarón entre sollozos le dice al Cónsul:

—No encuentro a mi hijo Ariel, está desaparecido. Necesito unos días más hasta que Ariel llegue a mi casa. Estoy consciente del peligro que corremos, pero, para qué querer salvar mi vida que ya se está extinguiendo si no puedo salvar a mi hijo que es mi mayor tesoro.

—Como usted desee, señor Baumanis.

—Sin embargo, indicó Aarón, dejaré a mi criado Voda en la embajada con la encomienda de esperar a Ariel para que en caso de una emergencia él pueda certificar que es mi hijo y usted lo incluya en el viaje a Inglaterra.

Sir Perkins intuyó que el asunto de Voda estaba planificado de antemano, pero alargó su mano a Aarón y le dijo:

—El Barón Rothschild garantizó tres plazas para ustedes en el barco que llevará a miembros de su familia de regreso a Inglaterra. Los esperaremos hasta que zarpe el barco señor Baumanis, vaya con Dios.

Mientras tanto, Ariel y Anya logran escapar de las matanzas perpetradas por la policía Zarista contra los miembros del Soviet de San Petersburgo. Ambos jóvenes logran huir disfrazados con los viejos hábitos de unos monjes fallecidos a causa de la gripe y se dirigen hacia la casa de la familia Baumanis en Moscú para solicitar su ayuda y poder viajar a Londres donde se encuentran otros revolucionarios conspirando contra el gobierno Zarista. Durante largos días los jóvenes viajan de noche para no despertar sospechas y se alimentan de huevos de patos silvestres, insectos y hortalizas que encuentran en los campos de cultivo. Ellos no se atreven a acercarse a las granjas porque los campesinos Rusos detestan a los Judíos y habían partidas de Rusos Negros custodiando los caminos.

Ariel recuerda que su padre tenía un sirviente de Letonia de nombre Harel, que era herrero y que vivía en una granja en las afueras de Moscú; piensa que el antiguo sirviente pudiese ofrecerle cobijo algunos días en lo que se reponen hasta llegar a la casa Baumanis.

Tras varios días de camino hasta la casa de Harel, Ariel y Anya se detienen a observar las colinas de humo que provienen del interior del bosque, agazapados entre la maleza y manteniendo un completo silencio los jóvenes se detienen a oír el estruendo de una turba que se va acercando a través del bosque. La pareja puede ver al grupo desde su refugio y observan que llevan antorchas en las manos, los campesinos están borrachos y alterados; pelean entre ellos por la carga que llevan en una carreta repleta de objetos de labranza y se dan cuenta que uno de los hombres con aspecto tártaro empuña una lanza que lleva ensartada en lo alto la cabeza desguazada de un hombre. Mientras la turba pasa, los jóvenes aterrorizados esperan que la carreta se aleje para adentrarse en el camino hacia la casa de su amigo.

Lo que descubren al llegar a la cabaña es un espectáculo abominable: Harel yace decapitado, el cuerpo deforme ha sido abandonado. En la cabaña se extingue una débil fogata, ante la macabra escena, Ariel piensa que este pobre hombre había sido víctima del odio hacia los Judíos. Los campesinos se han dejado llevar por la desesperación y el hambre que prevalece en Rusia y han descargado su odio contra el vilipendiado campesino Judío, la misma historia de siempre. El viaje y la tensión han debilitado a la joven compañera de Ariel, que se desmaya ante el terrible espectáculo.

Anya está enferma, la fiebre la hace delirar, parece que se contagió de gripe, Ariel tiene que cargar a la débil muchacha y la lleva al establo donde la acuesta delicadamente en una especie de cama de paja limpia que ha escapado de las llamas. Preocupado por el estado de la joven busca desesperado algún alimento que le provea sustento para superar la enfermedad. Se dirige a la huerta donde escarba con sus manos la tierra buscando algún tubérculo, encuentra muchos nabos y cebollas que esconde en el hábito, al salir ve un nido de huevos de oca abandonado entre la maleza que recoge feliz y vuelve al establo. Ariel recuerda un remedio contra la gripe que preparaba Ludmilla su vieja nana y tritura las cebollas en su hábito hasta obtener un zumo que administra con delicadeza a Anya, toma a la joven entre sus brazos y la alimenta con las yemas de los huevos que encontró en el camino. Ariel guarda varios huevos para él, que ingiere desesperado para volver a cuidar a la joven que lo abraza y se recuesta en su pecho para dormir abrazados contra las paredes del establo.

A la mañana siguiente, Anya despierta con ánimo, se levanta repuesta de la fiebre y tiene mucha hambre.

—¿Qué haces amor? Pregunta Anya a un Ariel que rebusca entre las pajas del establo.

—! Oh, querida! Ya estás mejor. No sabes cómo me preocupé por ti ayer, estaba muy asustado, tenías fiebre y estabas muy débil, pensé que era gripe, pero gracias a Dios no fue así, dice Ariel abrazando a la joven entre sus brazos.

—Me parece un milagro que te hayas recuperado tan pronto, parece que sufriste un desmayo a causa de los nervios. Creo que le debes tu mejoría al remedio de zumo de cebolla de Ludmilla, que mi vieja nana aplica para resolver cualquier problema de salud. Como quiera, aquí solo tenemos nabos nuevos y cebollas a medio hacer, así que repetiremos la receta en todas nuestras comidas.

—¡Vamos a desayunar! Cuando dormías, encontré una buena cantidad de nabos y cebollas en el huerto que me extrañó que los campesinos hayan abandonado en medio del asalto que perpetraron contra Harel, lo que me hace pensar que volverán a recoger la cosecha. Estaremos dos días más en la granja, hasta que puedas viajar caminando varias horas hasta Moscú. Vamos a comer tres o cuatro huevos cada día, eso nos dará la fuerza suficiente para seguir nuestro camino lo antes posible.

Terminado el desayuno, Ariel se dedicó a registrar el taller de herrería de Harel, utilizando una pala con la que removía con fuerza entre los despojos buscando algún pedazo de metal que le sirviera de arma para defenderse de depredadores y animales salvajes en el camino hacia la casa de sus padres. De momento, Ariel chocó con algo metálico, esperanzado limpió el área con cuidado y encontró una daga olvidada entre la paja, sorprendido de que la turba de tártaros no la hubiese hallado, la toma entre sus manos y observa que lleva el apellido Yusupov perteneciente a la más rancia nobleza tártara. La daga es de exquisita forma y de templado acero, la oculta entre sus ropajes pensando que debía haber sido un encargo al pobre Harel, pero puede ser de ayuda para ellos en estos momentos. Tras varios días sobreviviendo a base de huevos, nabos y cebollas, Ariel y Anya deciden aventurarse hasta su casa en Moscú, viajarán de noche y en tres o cuatro días podrían llegar a la casa de los Baumanis.

El camino hacia Moscú es difícil, la pareja decide atravesar los bosques, evitando los caminos abiertos para no despertar sospechas entre los campesinos. No se atreven a acercarse a las chozas que encuentran pues temen la reacción de sus ocupantes, agotado por el esfuerzo de tener que ayudar a Anya en el camino, Ariel decide pernoctar en un claro del bosque.

—Anya querida, debemos descansar un par de horas y comer las últimas cebollas que nos quedan. Trataré de buscar bellotas y setas en el bosque. No te muevas ni hagas ruido alguno, estaré de regreso en minutos.
—Ariel observaba la abundancia de liebres y lamentó no poder hacer alguna asada a la varita. La tentación era grande pero el humo de la hoguera podría atraer curiosos. Resignado ante la situación tomó bastantes bellotas que había en el suelo, probó una de ellas y la encontró tierna y deliciosa, sabía a castaña fresca. Estaba recogiendo agua del arroyuelo cuando oyó unas risotadas a corta distancia. Con cuidado depositó los alimentos entre las hojas y tomó la daga en sus manos, se acercó con sigilo y vio a dos campesinos rusos con Anya. El mayor de unos cua-

renta años tenía sometida a la joven contra su cuerpo acariciando sus senos mientras el otro más joven reía y se desbotonaba los pantalones esperando su turno.

—Preciosa, vamos a divertirnos un rato, dijo el hombre lanzando a la mujer al suelo y dándole una fuerte bofetada mientras se tiraba sobre ella. Sin pensarlo, Ariel se acercó y en un rápido movimiento tomó al hombre con un brazo por la espalda y con el otro le cercenó la garganta salpicando con sangre el rostro de Anya que aterrorizada hacía esfuerzos para no gritar. El campesino joven asustado se lanzó a correr, pero Ariel fue tras él, alcanzando al desdichado y atravesando su vientre con un golpe de daga. Se lamentó de haber tomado las dos vidas, pero fue en defensa propia, si hubiera permitido que el joven huyera, lo habría delatado y volvería con más campesinos para acabar con ambos.

Después de comprobar que los dos hombres estaban muertos, Ariel con la ayuda de la daga improvisó un hoyo para los cadáveres cubriendo el mismo con abundantes piedras. Anya lo observaba y recuperada del susto se acercó abrazando a Ariel.

—¿Estás bien Anya? Eres una joven muy valiente, pensé que gritarías, pero te contuviste. En verdad tengo que admirar tu valor, de haber gritado, hubiéramos atraído a otros campesinos y hubiera sido nuestro fin, dijo Ariel abrazando a Anya.

—Debemos comer y reponernos lo antes posible. Yahvé guiará nuestros pasos como guió a Moisés cuando huía de Egipto, concluyó Ariel.

Luego de comer las bellotas y guardar abundante agua en las vejigas de cabra para el camino, Ariel y Anya tomados de la mano retomaron el camino hacia Moscú ahora tendrían más cuidado y caminarían por senderos más ocultos lo que atrasaría su llegada a Moscú.

Al cabo de dos días y dos noches los jóvenes se encuentran a las puertas de la ciudad. Por fin, han llegado a Moscú. Ariel revisa su atuendo y el de Anya, lucen como una pareja de monjes humildes, no cree que los rusos dominados por la superstición y la religión se acerquen con suspicacia a una pareja de padrecitos que se dedican a recoger limosnas para los pobres, echa la última mirada a Anya y llenándose de valor, le dice:

—Anya, vamos a atravesar la calle principal de la ciudad, si alguien se acerca no hables, yo llevaré la voz cantante, a cualquier pregunta diré que venimos del seminario de Tiflis huyendo de una epidemia de gripe, al oír eso se apartarán y podremos seguir nuestro camino hasta mi casa, es cuestión de 20 minutos no más de eso.

Al cruzar la plaza, Ariel oye que alguien grita a sus espaldas:

—¡Amo!, venga hacia aquí. ¡Por favor, amo Ariel!

Ariel toma la daga para defenderse, pero al virar su cabeza hacia el origen de los gritos reconoce a Ludmilla su vieja nana escondida tras los arcos de ladrillo que rodean la plaza.

—Amo Ariel, ¿qué hace vestido de esa manera? dice Ludmilla besando las manos de Ariel, lo reconocí por su estatura, sígame por este callejón, no nos verán, sabía que usted iba a venir, la casa es un desastre, no se asuste cuando llegue, la policía Zarista nos visitó ayer en la noche y se llevaron a su padre, nos han dejado sin nada, su madre lo estaba esperando, casualmente yo iba a ir a casa de mi familia en el campo para recoger algunas hortalizas pues nuestras despensas están vacías.

Finalmente, Ariel y Anya llegan con Ludmilla a la mansión de sus padres. Son las seis de la mañana, la mansión está desierta, no hay un solo siervo en los alrededores, los perros de la mansión aúllan lastimosamente, con cautela entran en los establos vacíos, se han llevado los carruajes y los caballos. La mansión luce abandonada y lúgubre, entra por la cocina revuelta y despojada de sus habituales artefactos, las despensas lucen vacías y parece que un huracán reciente hubiera arrancado todo vestigio de vida de la que fue la vibrante residencia. Ariel observa el saqueo perpetrado por los esbirros Zaristas y supone que su padre fue apresado por la policía del Zar. No hay criados en la residencia después de la visita de los policías parece que el resto del personal ha huido con lo poco de valor que quedaba en la respetada residencia Baumanis.

—Vera, la anciana ama de llaves de la mansión, corrió a su encuentro y aterrada le dice al joven Baumanis:

—Amo Ariel se han llevado a su padre a las mazmorras, no se puede quedar aquí, huya del país lo más rápido posible antes de que vengan los Rusos Negros. Su madrecita Sarah está en las habitaciones de la servidumbre, lo llevaré para que se despida y pueda huir fuera de Rusia.

Ariel se asusta al ver a su madre sentada en un taburete en el traspatio de los sirvientes, pálida y vestida como una campesina. Sarah está destrozada emocionalmente, pero puede hablar con él y toma las manos de su hijo y le dice:

—Ariel, hijo, debes huir de Rusia hoy mismo. La policía del Zar te ha estado buscando, han torturado a tu padre para saber tu paradero. En estos momentos, Aarón debe estar muerto. Sin embargo, antes de que ocurrieran estos sucesos, tu padre y yo habíamos organizado tu salida hacia Londres a través de la embajada británica. Ha sido un milagro que hayas llegado en estos precisos momentos porque la policía se acaba de ir luego de despojarnos de todo cuanto tenía valor en esta casa. Pero, Voda nuestro fiel secretario tiene en su poder unos diamantes con tan inmenso valor que podrías empezar una nueva vida en cualquier parte del mundo. Estas piedras preciosas fueron compradas por tu padre y traídas a Rusia para realizar un trabajo exquisito para la emperatriz Alejandra. Hace varios meses tu padre Aarón compró esos diamantes valiosos y raros en Londres a la familia Rothschild para realizar una tiara de diamantes para el cumpleaños de la princesa Tatiana, una de las hijas del Zar. A causa de los reclamos del pueblo Ruso ante la revolución, el Zar nos eliminó como suplidores de la familia real por lo que el trabajo encargado por la Zarina Alejandra nunca se realizó y esas piedras preciosas pertenecen a nuestra familia. Voda está asilado con nuestro tesoro en la embajada de Londres, por lo que debes llegar hasta allá disfrazado, así como te ves ahora. Un padrecito no despertará sospechas entre la población, Voda está pendiente como un perro fiel a tu llegada, así que puedes ir en confianza y lo más rápido posible. Es preciso que te vayas ahora, antes de que vuelva la policía Zarista; terminó diciendo Sarah casi agotada por el esfuerzo.

—Sí madre, me iré ahora mismo, contestó Ariel, pero no me iré solo, esta joven vendrá conmigo, es mi compañera y no la dejaré en este infierno.

—Que Yahvé te acompañe Ariel Baumanis y puedas seguir el camino de los justos en este mundo, exclamó Sarah. Ve en busca de tu destino y sigue el camino que las estrellas te marcarán a través de tu vida.

Ariel y Anya abandonaron la habitación de la servidumbre dejando a Sarah en compañía de la fiel Ludmila y bajando la escalera de la mansión accionaron la entrada a una puerta oculta tras la cual se adentraron en los pasadizos secretos que conducían a las cloacas de la ciudad. A través de los túneles de los sistemas sanitarios llegaron a una cuadra de la Embajada británica, era un edificio antiguo cuya entrada estaba custodiada por guardias de la policía Zarista. Habían llegado a su destino. Pero, ¿cómo entrarían al lugar? se preguntaba Ariel. Habían transcurrido dos horas desde su llegada cuando observó a Voda en la entrada con los soldados Rusos. Aparentemente les estaba solicitando que revisaran una de las entradas, los soldados se reían de los aspavientos y monerías forzadas del joven pero lo acompañaron a revisar lo que el alegaba.

—Esto es una señal de Voda para que entremos, vamos Anya cruzaremos la entrada bajo el arco y solicitaremos asilo.

Rápidamente, Ariel y Anya bajo sus deteriorados hábitos se adentraron en el zaguán del edificio cuando un funcionario británico se les acercó.

—No podemos atenderlos, padrecitos. Les daré una limosna, pero les pido que se retiren ahora mismo, dijo el empleado de la embajada condescendiente al ver el humilde aspecto de los monjes. Ariel se despojó del hábito ante la sorpresa del hombre y solicitó ver al Cónsul inglés.

—Soy Ariel Baumanis y solicito asilo para mí y para mi esposa, exclamó ante una sorprendida Anya.

Ya en la oficina del Cónsul inglés, Sir Edmund Rogers, llamaron a

Voda, éste confirmó que Ariel era su amo Baumanis.

El Cónsul inglés se dirigió a Ariel:

—Están de suerte amigos, por poco no llegan a tiempo, su joven sirviente Voda estaba desesperado, desde su asilo en la Embajada se ha pasado los días apostado como centinela en los balcones de la embajada esperando su llegada.

—Tan pronto como mañana, saldrán para Londres, formarán parte de varias familias hebreas que regresan a Inglaterra. Usted será Sir Ariel Baumann y su esposa Lady Anya Baumann, acompañados de su criado ruso Voda. La familia Baumann figura en los anales de la monarquía como parte de la aristocracia británica y no serán molestados en ningún momento; aunque les recomiendo que debieran cambiar su aspecto para adoptar una fisonomía más occidental.

—Esto me entretiene señor Baumanis, exclamó el Cónsul británico, me encanta burlar a este sistema tan bárbaro y decadente, usted y su esposa disfrutarán de su nueva vida en Inglaterra. Se lo aseguro. No querrán volver a Rusia jamás.

Ariel se preguntó cuánto dinero habría pagado su familia por este trato exclusivo en la Embajada británica. Pensó que esta gente no sabía nada del asunto de los diamantes. De tener conocimiento ya se los hubiesen arrebatado y no hubiera surgido la posibilidad de escape que les estaban proveyendo.

Anya observaba callada mientras Peggy, la secretaria del Cónsul, cortaba y teñía su cabello castaño de un color rubio rojizo; depiló sus cejas y la maquilló con unos polvos blancos y carmín rosa. Finalmente, la secretaria acomodó el cabello de Anya en un delicado moño en la nuca y le ofreció vestimenta. Cuando Anya se miró al espejo no se reconoció, parecía una joven dama inglesa, dio vueltas frente al espejo agitando su traje de muselina blanca y tocando con sus dedos las perlas de fantasía que Peggy había puesto en su cuello, se rió de sí misma y salió al cuarto contiguo a buscar a Ariel.

—¿Que te han hecho Anya? gritó alborozado Ariel, tan pronto lleguemos a Londres, quiero a mi antigua Anya, la real.

Ambos se miraron en los espejos del salón, eran una típica pareja de ingleses, Ariel con su cabello muy corto y rubio y unos espejuelos que disimulaban sus profundas ojeras provocaron la risa descontrolada de una Anya vestida a la última moda de Londres.

Peggy observaba satisfecha el trabajo realizado con la joven pareja. El camuflaje había surtido efecto. La secretaria había suavizado los rasgos orientales de Ariel cubriendo sus ojeras con el maquillaje profesional que usaba el servicio de inteligencia inglesa. El cabello fue un problema más difícil porque el joven Ruso tenía el cabello rizo y erizado; por lo que tuvo que eliminar varias capas de cabello y bajar varios tonos de color para lograr un aspecto neutral que aliviaba un poco las facciones duras de Baumanis. La joven Anya era un caso sencillo; tenía unas delicadas facciones eslavas y una piel frágil de un blanco transparente que unido a la aplicación de un tinte rubio en el cabello y un recorte moderno la hacían pasar por una típica chica inglesa. Los jóvenes pasaron al despacho de Sir Edmund Rogers que complacido se dirigió a la pareja.

—Siempre tomamos algunas provisiones para desorientar a la policía Rusa por si surgiera algún altercado a los planes establecidos, pero no deben preocuparse, el servicio de la inteligencia inglesa es muy cuidadoso en la planificación de estas operaciones. Me despido de ustedes, que tengan un buen viaje hasta Inglaterra.

La llegada al muelle transcurrió sin ningún problema. Eran 60 pasajeros con pasaportes británicos que regresaban a sus casas ante los acontecimientos que se estaban dando en Rusia. El Cónsul inglés se reunió con los oficiales rusos de aduana para revisar la documentación de los viajeros. Al parecer, los oficiales estaban satisfechos con el acuerdo alcanzado con el Consulado inglés. Despidieron a Sir Edmund Perkins con respeto y se quedaron observando como el diplomático se acercaba a los viajeros que subían por la escalerilla del barco para viajar hacia la libertad fuera del alcance de los esbirros Zaristas.

El Cónsul se despidió con la mano y pudo observar que todos habían entrado. El hombre esperó que levantaran la escalera y se sentó en uno de los muros del muelle durante un par de horas hasta ver zarpar la embarcación. Sir Edmund pensó que el Barón era una persona honorable y de gran corazón. Había hecho un gran esfuerzo diplomático para ayudar a estas familias a escapar de Rusia. No había duda que tenía un gran compromiso con la causa judía. Se alegró de haber llevado a cabo el plan con tanto éxito y sintió que su corazón se llenaba de gozo. Un día como hoy, un funcionario inglés le había salvado la vida a más de 60 justos, Dios recompensaría su esfuerzo. El Cónsul miró hacia el cielo, había comenzado a lloviznar, una estrella le sonrió, eso le pareció a él. Sonriendo se dirigió al carruaje y dio órdenes al criado de volver a la embajada.

Mientras tanto, el primer Oficial del Sunrise se dirigía de manera educada y cordial a sus pasajeros en el salón de recepciones de la embarcación. Tras el discurso de bienvenida, los camareros comenzaron a circular con bandejas de aperitivos y bebidas calientes para los huéspedes. Ariel fue observando a sus compañeros de viaje detenidamente, no parecían ingleses, se vestían como tales, pero reconoció facciones que le eran familiares. La mirada ansiosa y húmeda en los ojos de aquellas personas las delató, les sonrió, pero no obtuvo respuesta sino una calculada indiferencia de parte del grupo que buscaba pasar inadvertido. Pudo apreciar que los pasajeros eran de origen hebreo, ni todo el maquillaje especial del servicio de inteligencia inglesa había logrado disimular el sufrimiento de un pueblo maltratado a lo largo de miles de años y que reconocía en el rostro de aquellos seres humanos. Los ojos de los pasajeros eran como pozos oscuros, profundos y abismales que atraían la mirada de Ariel inspirando un terror profundo en su alma, acaso él mismo estaba reflejando su propio miedo en los rostros de aquellas personas.

Ariel los miró y no pudo ni tan siquiera esbozar una sonrisa de cortesía hacia una pequeña niña de seis años que le extendió su manita a través del pasillo, sentía que era como la llamada de la muerte. Miró espantado a la niña y desvió sus ojos hacia su madre una mujer de unos treinta años. La dama era hermosa, un rostro ovalado con grandes ojos castaños, la nariz perfilada y la boca grande con labios llenos que le brindaban un aspecto sensual y triste al mismo tiempo. Su cabello oscuro y ondulado enmarcaba aquel bello rostro que se inclinaba amoroso hacia su hija.

Las dos, madre e hija viajaban solas. ¿Dónde estaría el cabeza de esa familia? Quizás había muerto o se quedó en Rusia oculto en la resistencia, pensó Ariel. Pareció que la mujer hubiera oído el pensamiento del joven porque se viró hacia Ariel y lo miró con infinita tristeza. Ante lo cual, Ariel sintió el deseo de abrazar a la niña y besar a esa mujer desconocida, tomarla en sus brazos y protegerla. Sintió la llamarada del deseo sexual y se avergonzó de los sentimientos que estaba experimentando. En ese instante, Ariel se volvió a Anya y la besó apasionadamente ante la sorpresa de la joven y el desconcierto de Voda que movía la cabeza con desaprobación.

Ariel, muy confuso, tuvo terribles presentimientos, le atormentaba la situación de su pueblo, necesitaba levantarse del asiento y abrazar a esos seres humanos uno a uno y decirles: Soy como ustedes, siento y padezco lo mismo que ustedes, pero el miedo lo paralizó, se sintió avergonzado consigo mismo y desvió con esfuerzo la mirada del grupo. La niña le seguía sonriendo y agitando su mano y el cada vez sentía más dolor en su pecho y aguantaba y no hacía nada. De momento pensó: Ese es nuestro problema, los Judíos no hacemos nada solo seguimos huyendo, errantes por el mundo y no nos enfrentamos a nuestros enemigos; esto se tiene que acabar de alguna manera.

En esos momentos no diría nada, pero al llegar a Londres se presentaría como Ariel Baumanis y enfrentaría lo que la vida le trajera. Acarició la daga en sus pantalones y miró a Voda que le susurró:

—Todo está bien amo, cuando lleguemos a nuestro destino le transmitiré las instrucciones que su padre me dio para usted. Por eso le pido que sea paciente, durante el viaje tendrá tiempo de pensar en todo lo que ha sucedido y en lo mucho que sus padres sacrificaron por usted y lo mucho que lo amaban. Trate de no dejarse llevar por sus emociones porque necesitamos pensar con frialdad y calcular muy bien nuestros pasos.

Pasaron varios días de travesía, compartiendo en silencio con aquellas personas, Ariel había desarrollado un vínculo de hermandad con cada uno de los viajeros. Al llegar a Londres, Ariel se dispuso a presentarse al grupo de pasajeros, pero Voda lo detuvo:

—Amo Ariel, no podemos relacionarnos con nadie por el momento, ya que nos estaríamos perjudicando a nosotros mismos e incluso a esta gente, que desea permanecer en el incógnito; debemos pasar desapercibidos y llegar a la vivienda que su padre posee en Londres y allí le diré todo lo que usted necesita saber.

Apesadumbrado Ariel vio alejarse al grupo, la mujer iba caminando con la niña hasta un caballero de avanzada edad que parecía ser su padre, se viró y alzó la mano despidiéndose de él. Ariel, inexplicablemente sintió que perdía un pedazo de su alma, le lanzó un adiós y agarrando la mano de Anya siguió con Voda a través del puerto. En esos momentos solo pudo evocar la travesía hecha con Moisés del pueblo Judío.

Entonces Moisés se volvió a Jehová y dijo: Señor, ¿Por qué afliges a este pueblo? ¿Para qué me enviaste? Porque desde que yo vine a Faraón para hablarle en tu nombre, ha afligido a este pueblo y tú no has librado a tu pueblo. Jehová respondió a Moisés: Ahora verás lo que yo haré a Faraón; porque con mano fuerte los dejaré ir y con mano fuerte los echaré de su tierra. Habló todavía Dios a Moisés y le dijo: Yo soy Jehová. Y aparecí a Abraham, a Isaac y a Jacob como Dios omnipotente, más en mi nombre Jehová no me dí a conocer a ellos. También establecí mi pacto con ellos, de darles la tierra de Canaán, la tierra en la que fueron forasteros y en la cual habitaron. Asimismo, yo he oído el gemido de los hijos de Israel, a quienes hacen servir a los egipcios y me he acordado de mi pacto. Por tanto, dirás a los hijos de Israel: Yo soy Jehová y yo os sacaré de debajo de las tareas pesadas de Egipto: Yo libraré de su servidumbre y os redimiré con brazo extendido y con juicios grandes y os tomaré por mi pueblo y seré vuestro Dios y vosotros sabréis que yo soy Jehová vuestro Dios, que os sacó de debajo de las pesadas tareas de Egipto. Y os meteré en la tierra por la cual alcé mi mano jurando que la daría a Abraham, a Isaac y a Jacob y yo os la daré por heredad. Yo Jehová. Y Jehová iba delante de ellos de día en una columna de nube para guiarlos por el camino y de noche en una columna de fuego para alumbrarles, a fin de que anduviesen de día y de noche. Nunca se apartó de delante del pueblo la columna de día, ni de noche la columna de fuego (Éxodo 13, 14.) Pero Jehová había dicho a Abraham: vete de tu tierra y de tu parentela y de la casa de tu padre a la tierra que te mostraré y haré de ti una nación grande y te bendeciré, y engrandeceré tu nombre y serás bendición. Bendeciré a los que te bendijeren y a los que te maldijeren maldeciré y serán benditas en ti todas las familias de la tierra. (Génesis 12.)

PARTE II
LA FAMILIA BAUMANN LLEGA A INGLATERRA

La vivienda de la familia Baumann estaba situada en una calle céntrica de Londres. El apartamento era el último piso de un edificio de cuatro plantas con el típico diseño de las viviendas de la alta burguesía inglesa y desde allí se disfrutaba de una magnífica vista de la ciudad. El apartamento estaba decorado lujosamente, los techos cubiertos de escayola pintada en color oro armonizaban con las paredes cubiertas de seda y con las alfombras orientales que cubrían los pisos de caoba sobre los que descansaban pesados muebles traídos desde Rusia. Las obras de arte de la imaginería Rusa y una enorme colección de juguetes mecánicos confeccionados en oro y piedras preciosas completaban aquel escenario que delataban el gusto ostentoso de su dueño. Las pesadas cortinas de damasco y terciopelo estaban ligeramente abiertas, lo suficiente para ver el río Támesis y una vista general de la ciudad.

Voda conocía la vivienda porque había estado allí en varias ocasiones con Aarón Baumanis por motivos de trabajo, dado que el joyero era un miembro influyente de la Federación Sionista en Inglaterra. Aarón había mantenido excelentes relaciones con el Barón Lionel Walter Rothschild que habían estado fundamentadas en la lealtad de ambos y en el envío constante de informes en clave relacionadas con los detalles del diario vivir de la familia real Rusa y de los consejeros del Zar a los cuales tenía acceso por su cercanía a la nobleza. A cambio de esta valiosa información, la firma comercial del Barón le vendía diamantes de una gran belleza que garantizaban los continuos encargos de joyería de la nobleza rusa y la permanencia de Aarón como suplidor de la familia real.

Ariel quien había cambiado su apellido de Baumanis a Baumann por recomendación del Barón Rothschild para facilitar la introducción del nombre comercial del joyero en Inglaterra, junto con Anya se sentó en la sala. Voda llamó con la campana y apareció una joven Rusa de unos 21 años que se presentó como Irina que les ofreció panecillos y te en un samovar Ruso que cargaba en una gran bandeja de plata
Voda comenzó a hablar:

—Su padre venía planificando la salida de usted de Rusia desde hace meses, sabía de su actividad revolucionaria y del peligro que corría si lo atrapaban. La voluntad de su padre fue que usted se alejara de Rusia y de toda la actividad subversiva en que estaba involucrado, el deseo de salvar su vida la pagó con la suya. Su padre debió haber sido torturado por la policía Zarista para que revelara donde usted se escondía y aguantó hasta la muerte con tal de salvar a su único hijo. La revolución va a explotar en Rusia y usted como judío no tiene cabida en ella. Su padre comprobó que a pesar de toda la educación que le proveyó a usted, no sería aceptado en una Rusia cada día más racista y antijudía. Por ello, preparó su salida de Rusia a Londres, pero este no es nuestro destino final, seguiremos hasta la isla de Cuba en el Caribe donde su padre adquirió plantaciones de caña de azúcar y depositó dinero en bancos locales para que pueda empezar una nueva vida entre Cuba, Nueva York e Inglaterra.

—El Barón Rothschild le encomendó a su padre la administración de la compañía de seguroscomerciales que los Rothschild desean introducir en la Habana. Además, usted será el contacto de la Federación Sionista en Cuba. Mantendremos este apartamento cerrado en Londres y saldremos a Cuba en un barco alemán que sale del puerto de Londres. Irina y yo los acompañaremos hasta la Habana y allí le haré entrega de las próximas instrucciones de su padre. Los dejo para que descansen. Muy pronto comenzaré los preparativos de nuestro viaje a la Habana.

—Ahora los invito a rezar la oración de la tarde, dijo Voda.

Los jóvenes se unieron a Voda y a Irina a rezar el "Minjá" con fervor. Al terminar de los rezos, Voda anunció:

—Como Judíos piadosos cumpliremos con las leyes de Jehová para su pueblo. Hoy es el día del Yomá, al final del día de celebración del "Yom Kippur" iremos a la sinagoga de Rabí Ben Schlomo a recitar la oración de "Kol Nidré".

Ariel asintió con la cabeza mientras pedía al Señor por la expiación de todos sus pecados.

—"Bené Berit" repetía Voda, una y otra vez.
—¿Qué está diciendo Voda? preguntó Anya a Ariel.
—Voda habla que somos hijos del pacto, una organización religiosa que se fundó en Estados Unidos en 1843 y de la que mi padre Aarón Baumanis formaba parte.

Ariel miró el rostro de Anya y reconoció en las facciones de la joven, a su amante, a su hermana y a cada mujer hebrea de la tierra. Supo en ese momento que podía confiar en ella y que la amaría toda la vida. La joven miró a Ariel y no dijo palabra alguna, amaba a Ariel y se sentía la mujer más feliz de la tierra.

—Anya querida, quiero casarme contigo aquí en Londres, exclamó Ariel y acto seguido, tomo a Anya de las manos. La joven abrazó a Ariel, que la alzó en sus brazos sin hacer ningún esfuerzo y le dice:
—Temí por tu vida en Rusia. Me ha sorprendido que a pesar de tu aspecto frágil seas una mujer tan fuerte, de no haber tenido esa fortaleza no hubiéramos podido escapar de aquel infierno.

Con Anya en sus brazos, Ariel se dirigió hacia los ventanales que daban al Támesis.

—Mi amor por ti es tan grande como el caudal de ese río, dijo Ariel.
—Mira el cielo estrellado de la noche de Londres y pide un deseo a aquel lucero que ves brillando en el firmamento. Anya cerró sus ojos y Ariel sorprendido pudo observar un remolino en el firmamento, parecía como si las estrellas derramaran su polvo cósmico, marcando el camino de la vida para los dos jóvenes.

—Querida, las estrellas están marcando nuestro camino.
—Mira Anya: El cosmos te ha contestado marcando el rumbo de nuestro destino…seguiremos el destino en el camino de las estrellas. A donde sea que nos lleve la estrella del Dios de Israel, iremos juntos, mi querida Anya.
—Ya pedí mi deseo, Ariel, contestó Anya, mirando extasiada el espectáculo maravilloso de millones de estrellas que alumbraban sus rostros.
—Ariel, he visto nuestra estrella, lo siento en mi corazón, mira, mira.

Ahí está la estrella que nos guiará hasta nuestro destino.

—Querida Anya, yo también he visto esa estrella que nos guiará a través de nuestra travesía en la vida que nos espera más allá de estos mares.

La joven dejó atrás su pudor y besó con pasión a Ariel que la detuvo cariñoso.

—Anya querida, quiero hacer el amor contigo cuando seas mi esposa, nos casaremos aquí en Londres por el rito hebreo ante un Rabino. Hablaremos con Voda, este joven fue adiestrado por papá como secretario desde que era muy niño y conoce todos nuestros secretos por lo que él se ocupará de coordinar la boda.

Anya estaba feliz, abrazó a Ariel y le dijo:

—¿Tú crees que Voda se moleste si dentro de unos días salimos a dar una vuelta por la ciudad?

—Vamos a preguntarle a él, le debemos una deferencia a nuestro Voda.

—Vamos allá, querida, dijo Ariel.

Cruzaron la sala y vieron a Voda rezando con Irina, disculpen dijo Ariel, sobresaltando a la pareja.

—¡Voda! ¿Podríamos salir a conocer la ciudad? dijo Ariel. Voda e Irina se miraron riendo y Voda dijo:

—Claro amo, los llevaré a conocer la ciudad a partir de la semana que viene, si ustedes lo permiten, seremos sus anfitriones en Londres.

—Ahora, si nos permiten seguiremos en nuestros rezos, dijo Voda.

Durante la semana siguiente, Voda se afanó en preparar un plan para que la joven pareja pudiera conocer Londres. Ariel y Anya observaban como el fiel consejero tomaba un mapa de la ciudad y hacía anotaciones sobre él. Finalmente, el viernes el 16 de enero Voda anunció a Ariel que un carruaje lo esperaba al pie del edificio.

—Hola Josef, dijo Voda dirigiéndose al conductor, llévanos a dar un paseo por la ciudad y después al restaurante Barbakoff.

El conductor asintió sonriendo al joven secretario y llevó el carruaje a través de las calles de Londres. Anya estaba maravillada de la ciudad, sus tiendas, los restaurantes. A la joven le parecía un sueño el estado de paz y felicidad que estaba viviendo, después de haber sufrido tantas penurias en Rusia. Las dos parejas cenaron en un restaurante elegante pero discreto, los dueños eran Rusos, saludaron a Voda pero no hicieron preguntas sobre sus acompañantes. Anya estaba deslumbrada por la libertad que sentía en su espíritu; nunca antes en su vida había vivido una sensación igual.

—¿Ariel, tú crees que debamos dejar Londres e ir a Cuba? exclamó la joven levantando una copa de cristal de Bohemia llena de vodka. Brindemos por nuestra nueva vida en Inglaterra y por nuestro futuro. "Le-jáyim".

—¡"Le-jáyim" contestó Ariel, por nuestras vidas, mi querida Anya! y añade: —No sé, estoy tan maravillado como tú de nuestra nueva vida que también quisiera quedarme en este país para siempre. ¿Que tú crees, Voda? ¿Podríamos iniciar una nueva vida en Inglaterra, para que ir a una Isla en el Caribe? Aquí lo tenemos todo, una casa lujosa, dinero y el apoyo de la confederación Judía, expresó Ariel.

—Las instrucciones de tu padre son claras, debes salir de Europa e ir a establecerse en

Américas, podrás viajar a Nueva York o, a Londres, pero debemos llegar a las Américas, solo allá te daré las últimas instrucciones de tu padre. Espero que cumplas la voluntad de tu padre, amo Ariel, la Confederación Judía tiene planes para usted, no nos defraudes, contestó molesto Voda.

—Lo siento Anya, Voda se arriesgó por nosotros, él tiene razón, sigamos con los planes que mi padre tenía para mí, aceptó finalmente Ariel.

En diciembre de 1905, Ariel y Anya se casaban ante el Rabino Samuel Barzak en una sencilla ceremonia que tuvo como testigos a Voda y a Irina. La pareja disfrutó de la celebración en el restaurante Ruso que conocían, los dueños tuvieron la discreción de cerrar sus puertas al público para complacer a Voda; tampoco ese día hicieron preguntas.

Durante los siguientes días, Ariel y Anya disfrutaron de su luna de miel en Londres, la pareja conoció todos los rincones de la ciudad, llevando su vida con la discreción que les aconsejaba Voda. Ellos eran tan jóvenes y románticos y la vida les sonreía, atrás habían dejado el horror de Rusia y solo miraban hacia el futuro. Una tarde que los jóvenes estaban merendando en el apartamento, Voda los interrumpió.

—Amo Ariel, tengo noticias para usted: El Barón Rothschild ha confirmado nuestra salida para Cuba el 21 de enero de este año, llegaremos en febrero de 1906.

—¿Qué les parece?

—El Barón nos estará esperando mañana a las dos de la tarde en sus oficinas para firmar los acuerdos comerciales que nos permitirán establecernos en Cuba

—Debemos estar muy agradecidos con el Barón ya que ha cumplido con la promesa que le había hecho a su difunto padre para empezar una nueva vida en América.

Ariel y Anya se miraron con tristeza, se habían encariñado con Londres, deseaban quedarse en Inglaterra, pero se tomaron de las manos y al unísono le contestaron a Voda:

—Estamos listos.

Voda sonrió, no había sido fácil cumplir las instrucciones de su amo Aaron, pero ya el joven Ariel iba entendiendo que cumplir la voluntad de su padre era superior a sus propios deseos. Voda se ocupó de cerrar la casa de Londres y con la ayuda de Irina coordinó la travesía de la joven pareja. El sirviente Ruso nunca había ido a Cuba; que era una República joven, una especie de protectorado de los Estados Unidos, donde el gobierno acogía inversionistas y empresarios extranjeros que llevaban capital y conocimientos técnicos a la Isla.

Aarón Hauman, quien había hecho contacto con Mateo Spielberg e hijo de Jacob Spielberg un acaudalado hombre de negocios y político de Nueva York que dirigía la causa Judía en América. Este le había recomendado establecer un centro de operaciones comercial en la Habana en sociedad con él porque ellos no confiaban mucho en los Cubanos ni en cualquier otra raza que no fuera la Judía. Esa era la razón por la que había decidido ubicar a su hijo Ariel en América como socio de Spielberg. Se avecinaban tiempos difíciles en Europa para los Judíos, principalmente en Rusia que se dirigía a caer en las garras de la Revolución Bolchevique.

Aarón con antelación a los acontecimientos que le habían llevado a la ruina y a su muerte, había pensado que su hijo Ariel debería alejarse de los movimientos revolucionarios con los que estaba relacionado y que eran peligrosos para la seguridad de su familia. Los Zares perseguían a los Judíos y casi siempre, la comunidad hebrea era el chivo expiatorio de las crisis sociales de Rusia. Por lo general, los ataques eran contra comunidades de Judíos pobres, pero ahora la policía Zarista estaba más agresiva y se atrevían a molestar a personajes encumbrados de la alta sociedad rusa solo por el hecho de ser Judíos. Cada día era más costoso sobornar a la policía Zarista y más peligroso dada la avaricia de esa gente que era insaciable. A la comunidad hebrea se le achacaban todos los males sociales que eran provocados por la política de los abusivos Zares y la policía Zarista descargaba su furia contra los hebreos confundiendo al sufrido pueblo ruso que también rechazaba a los Judíos. Aarón, como padre, entendía que Cuba era un buen refugio para Ariel, aunque él no había podido salir de Rusia. El sacrificio del padre había redimido los pecados de su hijo y así Ariel pudiera empezar una nueva vida fuera de Rusia. La estrella del destino de los Baumann los llevaría hasta el Caribe. Ariel y Anya, con Voda e Irina llegaron a Cuba el 14 de febrero de 1906.

PARTE III
LA FAMILIA BAUMANN SE ESTABLECE EN CUBA
LOS DIEZ MANDAMIENTOS

Y descendió Jehová sobre el monte Sinaí, sobre la cumbre del monte y llamó Jehová a Moisés a la cumbre del monte y Moisés subió.
(Éxodo 19,20).
Y habló Dios todas estas palabras diciendo: Yo soy Jehová tu Dios, que te saqué de la tierra de Egipto, de casa de servidumbre
(Dt.5. 1-21).
Y Jehová entregó a Moisés las leyes por las que habría de regirse el pueblo de Israel que fueron llamados los Diez Mandamientos de la Ley de Dios.

PRIMER MANDAMIENTO

Amarás a Dios sobre todas las cosas
Yo soy el Señor tu Dios. Yo te saqué de Egipto donde eras esclavo.
No tengas otros dioses además de mí (Éxodo 20:1-6).

A la llegada de la joven pareja a Cuba guiada por Voda e Irina, la situación política y social estaba muy vinculada con el gobierno Norteamericano. Desde la Convención Constituyente de 1901 había nacido la República Cubana, pero el presidente de los Estados Unidos William Mckinley exigió la implantación al pueblo Cubano de la llamada Enmienda Platt que reguló las relaciones de Cuba con los Estados Unidos, desde 1901 hasta 1934. Este apéndice a la Constitución fue aceptado bajo la amenaza de que de no ser aprobada, la ocupación militar de la Isla por el gobierno de los Estados Unidos sería indefinida para el pueblo Cubano. "Del lobo un pelo", pensaron los próceres de la época porque para la gran mayoría del pueblo Cubano fue un logro trascendental que sentaría la base política y social de la joven República Cubana. El control de los intereses de los Estados Unidos en Cuba se mantuvo durante el nacimiento de la joven República y de todos los gobernantes que fueron electos por el pueblo Cubano por muchos años.

Mateo Spielberg estaba esperando al grupo en el muelle de la Habana.

El socio de Aarón era un hombre de origen Ruso, muy joven, alto y de complexión fuerte que presumía de que en su adolescencia había matado un enorme lobo que lo atacó en un refugio de montaña asfixiando al animal con sus propias manos. El hombre estaba vestido a la última moda occidental y lucía sonriente y seguro de sí mismo; observaba divertido avanzar a sus visitantes a través del muelle bajo el fuerte sol de la Habana achicando sus ojos de un color gris azulado que combinaban con una abundante cabellera coronada de mechones dorados otorgándole a su persona un aspecto elegante y aristocrático. Se dirigió a Ariel sonriendo y extendió su mano:

—Bienvenido a la Habana mi querido Ariel, te hemos preparado un pequeño recibimiento en la casa de tu padre en el Cerro. Exclamó Spielberg abrazando al joven ante el rostro inmutable de Voda.

—Muchas gracias, señor Spielberg, ha sido muy amable en venir a recibirnos, contestó Ariel. Permita que le presente a mi esposa Anya, nos casamos en Londres.

—Hola señora Baumann, respondió Spielberg con una inclinación de cabeza, usted es una dama muy distinguida, espero que le agrade Cuba.

Los recién llegados acompañaron a Spielberg hasta un carruaje que los estaba esperando y que transportó al grupo a través de las calles de la Habana hasta llegar a la zona del Cerro un área elegante que había sido desarrollada por miembros de la colonia Española hasta 1898. Después de la guerra hispanoamericana y con la pérdida de Cuba, los Españoles de alto rango militar abandonaron la Isla y sus propiedades, pasando muchas de estas bellas mansiones al gobierno Cubano.

En el año 1904 Aarón Baumanis había comprado una de las edificaciones coloniales para su familia y allí era a donde se dirigía el grupo. La casa era una espléndida construcción al estilo neoclásico, bellas columnas de mármol coronaban la entrada hasta el zaguán donde brillaba una espectacular lámpara de prismas y más adelante, se divisaba un elegante salón repleto de invitados.

Para sorpresa de Ariel Baumann y el desagrado de Voda, que se retiró con discreción de los festejos, la actividad resultó ser una reunión de lo más selecto de la sociedad Habanera presidida por Tomás Estrada Palma el primer presidente que había elegido el pueblo de Cuba en 1902 y que con el final de dicha administración en 1906 había coincidido la llegada de Ariel y Anya. Voda se dispuso a inspeccionar la casa y le ordenó a una joven mujer que lo acompañara en su recorrido por la mansión.

—¿Cuál es su nombre, joven mujer? Preguntó el hombre, para él en el extraño idioma español que leía de una libreta que había preparado con antelación a su viaje al Caribe.

—Esperanza, para servirle a usted y a Dios; contestó la mujer guiando a Voda a través de las dependencias de la casa. En el traspatio se oía un débil gemido.

—¿Qué es ese ruido, Esperanza? Preguntó Voda.

—No puede ir para allá, se está celebrando una fiesta de la santería, fue la contestación de la joven asustada y agitando sus brazos intentó apartar a Voda de su camino.

—Vamos allá, le contestó Voda sin entender muy bien las explicaciones de la joven.

—No señor… no… yo prefiero que usted me despida de esta casa, pero para allá yo no voy. No quiero ofender a las deidades de la muerte.

Voda entre perplejo y molesto se dirigió al lugar de donde provenían los sollozos y pudo ver como un hombre de edad avanzada cortaba con un cuchillo finos trazos en los brazos de una mujer de unos 25 años a la que una anciana sujetaba mientras la sangre de la joven caía en una palangana que otra mujer recogía. Horrorizado, Voda se dirigió hacia la pareja blandiendo una vara de caña de azúcar que recogió de una mesa que aparentaba estar lista para celebrar un festín. Las personas se asustaron y soltaron a la muchacha que mareada por la pérdida de sangre cayó al suelo como un fardo. Voda lanzó un golpe contra uno de los viejos que cayó a sus pies y volvió a golpearlo, mientras la mujer gritaba histérica sacudiendo a su hija que la miraba con los ojos desorbitados por el miedo.

—Mamá… no… por favor, no más.

Voda tomó a la anciana por un brazo inquiriendo con violencia:

—¿Qué clase de crimen es este? Dime por qué haces esto o te mato a bastonazos.

—Esto es para los dioses, ella es mi hija, le contesta la mujer roja de rabia mirando a Voda mientras señalaba a enormes figuras de barro que presidían la estancia habanera.

—Dices que es para los dioses. ¿Qué deidad te puede pedir la sangre de tu hija, maldita bruja?

—Ellos, los espíritus del mal quieren sangre, le dice la mujer señalando varias figuras de aspecto demoniaco.

Voda pudo percatarse de que había una especie de altar con figuras de cartón que salpicadas con sangre despedían un olor fétido, agarrando la caña procedió de un par de golpes para destruir todo aquel altar de abominación. Cuando acabó le dijo a la mujer:

—Coge a tu marido o quien sea ese desgraciado y sal de esta casa.

Voda llamó a gritos a Esperanza.

—Limpia todo este desastre y ayuda a esta joven a recuperarse. La mujer sin entender del todo a su amo, comprendió que el hebreo rechazaba la santería y los sacrificios humanos y procedió a obedecer al hombre que encolerizado seguía destruyendo todo signo del sacrificio humano que no había podido consumarse.

—Sí señor, dijo Esperanza temblando de los pies a la cabeza.

Voda cargó en sus brazos a la mujer que yacía indefensa en el suelo. Con cuidado la depositó en un jergón, pasó sus manos por el cabello y dijo a la desvalida muchacha:

—El señor tu Dios te ha rescatado del abismo.

—Cuando te recuperes, pasaré a conversar contigo.

—No quiero que te relaciones más con esa gente.

Voda bendijo a la mujer y le dijo:

—Jehová es el único Dios ahora y siempre.

—Si vuelvo a encontrar actos de esta naturaleza en mi casa despediré a los responsables.

—¿Me has oído muchacha?

Gritó airado Voda.

—Jehová es el Señor y no voy a permitir actos de brujería en mi casa, te advierto que cuando los hombres son malvados, Jehová castiga a sus hijos hasta la tercera y la cuarta generación.

—Sí, señor, lo que usted diga, le contesta la mujer aterrada y confundida sin entender el comportamiento de Voda.

Al terminar la fiesta y tras retirarse el joven Spielberg, Voda relató a un horrorizado Ariel lo que había sucedido en las afueras de la casa.

—Tengo que hablar urgentemente con usted, nuestra conversación no puede demorar hasta mañana. En este país reina la violencia y la corrupción, nosotros somos judíos obedientes de preceptos que debemos seguir en todos los momentos de nuestra vida. Su padre era un Judío devoto que sacrificó su vida para salvar la suya, el amo Aarón pensaba que la redención de nuestro pueblo se logrará a través del dolor y la obediencia a las leyes del Señor y ese pensamiento tiene que mantenerse a través de las sucesivas generaciones de la familia Baumann hasta que lleguemos a la tierra prometida por Jehová al excelso padre Abraham. Pero, joven Ariel, debemos estar alerta de las circunstancias que nos rodean en este país así que preste atención a lo que le voy a decir:

—Le había mencionado que su padre me dio instrucciones para usted, pues empezaré diciendo que hemos sido bien recibidos por la enorme cantidad de dinero que su padre hizo llegar al gobierno de Cuba para que nos dejaran entrar a la Isla. No se deje llevar por el carácter exuberante de los cubanos, son muy efusivos, pero también impulsivos y dados a la confrontación. Cuba es una República joven y hemos sido advertidos de la enorme corrupción que controla la vida pública Cubana. Su padre tiene negocios con la familia Spielberg en la Florida, la compañía de su socio compra casi todo el azúcar que produce el negocio de Cuba, lo mismo sucede con la carne de res y el principal comprador es Estados Unidos. Respecto a la compañía de seguros Roth es la pantalla de la Federación Sionista, que es nuestro apoyo mayor en Cuba y ante nuestros actos debemos responder a la familia Rothschild. Nunca debemos fallar ante el Barón por ninguna circunstancia porque es la única fuente real y fidedigna que tenemos en este mundo que estamos comenzando. Por ello, debemos mantener fuera de Cuba dinero para salvaguardar nuestras operaciones en la Habana. Su padre quiso que yo fuera su secretario particular para mantener la tradición familiar, espero que usted esté de acuerdo.

—Hay una cosa más, amo Ariel, su padre me entregó unos diamantes que nadie debe saber que saqué de Rusia. El valor de esas piedras excede varios cientos de miles de dólares y atravesaron los continentes en el cinturón de mis pantalones, son nuestra garantía en caso de que tengamos que huir del país. No debe decir a nadie y mucho menos a Spielberg que existen esos diamantes por lo que habrá que buscar un escondite apropiado para que nadie note su presencia. La compra de estos diamantes para la Zarina Alejandra fue la causa de nuestra ruina económica en Rusia. Después que el Zar canceló el encargo de la fastuosa tiara de diamantes para la Zarina, Aarón se endeudó con los banqueros Judíos y tuvo que entregar sus propiedades en Rusia, por eso, con la pérdida de la mayor parte de su capital su padre no podía seguir enfrentando las continuas demandas de dinero de la policía Zarista, por lo cual fue arrestado y asesinado.

—Tengo que confesarle que su padre mantenía una estrecha comunicación con el Barón Rothschild en Inglaterra al que suministraba información de los acontecimientos políticos en Rusia, por lo cual, tras la muerte de su padre, el Barón Rothschild tendió una mano amiga a su familia para que empiece una nueva vida en Cuba. Nunca olvide eso amo Ariel, somos parte de la Federación Sionista en Cuba y respondemos a la consigna Sionista internacional para la creación de un hogar Judío. El factor Judío es importante para la comunidad internacional, somos un grupo homogéneo a través de nuestra fe, aunque provengamos de diferentes etnias y podamos decidir la cuestión política en cualquier lugar del mundo. El Barón Rothschild impulsa la creación de un hogar Judío en el Oriente Medio, en la zona administrada por el imperio Otomano allá en Jerusalén. En esas tierras lejanas fijaremos un día no muy lejano la patria definitiva de nuestro pueblo, esa es nuestra meta y por lo que lucharemos para dejar la vida de pueblo errante y echar raíces en la tierra bíblica de nuestros antepasados.

Ariel y Anya escucharon a Voda y asintieron con la cabeza, este hombre reservado y obcecado en sus tradiciones sería su secretario y seguirían sus instrucciones. El asunto de los diamantes era urgente, habría que buscar un escondite. De momento, Ariel se puso el cinturón de piel que le entregó Voda y lo usaría en lo sucesivo como parte de su vestimenta.

Los días siguientes transcurrieron lentamente, Voda y Ariel buscaban un escondite para los diamantes, pero ante el temor de ser observados por la servidumbre no se decidían por el lugar adecuado. Los antiguos sirvientes de la casa estaban asustados con la llegada del grupo hebreo y mas que nada, después que Voda había destruido el altar permanente de brujería y prohibido cualquier muestra de idolatría en la casa.

—Amo, dijo Voda, creo que debemos preparar el escondite con nuestras propias manos, así nadie podrá tener memoria de nuestro secreto antes que nosotros, como usted ha podido ver los sirvientes de esta casa no son confiables en lo más mínimo.

—Debemos disimular e ignorar que nos vigilan hasta que podamos decidir donde enterrar los diamantes.

De esa manera, Voda y Ariel decidieron preparar el traspatio de la casa como un bello jardín al estilo inglés, comenzarían limpiando el área para sembrar rosas en el jardín de la casa. Ante la mirada sorprendida de los criados, ambos hombres fueron llenando el enorme jardín de bellas flores que regaban su perfume a todas las áreas de la casa. Conscientes de que algún sirviente podría estar vigilando, Ariel y Voda descuidaban su equipo y dejaban el trabajo a mitad para que el jardinero continuara con la labor abandonada. Tras varios meses de interrumpida labor, Ariel depositó las piedras preciosas bajo un hermoso quiosco construido con la más fina caoba y que cercaron por rosas inglesas, azucenas y orquídeas, creando un ambiente típico de los jardines ingleses de la época. Tras lo cual y satisfecho del trabajo realizado, Ariel encomendó a su esposa Anya la organización de una reunión para invitar a algunas damas de la comunidad para inaugurar su bello jardín.

La vida en Cuba comenzaba a normalizarse para Ariel y Anya que empezaron a desarrollar lazos de amistad con la comunidad hebrea de la Isla. Con la anuencia y el agrado de Estrada Palma la familia Baumann se estableció en la provincia de Matanzas para administrar los negocios de su padre Aarón Baumanis y su socio Mateo Spielberg que incluían ingenios de azúcar e industria ganadera. Afortunadamente para la familia Baumann, aunque Estrada Palma era un hombre de origen Revolucionario, quería aumentar el nivel de vida de los cubanos, por lo que creó fuentes de trabajo y aumentó la inversión extranjera en el país con una administración que trató de ser honesta. En muy poco tiempo, Ariel Baumann desarrolló los negocios familiares manteniendo como socio a Spielberg pero incorporando al negocio a Calixto Alegría miembro de una conocida familia Cubana. Meses después, el grupo Judío abriría en la Habana la sede de la compañía de seguros y fletes marítimos Roth en la cual estaría a cargo el propio Ariel.

En el año 1908 llegó el primer y único hijo a la familia Baumann y le pusieron por nombre Alejandro. El día que nació su hijo, Anya pudo observar que la estrella que refulgía en lo alto del firmamento Cubano, era la misma estrella que los había guiado desde Europa hasta Cuba.

—Dios mío, Ariel…nuestra estrella vino a recibir al niño, esto es una premonición.

—¿No lo crees, así? Dijo Anya que sintiendo los dolores del parto toma la mano de su esposo.

—Si, querida, es nuestra estrella y de ahora en adelante, será la estrella que marque el destino de la familia Baumann en la vida.

Anya se tranquilizó con las palabras de su esposo y en unos minutos trajo al mundo al pequeño Alejandro en medio de la noche Cubana que derramaba una lluvia de pequeñas estrellas sobre la hacienda Baumann en la provincia de Matanzas.

Después del nacimiento de su hijo, los Baumann trataron de introducirse en la política Cubana. Ariel Baumann preparó un plan de trabajo dirigido a implantar reformas agrarias en la provincia de Matanzas que favorecía el progreso social del campesinado. El plan de Ariel incluía el reparto de algunas tierras de su propiedad entre sus empleados y la constitución de una corporativa agraria. Además, la familia Baumann impulsaba un plan de alfabetización para la comunidad y la construcción de una clínica para vacunar a la población de Matanzas. El plan de Ariel Baumann fue recibido con frialdad y desconfianza por los funcionarios del gobierno Cubano que trataron de convencer a Ariel de que mejorar la vida del campesinado solo podría conducir a la sublevación de los guajiros y a la consecuente degradación de la economía Cubana que dependía del cultivo del azúcar. De nada valieron las alegaciones de Ariel Baumann que decepcionado volvió a su hacienda no sin antes preocuparse de buscar seguridad para su familia al darse cuenta y observar cierto grado de amenazas en las palabras de los funcionarios Cubanos.

Durante el mandato de Estrada Palma en Cuba, las arcas del gobierno estuvieron rebosantes y se habían iniciado programas de obras públicas para los más necesitados. Sin embargo, las diferencias y la inestabilidad social de Cuba condujo a enfrentamientos entre liberales y conservadores, por lo que el propio Estrada Palma no tuvo más remedio que invocar la Enmienda Platt y solicitó ayuda militar a Washington para controlar los actos de terrorismo en la joven Republica Cubana. Aun así, la crisis civil en Cuba estaba fuera de control y sus gestiones de reconciliación con los diversos sectores políticos fueron inútiles.

El terrorismo llegó a todas partes en Cuba, la familia Baumann contrató guardias de seguridad para proteger sus intereses en los ingenios, comprobando que la política cubana era inestable y reconociendo que la opinión de Voda acerca de los políticos locales era muy acertada. En el mismo año de su llegada, los Baumann se habían mudado al área de la Loma en la Víbora, popular barrio de la Habana, para hacerse cargo de la administración del negocio de seguros marítimos y dejaron que Voda, que había adoptado el apellido Sandler ocupara la casa del Cerro con el compromiso de cuidar el secreto familiar y administrar los ingenios en el interior de la Isla.

En 1906, con la intervención de los Estados Unidos, Estrada Palma fue forzado a renunciar, estableciéndose en Cuba un gobierno controlado por los intereses políticos y comerciales de los Estados Unidos y dirigido por Charles E. Magoon, quien entre 1906 y 1909 dejó las arcas del gobierno Cubano vacías.

La familia Baumann tuvo que cooperar con grandes cantidades de dinero a los políticos locales para poder sacar la producción de azúcar al mercado, lo mismo estaba ocurriendo con la cría de reses en Matanzas. La producción de carne y productos agrícolas no llegaba al pueblo que, en general, pasaba hambre y escasez. Ariel pudo comprobar que sus empleados mascaban pedazos de caña para compensar el hambre y con lo poco que ganaban difícilmente podían sostener a una familia decentemente. La industria azucarera era un latifundio que explotaba a los guajiros que, abandonados a su suerte por los dueños de ingenios, sobrevivían a duras penas entre el hambre y las enfermedades parasitarias; muriendo a temprana edad. El guajiro cubano trabajaba en la industria de la caña entre doce a quince semanas anuales; el resto del año no les quedaba otra alternativa que trabajar en las casas de las familias pudientes a cambio de techo y comida. La mayoría del pueblo Cubano trabajaba en empleos parciales mal remunerados en un país que presumía de tener un nivel de vida similar al de los Estados Unidos.

En Cuba se estaba tratando de iniciar una nueva clase media, pero todavía había mucha gente pobre y mal pagada en todas las esferas sociales, lo que contrastaba con la danza de los millones que se daba entre las familias privilegiadas de las clases altas de la Habana. La Cuba rica era para los ricos y para aquellos emigrantes que arribaban a la Habana y eran recibidos por sus parientes acomodados, que los ubicaban en empresas familiares y les daban algún soporte para desarrollar sus propias vidas.

Por otra parte, muchos emigrantes dormían durante meses en los suelos de las bodegas de Españoles y Portugueses hasta que alcanzaban a ahorrar lo suficiente para poner un puesto propio en el Mercado Único en la Habana. Lo mismo pasaba con los emigrantes Judíos y Libaneses que arrastraban en sus espaldas enormes carretones de mercancía por las calles de la Habana, voceando sus productos a las amas de casa. Muchos de ellos vivían hacinados en cuartos inmundos donde adquirían tuberculosis y morían en hospitales públicos que disponían de sus cadáveres para el estudio de la disección del cuerpo humano por los estudiantes de medicina de la universidad de la Habana. No fue extraño que ante esta situación de franca desigualdad económica y social, los campesinos y otros Cubanos que vivían en condiciones de abierta desigualdad social se hubiesen abrazado a cualquier líder que les ofreciese alguna esperanza para salir de esa vida miserable y sin futuro.

Ariel comparó la situación en Cuba con lo que había vivido en Rusia. No obstante, pensó que no se podía comparar la joven república de Cuba y sus problemas sociales con la decadente monarquía Zarista. Sin embargo, de cualquier manera había en Cuba una situación que atender. El decide que mejoraría la vida de los campesinos que trabajaban en sus ingenios y repartiría comida entre sus empleados, por lo que iba a separar parte de la producción de carne de res para los guajiros de su hacienda Koba. El campesinado de Matanzas empezó a apreciar a los Baumann, a los que veían como unos polacos bonachones y un tanto excéntricos dada su generosidad a la que no estaban acostumbrados y la interpretaban como un signo de locura inusual. Por el contrario, muchos hacendados de origen Español vieron en los Baumann un toque Revolucionario que podía afectar su negocio el cual se fundamentaba en la explotación humana y la maximización de la ganancia para los latifundistas. Pronto, Ariel fue amenazado por pistoleros a sueldo contratados por elementos de ultra derecha y por miembros del partido conservador; por lo que tuvo que recurrir a sobornar a la policía Cubana para lograr protección para su familia y su negocio.

Aunque Cuba seguía en medio del robo y la corrupción, el pueblo Cubano fue nuevamente a las urnas electorales en un proceso democrático. Como resultado de estas elecciones fue elegido presidente, José Miguel Gómez que se había distinguido en las Guerras de Independencia y estuvo gobernando el país entre 1909 y 1913. A éste, le siguió en la presidencia de la República, otro patriota Cubano, Mario García Menocal, que había sido Jefe del Estado Mayor de Calixto García, ocupando la presidencia entre 1913 y 1921. La familia Baumann inmersa en la actividad pública y política del país a pesar del costo económico que tal carga conllevaba apoyó con enormes recursos la candidatura de Alfredo Zayas y Alonso, abogado, Revolucionario y miembro de la Asamblea Constitutiva que llegó al poder y, así se pudo lograr la soberanía Cubana en la Isla de Pinos.

SEGUNDO MANDAMIENTO

No tomarás el nombre de Jehová tu Dios en vano, porque no dará por inocente Jehová al que tomare su Dios en vano. (Éxodo 20:7).

Ariel y Anya seguían con devoción los acontecimientos de la comunidad Judía en Europa, la Declaración Balfour de 1917 había sembrado entre las potencias europeas un compromiso con la causa de establecer un estado judío en la Palestina en ambos lados del Jordán. En septiembre de 1921, Ariel y Anya viajaron a Jerusalén para visitar el Muro de las Lamentaciones donde vestidos de negro rezaron ante el enorme muro, renovando su fe y jurando que no serían nuevamente intimidados por gobernante alguno. De vuelta en Cuba, su hijo Alejandro que ya tenía 21 años les comunicó que había decidido ir a estudiar medicina en Alemania en contra de la voluntad de Ariel que prefería que su hijo fuera a los Estados Unidos.

De nada valieron los ruegos de Ariel y Anya para disuadir a su hijo Alejandro y este siguiendo su estrella partió hacia Berlín a estudiar medicina. En Alemania residía la sede de la organización Sionista mundial, corrían los tiempos de la primera guerra mundial y la organización Sionista interesaba que Alemania ganase la guerra porque se había comprometido a gestar un estado Judío en la Palestina. Alejandro se introdujo en el seno de la organización Sionista donde conoció a Aurore Weizman una joven Judía estudiante de artes plásticas que le robó el corazón para el desconcierto de sus padres que esperaban el pronto regreso de su hijo a Cuba. Después de cuatro años y graduarse de medicina en la universidad de Berlín, Alejandro y Aurore tenían dos hijos Raoul y Louis nacidos en Alemania. Ante la idea de que su hijo no regresara, Ariel y Anya viajaron a Alemania y convencieron a su hijo de regresar a Cuba. Alejandro acabó entusiasmado con la idea de abrir un Centro Médico en la Habana y regresó con su familia a Cuba, estableciendo una clínica en la Habana y residiendo en la casa próxima a la que sus padres habían adquirido en el área de Miramar.

A la llegada de Alejandro y Aurore la situación política en Cuba era alarmante. Desde 1921 se había iniciado una pelea entre los miembros del Partido Liberal Cubano. De esas pugnas saldría triunfante como líder el general Gerardo Machado. Bajo su presidencia, se desarrollaron grandes obras públicas, como el Capitolio de la Habana y la Carretera Central, sin embargo, terminó siendo una dictadura fascista rechazada por el pueblo.

Machado tuvo que enfrentar la huelga general de 1933 con poco éxito y trató de perpetuarse en el poder. Sufrió la oposición de liberales y conservadores. Los estudiantes se tiraron a la calle a protestar, hubo alzamientos y represión por el ejército. Debido a esta situación extrema, el 12 de agosto de 1933 Machado fue obligado a renunciar por la alta jerarquía del ejército, abandonando Cuba y exilándose en Miami.

Por otro lado, en Alemania, la llegada de Hitler al poder en 1933, marcó el éxodo de Judíos alemanes hacia los Estados Unidos y a otras partes del mundo. Desde donde cientos de voces clamaron para impedir que los Judíos llegaran a sus tierras y se establecieran en sus territorios.

Judíos en todos los países se organizaron en un ejército en la sombra, la "Haganah" que representaba el símbolo de la defensa en hebreo y se convirtió en un movimiento para extender el Sionismo en la comunidad internacional. Ariel, Alejandro y Joaquín Weizman tío de Aurore y Sionista radicado en Londres viajaron a Haifa en 1933 para interceder y facilitar el traslado de Judíos Alemanes a Palestina. Temerosos de que Alemania ganara la guerra regresaron a Cuba para prepararse en caso de que eventualmente los Estados Unidos entraran en el conflicto bélico. En lo sucesivo, Alejandro sería el contacto en Cuba de la inteligencia Israelí, ya que por su condición de médico destacado en la sociedad

Cubana tenía acceso a información privilegiada que podía compartir con sus camaradas de la "Haganah".

Por ese tiempo, en Cuba había terminado el gobierno de Machado y se estableció un gobierno integrado por el doctor Ramón Grau San Martín, doctor Guillermo Pórtela, el periodista Sergio Carbó Morera, el economista José Miguel Irizarry y el banquero Porfirio Franca. De este grupo se destacaron dos nuevos personajes: Fulgencio Batista, sargento del ejército revolucionario a quien nombraron Jefe del Ejército y Grau San Martín fue elegido presidente por el Partido Revolucionario Cubano Auténtico. Grau extendió dos leyes importantes: La Ley de Autonomía Universitaria, la Jornada de 8 horas y la Ley de Salario mínimo.

A pesar de todos los avances sociales que se estaban dando en Cuba, la isla era un polvorín a punto de estallar. Las familias pudientes enviaban a sus hijos a estudiar a los Estados Unidos dado que los atentados eran frecuentes entre liberales y conservadores.

Había asesinatos por doquier, la corrupción y el soborno se extendían por la vida pública y el pueblo clamaba por un cambio en la administración de la política Cubana. El gobierno de los Estados unidos no reconocía la presidencia de Grau San Martín, un liberal y Antisemita declarado y se oponía a derogar la Enmienda Platt hasta que Cuba no tuviera un gobierno estable. El deseo de un cambio social provocó un pacto entre los partidos existentes y con el concurso de los grupos revolucionarios, el ejército y las facciones de carácter independiente se eligió al Coronel Carlos Mendieta, que asumiría la presidencia desde el 18 de enero de 1934 hasta el 10 de enero de 1936.

Mendieta alcanzó grandes logros sociales y económicos durante su mandato. A pesar de sus logros fue atacado por los grupos de izquierdas y los comunistas Cubanos que organizaron varios atentados en su contra aunque salió ileso. A partir de ese momento los comunistas comenzaron a extender el terrorismo en contra de las figuras políticas, así como a otros miembros de la población Cubana perpetuándose ataques contra figuras destacadas de la sociedad cubana que fueron extorsionados con grandes chantajes económicos para salvar sus vidas.

El comunismo, que hasta 1935 mantenía su esfera de poder en Rusia, extendió sus tentáculos hacia América y Cuba para poder atacar a los Estados Unidos. Muchos emigrantes, como las familias de Baumann y Sandler que habían llegado a la Isla en 1909 procedentes de Europa Oriental, en su mayoría de origen Judío, poseían filosofías de vida de influencia socialista que utilizaron para sobrevivir en sus grupos sociales y laborales. Grupos sociales que con el tiempo fueron un campo fértil para el desarrollo y asentamiento de las cédulas comunistas en la convulsa nación Cubana. La militancia socialista, izquierdista y de liberales que luchaban por establecer un gobierno justo y equitativo para el sufrido pueblo Cubano era muy evidente.

En marzo de 1935 se organizó la huelga general en Cuba, en la que estaban los comunistas, los estudiantes, los sindicatos y muchos otros sectores de la población Cubana que atacaban al gobierno. Dentro del movimiento político para derrocar el gobierno existente estaba la familia Bauman. Otra vez Ariel Baumann estaba involucrado en las luchas sociales y se enfrentó al Antisemitismo de los Cubanos. Principalmente, en contra de Grau San Martín que, aunque liberal era profundamente Antisemita y nacionalista como la mayoría de los Cubanos. Para Grau y sus seguidores, la comunidad Judía no tenía cabida en la política Cubana racista y nacionalista. Por consiguiente, los esfuerzos de Baumann por mejorar la vida de los campesinos y limpiar e igualmente ordenar la política Cubana fueron inútiles, se tildó a la familia Baumann de comunistas y sionistas y el gobierno amenazó con expulsarlos del país.

Nuevamente, los Baumann pagaron fuertes cantidades de dinero al corrupto gobierno de Cuba para poder salvar sus negocios e inversiones en la Isla. En Cuba existían organizaciones de extrema derecha como el Partido Nazi Cubano y la Falange Española que no veían con buenos ojos a la comunidad Judía y a la que tildaban engañosamente de comunista y traidora a los intereses de Cuba.

Dentro de este panorama político convulso e incierto, el 10 de enero de 1936 fue elegido presidente de la república, Miguel Mariano Gómez, hijo del general José Miguel Gómez. Fue un hombre honesto que trató de organizar la vida pública Cubana. Sus enfrentamientos con el coronel Fulgencio Batista, que buscaba derrocarlo, lo llevaron a chocar con el senado. Este senado, para evitar una dictadura militar en manos de Batista, destituyó al doctor Gómez. Luego de la caída de Gómez, ocupó la presidencia de Cuba el Coronel Federico Laredo Bru.

Durante la presidencia de Laredo Brú, no se dieron interferencias en la obra de gobierno por parte del Coronel Batista que era el jefe militar de Cuba y estaba protegido por el gobierno de los Estados Unidos. Aunque, Laredo Brú fue un hombre conservador, buen administrador y bajo cuyo mandato se dieron obras de gran trascendencia social para Cuba, también era nacionalista y fascista, por lo que mantuvo relaciones con el partido nazi Alemán y con el gobierno fascista Español del General Francisco Franco.

A tono con su carácter Antisemita y fascista, Laredo Brú mantuvo una política racista hacia los 2,500 Judíos que residían en Cuba. Los Judíos no eran bien vistos por la población Cubana que resentía que los Judíos, como dueños de prósperas empresas, trajeran a Cuba a compatriotas suyos para ocupar puestos de trabajo en sus compañías a los que no tenían acceso los Cubanos desesperados por la crisis económica que azotaba el país. No solo los Judíos traían a sus compatriotas, también los Libaneses y Sirios traían calladamente a sus parientes.

Particularmente, el grupo mayor de inmigrantes eran Españoles que controlaban el comercio en Cuba y que no simpatizaban con la comunidad Judía. Entre la comunidad de origen Español había grupos fascistas y de extrema derecha e incluso, se estableció en la Habana un partido nazi y que unidos a los periódicos de la ultraderecha Cubana montaron una coalición frente a la comunidad Judía a la que acusaban de ser comunista. Por ello, el grupo Judío era una comunidad

distante al gobierno local y a otras comunidades de Cuba por sus prácticas religiosas y estilo de vida ajena al grupo de Españoles mayoritario; lo cual en medio de la crisis económica que vivía Cuba acabó provocando una ola de Antisemitismo entre la población en general.

Bienaventurado el varón que no anduvo en consejo de malos. Ni estuvo en camino de pecadores.

Ni en silla de escarnecedores se ha sentado; sino que en la ley medita de día y de noche. Será como árbol plantado junto a corrientes de agua.

Que da su fruto en su tiempo y su hoja no cae y todo lo que hace, prosperará.

No así los malos, que son como el tamo que arrebata el viento. Por tanto, no se levantarán los malos en el juicio. Ni los pecadores en la congregación de los justos.

Porqué Jehová conoce el camino de los justos; Mas la senda de los malos perecerá (Salmos, Libro 1).

La familia Baumann había estado tramitando un permiso de trabajo con Manuel Benítez para el arribo a Cuba de la familia de Joaquín Weizman que era miembro de la Hermandad Sionista en Alemania. Desde la "Noche de los cristales rotos" del 9 de noviembre de 1938, los nazis persiguieron a los Judíos con el objetivo de eliminarlos totalmente de la faz de Alemania. La Federación Sionista se comunicó con Alejandro Baumann y le solicitó ayuda para sacar a Weizman de Alemania. Aunque Alejandro había pagado $ 150.00 a Benítez, el funcionario Cubano quería más dinero por cada miembro de la familia Weizman. Finalmente, Baumann acordó entregar a Benítez $300.00 más de lo ya acordado, al arribo a Cuba del barco Saint Louis donde venía el líder Sionista y su familia.

A la llegada del Saint Louis al muelle de la Habana, la situación económica en Cuba no era buena, la población Cubana no veía con buenos ojos el arribo de emigrantes que iban a competir por los escasos puestos de trabajos disponibles en el mercado laboral de Cuba. Ante la ola Antisemita imperante en la Habana, el presidente Laredo Brú no permitió el desembarco de 1,300 judíos del barco Saint Louis proveniente de Alemania quienes permanecieron en el muelle de la Habana desde el 28 de mayo de 1939 esperando que el gobierno de Cuba agilizara las visas para los pasajeros que huían del horror nazi.

En otras ocasiones, en Cuba se había aceptado Judíos que escapaban de Rusia como lo hicieron los Baumann y los Sandler que se habían incorporado con éxito en la sociedad Cubana aportando mucho dinero a la economía local. Sin embargo, el clima nacionalista que predominaba en esos momentos en Cuba, influenciado por periódicos de corte conservador y otros miembros de la ultra derecha pertenecientes a la Falange Española, determinaron la suerte de los Judíos. En consecuencia, el pueblo Cubano continuaba rechazando masivamente a los emigrantes Judíos. A causa del racismo imperante en Cuba, el 8 de mayo se efectuó una manifestación de más de 40,000 personas patrocinada por simpatizantes de Grau San Martín donde pedía a los Cubanos "luchar contra los Judíos hasta echar al último de Cuba."

El 28 de mayo de 1939, un día después que el Saint Louis llegara a la Habana, Lawrence Berenson abogado que representaba al Comité Judío para la Distribución Conjunta se presentó ante el presidente Laredo Brú para negociar la suerte de los pasajeros del Saint Louis y le acompañaban Ariel y Alejandro Baumann. Laredo Brú ofreció aceptar a los pasajeros a cambio de $35,000 dólares, pero en medio de la negociación retiró su oferta y denegó la entrada a los pasajeros Judíos. Además, la comunidad Judía de los Estados Unidos representada por individuos como Mateo Spielberg, su hijo Andrew y otros, trataron de realizar acercamientos con el gobierno Cubano para que este expidiera visas a los pasajeros del Saint Louis. Estos tampoco lograron mover el ánimo del presidente Laredo Brú que estaba más preocupado por complacer a los grupos de derecha de Cuba que rechazaban abiertamente a los nuevos emigrantes Judíos, que por extender un puente de salida a los desdichados pasajeros del Saint Louis.

Con la entrega de los sucesivos sobornos a Manuel Benítez, diplomático del Departamento de Estado, Alejandro Baumann logró que el gobierno Cubano permitiese el desembarco de la familia Weizman otorgando un contrato de trabajo a Joaquín como asesor en asuntos públicos de la corporación azucarera y ubicando a la pequeña familia en la casa de Voda.

Después de resolver el caso del asilo de los Weizman, Alejandro visitó nuevamente a Benítez. Llevaba consigo cuatro mil dólares en efectivo con los que pretendía comprar el desembarco de Raquel Spielberg y sus tres hijos. Benítez desprestigiado ante la opinión pública se negó a ayudar a Alejandro, pero lo refirió al mismo presidente Laredo Brú. Alejandro llegó hasta el presidente y le recordó que la familia que él deseaba rescatar eran la hermana y los sobrinos de Mateo Spielberg. Pero, Laredo Brú estaba obcecado con la idea de complacer a la ultra derecha y se mostró impasible ante la desesperación de Alejandro y su familia.

El hombre cargado de la sangre de alguno, Huirá hasta el sepulcro, y nadie le detendrá (Proverbios, 27,3).

A pesar que, Spielberg estaba indignado ante el comportamiento de Laredo Brú, pensó que Alejandro se había comportado muy bien y era un hombre valiente. El hombre se había enfrentado a Laredo Brú y le había reclamado compasión para su hermana y sus sobrinos. Alejandro tenía neshaman, compasión en su corazón y Spielberg sintió aprecio por él. Ese sinvergüenza de Laredo Brú no le contestaba las llamadas, así le pagaba tantos años de cooperación con el gobierno de Cuba.

En los Estados Unidos no querían ayudar a los pasajeros del Saint Louis, porque las cuotas de emigración estaban llenas. ¿Qué estaba pasando en el mundo? se preguntaba Andrew Spielberg al darse cuenta que sus amigos le daban de lado; ya empezaba con el antisemitismo en la misma nación americana y se dijo a sí mismo:

—Creo que necesito en los Estados Unidos a Alejandro Baumann, personas como él son necesarias para la causa Judía.

Regresó a sus pensamientos preocupado por la suerte de su hermana Raquel y sus sobrinos. Yo no voy a permitir que el gobierno Cubano rechace a mi familia, voy a ir a Cuba, concluyó Mateo Spielberg, llamando a su secretaria y pidiendo que arreglase su viaje a la Habana.

Mateo y Andrew Spielberg llegaron a la Habana y esta vez fueron recibidos por Alejandro. El joven Baumann abrazó emocionado a los Spielberg.

—Lo siento, Mateo. Vas a encontrar un espectáculo en la Habana que no quisiera que hubieras visto jamás. Hay manifestaciones contra la comunidad judía en el muelle de la Habana, la radio está encendida incitando a la gente contra nosotros. Yo espero que tu visita vuelva el ánimo del presidente favorablemente hacia ti y permita el desembarco de tu familia.

—Gracias, Alejandro, dijo Mateo, voy a hacer lo que tenga que hacer para lograr que mi familia pueda quedarse en Cuba.

—Tienes mi casa, Spielberg y tu familia también, respondió Alejandro tomando el maletín de Mateo Spielberg que apesadumbrado caminaba al lado del joven hacia su carro.

Los siguientes días fueron un huracán de emociones en la casa Baumann. La oficina del Presidente de la República no concedía citas a los Spielberg para entrevistarse con Laredo Brú. Mateo y Alejandro trataron de acercarse a miembros cercanos a la presidencia y recibieron una fría acogida. La secretaria del presidente le insinuó con delicadeza a Alejandro que, de seguir molestando a funcionarios del gobierno Cubano, podría ser acusado de intento de soborno. Andrew Spielberg estaba indignado, su corazón estaba lleno de odio hacia el pueblo de Cuba. Nunca hubiese pensado que una situación así pudiera estar sucediendo en Cuba, tantas veces que había cooperado con el pueblo Cubano, que había llenado los bolsillos de los políticos de turno y ahora lo trataban con distancia e indiferencia, casi ofendidos por su sola presencia. Los días estaban pasando y la situación no cambiaba para la familia Spielberg. Cada día el presidente de Cuba estaba más distante y cuidadoso con su imagen, había destituido a Benítez y no quería ni hablar del asunto de los Judíos.

Alejandro no pudo ayudar a ningún otro miembro del grupo de los desdichados pasajeros que, ante la postura del gobierno Cubano y desesperados ante su destino, intentaban suicidarse lanzándose por la borda como resultado de la indiferencia de la comunidad cubana. De esta manera, el barco Saint Louis abandonó La Habana y partió con su carga humana hacia distintos destinos. Andrew y Mateo Spielberg permanecieron en casa de los Baumann hasta la partida del Saint Louis. De allí, tras despedirse de Alejandro se dirigieron a la Florida para seguir sus gestiones con el gobierno estadounidense y facilitar el desembarco de su familia en un puerto estadounidense.

Desgraciadamente, la mayoría de los Judíos regresaron a Alemania para beneplácito del gobierno nazi que confirmaba el rechazo general de las naciones hacia la comunidad Judía. Para la familia Baumann, resultaba inconcebible el hecho de que el pueblo Cubano no se hubiese conmovido ante la triste situación de los pasajeros del Saint Louis, más aún cuando miembros prominentes de la comunidad Judía Cubana se acercaron al presidente Laredo Brú para comprar la entrada de sus desdichados hermanos. Alejandro estaba muy afectado por el rechazo masivo de los Cubanos hacia la comunidad Judía.

La familia Baumann estaba reunida en la sala de su residencia, Ariel estaba de pie recostado sobre el ventanal que daba al patio, su mirada se dirigía hacia un árbol de mango del que pendía un columpio de madera en el que muchas veces había mecido a su hijo y a sus dos nietos. Pensó que la vegetación tropical era maravillosa, dos árboles de mango dominaban el jardín dando sombra a toda una serie de especies de diferentes flores que su mujer había sembrado. Las preferidas de la familia Baumann eran las azucenas que al caer la noche esparcían un intenso aroma por toda la residencia.

El anciano elevó su mirada al cielo habanero, que belleza la de esta tierra, no hay ningún lugar en el mundo tan bello como este.

—Me gustaría echar mis raíces aquí, pero no parece que sean nuestro destino, pensó Ariel.

—Que ha hecho nuestro pueblo para merecer tan amargo destino, errar y errar por el mundo buscando la tierra prometida.

—Dios, por favor, escucha a tu pueblo, estamos cansados y te necesitamos. Ayúdanos, Señor de los Ejércitos.

Las estrellas refulgían desafiantes en sus ojos, pero el lucero que había guiado sus pasos desde Rusia hasta Cuba se mantenía ausente de su alcance, Ariel pensó que su lucero lo había abandonado.

—De pronto, lo vio, allí estaba, igual que siempre hermoso y rutilante, recuperó la esperanza y pensó que Dios había oído su llamada.

Ariel salió de su ensueño al escuchar la voz de su hijo Alejandro que estaba acompañado por sus nietos, Raoul y Louis.

—Padre, dijo Alejandro, ¿cómo es posible que el gobierno Cubano no haya dejado desembarcar a esa gente? No puedo olvidar los rostros de las mujeres y los niños que nos miraban con tanta tristeza desde el barco y nosotros sin poder hacer nada entre aquella muchedumbre que pedía que los devolvieran al horror nazi. ¿Qué ha pasado con este pueblo que se mantiene indiferente ante el dolor y la desesperación de otros seres humanos? Todavía no puedo creer lo que ha pasado y me niego a aceptar que el sufrimiento que les espera a estas personas en la Alemania nazi no conmueva el ánimo de este pueblo, expresó Alejandro indignado, abrazando a sus hijos que interesados en la conversación de los mayores no perdían detalle alguno de la plática.

Ariel recordó su huida de Rusia, el viaje en avión y la mirada desesperada de los pasajeros. Pensó en aquella mujer hermosa que compartió con él, Voda y el vuelo hacia Londres. Recordó con pena a su pequeña niña que le extendió su manita inocente y el horror que vio retratado en los rostros de aquellas personas. ¿Acaso estas personas no tenían un camino de estrellas que los guiará hacia puerto seguro?

—Señor de los Ejércitos, ayuda a estos pobres seres que han caído en las garras del demonio. No dejes que sufran en el destierro. Guíalos a la tierra de los justos.

—Alejandro, hijo mío. Cuando las cosas no marchan en una sociedad como debiera ser, los gobernantes buscan chivos expiatorios. Eso es lo más fácil, echarle la culpa a otro y quién mejor para culpar que el grupo que está en desventaja. Nosotros, los Judíos, estamos acostumbrados a vivir con la culpa, pasamos ese sentimiento que nos ahoga el alma de padres a hijos y así ha sido a través de todas las generaciones desde Abraham. Ahora somos nosotros, los hebreos, los que cargamos la culpa de las naciones, porque hemos pasado de ser el factor Judío que decidía la política en el Oriente Medio a ser el problema Judío para los nazis y sus aliados.

—Vienen tiempos fuertes para nuestra comunidad en toda Europa, dijo Ariel. Nosotros estamos en América y aunque hemos presenciado este lamentable incidente del Saint Louis, te puedo decir que estamos a salvo en Cuba. Esto ha sido algo que no me hubiera esperado del pueblo Cubano, pero la muchedumbre se deja llevar por los rumores de personas mal intencionadas que responden a motivaciones políticas y este es el resultado de este vil acto contra nuestra gente, concluyó Ariel.

—Nunca olvidaré lo que pasó, las caras de esas personas vienen a mi mente y me atormenta el destino que van a tener cuando los regresen a Alemania, expresó Alejandro. Te diré, padre mío, que nunca había visto llorar a Mateo Spielberg. Sus tíos, la hermana y sus sobrinos estaban en el barco. Le ofreció a Benítez mil dólares por cada uno de sus parientes y el desgraciado no aceptó. Entonces, Mateo le suplicó y le pidió que pusiera precio a la cabeza de cada uno de ellos y finalmente le solicitó que dejara desembarcar solo a sus sobrinos y los instalara en un hospital en Cuba.

—Nada funcionó padre, los funcionarios del gobierno se obcecaron y cerraron las puertas a todos los pasajeros, vigilando como carceleros cualquier intento de huida por parte de la gente de Saint Louis. Mateo Spielberg está lleno de odio y de ira, nunca lo había visto así. Por su parte, Andrew dice que Cuba es un país ingobernable, con gobernantes ausentes de principios morales, un carnaval constante de pasiones encontradas y que choca contra los principios democráticos que se supone son la base del pueblo americano.

—Por mi parte, padre, te digo que mi compromiso está con mi pueblo y con Dios, el dolor de mi pueblo me ha sacudido moralmente, no puedo aceptar que esta situación de desamparo entre los Judíos se siga repitiendo generación tras generación. Ya es hora de que se cumpla la promesa de Jehová a Abraham y los Judíos tengamos un hogar en la tierra de nuestros antepasados, terminó diciendo Alejandro.

—Mira hijo, continuaba Ariel, los Judíos constituimos una masa homogénea dentro de la comunidad internacional. No hemos encajado en ningún pueblo, llegamos en nuestro errar por el desierto a un nuevo emplazamiento, nos establecemos y con nuestro esfuerzo levantamos un hogar y ¿para qué? Para que pase lo que estamos atravesando ahora en Cuba. Somos una nación dentro de otra nación y esa condición es la base de nuestra fortaleza, pero también nuestro problema. El rechazo del pueblo Cubano al desembarco de los pasajeros del Saint Louis es una movida política del gobierno Cubano para complacer a los nazis y a sus aliados. Tú has podido ver como se han unido el partido nazi, la Falange Española y los fascistas de este país para mover a sus miembros contra esa pobre gente, nadie en este país se compadeció al ver las caritas de los niños asomados a la cubierta del Saint Louis y que a sabiendas de que rechazando a esos seres humanos, el destino que les esperaba a los pasajeros Judíos era terminar en los campos de concentración en Alemania.

—Ya he pasado por esto antes, en la Rusia de mi juventud. Pero, por desgracia, la historia se repite con nuestro pueblo. Las diferencias culturales y étnicas dividen a los seres humanos y cuando surgen los problemas económicos se convierten en las diferencias y son el detonante de los ataques contra nuestra comunidad. Sin embargo, los Estados Unidos es un lugar adecuado para nosotros, porque es un país de emigrantes, pronto trasladaremos nuevas operaciones a la Florida para empezar levantar un nuevo asentamiento tal como hizo mi padre conmigo cuando salí de Rusia. Alejandro hijo mío, te quiero hacer entrega de un regalo muy especial. Es una preciosa daga que encontré en la casa de un amigo de tu abuelo Aarón cuando huía de la policía Zarista en Rusia. Es un bello trabajo en acero hecho por "Harel" para el Príncipe Yusupov perteneciente a la más rancia nobleza tártara. Puedes ver su nombre en caracteres del alfabeto Ruso en la empuñadura del arma. Con esta daga en mi cinto atravesé los bosques de Rusia hasta llegar a Moscú y con ella segué dos vidas para defender la vida de tu abuela de personas malvadas que se cruzaron en nuestro camino. Ahora es tuya, este objeto representa el triunfo ante la adversidad y se puede convertir en el símbolo de la resistencia de nuestra familia, dijo Ariel entregando la reluciente daga a su hijo Alejandro ante la mirada asombrada de Louis y Raoul que miraban con admiración y sorpresa a su abuelo.

—Gracias, padre, tomo de tus manos esta daga con todo lo que ella representa, sabré honrar tu legado y se lo transmitiré a mis hijos y a los hijos de mis hijos perpetuando tu nombre entre los justos, terminó diciendo Alejandro.

Huye el impío sin que nadie lo persiga; Mas el justo está confiado como un león.

Por la rebelión de la tierra sus príncipes son muchos, Más por el hombre entendido y sabio permanece estable
(Proverbios. 27,28).

Cuando los caminos del hombre son agradables a Jehová, Aún a sus enemigos hace estar en paz con él
(Proverbios. 15,16).

Después de los tristes incidentes del barco Saint Louis y ante la indiferencia de la población Cubana que estaba más preocupada en construir su propio destino como nación, que en la suerte de los refugiados Judíos y sus políticas Sionistas, la vida siguió su curso. El Coronel Laredo Brú permitió el retorno a Cuba del doctor Grau San Martín y aceptó la participación de todos los partidos en un clima de tranquilidad y convocó la Asamblea Constituyente de 1940. La constitución de 1940 fue de gran trascendencia para el pueblo Cubano. En el proceso participaron delegados de todos los partidos. El doctor Carlos Manuel Sterling presidió la Asamblea y el 8 de junio se aprobó la carta ratificada por el Congreso.

En el aspecto laboral, una de las leyes más importantes de la época fue la Ley de Coordinación Azucarera que regulaba los jornales azucareros de acuerdo con el precio del azúcar en el mercado internacional, preparando el camino para una Reforma Agraria justa y equitativa para el pueblo Cubano. Sin embargo, aún en momentos de progreso los campesinos en Cuba sufrían de analfabetismo, miseria y falta de salubridad. Los latifundios que se extendían a lo largo del país ganaban grandes cantidades de dinero con la explotación del guajiro analfabeto y miserable. Otro sector explotado de la población Cubana eran los negros debido al racismo imperante en Cuba y solo podían destacar en empleos marginales. Algunos Cubanos de origen negro se destacaban en el mercado laboral profesional estableciendo clubs sociales para su comunidad; como fue el famoso club de Las Águilas en la Habana.

También en el arte y la televisión floreció la comunidad negra. Grandes talentos de la comunidad negra dieron a Cuba fama internacional, pero en general, esta población permanecía marginada y separada de la Cuba rica, poderosa y conservadora; donde la clase criolla pretendía olvidar la aportación de sangre negra que corría por las venas en la gran mayoría de los Cubanos. En consecuencia, a pesar del desarrollo económico de las grandes empresas de Cuba, hacía falta extender leyes sociales que beneficiaran a la mayoría del pueblo Cubano que contemplaba resentido la danza de los millones de lo que solo les tocaba una miseria.

Los Baumann desilusionados del deterioro social y moral que estaba sufriendo el pueblo Cubano decidieron extender sus operaciones a la Florida comprando grandes extensiones de terreno en Miami. En esta operación comercial buscarían un nuevo socio dentro de la comunidad judía para desarrollar proyectos agrícolas en el sur de la Florida. El negocio de jardinería ornamental era productivo y el clima de Miami se prestaba para la siembra de palmas reales y otras especies tropicales.

Ariel y Alejandro viajaron a Miami y firmaron un acuerdo con la familia Weizman para adquirir terrenos en las áreas de Miami Beach y Homestead. Los Baumann encontraron en Miami una comunidad Judía que los acogió con los brazos abiertos, por lo que, Ariel y Anya Baumann decidieron mudarse a Miami y dejar los negocios de Cuba a cargo de Voda y su hijo Alejandro.

—Anya querida, le decía Ariel a su mujer: ¿Recuerdas aquella noche en Londres cuando te dije que siguiéramos el camino de las estrellas?

—Si, Ariel, yo pedí un deseo, contestó Anya.

—Mi deseo fue que quería pasar toda mi vida a tu lado, contestó la mujer.

—Pues, querida ese deseo se te cumplió, contestó Ariel. Ahora mira hacia el cielo estrellado y observa cuantas estrellas han guiado nuestro camino hacia la tierra prometida. Por favor, trata de reconocer a tu estrella y pide un segundo deseo.

—Está bien, Ariel. Ya he pedido mi segundo deseo a aquel hermoso lucero que es mi guía en el camino de nuestras vidas. Contestó Anya abrazando a su esposo.

—! ¡Le- Jayim, Anya!

—¡Por nuestras vidas! Te amo, mi querido Ariel, contestó la dama.

La sabiduría clama en las calles. Alza su voz en las plazas. Clama en los principales lugares de reunión.

En las entradas de las puertas de la ciudad dice sus razones. Hasta cuándo, oh simples ¿amaréis la simpleza?

Y los burladores sesearán la burla. ¿Y los insensatos aborrecerán la ciencia?

Volveos a mi reprensión. He aquí yo os derramaré mi espíritu sobre vosotros y os haré saber mis palabras. Por cuanto llamé y no quisisteis oír. Extendí mi mano y no hubo quién atendiese, sino que desechasteis todo consejo mío. Y mi reprensión no quisisteis. También yo me reiré en vuestra calamidad y me burlaré cuando os viniere lo que teméis,

Y vuestra calamidad llegare como un torbellino. Cuando sobre nosotros viniere tribulación y angustia. Entonces me llamarán y no responderé. Me buscarán de mañana y no me hallarán. Por cuanto aborrecieron la sabiduría y no escogieron el temor de Jehová, ni quisieron mi consejo
(Proverbios 1,2).

A la vuelta de Alejandro a Cuba, el país estaba en un clima de desasosiego nacional. En 1940 se obligó a los políticos Cubanos a buscar la paz y en un acto de conciliación nacional el pueblo fue a las urnas. Compitieron la Coalición Socialista Democrática con la candidatura de Fulgencio Batista y la Alianza Grausista de Auténticos. En esas elecciones, llegó inesperadamente a la presidencia de Cuba el ya Coronel Fulgencio Batista que estaba respaldado por Mayer Lansky un mafioso de las Vegas que dominaba las operaciones ilegales de la Mafia estadounidense en Cuba. Batista fue un Sargento de extracción humilde y mulato que rompía con la tradición de gobernantes de origen militar provenientes de distinguidas familias Cubanas. En la Cuba racista y xenófoba no fue bien visto por la población el ascenso al poder de un mulato sin educación, con ideas socialistas y respaldado por la Mafia, por lo que fue considerado un usurpador del poder por la mayoría del pueblo cubano.

Los Baumann forzosamente alejados de la política nacional, pero al tanto de la situación internacional vieron con suspicacia la llegada de Batista al poder, quien había sido elegido por su condición militar, su tendencia a reprimir las sublevaciones populares y su subordinación a los intereses de la Mafia que había financiado su ascenso al poder. Mayer Lansky, el capo del vicio en Cuba, era hebreo, pero estaba proscrito por el gobierno de Israel que despreciaba al infame individuo que mantenía una estrecha colaboración con el gobierno de Fulgencio Batista.

Andrew Spielberg alarmado ante el desarrollo del poder de la Mafia en Cuba se comunicó con Alejandro.

—Alejandro te quiero prevenir que Cuba se está llenando de mafiosos proscritos por el gobierno de los Estados Unidos, tengo conocimiento de que Lucky Luciano se aloja en el Hotel Nacional, dijo Spielberg y Mayer Lansky, ese desgraciado traidor controla todos los casinos de Cuba. El gobierno estadounidense no va a tolerar esa desfachatez del gobierno Cubano. Te digo, mi querido Alejandro, que concluyas el proceso de mover tus operaciones comerciales de la Habana a la Florida. Cuba, mí querido amigo es un polvorín a punto de estallar y no quisiera que te tomara por sorpresa.

—Lo sé Mateo, respondió Alejandro. Entiendo que Batista no es el hombre adecuado para gobernar Cuba. Él no representa un cambio positivo para un país deseoso de desarrollar un sistema de gobierno democrático y con cambios sociales para mejorar la vida del pueblo Cubano sin los controles económicos del gobierno norteamericano.

—Nosotros hemos hecho movidas comerciales importantes, estamos preparados para abandonar Cuba en cualquier momento. Desgraciadamente, mis hijos que nacieron en este país sienten un amor profundo por Cuba y va a ser doloroso el proceso. Pero tú sabes muy bien que ya este país y su gente no aguantan más injusticias.

—Agradezco tu atención Andrew y te aprecio, dijo Alejandro colgando el teléfono y despidiendo a su amigo.

A través de sus contactos en la Haganah, Alejandro tenía conocimiento de que el comunismo internacional quería extender sus redes en América. Pero, ¿cómo podría ser Cuba un punto de interés para los comunistas Rusos? Imposible, pensó, a solo 100 millas de los Estados Unidos cómo iba a lograr Rusia tener un satélite comunista en América.

Los rumores de la Haganah eran infundados, habría que esperar y analizar la situación.

Por lo pronto, Alejandro decidió enviar a estudiar ingeniería a sus hijos al Instituto Tecnológico de Massachusetts en los Estados Unidos preparándose para una posible salida del país. Los negocios de la Florida estaban progresando, el negocio de ornamentación era lucrativo y sus productos se enviaban a todas partes de los Estados Unidos. Anya y Ariel se sentían llenos del espíritu de Dios y se habían introducido en la comunidad hebrea recuperando sus raíces, esta era la época más tranquila de sus vidas, habían encontrado la paz en el tranquilo balneario de Miami.

En el año 1942 Alejandro viajó a Haifa a participar de una reunión donde estaba presente David Ben Gurión para discutir la necesidad de ampliar la red de inteligencia de la Haganah. Alejandro sugirió incluir a su hijo Raoul en Cuba en la nueva unidad para la lucha por la independencia de los Judíos y la creación y supervivencia de un Estado Judío en Palestina.

En 1946 luego del final de la guerra más de cien mil Judíos llegaron a Palestina y, a partir de 1948 la ONU se ocuparía de lo que sería el futuro Estado de Israel.

En el mismo año, Raoul y Louis regresaron a Cuba graduados de ingeniería de Massachusetts, pronto se incorporaron al negocio familiar, principalmente Louis que era el más práctico y apto para los negocios de los hermanos Baumann. Raoul se parecía más a su padre e interesado en las luchas sociales, pronto desarrolló un plan de inteligencia en la nueva casa de Miramar para establecer una red de apoyo al servicio secreto Israelí desde Cuba. Instalaron una estación de radio en el sótano que con el tiempo se extendió a la casa de un nuevo miembro de la "Haganah", el ingeniero David Fonseca, compañero de estudios de Marquette. En los próximos años, ambos hombres serían parte del servicio secreto más eficiente de la comunidad internacional "El Mossad" creado en 1951 por Ben Gurión.

En abril de 1952, Raoul conoció a Dulce Alegría quien era la hija del antiguo socio de su padre, Calixto Alegría. Ambos jóvenes se enamoraron y decidieron casarse en una ceremonia que reunió a la clase social más encumbrada de Cuba. Dulce se convertiría a la fe judía para beneplácito de la familia Baumann. Eran una pareja perfecta, el ingeniero Raoul Baumann y la doctora en filosofía y letras Dulce Alegría. Los dos se amaban con locura, pronto tuvieron dos hijas Sarah y Raquel.

Raoul se mantenía preocupado de los acontecimientos políticos en Cuba, sabía por sus contactos en la Florida que Batista no era bien visto por los políticos norteamericanos, lo utilizaban para su provecho, pero no confiaban en él. De cualquier manera, dado el clima de terrorismo imperante en la Isla había que soportar a Batista quien controlaba el ejército y este, a su vez, contenía a su antojo la creciente delincuencia en el país. El interés de las clases dominantes y de los jerarcas de los Estados Unidos era mantener el control político y social de Cuba a través de la fuerza militar y el hombre adecuado era Batista.

—Lamentablemente, decía Raoul a su hermano Louis que Batista no tenía la capacidad para gobernar Cuba por ser un individuo con fuertes contradicciones en su personalidad y tenía ideas socialistas para gobernar. Sin embargo, el destino lo colocó en una posición de mando donde actuó como un tirano fascista vendido a los intereses de la Mafia estadounidense.

Louis manifestó su acuerdo con Raoul y expresó:

—Este presidente Batista es un segundón, bueno para recibir órdenes y llevar a cabo planes concebidos por otras mentes más elevadas políticamente. Su paso por el poder ha estado lleno de arrogancia y errores. Con Batista aplicó el viejo refrán de que, "ni mandar a quién mandó, ni servir a quién sirvió". Batista se infatuó y se enamoró del poder, pensando que Cuba sería un país fácil de gobernar, concluía Louis.

—Así es, mi hermano, contestaba Raúl. Lo primero que hizo fue que dado su pensamiento socialista reconoció al Partido Comunista que tenía como líder a Blas Roca y a Lázaro Peña. Batista toma esa decisión luego de un viaje a México en el que visita al presidente Lázaro Cárdenas para restarle votos al doctor Grau que mantenía simpatías entre los sectores obreros y que era el verdadero líder político en Cuba. Estamos condenados con este individuo al fracaso como país. Acuérdate de lo que te digo el día de hoy. Si este país sigue como va, tendremos que huir o morir por él.

Alejandro interrumpió a sus hijos:

—La mayoría de los presidentes de Cuba habían sido próceres de origen revolucionario y opuesto al gobierno colonial Español hasta el derrocamiento de este. Al establecerse la república a partir de su independencia, Cuba fue un país que se debatió entre levantamientos y alzamientos contra los gobernantes elegidos. Mientras Batista se había mantenido como jefe militar con el visto bueno de los Estados Unidos, su participación en los planes del gobierno era necesaria. Pero, cuando Batista irrumpió en la política Cubana llegando a la presidencia de la República se enamoró del poder y se perdió el rumbo del destino de la patria Cubana. No es un presidente conciliador, sino todo lo contrario, trató de perpetuarse en el poder de manera ilegal y desafió a los poderes del estado, su política errática, contradictoria y carecía de la visión política necesaria para mantener la paz y tranquilidad en la convulsa nación Cubana.

La familia Baumann observaba que a pesar de que había gran obra pública bajo el gobierno de Batista, también a través de este desarrollo urbano abundó la corrupción porque la mayoría de las obras públicas fueron financiadas por la Mafia con la idea de convertir a la Habana en una nueva ciudad de las Vegas, por lo que en las próximas elecciones la familia Baumann contribuyó a la campaña del doctor Grau San Martín buscando un cambio en la vida pública del país. Sin embargo, el Antisemitismo de Grau se volcó contra los intereses de la familia Baumann.

En la última cosecha, Alejandro había alcanzado una gran producción agrícola de viandas, legumbres y frutos menores, por lo que había regalado el excedente de viandas entre las familias de los guajiros de Koba, despertando un gran malestar entre competidores del negocio de agricultura que acusaron a la familia Baumann de comunistas. Los funcionarios del nuevo gobierno comenzaron a presionar a Ariel y Alejandro Baumann, investigando sin motivo todas las operaciones comerciales de la familia Baumann y obligando a Alejandro a pagar fuertes sumas de dinero para poder continuar con sus operaciones de exportación de productos agrícolas a los Estados Unidos. Además, le prohibieron a Alejandro Baumann regalar el excedente de las cosechas a los guajiros sin el consentimiento del gobierno. Alejandro estaba desesperado ante la desfachatez del gobierno cubano y consistió en pagar el chantaje que se le había impuesto. Arrepentido de haber apoyado a Grau, sintió que estaba perdiendo la esperanza de echar raíces en Cuba a pesar de que lleva dos generaciones en el país.

Alejandro se hincó de rodillas en el suelo de su hacienda y tomando la tierra roja en sus manos, alzó los brazos al cielo y elevó sus alabanzas a Jehová buscando la redención de su pueblo en el dolor que estaba pasando en su espíritu.

—Estrella de Israel, guía mis pasos y no permitas que esta gente malvada me obligue a abandonar esta tierra que amo tanto, clamo Alejandro mirando al cielo Cubano.

Sus hijos se unieron a él y abrazados a su padre se quedaron sobrecogidos, un enorme lucero había aparecido y brillaba sobre la hacienda.

—¿Qué es eso? Preguntó Raoul. Parece que el cielo te contesta. ¿No lo crees Louis? Mira esa estrella, se alegra con las palabras de papá, es maravilloso.

—Esa es la estrella de Israel que ha guiado a nuestra familia por generaciones, contesto Alejandro. Mamá Anya decía que, si tú le pedías un deseo de tu corazón con fe, la estrella te lo concedería. Prueba a ver, hijo, te garantizo que es cierto, contestó Alejandro mirando con amor a sus hijos.

Los tres hombres cerraron sus ojos y cada uno de ellos abrió su corazón al cielo estrellado, en lo alto un ángel del señor sonrío y el lucero dejo caer polvo de estrellas sobre la familia Baumann.

Se levantó de mañana y salió el que servía al varón de Dios y he aquí el ejército que tenía sitiada la ciudad, con gente de a caballo y carros. Entonces su criado le dijo:

¡Ah Dios mío! ¿Qué haremos?

Él le dijo: no tengas miedo, porque más son los que están con nosotros que los que están con ellos.

Y oró Eliseo y dijo: Te ruego, OH Jehová, que abras sus ojos para que vea.

Entonces Jehová abrió los ojos del criado y miró; y he aquí que el monte estaba lleno de gente a caballo y de carros de fuego alrededor de Eliseo
(2 Reyes 6.15-17).

En el gobierno de Grau dominó la corrupción y, aunque el país estaba en la dudosa danza de los millones, el pueblo Cubano rechazaba la francachela y el despilfarro público. A Grau San Martín lo siguió Carlos

Prío Socarrás, que gobernó Cuba entre 1948 y 1952 hasta que Batista lo obligó a exiliarse ante la idea de que pudiese retornar a ocupar la presidencia de Cuba.

En esos momentos, Batista era rechazado por el pueblo de Cuba y consciente de que no ganaría la presidencia a través del voto, dio un golpe de estado y se instauró en el poder con el apoyo del ejército el 10 de marzo de 1952. La opinión pública, los periódicos de Cuba y hasta su antiguo protector, los Estados Unidos, presentaban a Batista como el dictador más sangriento de Cuba. Batista había caído en desgracia, las asociaciones estudiantiles, los partidos políticos, la iglesia y el pueblo Cubano en general, pedían su salida de la política del país.

Alejandro recordó las advertencias de Andrew Spielberg, su amigo tenía razón y tenía que agradecer al viejo zorro sus consejos que gracias ellos había trasladado la mayor parte de sus operaciones comerciales a la Florida.

Alejandro recibió noticias de sus contactos en el Mossad, Cuba había sido seleccionada por la Unión Soviética como su satélite en América y dejar la Isla era la consigna del Mossad. Cuba iba derechita al comunismo y la situación se tornaría difícil para el pueblo Cubano. Alejandro renuente a aceptar esta consigna se reunió con sus hijos y David Fonseca.

—¿Que ustedes creen? ¿Se le puede dar validez a lo que nos informan nuestros agentes?

—David casi a gritos decía: Eso es mentira. ¿Cuba comunista? Estamos a cien millas de los Estados Unidos, los americanos no van a permitir esto. ! ¡Jamás, Cuba será un satélite de la Unión Soviética!

La puerta del sótano se abrió, era Voda, acababa de llegar de Miami y traía un recado de su padre para Alejandro. Los allí presentes dejaron solos a Voda y Alejandro.

—Hijo mío, dijo Voda, tu padre quiere que te muevas a Miami a encargarte del negocio familiar. Él está muy anciano para seguir ocupándose de los negocios familiares y desea pasar sus últimos años en Israel.

—Traigo instrucciones que debes seguir al pie de la letra, tal como hizo tu padre con su padre cuando abandonó tu país natal Rusia.

—No tengo mucho tiempo y debo regresar a Miami. Escucha atentamente lo que te voy a decir: Tengo demasiados años para seguir siendo el consejero de la familia Baumann, mi sueño es pasar mis últimos días al lado de tu padre Ariel en Israel observando los preceptos de nuestra fe.

—Lo entiendo tío Voda, debes acompañar a papá a Israel. Yo estaba pensando moverme a Miami durante un buen tiempo en lo que preparo el camino para llevar a toda la familia a los Estados Unidos.

—Alejandro, hijo, es importante que sepas que grandes cambios vienen para la isla de Cuba, porque ha sido elegida por la Unión Soviética como centro de operaciones en América y, Estados Unidos ha consentido.

—Existe un trato de figuras eminentes pero ocultas de la política norteamericana que han acordado retirar el apoyo a Cuba.

—Tú conoces a Andrew Spielberg que es un hombre encantador con acceso a las más altas y variadas esferas sociales de los Estados Unidos. La posición social de Andrew le ha permitido introducirse de manera casual en muchas reuniones sociales de la familia Sulzberger con el propósito de buscar información para el Mossad y para la CIA.

—Te pregunto: ¿La familia Sulzberger es la dueña del New York Times? , interrumpió Alejandro.

—Si, hijo, contestó Voda. Los Sulzberger son los dueños del periódico desde 1896 y controlan la opinión pública de los Estados Unidos y te digo que esa gente está en contra de Batista y su gente. Están promoviendo a través de la prensa estadounidense un cambio social para Cuba

—Voda continuó: El resultado de la investigación de Andrew es que los Estados Unidos no respaldará al corrupto dictador Batista porque protege a los grandes capos de la mafia estadounidense en la Habana de las garras de la justicia del gobierno estadounidense que ha tratado de controlar esa lacra en su propia nación. Cuba es el paraíso de los mafiosos estadounidenses, Mayer Lansky está en la Habana y Luciano, el capo italiano vive en el Hotel Nacional y muchos otros mafiosos que han convertido este país en un carnaval social grotesco y degradante par el pueblo Cubano.

Alejandro contestó:

—Desgraciadamente, la neutralidad de Estados Unidos en este proceso propiciará la entrada de Cuba a la Unión Soviética, aún con la oposición de la CIA. No creo que por estar a cien millas de territorio norteamericano se van a salvar del comunismo, no es así, Cuba es parte de una gran conspiración internacional para expandir el comunismo en América. En los Estados Unidos existe un partido comunista que ha infiltrado importantes instituciones como es la prensa y en el gobierno. Los americanos no van a ayudar a los Cubanos, este país se moverá de la extrema derecha a la extrema izquierda, continuó Voda.

—Así es, Alejandro, dijo Voda. La constante presencia de la Mafia en la vida pública Cubana ha sido el detonante de la crisis política de Cuba. Estados Unidos no puede respaldar un gobierno de esta naturaleza porque choca con los principios puritanos de la mayoría de los políticos estadounidenses. Para nosotros, el pueblo de Israel, la izquierda o la derecha son lo mismo, una dictadura que gobernará Cuba y nosotros haremos negocios con el ganador. No sé en qué va a parar finalmente este pueblo, pero te digo que no tienes cabida aquí, recoge tus cosas y ven con nosotros. Estás a tiempo de sacar algún dinero a través de la compañía de tu padre en Miami. Hazlo mientras puedas, porque pronto solo querrás salvar tu propia vida. El Mossad tiene que haberte informado de lo que está pasando, ellos son el guardián del pueblo de Israel, el pueblo elegido de Dios, pero pueden estar con el sistema comunista o contra él. El Mossad es eso, el Mossad, el instituto está por encima de la política internacional y fluye con ella porque tiene sus propios intereses, la salvación del pueblo de Israel. Te diré que tu padre quiere que los diamantes regresen conmigo a Miami, una parte de ellos se quedará en Estados Unidos como herencia de la familia de tu abuelo Aarón Baumanis que fue el orfebre del Zar Nicolás II. La otra parte la entregaremos a la causa Judía como un símbolo de gratitud de nuestra familia al Dios de Israel por habernos rescatado de la policía Zarista, esa es la última voluntad de tu padre.

Alejandro asintió con la cabeza a todo lo que le comunicó Voda y acompañó al anciano a su habitación para que descansara antes de su regreso a Miami. Después, el subió a la terraza donde lo esperaban sus hijos Raoul, Louis y su amigo, David. Tenía malas noticias para sus hijos, pues convencido de que era cierto lo que habían transmitido los informantes, había llegado el tiempo de recoger.

—Raoul hijo, me tengo que ir a Miami con Voda, es importante que me reúna con tu abuelo antes de que partan hacia Israel, pero te diré que debemos empezar a mover activos hacia la Florida ya tu sabes a lo que me refiero.

A la mañana siguiente, la familia Baumann esperaba en el comedor a Voda para desayunar. El anciano no se había levantado todavía contrario a su costumbre de madrugar y pasear por los jardines.

Alejandro fue a tocar la puerta de la habitación, pero el anciano no respondía, empezó a tocar más fuerte bromeando:
—Voda…Voda… ¿Qué pasa? ¿Se te pegaron las sabanas?

Al abrir la puerta se encontró a Voda recostado sobre la almohada, al virar al hombre, notó que salía un hilillo de sangre por su boca. En la almohada había escrito con su propia sangre una M, parece que antes de morir había querido dejar un mensaje. ¿Que significarían esa letra? Quién podía tener interés de matar a Voda? Pensó en Mateo Spielberg… Quizás…había sido él. Pero no, sospechó del maldito Lansky con sus delirios de grandeza.

En algún momento, Mayer Lansky se enteró a través de sus contactos con la comunidad hebrea del interés de la familia Baumann en entregar los diamantes, conocidos ahora como los Diamantes de la Zarina a la causa Judía.

Alejandro comunicó a la sorprendida familia los detalles de la muerte de Voda y pensó que alguien en los Estados Unidos podía tener interés en saber dónde estaba el alijo o el paquete de diamantes que trajeron de contrabando desde Rusia y al presionar a Voda este no quiso dar más detalles y lo mataron. Enterraría a Voda en la casa del Cerro debajo del quiosco que su padre había instalado en el jardín, que mejor lugar para el eterno descanso del fiel Voda que en el jardín que el mismo sembró en su casa. Nadie sospecharía que estaba sacando las piedras enterradas bajo el piso de caoba y las trasladaría a casa de David Fonseca para que nadie sospechara. Ellos eran de total confianza y los unía la pertenencia al mismo grupo Mossad y cuando la situación se calmara, sacarían los diamantes vía Miami hasta hacerlos llegar a Israel como era el deseo de su padre.

Alejandro salió de viaje hacia Miami para comunicar a su padre el deceso de Voda. No sabía cómo decirle lo que había pasado. El tema del traslado de los diamantes tendría que esperar pues sería una imprudencia llevarlos consigo porque la misma persona que mató a Voda podría estar vigilándolo a él también. Nadie sabría que el alijo de diamantes permanecería escondido en la casa de Fonseca.

La visita de Alejandro sirvió de marco de despedida para la salida de Ariel y Anya a Israel, la comunidad hebrea realizó una emotiva despedida al matrimonio que fue presidida por Mateo Spielberg, asesor en asuntos de seguridad del partido demócrata de los Estados Unidos. Mateo y su hijo Andrew eran influyentes políticos en la comunidad estadounidense e invitaron a Alejandro a unirse a ellos como consultor en materia de seguridad nacional.

La opinión de los Spielberg era que Cuba necesitaba reformas sociales radicales y veían con buenos ojos la llegada de una figura nueva al poder en Cuba. Aparentemente, la idea de un cambio social radical en Cuba tenía el apoyo de la comunidad hebrea en los Estados Unidos. Este apoyo no impedía que advirtieran a Alejandro acerca de los posibles cambios en el país, principalmente de la expropiación de tierras para repartir de los campos cubanos entre los campesinos que no podían beneficiarse de cultivar un pedazo de tierra propio.

Las cosas iban a cambiar para bien, opinaba Spielberg que esperaba hacer negocios con el nuevo gobierno sin la intromisión de las compañías americanas ni de la mafia.

—Escucha Alejandro lo que te voy a decir, exclamó Andrew Spielberg: En los Estados Unidos los políticos americanos no quieren hacer tratos con los gobernantes Cubanos. Cuba es un país ingobernable, los Cubanos nunca han podido establecer una democracia al estilo estadounidense. La Isla se ha convertido en una caldera del diablo gobernada por una serie interminable de corruptos e inmorales que avergüenzan a los políticos estadounidenses. La mafia domina la industria del turismo y el espectáculo, convirtiendo las noches de la Habana en un interminable carnaval de depravación e inmoralidad que resultaba inaceptable para la mentalidad puritana y conservadora de la mayor parte del pueblo norteamericano que ve la salida de Batista como un alivio para el atormentado pueblo Cubano. Te voy a decir algo, el gobierno de Israel no aceptará a Mayer Lansky como refugiado. Me he encargado personalmente de frenar la llegada de ese infame mafioso, él ya sabe, que pronto su fin se avecina, dijo Spielberg recordando al polaco.

Añadió el hombre con fuerza mirando a su socio:

—En Cuba nunca podrás tener participación en los asuntos del país, porque eres un Judío, un extranjero al que nunca permitirán ingresar en el mundo de la política Cubana que es fascista y Antisemita. Los corruptos de este país decidirán y controlarán tu vida y te meterán la mano en el bolsillo cuando les de la real gana. Tu padre y tú, ya han experimentado la fuerza de la mordida de estos caimanes, no se sacian con nada y eso no es aceptable para nosotros. Tienes que salir de Cuba ya, estás a tiempo de ingresar a la comunidad hebrea en los Estados Unidos y salvar tu vida y la de tu familia. ¿Qué me dices, cuento contigo o me olvido de ti?

La perspectiva de unirse al influyente grupo hebreo animó a Alejandro que aceptó gustoso la invitación de participar en el curso de la política internacional y quizás poder ser parte de los colaboradores del gobierno estadounidense para influir en el destino de la seguridad de la nación de Israel. Pensó que su familia llevaba tres generaciones huyendo de comunidades donde a pesar de todos sus esfuerzos los Judíos no habían sido aceptados. ¿Podría ser que en una nación multiétnica como Norteamérica sus voces fueran oídas y el clamor de sus lamentos escuchados?

Alejandro lo intentaría, se trasladaría a la Florida y con el apoyo de los Spielberg comenzaría sus operaciones dentro del gobierno norteamericano como asesor de seguridad nacional bajo la supervisión del jefe de la CÍA, Allen Dulles. Alejandro informó de su nuevo destino a la institución del Mossad que apreció la oportunidad de infiltrar a su hombre en Cuba al gobierno de los Estados Unidos, Alejandro Baumann sería un kibbutznik al servicio de Israel.

GOBIERNO DE CUBA

En Cuba la oposición se había levantado en contra de la dictadura de Fulgencio Batista. Los partidos Revolucionarios firmaron un pacto en Montreal el 2 de junio de 1953 rechazando el gobierno de Batista aunque no tuvo los efectos esperados porque Batista aumentó la represión contra sus opositores. En esos momentos de confusión y desesperación en los que el pueblo Cubano se vuelca en rechazo contra el dictador Batista, surge la figura Revolucionaria de Fidel Castro, el llamado salvador de la patria.

El pueblo de Cuba simpatizó con Fidel; un joven abogado, blanco, atractivo y perteneciente a una familia de hacendados de origen Español. Cuba entera estaba con Fidel Castro. En efecto, la clase media, los profesores universitarios y los comerciantes simpatizaban con este joven idealista; incluso hasta la iglesia católica defendió a Castro en esos momentos.

La población en general se vuelca contra Batista y reclama a Fidel

Castro como el nuevo "Robin Hood" Cubano. Vehemente, Fidel reclamaba el establecimiento del Estado de Derechos y las garantías Constitucionales. Castro denunciaba a Batista como el peor dictador que había tenido Cuba y bajo un manto de patriotismo de corte romántico e idealista planifica el ataque al Cuartel Moncada el 26 de julio de 1953. No obstante, después del fracasado asalto, Fidel es apresado por los militares, encarcelado y condenado a 15 años de prisión en la cárcel en la isla de Pinos.

El 16 de octubre de 1953 se inició el juicio contra Fidel Castro que se defiende a si mismo con tal vehemencia y pasión en sus convicciones que acaba desarmando a sus opositores con su hermosa oratoria y se convierte en el jefe de la oposición al gobierno de Batista y el nuevo héroe Nacional de Cuba.

En medio de la confrontación Nacional y mediante un acuerdo, Batista toma posesión de la presidencia el 24 de febrero de 1955 convoca a un proyecto de Paz para Cuba, en el que concede la amnistía a Fidel y a otros revolucionarios. Sin embargo, en Cuba el terrorismo hace estragos y el gobierno reprime a la oposición con fuerza. Los acontecimientos que se precipitan a causa de la represión sangrienta de Batista, propician el ambiente ideal para los reclamos de oportunistas, que, bajo la solicitud de un Estado con garantías Constitucionales adelantan su plan político.

Esta situación de terrorismo provocó que la oposición que defendía la democracia se convirtiesen en artífices de la más larga tiranía que vería América liderada por Fidel Castro.

Fidel, luego de ser indultado se trasladó con su hermano Raoul a México el 13 de mayo de 1955. Estando en México fundaría el movimiento revolucionario del 26 de julio. El 2 de diciembre de 1956 fueron apresados los tripulantes del barco Gramma en el que viajaba Fidel Castro con su hermano Raúl y otros 80 revolucionarios opuestos a la dictadura de Batista. Nuevamente, Castro evade la prisión al ser absuelto por el fiscal Mendieta quien se une a la causa revolucionaria del 26 de julio exilándose en los Estados Unidos. Al regresar a Cuba, Fidel y los revolucionarios huyen a la Sierra, donde se unen otros Cubanos perseguidos por Batista. En esos momentos el desbordamiento de sangre se extiende por la Isla. Los represores y opositores al gobierno se enfrentan en las calles de la Habana. El 13 de mayo es asesinado el revolucionario castrista José Manuel Echevarría por miembros del ejército mientras salía de las emisoras de Radio Reloj tras dar un discurso contra Batista. Ante este clima de desasosiego, Batista en una movida política restauró las garantías Constitucionales y permitió restablecer el proceso electoral. Sin embargo, el movimiento del 26 de julio comandado por Fidel rechazó todo tipo de elecciones con la presencia de Batista. La situación en la Isla era insostenible, Batista desprestigiado ante la opinión pública que lo consideraba un arribista, también había perdido el respaldo del ejército, que temerosos de los temibles revolucionarios de la Sierra, abandonaban sus posiciones y se unían a Fidel.

Por primera vez en la historia de la república de Cuba surgía un movimiento y una revolución política sin el apoyo y la tutela de los Estados Unidos. Fidel Castro desde su centro de operaciones en la Sierra se había ganado a los sufridos campesinos Cubanos que habían sido las víctimas de la política azucarera que controlaban los latifundios del país y las grandes empresas norteamericanas que enviaban sus ganancias a Estados Unidos.

En la Cuba rica y próspera existía analfabetismo y problemas de salubridad, las condiciones de la vida entre los guajiros y la mayoría de los Cubanos de clases bajas eran lamentables. Aún entre la incipiente clase media, la adquisición de un hogar propio era difícil y la mayoría de los cubanos vivía en casas de alquiler, por lo que no es de extrañar que bajo estas condiciones de franca desigualdad social Castro se ganara a la mayor parte de la población Cubana. El pueblo cubano estaba aterrado ante la violencia desatada tanto por el gobierno como por la revolución del 26 de julio. Por un lado, decepcionados de Batista rechazaban su gobierno. Sin embargo, Fidel no podía controlar el curso de los acontecimientos en Cuba sin utilizar la violencia y decide utilizar su experiencia y todos los recursos disponibles a su alcance para establecerse como el líder indiscutible en la política Cubana. De esa manera, con la oposición ciudadana en contra de Batista, el horror y las venganzas de los asesinatos perpetrados por los revolucionarios de Fidel en la Sierra tentaron a los soldados a que abandonaran sus posiciones y hacerse de la vista larga respecto a los abusos de los revolucionarios contra el pueblo Cubano.

Los Estados Unidos, "al que se considera como el guardián del mundo," no apoyaron los esfuerzos de su protegido Batista. Por el contrario, los norteamericanos le cortaron los suministros de armas al ejército de Batista y permitieron el envío de pertrechos y ayudas de todo tipo desde sus instalaciones portuarias en los Estados Unidos y otras partes del mundo a los revolucionarios castristas. Esto, unido a una campaña periodística a favor de Fidel que lo promocionaba como el libertador de Cuba. No obstante, esta situación permitió el desarrollo de los acontecimientos y la impunidad para el arresto y asesinato de miles de ciudadanos a manos de los partidarios de Castro.

Fulgencio Batista había perdido el apoyo de la mayoría de los sectores del pueblo Cubano, por lo que abandonó Cuba el 1 de enero de 1959. El dictador viajaba hacia los Estados Unidos, pero ante el temor de que lo repatriaran a Cuba para rendir cuentas por sus acciones ante los líderes de la revolución, ordenó cambiar el rumbo a Santo Domingo. No se equivocaba mucho

Batista en sus premoniciones acerca de las posibles acciones del gobierno estadounidense dadas las simpatías hacia Castro en esos momentos. Los políticos estadounidenses lo hubiesen entregado a los simpatizantes del castrismo y de esta manera decretar su muerte inmediata. A partir de ese momento, Fidel se convertiría en el nuevo gigante político de Latinoamérica, todavía sin definir sus tendencias radicales comunistas, pero con el designio escrito de exportar su propia revolución a otras partes del mundo.

El 1 de enero de 1959 la isla de Cuba ardía como una tea en llamas que cabalgaba en la mano descarnada del jinete apocalíptico de la desolación. Ufano e invencible el caballero del horror campeaba invencible asolando la tierra de lo que antes había sido una nación emergente en la comunidad internacional, rica y próspera. La caída de la dictadura de Batista y la avalancha de simpatías por los revolucionarios de Fidel eran el eje de la discordia entre los Cubanos que apasionadamente se enfrentaban en cualquier espacio de la vida pública de esta Nación Antillana.

Cuba estaba ardiendo con un combustible difícil de apagar, el odio y el resentimiento que por diferentes razones se habían adentrado en el corazón de sus ciudadanos. Por otro lado, los oportunistas que un día habían apoyado a Batista, ahora asustados ante la posibilidad de perder sus privilegios se mostraban eufóricos con la llegada de Fidel Castro.

El 8 de enero de 1959 Fidel Castro entró en la Habana con la consigna de "Patria o muerte, venceremos." Camilo Cienfuegos y Ernesto Che Guevara ocuparon el cuartel de la Cabaña y el fortín de La Columbia. Presos de un exaltado ánimo fraternal muchos cubanos se abrazaban hipócritamente en las calles vitoreando la revolución de Fidel. En las casas habaneras se exhibían cartelitos de "Fidel estamos contigo". "Si Fidel es comunista que me pongan en la lista."

Sorprendentemente, a partir del 9 de febrero de 1959, Fidel Castro ordenó que se derogaran las garantías Constitucionales en Cuba, el "Habeas Corpus", el derecho a la huelga e instauró las confiscaciones de bienes privados. Asimismo, comenzaron los asesinatos y las ejecuciones de ciudadanos Cubanos. Al grito de "Fidel queremos paredón" se saldaron muchas cuentas en la Cuba post Batistiana. La hipocresía y la falta de solidaridad entre muchos cubanos contribuyeron al clima de persecución y revancha.

De ese modo, por una simple denuncia, se procedía al arresto de cualquier ciudadano, el cual era llevado ante un tribunal popular y luego era ejecutado. Las semillas del miedo, el egoísmo y el odio se fueron esparciendo entre la población Cubana. Con la consigna de salvar el pellejo propio se denunciaron a vecinos y amigos, esperando con esta táctica dilatar el propio arresto. Los Cubanos echaban cualquier victima a las fauces del cocodrilo con tal de no ser el próximo alimento del terrible animal.

En Cuba se instauró un gobierno totalitario, que para sobrevivir ante la amenaza de una invasión de los Estados Unidos reprimió las libertades de las que gozaban los Cubanos desde hacía años hasta el día de hoy. A partir de la llegada de Fidel Castro al poder, comenzó la nacionalización de los servicios públicos, de la banca, la industria y la repartición de tierras entre los campesinos. Esta última empresa no funcionó porque en Cuba los campesinos no obtuvieron un pedazo de tierra propio, sino que fueron obligados a trabajar como peones en granjas de experimentación agrícola. Aquellos que al grito de "Fidel estamos contigo" esperaron quedarse con las industrias en las que trabajaban como asalariados y que el gobierno comunista expropió a sus antiguos dueños con la promesa de crear cooperativas para los empleados, ahora clamaban contra Fidel decepcionados y obligados a sembrar boniato de sol a sol para el ejército castrista.

Hijo mío, no te olvides de mí ley,
Y tu corazón guarde mis mandamientos;
Porque largura de días y años de vida y paz aumentarán. Nunca se aparten de ti la misericordia y la verdad.
Átalas a tu cuello, Escríbelas en la tabla de tu corazón y hallarás gracia y buena opinión Ante los ojos de Dios y de los hombres (Proverbios 1,3).

En la casa de Raoul y Dulce la situación no era muy diferente con la llegada de Fidel Castro al poder en 1959; más aún con el presentimiento de que el suyo sería un gobierno dictatorial. Raoul Baumann se unió a un grupo de empresarios que se trasladaron a los Estados Unidos para reclamar el apoyo del gigante del norte y restablecer un gobierno democrático en Cuba a tono con la Constitución de 1940.

En mayo de 1960 se constituyó en los Estados Unidos el Frente Democrático Cubano cuya intención era invadir Cuba. El grupo estaba siendo adiestrado por la C.I.A en Guatemala con la aprobación del Presidente Eisenhower. Para allá fue a parar Raoul, ofreciéndose como voluntario de la Brigada 2506 que posteriormente desembarcaría en Playa Girón.

Con el advenimiento de John F. Kennedy a la presidencia de los Estados Unidos en abril de 1961, el apoyo al Consejo Cubano se volvió ambiguo y contradictorio. Kennedy se reunió con los patriotas Cubanos, pero negó ante la prensa estadounidense que tuviera planes de intervenir en la política Cubana. Tras recibir estas noticias, Raoul se había decepcionado de la política estadounidense porque en ese momento Fidel Castro era un héroe para los norteamericanos.

Desde 1959 Herbert Matthews, periodista del The New York Times se había encargado de vender la imagen de Fidel como el nuevo "Robín Hood" de las Américas. El pueblo americano enamorado del romanticismo alrededor de la figura de Fidel permanecía indiferente al saqueo que se efectuaba contra los propios Cubanos. Ante esta imagen, muchos Cubanos industriales eran vistos como latifundistas explotadores de su pueblo tanto en Cuba como en el exterior. Como resultado de esa situación, Raoul regresó a Cuba para buscar a Dulce y las niñas y regresar a los Estados Unidos para establecer su familia en Miami y poder tener tiempo para evaluar su participación en la lucha por la causa Cubana. Sin embargo, para la sorpresa y decepción de Raoul, Dulce y su madre Mima no se querían mover de Cuba.

—Mira Raulito, hijo, Fidel es cuestión de tiempo, los norteamericanos lo van a tumbar y esto va a seguir como estaba antes, decía Mima mientras se balanceaba en su mecedora en la terraza de su casa en la Víbora.

—Está equivocada, Mima, escúcheme, contestaba Raoul, el régimen vino para quedarse y la situación se va poner muy difícil en Cuba. Debemos proteger a las niñas y sacarlas del país en lo que se normalizan las relaciones entre Fidel Castro y los Estados Unidos. Venga con nosotros, si las cosas cambian regresamos. Como usted dice, estamos a cien millas de los Estados Unidos.

—Mira Dulce, añadió Raoul, vine a buscarlas a ustedes, pero tengo que regresar pronto a la Florida porque estoy en medio de una transacción comercial de mi familia autorizada por el gobierno de Cuba. Esa operación garantiza nuestra seguridad económica en el futuro y no puedo cometer errores, te pido que tengas confianza en las decisiones que estoy tomando y me acompañes a la Florida.

—No, Raoul, no voy a ir. Mima tiene razón, ¿cómo los norteamericanos nos van a abandonar en manos de un comunista a cien millas de las costas de Miami? Con tus ideas nos estás exponiendo a que los milicianos nos arresten en cualquier momento. Yo estoy aterrorizada con tus actividades contrarrevolucionarias y no quiero acabar en un paredón de fusilamiento como le ha pasado a mucha gente en Cuba. Así, que te digo, que me quiero divorciar de ti lo antes posible.

—Pues Dulce si así lo quieres, te puedes quedar, pero me quiero llevar a mis hijas a la Florida.

—De eso nada, Raoul. Tú puedes hacer lo que quieras con tu vida, pero yo me quedo en Cuba con las niñas.

Raoul prometió a Dulce que la sacaría de Cuba a ella y a sus hijas, solo era cuestión de tiempo. Pero, Dulce desesperada ante la situación de caos reinante en la Isla y la incursión de Raoul en movimientos antirrevolucionarios insistió en divorciarse antes de la partida de Raoul y de esta manera protegerse de cualquier investigación que surgiera contra la familia. Luego del divorcio, Dulce se mudó a la casa de Santos Suárez donde vivía su madre y se instaló allí con sus hijas alejándose de la familia Baumann y dejando a la abuela Aurore desecha al ver como sus nietas salían de su vida de una manera tan absurda e injusta.

TERCER MANDAMIENTO
Acuérdate del día de reposo para santificarlo Éxodo 20:8-11

Alejandro Baumann se reunió con su hijo en la Florida, el encuentro de padre e hijo se realizó en la finca para el cultivo de plantas ornamentales en Homestead.

—¡Padre! Te he extrañado tanto y me has hecho mucha falta, exclamó Raoul abrazando a su padre.

—Yo también, hijo mío, dijo Alejandro. Quiero hablar contigo de la situación en Cuba y separándose del abrazo de Raoul, añade: Debes traer a tu mujer y a tus hijas a los Estados Unidos. La salida de tu madre está arreglada, se había detenido porque Louis, tu hermano está trabajando con el gobierno Cubano. Fidel lo nombró superintendente de agricultura y debe visitar los ingenios para mantener la producción de caña. La cosa allá está mala, hay mucho robo y destrucción, tanto de parte de los campesinos como del gobierno. Louis está comprometido con la causa de Fidel y yo creo que Cuba necesita un cambio y tu hermano puede ser parte de ese cambio social para una nueva Cuba. Todavía nosotros tenemos en Matanzas plantaciones de cítricos que el gobierno de Fidel ha prometido respetar y que Louis está supervisando. Pero en el caso tuyo que has estado relacionado con opositores al gobierno de Fidel, estarías corriendo peligro en territorio Cubano. Si te agarran no podríamos protegerte porque Fidel está siendo implacable con los opositores.

—Por eso, continuaba el hombre mirando a su hijo, te pido Raoul que te alejes de la contrarrevolución, estás perdiendo tu tiempo y arriesgando tu vida y la de tu familia jugando el juego de los Cubanos con los norteamericanos. Fidel necesita gente comprometida con el país para echar adelante a Cuba, esa es mi opinión. Tú sabes, cuanto tiempo tu abuelo Ariel y yo mismo tuvimos que estar sobornando en Cuba a los distintos gobiernos para sobrevivir y mantener el negocio de la familia. Cuánto nos costó traer a Cuba a la familia Weizmann. Nunca me olvidaré de los rostros de los pasajeros del Saint Louis, la desesperación de esas familias perseguidas por los nazis que el gobierno Cubano se negó a aceptar en el puerto de la Habana. No, tú no te acuerdas de nada de eso, pero yo sí y la comunidad Judía en los Estados Unidos tampoco olvidan a sus parientes muertos en campos de concentración nazis. Tienes el caso de Mateo Spielberg, en ese barco venían sus tíos, una hermana embarazada y sus dos sobrinas. ¿Sabes dónde acabaron? En el campo de concentración de Treblinka y Mateo con todo su poder no pudo hacer nada por ellos, porque desaparecieron en la nada después que Laredo Brú obligó al Saint Louis a irse de la Habana. Spielberg buscó a su familia por toda Europa después que la guerra acabó y los encontró leyendo los nombres de un registro del campo de exterminio en Treblinka.

Alejandro trataba de mantener la atención de su hijo, aunque el recuerdo de tales acontecimientos le provocara dolor y resentimiento contra el pueblo Cubano.

—Además, querido hijo, el dirigente del servicio secreto Israelí, Rafi Eitán perdió a varios familiares en el asunto del Saint Louis y te digo que este individuo Eitán, tiene buenas relaciones con Castro. Como verás no hay apoyo internacional en la lucha contra Fidel, tu sacrificio sería inútil. Lo mejor, Raoul es que vengas con nosotros a la Florida y esperemos que el curso de los acontecimientos dirija al pueblo Cubano a una democracia. Yo te pregunto a ti, hijo mío. ¿Para qué luchar contra Castro y volver a un régimen como el que tenía Batista en Cuba? ¿Para extender el Batistato y la Mafia en la Habana? No, no queremos eso para Cuba. Volverían muchos corruptos al poder y establecerían una dictadura férrea con alguien peor que el mismo Batista. Te digo que Cuba es ingobernable bajo los preceptos de lo que debe ser una República democrática y Fidel lo sabe. Por eso, Castro está apretando el puño para que el país no vuelva al estado de corrupción e inmoralidad que había. Lo que necesita Cuba es restablecer las relaciones con Estados Unidos bajo un nuevo estado de derecho. Fidel necesita enderezar el rumbo de la República de Cuba y lo vamos a ayudar, esa es la tendencia de la política internacional, apoyar a Fidel Castro. No tiene sentido luchar por mantener en el poder a un corrupto como Batista. Sería una vergüenza para los Estados Unidos y una afrenta a la comunidad internacional. Te garantizo, que los Estados Unidos no van a invadir Cuba, ni lo sueñes, baja de esa nube. Todo lo contrario, Estados Unidos va a establecer relaciones con el gobierno de Fidel en cualquier momento y las cosas van a empezar a normalizarse.

Alejandro tomó a su hijo por los hombros y continuó hablando para tratar de convencer a su hijo.
—Tú, Raoul, has dejado a tu familia en Cuba para ir a luchar con un grupo de anticastristas que están siendo engañados por los norteamericanos, no sabes la pena que me da con esa gente. Pero no quieren oír ni escuchar, quieren actuar y te lo digo desde ahora, no van para ningún lado. Hijo mío, deja la causa contrarrevolucionaria y únete a la política norteamericana como miembro del partido demócrata, deja a Cuba con los Cubanos y con el líder que respalda el pueblo. Hazme caso, como un día mi padre obedeció a su padre, después tomas tus decisiones. Mi meta es ir a Israel tan pronto llegue tu madre a la Florida, voy a ayudar a la causa Judía por eso estoy colaborando con Spielberg, ese viejo zorro en el que no confío nada, pero es parte de la Federación Sionista como nosotros.
—De acuerdo padre, creo que tienes razón, contestó calmado Raoul. Dulce y yo cometimos nuestros errores y ahora hay que buscar una solución. Por el momento, no puedo entrar a Cuba porque sería arrestado y lejos de ayudar a mí familia la perjudicaría más. Pero, te prometo que voy a seguir tu consejo y contrataré a un topo para sacar a Dulce y las niñas de Cuba.
—Me alegro hijo, exclamó emocionado Alejandro, que hayas escuchado mi consejo, ahora debes acercarte a un contacto del Mossad para que le ordenen a su hombre en Cuba acercarse a Dulce para tramitar su salida del país. Quiero entregarte la daga del abuelo Ariel y con ella

te paso el mandato de transmitir el apellido Baumann entre los justos. Que Yahvé te acompañe siempre hijo mío, terminó diciendo Alejandro. Raoul tomó la daga Yusupov y la colocó en su cinto.

—Mi compromiso es con nuestro pueblo, Yahvé te acompañe padre.

Padre e hijo se despidieron y Raoul comenzó sus gestiones para traer a su familia a través de los servicios del Mossad. A pesar del divorcio, Raoul había continuado enviando cartas sin remitente a su mujer donde le contaba de sus actividades en los Estados Unidos y de los planes cercanos que tenía para sacarla del país. Esa correspondencia apasionada complicaría la vida de Dulce y de sus hijas, ya que comenzó a ser intervenida por los comisarios de barrio. Pronto, Raoul se percató de la situación y dejó de comunicarse con Dulce, tendría que acelerar sus planes para sacar a su familia de Cuba. Sus esfuerzos antirrevolucionarios para derrocar el gobierno de Castro no estaban transcurriendo como los Cubanos anticastristas esperaban. Raoúl se acercó al contacto de su padre en la comunidad hebrea de Miami y obtuvo información que le permitió acercarse al servicio secreto Israelí. Confiaba en que pagando una fuerte suma de dinero al Mossad lograría traer a su familia a los Estados Unidos, por lo cual hizo acuerdos con el servicio secreto Israelí y solicitó un topo para realizar la misión de rescate.

En Cuba tenían a un miembro del Mossad infiltrado en la cúpula del gobierno castrista. Endre era un sayanim, un voluntario Judío con la misión de ayudar a la comunidad Judía a huir de la Isla. Su trabajo consistía en recopilar información para el Mossad. Sin los sayanim el servicio secreto Israelí no podía efectuar sus misiones. Endre representaba el papel de fotógrafo del New York Times bajo el nombre de Matthew. Acompañaba a los revolucionarios en la Sierra, escribía artículos fogosos de la figura de Fidel Castro que la comunidad estadounidense devoraba disfrutando del mítico caudillo Cubano. De esa manera, Endre Guttmann se ganó las simpatías del régimen Castrista y abrió el camino para una amistad entre Fidel Castro y figuras importantes del Mossad. El primer viaje de refugiados que coordinó Endre fue un éxito al lograr que David Fonseca, joyero hebreo de la Habana y su familia llegaran a las costas estadounidenses y se preparó el segundo viaje. Ya confiado en que la travesía era superable, coordinó con Fonseca el transporte de Dulce y las niñas. No podía comunicarse con su madre ni su hermano, así que el topo tendría que acercarse a la familia Alegría y ganar la confianza de Dulce y sus hijas para que se atrevieran a dar el arriesgado viaje. De esa manera, Endre Guttmann llegaría a la vida de Dulce Alegría con el compromiso de ganar la confianza de la mujer y explicarle que su misión consistía en sacarla de Cuba y llevarla con su esposo a los Estados Unidos.

Bendecid a Jehová, vosotros sus ángeles poderosos en fortaleza, que ejecutáis su palabra, obedeciendo a la voz de su precepto, Bendecid a Jehová, vosotros todos sus ejércitos, Ministros suyos, que hacéis su voluntad, Bendecid a Jehová, vosotras todas sus obras, en todos los lugares de su señorío, Bendice, alma mía, a Jehová. (Salmos 103.20-22).
Pero la esposa de Lot miró hacia atrás, Y se quedó convertida en estatua de sal (Génesis 19).

Dulce se despertó. Eran las nueve de la mañana y había pasado la despedida del año 1959 con Matthew en casa de la familia Bengoechea. Para ella todo parecía raro por estar compartiendo con un norteamericano en la despedida de año y en casa del gallego Joaquín Bengoechea. Conoció al periodista del norte en casa de Joaquín, catedrático de Filosofía y Letras de la Universidad de la Habana. Hilda Linares del Valle, esposa de Joaquín era maestra de música, al igual que ella y se conocían desde chiquitas. Hilda y Dulce crecieron en el mismo vecindario, en el habanero reparto de la Víbora en la calle Santos Suárez. Hilda se casó con el viejo Joaquín que podía ser su padre y Dulce se casó con el encantador y soñador de Raoul. No obstante, gracias a las influencias de Joaquín, previo a su matrimonio con Raoul, Dulce había escalado posiciones en la vida pública Cubana. La habían nombrado superintendente de escuelas públicas, lo que a su edad era un logro extraordinario. Por esa causa, Mima se ufanaba de la importancia de su hija; que si Dulce para aquí, que si Dulce para allá. Además, a sus 24 años la joven era un capullo en flor, blanquita, de tez aceitunada, parecía una mora. Con una cara linda, de ojos pícaros y boca sensual que remataba y acentuaba un cuerpo curvilíneo y provocador.

Dulce era la típica joven Cubana de su tiempo que sin intención destilaba sensualidad y deseo. Ella se movía en la vida con una mirada intensa y profunda que salía de esos ojos de vaca, como decía Mima, la cual levantaba la pasión al más muerto. Dulce era consciente de su atractivo y a veces hasta se asustaba de los resultados que su sensualidad provocaba. En la calle, la gente la miraba de arriba abajo. Mima le decía:

—Mi niña es que tú eres la flor de la canela. Heredaste la picardía de tu abuelo asturiano Placido y la sensualidad de abuelita Ñoña que era una criolla Cubana que en sus tiempos rompía los corazones.

No había sido un camino de rosas la vida para las dos mujeres, tras la muerte violenta de Calixto Alegría, el padre de Dulce, socio de Ariel Baumann y abogado que había dedicado su vida y su capital a tratar de adecentar, limpiar y organizar la política Cubana hasta su asesinato en las huelgas cañeras de 1940. Mima tuvo que recurrir a la familia de su esposo, ganaderos en la provincia de Matanzas a suplicarle ayuda económica para mantener el nivel de vida a la que estaban acostumbradas.

La familia Alegría, muy a tono con su apellido, pasaban generosamente a Mima una buena cantidad para llevar la vida de privilegios propia de una familia de la clase alta habanera. Gracias al carácter espléndido de los Alegría, Dulce estudió con las monjas Dominicas, donde aprendió un poco de inglés y se relacionó con otras muchachas de familias acomodadas de la Habana. Allí se hizo amiga de su vecina

Hilda Linares del Valle, otra niña de buena familia cuidada y consentida como la misma Dulce. Juntas ingresaron a la universidad de la Habana obteniendo títulos doctorales en Filosofía y Letras.

A la salida de la universidad, ambas amigas se especializaron en el estudio de la música Cubana, lo que las hizo muy populares en su círculo de amistades. Precisamente, en una reunión organizada por Mima para finiquitar la sociedad de su difunto marido con la familia Baumann es que Dulce conoció a Raoul Baumann, este joven ingeniero Cubano de padres Judíos egresado de la Universidad de Marquette en Wisconsin que estaba regresando a la Habana con su familia para ocuparse del negocio familiar en la provincia de Matanzas. Fue un amor a primera vista. Se casaron en un mes con el beneplácito de ambas familias y la sorpresa de la sociedad habanera. No era para menos la prisa, porque a los pocos meses Dulce traía al mundo a Sarah y al año siguiente a Raquel. Ambas niñas salieron muy parecidas en lo físico a la familia Baumann. Eran una versión mejorada de doña Aurore, la abuela paterna, una dama refinada que mantenía una dieta especial con un afamado médico inglés de la Habana para no engordar y mantener el físico juvenil y elegante a costa de grandes sacrificios al tener que renunciar a su comida preferida, los dulces.

Después del matrimonio de Dulce con Raoul, Hilda aceptó la proposición matrimonial de Joaquín Bengoechea, su antiguo profesor de filosofía de la Universidad de la Habana decepcionada de que Louis Baumann no le prestaba atención. La boda de Hilda y Joaquín fue sencilla pero elegante, con la misma trascendencia de la firma de un contrato comercial.

A pesar de sus matrimonios ambas amigas mantenían comunicación a través de saludos al encontrarse en las terrazas de sus respectivas casas. Dulce compartía con la familia de Raoul en su casa Miramar. Cuando regresaba a su casa en la Víbora traía exquisitos dulces hebreos que preparaba la madre de Raoul y pasaba el zaguán hacia la residencia de Hilda

con una muestra de las delicias de Aurore. A lo que gritaba Joaquin:
—¡Que porquería, esa gente come como los burros, donde estén unas buenas torrijas, que se quite toda esa melcocha Judía!
Hilda recibía encantada los dulces que solo ella disfrutaba y agradecía a Dulce.
—Pasa un ratito para que hablemos, suplicaba Hilda aburrida de las charlas de filosofía de Joaquín que habían empezado a abrumarla con tanta divagación y estupideces acerca de las clases burguesas y el proletariado.

Las diferencias en Cuba estaban traspasando de la política a la vida doméstica de los ciudadanos y ya Hilda estaba resintiendo el desespero de Joaquín por obtener beneficios y reconocimientos de la Revolución y el revanchismo que ansiaba de los sectores burgueses que el como buen comunista despreciaba.

Al darse el sorpresivo divorcio de Dulce, Hilda se volcó en atenciones con ella y las niñas, recuperando su íntima amistad. Los fines de semana se reunían en la residencia de Hilda y Joaquín donde ambas familias observaban la evolución de la Revolución Castrista. En una tarde de sábado, de esas de la Habana donde Mima se encontraba preparando unos bocaditos de queso crema y pimiento morrón que tanto le gustaban a Hilda, las muchachas se sentaron en la escalinata de mármol de la entrada de la casa. Aunque la brisa de la tarde soplaba el rostro de Dulce alborotando el cabello que la mujer trataba de arreglar, ella pensaba en Raoul. Su corazón le saltaba de solo pensar que mataran a su marido en la Florida, la revolución tenía espías en los Estados Unidos y la causa Cubana no encontraba apoyo en la comunidad internacional. Muchas preguntas se hacía: ¿Estaba loca por reunirse con su marido? ¿Porque no se fue con él a Estados Unidos? Sentía que había sido una cobarde y ahora estaba pagando caro su error. Nadie sabía nada de Raoul y ella sufría en silencio. La sobresaltó su amiga, que le dice…
—Ponte bonita Dulce, que te tengo una sorpresa, dijo Hilda sonriendo a su amiga.

—Una sorpresa para mi... Hilda... ¿que podrá ser? Por favor, no me asustes que los tiempos no están para sorpresitas, contestó Dulce molesta y atormentada por el recuerdo de su marido.

—Tú verás mi niña, te va a visitar un angelito para que te acompañe en tus ratos de soledad, respondió con picardía Hilda. Las mujeres no podemos estar solas, una amistad masculina no te va a venir nada mal.

—Mira Dulce, ahí llegó mi sorpresa, rió Hilda corriendo a saludar al visitante.

La sorpresita de Hilda resultó ser Endre que se hacía pasar por Matthew Bird; un norteamericano que estaba visitando Cuba hacia dos años para estudiar la vida de Fidel Castro y los Revolucionarios en la Sierra Maestra. Este hombre de 29 años, periodista del New York Times pronto se convirtió en un asiduo visitante de la casa de Joaquín e Hilda dada la encomienda de Raoul de ganar la confianza de Dulce para llevarla con las niñas a los Estados Unidos.

Algunas veces, Dulce acompañaba a Matthew a la playa de Varadero, iban con las niñas. El americano había tratado de besarla y ella lo había rechazado. Dulce se resistía, hacía tan poco tiempo que Raoúl se había ido de Cuba que ella se sentía culpable de iniciar una vida con otro hombre. Además, Mima decía que no entendía como ese extranjero había llegado a sus vidas, así, sin más ni más, como caído del cielo.

—Había que tener cuidado, un hombre que tú no conoces de momento se va y te deja en la prángana, decía la dama.

Matthew era atractivo, inteligente, tenía esa mirada dulce y azul que te hace confiar en él de manera absoluta. Era un hombre amable y esplendido, con facilidad de palabra y con un apostolado particular para buscar la verdad. Por eso, estaba en Cuba para escribir del tema Cubano a la comunidad internacional. Dulce pensaba que Matthew era demasiado optimista acerca de la situación que se estaba desarrollando en la Isla. El joven admiraba a Fidel y escribía reportajes conmovedores que luego enviaba los Estados Unidos. Ella que visitaba las Regiones Escolares sabía que la situación política estaba candente. Había visto golpizas contra Cubanos opuestos a Fidel como a su favor. Muchas veces le habían gritado turbas exaltadas en los pueblos: "pichón de gallega vete de Cuba"

Dulce había comenzado a tener miedo de salir a la calle ante las ejecuciones populares, ataques contra ciudadanos y violaciones en masa contra mujeres solas que a diario ocurrían. Ella había empezado a preocuparse por su seguridad e incluso cuando salía a la calle usaba espermaticida por temor a ser violada por una turba del populacho enardecido contra las clases pudientes. El gobierno de Castro tras perder el apoyo de la escasa clase media en Cuba comenzó una política represiva estableciendo Tribunales del Pueblo e incluso Comisarios para cada manzana para poder vigilar y delatar actos subversivos contra el gobierno. De esta manera, el terror asolaba la Habana y la gente estaba saldando viejas cuentas.

Con estos pensamientos, la sobresaltó el ruido de la gritería de gente en la calle. Se asomó a la ventana y pudo ver un grupo de agitadores comandados por una mujer, también había un grupo de milicianos respaldando a la muchedumbre.

Mima abrió la puerta y preguntó: ¿qué es lo que está pasando aquí?
—¡Apártese señora, tenemos una denuncia ciudadana!
—Pasen y busquen, ordenó a los soldados.
—Señora, ¿Dónde está su hija? Estamos buscando propaganda antirrevolucionaria.
—Aquí no hay ninguna propaganda, mi hija es maestra de piano y no está en nada de eso.

Una miliciana de mediana edad pasó al comedor donde Dulce indiferente contemplaba al grupo de milicianos. La mujer que dominaba a la muchedumbre dirigiéndose a Dulce le increpó:
—Y tú, ¿quién eres?
—Ella es mi hija Dulce, intervino Mima, estamos esperando a las niñas de ella que están por salir del Kínder.
—No me digas, contestó la miliciana. Así que tú te llamas Dulce. Que

nombre tan apropiado para una mujer tan linda como tú. Pero, dime, ¿qué escondes en la blusa? Continuó la mujer con una sonrisa en los labios y tomando por los hombros a Dulce hasta tener a la sorprendida joven frente a ella. Los milicianos reían divertidos y esperanzados de participar en el festejo.

—Déjame ver, la mujer desgarró la camisa de Dulce y pasó sus manos por los pechos, deteniéndose en ellos.

—¿Qué les parece esta gusana? ¿Quieren probar un platillo de la madre patria?

La miliciana cogió por el cabello a Dulce y la arrastraba hasta el dormitorio, Mima fue tras ella y cogiendo a la mujer del brazo, le suplicó:

—Por favor, deje a mi hija, le entregaré a cambio lo que usted quiera de esta casa. Lo que usted quiera, pero no le haga un daño a mi niña.

—¿Lo que yo quiera? Contestó la miliciana sin soltar a Dulce por el cabello.

—Si, lo que usted quiera. Puede llevarse los cubiertos de plata o los candelabros, cualquier cosa, pero no me le haga un daño así a mi hija, suplicó Mima.

—¿Que tú te has creído vieja ricachona? Contestó la miliciana. Piensas que yo no valgo lo mismo que ustedes y que me puedes comprar con el dinero que le has robado al pueblo Cubano.

La mujer levantó el brazo y de un puñetazo tumbó a Mima, que cayó inconsciente en el suelo. Un miliciano se agachó a auxiliar a la anciana y molesto mirando a la miliciana le increpó:

—Compañera esto es un crimen y la voy a reportar a mi comandante Varela. Era innecesario que usted maltratara a la señora de esta manera.

La mujer siguió hasta el dormitorio lanzando a Dulce en la cama que llorosa estaba en estado de shock.

La miliciana se acercó sonriente y besó a Dulce en los labios, introduciendo su lengua en la boca de la aterrada Dulce que instintivamente reaccionó mordiendo a la mujer en el labio inferior y ante la sorpresa de la miliciana, Dulce comenzó a golpear a la mujer con los puños en el rostro. La miliciana sangraba y aullaba de dolor, la sangre le bajaba por la camisa del uniforme, se agarró la boca tratando de contener el dolor.

—Me partiste los labios, hija de puta.

Gritaba desesperada ante la consternación de los milicianos que la miraban desde la puerta sin saber cómo intervenir en la disputa entre ambas mujeres.

Finalmente, los hombres se acercaron y separaron a las mujeres, Dulce estaba semidesnuda y tenía el torso ensangrentado con la sangre que manaba del rostro de la miliciana que se abrazaba a ella tratando de contener la furia de la joven.

—Llévenme a un médico, que puedo perder el labio. Necesito que me den varios puntos en la boca, arranquen que nos vamos, dijo la mujer empujando a un miliciano grande y prieto que miraba a la mujer con desagrado.

—Mañana vengo a por ti gallega. Te voy a meter en la Cabaña el resto de tus días. Allí vas a sufrir lo que no te imaginas. Me voy a llevar a las niñas, no se pueden quedar aquí con gusanos como ustedes, dijo con odio la mujer. Agarren a las chiquitas y me las meten en el camión que me las voy a llevar a un sitio que nunca van a olvidar. ¿No me escuchan? Cojan a las chiquitas...

—Mañana vieja, olvídate de las niñas, tienes esa cara muy mala, vamos al hospital para que te atiendan antes de que cojas una infección grande y te mueras, dijo uno de los milicianos mirando con complicidad a Dulce, mañana nos los llevamos a todos.

—Joven atienda a su mamá que ya se recuperó y llévela a un hospital para que le vean ese golpe en la cabeza.

Dulce y Mima se miraron aterradas. El destino no podía ser más cruel, en unas horas, quizás un día o dos la milicia se llevaría a Dulce arrestada por conspiración, las niñas pararían en un hospicio del estado y Mima tendría que abandonar la casa. No tenían salida.

—Llama a Joaquín, por Dios, gritaba Mima sobándose el golpe en la frente, él sabrá que hacer porque es de los de ellos.

Dulce todavía en shock, se dirigió al baño y al mirar su imagen en el espejo se percató de que estaba ensangrentada. Se metió en la ducha y tras darse un baño y ponerse ropa limpia salió corriendo junto con Mima a casa de su amiga del alma Hilda. Cuando entraron en la casa de Hilda, Joaquín estaba serio sentado en la sala, fumaba y miró a Dulce entre perplejo y asustado. Hilda se lanzó a abrazar a Mima que trataba de tranquilizarla diciendo que el golpe no era más que un chichón que ella no pensaba que tenía fractura. Hilda estaba horrorizada e insistía en ir al hospital.

—Vamos, por favor Mima. No voy a estar tranquila si un médico no la ve.

—Que le ha pasado a Mima, gritó el hombre mirando el chichón que tenía la anciana en la frente y aguantando a su mujer por un brazo. ¿Es que se están volviendo todas locas al mismo tiempo?

Dulce pasó a relatar a Joaquín todo lo que acababan de pasar en la casa con la visita de los milicianos.

—No debiste haber reaccionado de esa forma Dulce, contestó Joaquín ante el relato de la mujer. Por lo que cuentas, a esa miliciana casi le rompes la cara. ¿Te has vuelto loca?

—Hoy es viernes, el lunes o el martes vienen a por ti. Lo siento mucho por ustedes, pero no voy a poder hacer nada. Formaste un lío del carajo, esa chusma venía a molestar, a pasar el rato. Las calles de la Habana están llenas de gente eufórica con la llegada de la Revolución. Ahora están hablando los que nunca fueron escuchados, esa gente cree que ahora es su momento y están de fiesta, en el paroxismo de la locura. En estos momentos, cualquier cosa puede pasar. Hay que estar callados hasta que se normalice la situación en el país.

—Pero, Joaquín y los derechos que tanto defendías, la Revolución. ¿Qué está pasando contigo? Dijo Dulce llorando y agarrada de las manos de su madre que se apretaba el pecho desesperada.

—Dulce, mi bella niña, no puedo hacer nada por ti, ni tan siquiera puedo hacer algo por nosotros, contestó Joaquín. Mi mujer y yo vivimos con miedo. Hay espías por todos los lados. En cualquier momento, unos milicianos entraran por esa puerta y con una denuncia basada en una mentira nos arrestaran. La traición es la orden del día. Los Cubanos se están cobrando las heridas del pasado. El caos impera en todo el país. Hay asesinatos públicos por una simple denuncia al grito de ¡Fidel queremos paredón!

—Pero, tengo una idea, quizás Matthew nos pueda ayudar. Él es un periodista simpatizante con la Revolución y se la pasa fotografiando a esos barbudos. No se me ocurre otra persona en estos momentos que no sea el periodista norteamericano. De hecho, debe estar por llegar porque lo invitamos a almorzar. Quédate con nosotros y espera mientras te tomas un poco de café que Hilda acaba de preparar. Vamos a atender el golpe que tu mamá tiene en la frente, que yo no sé cómo han podido hacer una cosa así a una anciana, terminó diciendo Joaquín.

Dulce no sabía mucho acerca de Matthew. Para ella, era el americano que mantenía un obsesivo cortejo con ella. Una mujer conservadora como Dulce no había aceptado esa relación con un hombre al que no conocía porque los tiempos que corrían eran de inestabilidad y la incertidumbre dominaba toda la vida en Cuba. Pero, se dejaba admirar por el hombre que, a pesar de sus rechazos, seguía devotamente enamorado de ella. Ella se dejaba arrastrar por la ilusión del momento para negar la realidad devastadora que la rodeaba. En otras circunstancias, ella no mantendría una relación con un desconocido, un extranjero que podía desaparecer en cualquier momento de su vida.

A Mima no le gustaba Matthew, decía que no se fiaba de un tipo como ese que tenía cara de iguana. Pero Dulce no compartía esa opinión. Matthew, que se hacía pasar por norteamericano, se veía bonachón e idealista y era la única persona que podía ayudarla en esta locura.

Cuando llegó Matthew. Dulce era un manojo de nervios que a duras penas se podía controlar. Bajó las escaleras dejando atrás a sus amigos y se lanzó sobre Matthew exclamando:

—Me van a arrestar, una miliciana trató de violarme, yo me defendí y la herí en la cara. La mujer me amenazó con venirme a buscar en unos días. ¿Que podía hacer, dejar que me violaran? Me defendí y mira ahora en lo que estoy metida. Esto es una locura, puedo ir presa, perder a mis hijas y mi madre no tiene a donde ir. No tenemos a nadie, solo a ti.

Matthew la oía, pero su mente estaba en otra parte. Repasaba los asesinatos recientes de campesinos rebeldes por milicianos. El saqueo de iglesias, colegios, casas y el derrumbe de lo que había sido Cuba. Esta no era la Revolución que tanto admiró y pensaba; ¿Qué pasó con Fidel el hombre que tanto admiró, cómo permitía los abusos que estaban ocurriendo?

Era como si una ola de oscuridad hubiese entrado en la Isla. Incluso, él mismo albergaba pensamientos insanos en su corazón. Observar tanta brutalidad impasible tras el lente de su cámara lo había bestializado. ¿Era él un asesino? ¿Sino lo era? ¿Por qué no intervenía a favor de las víctimas? ¿Cuántos asesinatos había presenciado acercando el lente al rostro de la víctima? Analizando el dolor de personas desvalidas que eran torturadas y ejecutadas. Puede que más de 500 ejecuciones. Solo en Santiago de Cuba, en una tarde observó como un miliciano mató a 30 personas. A los rebeldes de la Revolución eran retenidos e interrogados con fiereza para después ejecutarlos en el mejor de los casos con un tiro en la nuca. Los Cubanos adinerados huían del país demostrando el escaso compromiso y la ausencia de valor patriótico con su Cuba. La mayoría de los que tenían bienes y lograban sacar su dinero se despreocupaban de los que quedaban atrás. El país estaba al garete. Sabía por conocimiento propio que Fidel se encontraba ante una situación de caos que controlaba con el ejército y a veces se cometían excesos de los que no se enteraba. Matthew retrataba todos los sucesos y después los recreaba en su mente, detalle a detalle. Disfrutaba acaso de lo que pasaba, o quizás, recordaba su propia historia en el campo de Treblinka. Miró a Dulce, la agarró de las manos y la condujo al jardín para que nadie los oyera. Matthew le dijo:

—Tienes que huir y rápido, no hay otra salida. De nada te van a valer explicaciones ni excusas para justificar el asalto a una miliciana. Tienes todas las de perder. Si no actúas de inmediato, serás arrestada y enviada a la cárcel de la Cabaña.

—Pero, ¿cómo voy a sacar documentos para huir de Cuba si estoy pendiente de arresto? ¿Cómo sacaré a mis hijas y a mi madre de este infierno?

Respondió Dulce cabizbaja y casi llorando por la desesperación del momento, se agarró desesperada de la camisa de Matthew y gritó:

—¿Qué quieres, que me tire al mar y me vaya nadando?

—De eso mismo estamos hablando, darling, de eso mismo, afirmó Matthew. Has dado en el clavo, sin quererlo has abierto mi mente hacia una posible solución a tu problema. Se me ocurre un plan de escape que quizás funcione para que puedas huir de Cuba. Confía en mi Dulce, yo te voy a ayudar pero debes seguir mis instrucciones para que este plan funcione, concluyó Mathew.

—Hoy es viernes, mañana te vas a quedar en la casa con tus hijas como si estuvieras enferma pero te vas a preparar para pasar el sábado en la playa, a eso de las once de la mañana del sábado te vas con las niñas a Varadero, lleva una cartera pequeña con jugos y bocaditos. Poca cosa, como si fueras a pasar el sábado en la playa y regresar por la noche a tu casa. Te vas sencilla, las niñas igual, sin llamar la atención. Habla con tu madre, explícale la situación y despídete de ella. Vas a esperar que caiga la noche en la playa y cuando oscurezca yo te recogeré en la orilla en un bote y navegaremos hasta alta mar donde nos estarán esperando para llevarnos a la Florida. Es la única salida, la otra es quedarte para ingresar en prisión y no volver a ver a tus hijas que irán a un destino cruel en un hospicio del gobierno.

—He visto en el pasado lo que algunos depravados hacen con niñas de tan solo siete años y te aseguro que no querrías saberlo. No sé por qué estoy haciendo esto, pero creo que forma parte de mi destino. No debes hablar de esto con nadie porque las paredes oyen y hoy en día no hay amigos fieles, cualquiera te puede entregar para salvar el pellejo propio. Acuérdate, no hables con nadie. Cuando todo pase, te podrás comunicar con tu madre.

Matthew se despidió de Dulce que aturdida y callada se sentó en las escaleras de la casa mirando como el hombre se alejaba.

Al abandonar la casa de Joaquín Bengoechea observa un cartel pegado de la reja de la casa que dice, "Fidel esta es tu casa" que le hace gracia y pensó: Joaquín, viejo sinvergüenza, eres un traidor y un descarado, pensó el americano, ya se ocuparán de ti. Se olvidó de Joaquín y fijó su vista en los gritos y la algarabía de la muchedumbre en la calle. Había muchas mujeres, iban cantando ritmos tropicales y llevaban palos en la mano con los que destrozaban las hermosas esculturas de mármol de las casas de la Víbora. Una de ellas, al verlo gritó.

—¡Ese gringo está robando!

—Vamos a por él.

Matthew corrió asustado a través de los patios hasta adentrarse en un caserón viejo y abandonado. Se escondió debajo de la maleza del traspatio y permaneció callado hasta que la chusma pasó. Estaba agotado, se quedó medio dormido y a su mente vino la imagen de las niñas de Dulce. Tan lindas, con esa piel suave y delicada de color blanco aceitunado. Dos Cubanitas de inmensos ojos castaños que parecían dos ventanas al mundo en esas caritas tan pequeñas y de rasgos perfectos. Le hubiera gustado que esas dos pequeñas tan perfectas como esculpidas por la mano del creador del mundo para un cuadro de Botticelli, fueran sus hijas. Recordó a Dulce, tan bella como esquiva para aceptar su amor.

Ahora, la situación la ponía en sus manos, él se había convertido en el héroe que salvaría su vida y la de sus hijas. Le hubiera gustado ayudar a Raoul y reunir a la familia Baumann aún a costa de perder a Dulce que tanto amaba y se sintió culpable por traicionar a ese hombre, pero él trabajaba para el Mossad y el instituto había autorizado la salida de las niñas Baumann, pero no de la esposa de Raoul, que era una goyim y el Mossad deseaba verla alejada del clan Baumann. Pero, a pesar de que le entristecía separar a las niñas de su madre las órdenes del Mossad lo beneficiaban, aunque ante los Baumann quedara como un traidor. Él se había enamorado de Dulce y si la sacaba de Cuba, la perdería para siempre porque el marido la esperaba a ella y a las niñas desesperado. Ahí fue que decidió que sacaría a las niñas y se las entregaría a su padre, pero le diría que la mujer no pudo salir de la Isla a causa de una denuncia hacia su persona, no tendrían más remedio que creer en su palabra. Ya Fonseca no estaba en Cuba para vigilar sus pasos, él podía trazar sus propios planes para obtener lo que deseaba, a su mujer, a esa Dulce voluptuosa y provocadora que lo había vuelto loco y le había hecho perder sus ideales. Ella misma era la responsable de que el Mossad decidiera eliminarla del viaje por no haber seguido a su marido a los Estados Unidos arriesgando la operación de un agente del Mosad. Era, además, Dulce poseedora de esa belleza y encanto que lo había seducido y sin ella darse cuenta lo mantenía esclavizado a su antojo.

Ahora se arriesgaría a llevar a las niñas a Miami entregándolas a su padre y Dulce que había abandonado a su marido se tendría que quedar con él en Cuba. Ese fue el plan que había tramado y que funcionó perfectamente. El problema fue que Dulce se le fue de su la mano y nunca pensó que esa mujer defendiera su honra tan apasionadamente.

El viernes transcurrió lentamente. Dulce se despidió de su madre con el dolor en el alma, sabiendo que Mima no aguantaría una travesía larga en alta mar. Pero, Mima la animaba diciendo;

—Mi niña, no hay otra salida. Muchas familias se van de Cuba de esa manera, un bote las recoge en la playa y las lleva hasta una embarcación cercana donde viajan hasta la Florida, son cien millas de viaje. No te preocupes por mí, Joaquín me ha dicho que los milicianos hablarán a mi favor. Me iré a vivir unos días con Hilda en lo que pasa este problema. Yo soy una vieja y no constituyo una amenaza para nadie. Además, tú sabes que aunque ese hombre nunca me gustó, parece que está enamorado de ti, cómo no iba a arriesgarse de esa manera por una mujer. No quiero verte en una cárcel, ni a las niñas en el hospicio, Jesús y María! Cuando pase el domingo yo voy a estar tranquila de que estás lejos de Cuba. Tú me vas a llamar tan pronto puedas y entonces yo me voy a mi casa y le digo a los vecinos lo que pasó: que tú estabas enamorada y te escapaste con el americano. Ahora, vamos al jardín a tomar un café Cubano que sabrá Dios cuándo vuelves a probarlo allá en el Norte.

Dulce tomó de la mano a su madre, caminaron al patio y se sentaron en un banco de madera bajo el árbol de mango. Cuántas veces se había sentado en el mismo sitio con Mima esperando la caída del sol. Se recordaba de cuando Mima le decía: Dulce, ¿tú ves ese lucero grande que está allá en lo alto? Pues, pídele un deseo que se te va a conceder. Dulce miró hacia la oscuridad y vio las estrellas de la noche habanera. Suspiró y divisando el lucero pensó en las niñas y en la libertad. Se acordó de Raoul, qué falta le hacía, cómo pudo haber sido tan loca de no creer en él. Dónde estaría el padre de sus hijas, por qué no tenía noticias de él. Cerró los ojos y en su rezo clamó: Virgen de la Caridad del Cobre no me desampares.

—Ay Mima, no me quiero ir sin ti, sollozó Dulce abrazada a su madre.
—Yo tampoco quisiera separarme de ustedes, pero pongamos nuestras plegarias en las manos de Dios. Que sea él quien guíe nuestros pasos, concluyó Mima, abrazando a Dulce y comenzando una plegaria.
—Señor libéranos. Virgen de la Caridad del Cobre, no abandones a éstas débiles mujeres en las manos del maligno, ayúdanos señora, suplicó Mima.

Así, sobrecogidas de la emoción, las dos mujeres entraron en la casa y se dirigieron al cuarto de las niñas. Sarah y Raquel dormían inocentes, despreocupadas de los acontecimientos que se precipitaban inexorablemente hacia ellas.

El sábado amaneció como una explosión de color y vida, parecía mentira que una tierra tan vituperada por el odio amaneciera tan llena de alegría y ánimo bullanguero. La playa de Varadero estaba inundada de gente. El sol estaba en lo alto, derramando su luz sobre los bañistas. Familias enteras habían inundado las orillas de la playa. Vendedores de maní, algodón dulce y melcochita de coco ofrecían su mercancía. Unos hombres jóvenes exhibían su musculatura ante las que parecían sus novias. Las muchachas usaban unas trusas que les modelaban el cuerpo.

—¡Dios mío! Qué caderas tan grandes tenemos las Cubanas, pensó Dulce, tocándose el cuerpo y recordando las figuras estilizadas de las actrices americanas que salían retratadas en la revista Bohemia. Pensó en cómo sería su vida si llegaba a alcanzar las costas de la Florida.

Estaba como metida en un túnel sin salida y mientras más pensaba en su situación, más dudas le surgían en su mente. Veía todo lejano y complicado. Tenía un miedo atroz. Cómo iba a ayudarla Matthew y por qué la iba a ayudar en una empresa tan riesgosa si casi no la conocía. Ensimismada en sus pensamientos se decía:

—Bueno, si hasta Mima que era tan desconfiada le decía que se fuera, a ella no le quedaba más que esperar. Cuando llegara a los Estados Unidos buscaría a Raoul y se uniría a su familia, Matthew era una buena persona y sabría comprender su reacción. Raoul y ella siempre estarían en deuda con este hombre.

Dulce se pasó el día jugando con las niñas juegos de mesa, no quería que se cansaran corriendo pues iban a tener que sacar fuerzas para la travesía que les esperaba. A las seis de la tarde estaban durmiendo cuando las despertó la voz de un muchacho.

—Oigan, se está poniendo de noche, no se queden dormidas, que esto está oscurito ya. ¡A la casa, vamos!

Dulce se despertó y fingiendo exclamó:

—Se me fue el día y no he ni cocinado, arranquen y vámonos niñas, vamos, vamos, vamos.

El muchacho que se reía, tiró una carrera y se montó en la última guagua que pasaba. Dulce permaneció oculta con sus hijas adentrándose en el palmar para esperar la señal de Matthew. Eran las ocho de la noche y Matthew no aparecía. El cuerpo de Dulce temblaba de los pies a la cabeza, pensó que el americano se había arrepentido y no las buscaría. Estaba sacudiendo su ropa de arena para irse cuando oyó la voz de Matthew.

—Dulce, no hay tiempo, las cosas se complicaron, vamos a subir a las niñas al bote, yo iré con ellas hasta alta mar donde me están esperando y luego volveré por ti, dijo Matthew.

—No cabemos todos en el bote, solo puedo llevar a las niñas primero pues no las podemos dejar solas en la playa. Dulce comprende y confía en mí, si nos montamos todos nos hundiríamos sin remedio. Esta es la manera más segura, primero llevo a las niñas a la embarcación que nos espera y después vengo por ti.

—Calculo que me tomará una media hora remar hasta la embarcación y otra para volver. A las diez de la noche te recojo, no hagas ruido y mantente tranquila. Pronto todo esto habrá pasado y serás libre con tus hijas en los Estados Unidos.

Dulce no esperaba separarse de sus hijas, pero que podía hacer, la embarcación era pequeña y Matthew tenía razón. Pensó en el destino de sus hijas en manos de personas como la miliciana que la había mancillado y en ella misma abandonada a la merced de malvados en una cárcel cubana y sin dudar abrazó a sus hijas.

—Vayan con Matthew, dijo Dulce a sus hijas. Él las va a llevar hasta un sitio seguro donde las van a cuidar para que él regrese a recogerme y después estaremos todos juntos.

El americano puso chalecos salvavidas a las niñas que miraban a su madre desoladas y se adentraron mar adentro. Dulce destrozada miraba a sus hijas alejarse en el bote con Matthew, se puso a rezar para que llegaran a salvo a su destino y para que el americano regresara a recogerla lo antes posible.

El domingo por la tarde Dulce todavía estaba esperando en la playa por Matthew, habían pasado más de doce horas y no sabía del americano ni de sus hijas. Desesperada se quedó en la playa hasta la noche. Esperó hasta el lunes en la playa, llegó la noche y rogó porque Matthew apareciera.

—¡Dios mío!, ¿qué había hecho bajo un acto de desesperación? Tenía que haber estado loca, ¿cómo le había entregado sus hijas a un hombre que ni conocía?. Era la locura, se desmayó presa de la deshidratación. Estaba dormida, cuando los basureros la despertaron.

—Mira esta borracha, tirada en el piso, que desgracia de mujer, tan joven y bonita y tan descarada. Ahora con la Revolución se acabó la poca vergüenza que había en Cuba.

—Llama a la policía para que la prendan, la muy bandida, gritaba el hombre.

—No, a la policía no. Yo ya me voy… Exclamó Dulce.

Apresuradamente, se sacudió la ropa, se arregló el cabello y haciendo control de sus nervios se dirigió a la parada de guaguas. Los basureros la miraban suspicaces cuando llegó el bus la mujer pudo subirse y salir de aquel lugar. Mima no cabía en su asombro cuando la vio entrar por la puerta. Dulce relató su odisea y Mima la escuchaba llorando y buscando emisoras en la radio para ver si había habido algún naufragio cerca de las costas de Cuba. Dulce pensaba que lo mejor era entregarse a las autoridades y confesar lo que había pasado.

—No mi niña, tú no puedes hacer eso, respondió Mima con determinación agarrando con fuerza las manos de su hija que temblaba desconsolada. La Virgen del Cobre no nos puede haber abandonado de esta manera. Aguanta un poco, tiene que haber pasado algo. Esperemos noticias a ver si es que la cosa se complicó y el hombre no pudo volver. Debe estar desesperado pensando cómo sacarte de aquí. Vamos a casa de Joaquín e Hilda que cuatro cabezas piensan más que dos.

La casa de Joaquín estaba iluminada, era una mansión colonial de principios del siglo XIX. Joaquín la había adquirido de la madre de Hilda su mujer. La familia Linares del Valle descendiente de uno de los padres de la constitución de 1940 estaba arruinada y por poco dinero pudo convencer a la señora Amelia de venderle la mansión familiar. Con la compra de la casa se materializó el matrimonio con su hija Hilda. La joven estudiante de la universidad de la Habana que admiraba las ideas progresistas del catedrático Español; aunque Hilda admiraba a Joaquín ella no lo amaba. Era una niña y todavía la pasión no había llegado a su vida. Joaquín si estaba fascinado con la belleza de la joven y pasó por alto la diferencia de edad entre ambos. Solo quería tener en sus brazos a aquella muñeca de porcelana, después no le importaba lo que le pudiera pasar. Que digan los chismosos lo que quieran, pero Hilda está conmigo, eso es lo que me importa, pensó Joaquín y se casó con Hilda.

Cuando las mujeres llegaron, Joaquín estaba parado debajo de la lámpara de lágrimas del vestíbulo, tenía las manos en los bolsillos y miraba hacia la galería de ventanas que daban al jardín donde crecían azucenas bajo la sombra de un enorme árbol de mango. El gallego pensaba que tenía mucha suerte. Ni en sus mejores días había pasado por su cabeza vivir en una mansión tan acogedora y acompañado en sus últimos años de vida por una mujer como Hilda. Dulce interrumpió los sueños de Joaquín y pensó cuantas veces había jugado con Hilda debajo de esa araña de cristal, simulando que eran princesas bailando con galanes maravillosos a la luz de los cristales de la lámpara.

Joaquín se dirigió a ella y le dijo:
—Tú sabes que unos Cubanos llegaron a las costas de la Florida el sábado en la madrugada, entre ellos estaba un americano. Aparentemente es Matthew.
—Nos enteramos porque los polacos de la casa de al lado iban en el grupo y lo vieron. La operación fue en Varadero de noche y la van a repetir el próximo sábado. Yo estaba pensado que deberían irse Hilda y tú con las niñas en el próximo embarque. Yo me quedaré para disimular aquí

en Cuba. Diré que Hilda me abandonó y se fue con otro tipo. A nadie le va a extrañar. Se van a reír durante unos días del viejo gallego en lo que ustedes se escapan de este infierno. Ahora lo importante es ganar tiempo antes de que te arresten. Dame todo lo que tengas de valor pues tendré que sobornar a mucha gente para atrasar tu arresto.

Dulce escuchaba a Joaquín y el alma no le cabía en el cuerpo. Sus hijas estaban a salvo, no se habían ahogado. Algo tenía que haber pasado para que Matthew no pudiese regresar esa noche a recogerla a ella y pudiese reunirse con sus hijas. Mima había tenido razón, algo obligó a Matthew a cancelar el resto de la operación. Pausadamente, Dulce relató a Joaquín lo que había acontecido en la Playa de Varadero.

Al gallego no le gustó lo que estaba oyendo y le ripostó:
—Dulce, cometiste un error. ¿Porque no confiaste en mí? Ahora tenemos que esperar para contactar con David Fonseca a través de un medio clandestino. Todos los teléfonos están intervenidos en este barrio. El único medio de comunicación es una radio que opera desde el sótano de la casa que era de Fonseca. Me voy a buscar el equipo antes de que intervengan la casa. Les voy a pedir que se mantengan aquí sin llamar la atención. No contesten llamadas, no abran la puerta y mantengan las luces apagadas. Si notan a una muchedumbre que viene hacia la casa no la enfrenten, huyan a través de la salida del sótano que conduce a la otra cuadra. Allí, hay un traspatio lleno de basura dónde estarán seguras hasta que regrese.

Joaquín se puso una camisa blanca sencilla que sacó del cesto de la ropa sucia. Se miró al espejo, estaba horrible, llevaba días dejando crecer la barba y su aspecto no se asemejaba en nada a su tradicional imagen de hombre pulcro y atildado que ofrecía clases en la universidad. Quería pasar desapercibido entre la multitud y esta era la mejor forma. Atravesó la cuadra que separaba su casa de la de David Fonseca y al fin divisó la vieja residencia familiar que lucía desordenada y revuelta. Un par de sillas estaban en la calle, tuvo que pasar por encima de varias maletas que permanecían abiertas con los restos de ropa esparcidas por las escaleras.

Cuando Joaquín abrió la puerta de la casa de los Fonseca, el espectáculo que vio fue dantesco. Salomón y Sara estaban tirados en el piso en medio de un charco de sangre, la turba había entrado en la residencia y los maltrataron tanto que no se reconocía el rostro de Sara. Un ojo de la anciana estaba fuera de la cuenca y varios dedos de la mano estaban cercenados. El cadáver del anciano estaba irreconocible. Le habían destrozado el cráneo. Los torturaron, pensó Joaquín. ¿Pero, por qué? Estaban buscando dinero o joyas. Quizás sabían de la existencia del equipo de radio. Puede que hubiese llegado tarde... Atravesó el jardín que en otro tiempo fue muy bello, ahora estaba lleno de matojos, troncos tirados y desperdicios. Se dirigió al traspatio y levantó la puerta de madera cubierta de maleza que ocultaba la entrada al sótano. Olía a podredumbre, el abandono del jardín era tal que parecía mentira que solo hacía unos días vivía gente allí.

Los polacos construyeron un escondite con sus propias manos. No se fiaban de nadie. Su desconfianza hacia los naturales de los países que los hospedaban era la base de su seguridad y supervivencia. Ahora, gracias a su previsión pudieron huir de Cuba hacia la libertad. David Fonseca le había orientado como entrar al sótano que estaba bien oculto, cómo debería desaparecer la evidencia y llevarse el equipo para su propio uso. Esperó a las siete de la noche y en la oscuridad sacó el radio y un pequeño bulto con joyas y tras accionar una palanca de madera oculta en la pared, el refugio colapsó bajo una avalancha de desperdicios.

Le dolía el estómago cuando entró por la puerta de su casa. Tenía un nudo en la garganta que apenas le dejaba tragar la saliva. Sacó fuerzas por el amor que sentía por Hilda y se dispuso a montar la radio de transmisión detrás del armario de su habitación. Joaquín tenía 70 años. A su edad lo había visto todo. La guerra civil en España, muertes, torturas, infamias. Abandonó España tras el asesinato de su padre por las tropas franquistas en Asturias. Tuvo que atravesar a pie los Pirineos y llegar a Francia. Las vueltas del destino lo llevaron a Cuba con una oferta de trabajo para dar clases en la Universidad de la Habana y en ese momento pensó que no iba a permitir que a su joven esposa la maltrataran. Hilda, la niña mujer que tocaba piano, refinada y culta, su muñeca de porcelana en manos de la chusma miliciana, no, primero muerto. Pensaba que si Hilda conseguía llegar a Florida podría empezar una nueva vida como maestra de música y lo esperaría hasta que el llegara después que lograra dejar Cuba. Después, Dios diría. Con el increíble hallazgo que había encontrado en el sótano de los Fonseca empezarían los dos juntos una nueva vida en la Florida. La Revolución no era lo que había esperado, a Fidel se le fue de las manos, no iba a poder controlar a este pueblo apasionado e impulsivo. El viejo ateo se encomendó por primera vez en muchos años a ese Dios que había negado en tantas ocasiones y rezó por Hilda y por él mismo.

A las dos de la mañana Joaquín logró comunicarse con David Fonseca. Con la franqueza que le caracterizaba informó a David de la muerte de sus padres, pero no dio detalles. Simplemente, le dijo que fueron baleados en sus lechos. Oyó la transpiración y lo sollozos de David tras la línea que tomando fuerzas prosiguió:

—Joaquín, la operación en alta mar fue un éxito, el primo Stefan había hecho una labor excelente, caro les había costado, pero valió la pena. Varias familias Judías abandonaron Cuba, dejando a los viejos atrás. Eso era parte de la solución, salvar a los más fuertes y empezar otra vez. El primo Stefan coordinaba los embarques de Judíos a la Florida. Desde hacía un año había dado instrucciones a los Judíos Cubanos de transferir dinero a la comunidad hebrea de la Florida. Las cuentas por cobrar a negocios en los Estados Unidos de las exportaciones Cubanas se habían paralizado en Miami. La comunidad Judía tenía capital, cuentas por cobrar en territorio norteamericano para empezar una nueva vida.

David pensó en los diamantes. ¿Los habría encontrado Joaquín? Posiblemente el gallego tuviera el collar y se mantenía callado, tenía que contactar a Weizman en Cuba para averiguar el paradero de las joyas que él, responsable de sacarlas del país, no logró hacerlo .Fonseca y Joaquín hablaron un rato y finalmente acordaron el próximo desembarque en la Florida. No sería el sábado como habían pensado. Ahora la fecha sería el 3 de abril, Domingo de Pasión. El sitio: Varadero. La hora; las ocho de la noche. Después de estos acuerdos, Joaquín le preguntó si tenía conocimiento de que en el desembarco había visto a un americano con las dos niñas.

David le contestó:
—Sí, pero desconocía que el americano se llamara Matthew, él lo conocía por Endre y sabía que era un Judío descendiente de sobrevivientes del campo de concentración de Treblinka y parte del equipo de rescate de Alejandro Baumann en Miami. Mira Joaquín incluiré en el próximo viaje a Hilda si me haces llegar una joya que estaba en casa de mis padres.
—No hay que hablar, David, te refieres al collar, pensé que nunca preguntarías. El collar a cambio de sacar a mi mujer de Cuba y establecerla en Miami hasta que yo consiga reunirme con ella.
—De acuerdo, Joaquín, dijo David. A eso, añade una enorme recompensa económica de la comunidad hebrea.

David le ocultó a Joaquín que Endre era miembro del Mossad del servicio secreto Israelí y era el contacto de la comunidad Judía en Cuba. Al llegar el último viaje que dio el botecito, Endre presentó a las niñas como las hijas de Baumann. Durante la travesía el hombre mantuvo ocupadas a las niñas todo el viaje distrayéndolas con bromas y canciones para que no estuvieran asustadas. Después del desembarco el hombre se fue con las niñas para entregarlas en la casa de Raoul Baumann. David pensó que ese hombre había sido muy responsable con esas niñas al hacer un esfuerzo tan grande y se preguntaba qué habría pasado con la madre de las menores.

¿Habría muerto? De cualquier manera, la situación en el barco había sido horrible, el tiempo no los había favorecido y estuvieron a punto de volcar varias veces y gracias a los esfuerzos de la tripulación, en general, pudieron sobrevivir al evento por lo que el pensamiento de todos era alcanzar la costa de los Estados Unidos. David sabía que había cumplido su misión, salvar a su mujer e hijos, aunque hubiera sacrificado a sus padres. Además, había sacado a las hijas de Baumann, pero se preguntaba por qué Raoul no se había comunicado con él desde que llegaron las niñas. Él les había dejado un espacio para que la familia se reencontrara, pero estaba preocupado, por lo que pensaba visitar a Raoul tan pronto sus obligaciones se lo permitieran.

Quizás, Endre había experimentado una situación similar a la de su familia en Cuba. Debido al mal tiempo, decidió sacar a las niñas primero y después volver por la madre. Él mismo había abandonado a sus padres, él no era nadie para juzgar la conducta de ese hombre que casi no conocía. Dejó sus pensamientos y volvió a la realidad con Joaquín.

—Nos comunicaremos, Joaquín, no pierdas la fe. Pronto nos reuniremos en la Florida, viejo amigo.

—Señor del Gran Poder, protege a esas niñas, pensó Joaquín. ¿Cómo le diré esto a Dulce?

Tan pronto amaneció, Joaquín se dirigió a casa de Cándido un asturiano miembro del partido comunista y allegado a la Revolución.

—Cándido, tengo un problema y necesito tu ayuda para salvar la vida de una joven víctima de un abuso por parte de los milicianos. Llegaron a su casa y trataron de abusar sexualmente de ella, la joven se defendió y lastimó a una miliciana. La van a arrestar, es una muchacha de 24 años y es una injusticia, tiene dos niñas.

—¿Tú crees que puedes hacer algo por ella? Tenemos dinero y joyas para sobornar a los altos mandos.

—Mira Joaquín el peso Cubano ya no vale nada, quizás las joyas puedan ser de utilidad. Pero, te voy a adelantar algo, si tu bella niña es la gusana que mordió en la cara a una ciudadana Revolucionaria, te diré que lo que circula por ahí es que es una delincuente que escondía armas contra la Revolución. Fue un chivatazo de alguien que la conoce y no la quiere bien, eso seguro, te lo digo yo…El caso es feo y no va a levantar las simpatías de nadie. Estarán pidiendo su cabeza muy pronto. Esa niña, como tú la llamas, representa la Cuba de antaño, del abuso, de los privilegios, la señorita bella y rica. No me gustaría estar en los zapatos de esa niña.

—Pero, Cándido, esa muchacha se crió con mi mujer, son como hermanas.

—Pues, por eso, Joaquín, cuando la chusma relacione a esa muchacha con tu mujer, le van a hacer lo mismo.

—Si entra un tribunal popular en tu casa y encuentran a esa mujer con Hilda, se las llevaran a las dos y ni tu ni yo podremos hacer nada. Estos no son tiempos heroicos, sino tiempos de salvar el pellejo, Joaquín. Pero, haré lo que pueda por tu amiga. Te llamaré esta tarde, de momento, dame las joyas. Joaquín entregó las prendas de Dulce y ocultó el tesoro que la familia Fonseca no se pudo llevar.

Cándido abrió los ojos y sonrió. Inocente paisano pensó, ya empezó el saqueo, ni esto ni el doble que me traigas salvará la vida de tu niña y quizás ni la tuya.

Cuando Joaquín salió de la casa de su amigo en el Vedado, se dispuso a caminar para darle pensamiento al curso de acción que debía tomar. Las casas estaban siendo invadidas por turbas de gente que lanzaban objetos de valor a la calle. En una de las casas se apreciaba una hermosa butaca estilo barroco tirada en la acera. Conocía a los antiguos dueños de la casa. Eran Libaneses y fueron de los primeros en abandonar calladamente la Isla. Más adelante observó dos perros caniches ahorcados y colgados de una ventana.

Pensaba Joaquín… Que estaba pasando, ni los animales se salvaban en este paroxismo de odio. Si esto era Cuba, el desconocía el país.

Las turbas del pueblo enardecidas pululaban por las calles buscando guerra para salvar antiguas rencillas. Los comercios permanecían abandonados con los cristales desbaratados y las estanterías vacías. Los Cubanos sacaban lo peor de sí. Llegó a la altura de la calle Muralla y se dirigió al negocio de la familia Weizman, habían llegado en 1939 en el barco Saint Louis y, eran de los pocos Judíos que la familia Baumann pudo rescatar del barco a fuerza de pagar su peso en oro. Jacob y su joven hija Eva administraban una tienda de venta de instrumentos musicales. Él mismo había recibido lecciones de acordeón de Jacob y de vez en cuando iba a practicar sus lecciones de música con el alemán. Su hija Eva, una belleza rubia cuidaba de Jacob aquejado de diabetes y maltratado por años encerrado en un gueto Judío que habían minado su salud.

Eva ofrecía clases de alemán en la trastienda. Tenía muchos alumnos, pero ninguno parecía estar relacionado con ella en el plano sentimental. Era una chica excepcional, bella y culta, por eso le extrañaba que no se hubiese casado todavía. Joaquín pensó que era buen momento para recoger su viejo acordeón antes de que alguien se apropiara del instrumento ya que lo acompañaría unos meses en su soledad cuando Hilda se fuera de Cuba. Se acercó ante el tumulto que cercaba los escaparates. Había milicianos flanqueando la entrada, trató de pasar, pero chocó con un viejo amigo, Vicente el vizcaíno.
—¿Qué haces aquí Joaquín? ¿Conoces a esta basura acaso?
—No, no, Vicente, es que estaba viendo a tanta gente que pensé que habían matado a alguien.
—Pues, acertaste gallego, hay un muerto, dijo Vicente. Ese desgraciado Judío Alemán estaba repartiendo propaganda contra Fidel. ¿Puedes creer que tenía una estación de radio en la trastienda? Pero el problema está resuelto, ese pájaro no pía más.

Los milicianos sacaban el cadáver de Weizman arrastrando su cuerpo por la acera y lo lanzaron en la caja del camión. Joaquín estaba asustado, no se atrevía a preguntar por Eva. Quizás había tenido suerte y no estaba en la tienda en estos momentos.

—Gallego, sal del medio, chico, parece que te estás poniendo viejo, gritó Vicente. Saquen a la gusana y métanla en el camión. Oye Pancho… viejo… ya tendrás tiempo de entretenerte con la polaquita allá. Quiero cerrar el negocio, para que no entre nadie más.

Los milicianos sacaron a la joven, la arrastraban por los brazos. La muchacha se desplomó. Joaquín pudo observar el rostro maciento y la mirada perdida en los ojos de la jovencita. Su ropa estaba ensangrentada desde la cintura y un chorro de sangre que manaba de entre sus piernas manchaba la acera a medida que la arrastraban hacia el camión. Quería huir, pero estaba pegado al suelo. Una palmada de Vicente en el hombre lo espabiló.

—Adiós Joaquín, me ha alegrado verte viejo camarada. Me siento renacer como persona. ¡Lo hemos logrado Joaquín, lo hemos logrado! ¡La Revolución triunfó! ¡Viva la Revolución!

El recuerdo de Eva no se le iba de la cabeza, su cuerpo arrastrado por el pavimento. A veces, Joaquín, en vez de ver el rostro de Eva, veía la cara de Hilda llena de sangre y con las mismas marcas que los golpes habían dejado en el rostro de la joven alemana. No podía desahogarse con nadie porque si las muchachas se asustaban no tendrían fuerza para huir.

Por otro lado, el caso Matthew era un misterio. En lo profundo de su pensamiento se preguntaba: ¿Porque Matthew le ocultó a él su verdadera identidad? ¿Qué cosa ocultaba aquel individuo? ¿Por qué abandonó a Dulce en la playa llevándose a sus hijas? ¿Que se había creído ese tipo?

Esta misma noche trataría de comunicarse con Fonseca para averiguar algo acerca de la suerte de las niñas. De momento, tenía que hablar con Dulce y con Mima. Había que enfrentar la situación… ¿Pero, como lo haría? Cándido le había hecho una advertencia. El caso de Dulce estaba perdido. Había sido un incauto arriesgando el pellejo para salvar a Dulce. Ahora se arrepentía de haber buscado la ayuda de Cándido.

Posiblemente, Cándido intentaría aprovecharse de la situación y lo traicionaría. Qué estúpido fuiste Joaquín. Bueno, le diré a Dulce y a Mima que la cosa se está arreglando y las mandaré a su casa, después las denunciaré a la policía y con eso ganaré méritos. No me queda otra salida.

Joaquín llegó a su casa. Parecía que todo estaba en orden. Nadie había ido a molestar a su mujer. El hombre, recuperando el aliento, notó que había luz en la cocina. Se dirigió hacia allá y encontró a las tres mujeres reunidas en la cocina que parecían estar esperando su llegada. Joaquín, aparentando una calma que no tenía, les dijo:

—Todo está arreglado. La denuncia de la miliciana se quedó en nada, así que no existe ningún peligro para Dulce lo mejor es que se vayan para su casa que yo las llamaré mañana.

Mima levantó la cabeza hacia Joaquín y notó que el hombre había envejecido de golpe. Que le había pasado a ese hombre que tenía la cara llena de moretones y arañazos. El español parecía un cadáver ambulante y le inspiró desconfianza y temor. Miró a su hija y le hizo un ademán para que se mantuviera callada.

—Me siento agotado, mis queridas niñas.

Joaquín dejó a las mujeres sorprendidas por su deteriorado aspecto, abandonó la estancia y se dirigió a la sala dónde abrió el arcón o baúl en madera de roble y escondió el bulto de los Fonseca para que Hilda no lo viera. Debilitado por el esfuerzo, pensó que a la mañana siguiente desmontaría las piedras y entonces, ya más tranquilo, vería como las sacaba del país. Ese era su pasaporte a la libertad. Después, el hombre entró a su habitación y agotado por el cansancio, inexplicablemente se quedó dormido con la ropa puesta. Mientras tanto, las mujeres en la cocina alarmadas ante la repentina llegada de Joaquín que aparentaba haber sido duramente maltratado y quien expresó que todo estaba bien, comenzaron a preocuparse.

—Hilda, mi niña, a tu marido le han dado tremenda paliza, tenía la cara llena de sangre y casi no podía sostenerse de pie.

Dijo Mima mirando a Hilda que sostenía en sus brazos a la pobre Dulce que yacía dormida e ignorante de todo lo que acontecía a su alrededor.

—Si Mima, aquí está pasando algo muy raro y Joaquín no nos ha dicho la verdad.

Hilda estaba preocupada ante la idea de que sus vecinas se fueran solas a su casa y sufrieran un asalto por parte de las exaltadas turbas que rondaban por la ciudad en busca de venganza y reivindicación social ante sus antiguos patrones. Hilda no había podido despertar a Dulce, la pobre se había emborrachado con ron para tranquilizarse, así que prefirió pedirle a Mima que se quedaran a pasar la noche en la casa.

—Mima, por favor, quédate hasta mañana y yo misma las acompaño hasta su casa, dijo Hilda.

—Está bien cariño no te preocupes, contestó la dama, mañana pensaremos con más claridad.

La anciana no se había creído nada de la explicación que había dado Joaquín. Mima caminaba nerviosa por la sala de Joaquín analizando sus palabras y recordó que había escondido algo como al descuido dentro del arcón de madera. Observó el movimiento cuando despidiéndose de Hilda entró a la sala y con disimulo tiró algo en el arcón. Se inclinó a buscar que era lo que el hombre había escondido cuando reparó en un bulto en el fondo del mueble, lo abrió y encontró un pesado collar de fantasía color rosa, opaco y sucio. Para qué guardaba Joaquín ese collar tan corriente que posiblemente había traído de casa de los polacos. Lo cogió en sus manos y un destello que salía de las piedras la sorprendió. Eran diamantes. Este era el precio para salir de Cuba. Que callado se lo tenía el gallego. Mima desconfió de su viejo amigo, despertó a su hija y le mintió:

—Dulce despierta, tengo noticias para ti.

—Sé dónde están las niñas, decía la anciana zarandeando a Dulce.

—¡Arriba hija, por tu madre! Tenemos que llegar a casa de tu suegra para llamar desde allá.

—Pero mami, estás loca… Es casi de noche… estoy mareada… —Dulce, hija, tus hijas están bien... (Le mintió Mima). Te van a llamar esta noche...Dulce se despertó con los ojos desorbitados.

—Mima... ¿Qué dices? ¿Joaquín nos ayudó?

—Si hija, si, nos ayudó. Te van a llamar a casa de tu suegra, de Aurore. Tenemos que ir para allá ahora.

—Pero, mami. ¿Cómo me van a llamar a casa de Aurore, por qué no a mi casa?

—Hija, los teléfonos están intervenidos, contestó Mima. Hay que irse ahora mismo.

Las dos mujeres se pusieron unos vestidos usados que había dejado abandonados la sirvienta de Hilda y con pañuelos en la cabeza salieron disparadas hacia la casa de la familia Baumann. La calle era una locura, los transeúntes gritaban celebrando: "Viva la Revolución", el que más y el que menos andaba borracho, por lo que los botellazos eran frecuentes, así como tirar las piedras y todo tipo de objeto contra ambos lados de la calle. Se unieron a la muchedumbre que festejaba alborozada y participaron con mucho esfuerzo de la algarabía popular. Mima hasta marcó un pasito de rumba que provocó la carcajada nerviosa e histérica de Dulce que no reconocía a su madre.

—Deja que la vieja baile, no la reprimas gritaba un mulato cuarentón alborozado con el meneo de Mima.

—Échale vieja, que así se baila un son...

El mulato miró a Dulce coqueto y esta le respondió con un guiño y un remeneo de caderas que hizo que el tipo marcara un paso para deleite del grupo que lo arengaba a seguir con la demostración de ritmo y sandunga. Era la locura... Mima le guiñaba un ojo a Dulce y esta se votaba con el rumbón, el mulato le pasó una botella de cerveza y Dulce se la bajó de un tirón, necesitaba un trago, pensó... ansiando llegar a casa de Aurore para salir de aquel desenfreno.

Al llegar al barrio de Miramar se fueron alejando del grupo y buscando la casa de la familia Baumann. Era una calle donde estaban situadas varias embajadas. La casa de Aurore colindaba con la embajada de un país sudamericano. Por ello, Mima había pensado que Aurore, quien por ser la suegra de Dulce era la única salida para ella además de que conocía el pasadizo que comunicaba ambas residencias.

Al divisar la casa, se arrastraron entre las sombras hasta llegar al jardín. Desde allí vieron a Aurore, una mujer de carácter, que había sido una dama destacada en la sociedad Cubana. Su marido Alejandro se encontraba en Miami. La familia era dueña de ingenios de azúcar y de grandes almacenes dedicados a la venta de artículos de piel. Exportaban carteras y zapatos de piel de caimán a los Estados Unidos. Pero, gracias a su esfuerzo y de forma preventiva, había dejado una cuantiosa fortuna en los Estados Unidos que ella pensaba estaba bajo la responsabilidad de su hijo Raoul. Al momento, las cosas no pedían estar peor, recientemente el gobierno de Fidel le había intervenido el negocio, aunque el hijo mayor, Louis, continuaba en el gobierno Revolucionario como Inspector de Agricultura de los cañaverales y de la administración de todas las haciendas.

—Aurore óyeme, gritó Mima desde las sombras.

La dama salió y se sorprendió al ver a su nuera y a Mima en tal estado y vestidas de esa manera.

—Pasen rápido, dijo la dama.

—Acaba de irse un grupo de nuestros antiguos empleados a los que el gobierno de Fidel les prometió que iban a poder crear una cooperativa con nuestro negocio y que ellos iban a ser los dueños y ahora resulta que han cerrado la fábrica y los mandaron a sembrar boniatos. ¿Qué te parece? ¿No te hace gracia? Hace un mes estaban tan contentos, incautándose de un negocio que era nuestro y ahora no es de ellos tampoco y peor ahora tienen que ir de peones a trabajar al campo, dijo Aurore con sorna y sonriendo ante el curso inevitable que había tomado la Revolución Cubana.

—Pero bueno mis niñas. ¿Qué hacen aquí? Raoul está en la Florida con su padre. Salió hace seis meses a través de la embajada de España. No sé si ustedes lo sabían.

—Yo no tengo comunicación con él estamos vigilados constantemente, pero creo que él ya está ubicado en Miami y espera coordinar la salida de nosotros lo antes posible. Louis se quiere quedar en Cuba para levantar este país después que la Revolución logre establecer un gobierno de orden. Él está trabajando como Inspector con el gobierno, estamos tratando de convencerlo para cuando Raoul nos saque él pueda acompañarnos.

—Pero bueno, dijo Aurore. ¿Y las niñas, dónde están?

Mima se llenó de fuerza y le contó todos los detalles desde la salida de las niñas hasta el incidente de Dulce con la miliciana.

Habían pasado solo ocho horas pero parecía que fueran ocho años de que Aurore escuchara a Mima entre sollozos, cuando terminó su relato, Mima le dijo:

—Aurore, estamos aquí para que nos permitas pasar por el pasadizo que conecta tu casa a una embajada sudamericana. Nunca te pedimos nada, ni cuando Raoul se fue y abandonó a mi hija. Pero piensa en tus nietas solas Dios sabe dónde. Tenemos que salir de aquí y encontrar a esas niñas.

—Sí, contestó Aurore, aunque reprimiendo el deseo de echarle en cara a Mima y a Dulce que lo que pasaba era culpa de ellas por no confiar en su hijo Raoul.

—Aurore abrazó a Dulce con pena y continuó: Ahora hay que encontrar a las niñas. Por el momento, las voy a esconder en el sótano hasta mañana. A las nueve abre la embajada, cruzaremos a través del pasadizo del jardín. El sendero está abandonado y cubierto de buganvillas para no despertar la curiosidad de los visitantes de la embajada hacia mi casa. Les voy a entregar la dirección de la finca de mi esposo en Miami y dinero en dólares para que la embajada las acepte. Esto no será suficiente. Así que le haré a la embajada la promesa de un depósito adicional tan pronto ustedes estén fuera del país. De esta manera, no despertaremos sospechas de los comisarios de barrio de que las hemos ayudado a escapar. Ustedes saldrán a través de la embajada, luego nos reuniremos todos en los Estados Unidos y buscaremos a las niñas. Mientras tanto, haremos llegar dinero y joyas a un convento en España a través de la Falange Española. Nosotros nos asilaremos en la embajada de España, solicitando el auxilio del embajador Lojendio. Hasta ahora no he salido del país porque estoy esperando que el gobierno me entregue a mi sobrina Eva que fue arrestada de manera injusta por unos milicianos y está detenida hace dos días en el cuartel del comandante Varela. Pero, lo que tú me estás contando de mis nietas es horrible y tenemos que buscar a esas niñas lo antes posible, concluyó Aurora y extendió su brazo para calmar a la desconsolada Mima quien respondió:

—Que la Virgen de la Caridad nos ayude; dijo Mima agradecida abrazando a Aurore.

Aurore estaba esperando a Louis, mientras tanto limpiaba la entrada del jardín de cualquier huella que hubieran dejado Dulce y su madre. Pobre muchacha, estaba medio loca. Desde que su hijo inició la lucha Revolucionaria con Castro, Dulce se había alejado con las niñas. Estaba asombrada de la historia que Mima les había contado y se sentía responsable por el destino de sus nietas. Ella quería mucho a Dulce que era una niña tan fina y tan buena por lo que no entendía cómo no siguió a su marido a los Estados Unidos. La Revolución había trastornado a esa muchacha. Ella sintió mucho el divorcio de Dulce y Raoul y sufrió el alejamiento de sus nietas que adoraba; unas niñas tan bellas y tan parecidas a su hijo. Aurore estaba con la linterna en la mano cuando entró Louis exaltado. Estaba sucio y con la camisa rota como si hubiera participado de una pelea callejera.

—¿Que te pasó hijo? Preguntó Aurore aterrada.

—Mira mamá, no vas a creer lo que te voy a contar: me acaba de parar dos calles abajo, Joaquín Bengoechea, el vecino de Dulce la que era mujer de Raoúl.

—Me ha gritado como un loco, agarrándome por la camisa, que están buscando a esa mujer y a su madre para llevarlas a la policía. Aparentemente, las dos estaban haciendo propaganda contra Fidel y las están buscando como aguja en un pajar. El viejo gallego dirige la búsqueda. ¿Puedes creer eso? A lo que hemos llegado. Deberías ver el odio en los ojos de ese individuo. Por poco lo golpeo, si no es que me aguantan los que estaban con él. Lo mandé pal carajo, me oíste. Hace más de un año que no sé de Dulce, le dije, desde que tú, cabrón, le presentaste al americano. El gallego chulo es el que tiene la culpa de los líos en que se ha metido la muchacha. De cualquier manera, hay que buscar a Dulce y a las niñas en su casa o donde estén, porque si las cogen van para la cárcel.
—Mamá. ¿Qué pasa, no me estás oyendo? Dulce, la mujer de Raoul, la están buscando para arrestarla.
—Calma hijo, contestó Aurore. Tenemos que hablar.

Louis no salía de su asombro con la noticia que le da su madre pero estaba aliviado, siempre había apreciado a Dulce y a doña Mima. Tan fuerte la vieja, lo que hace una madre para ayudar a su hija. Había que actuar con cautela. El viejo Joaquín se había convertido en un obstáculo para la salida de Dulce de la Habana. No entendía el por qué de tanto odio contra esas dos mujeres. Lo primero era desestabilizar la búsqueda de Dulce bloqueando a Joaquín. Louis bajó al sótano y vio a Mima abrazando a Dulce que ni tan siquiera levantó la mirada cuando entró. La muchacha estaba destrozada, tenía que sentarse con Mima y ver los puntos flacos del gallego. Dulce era de poca ayuda en esos momentos. La tristeza la embargaba y no hablaba. Había entrado en un mutismo del que solo salía para preguntar por sus hijas. Louis le preguntó a Mima que sabía de Joaquín, con quién se movía, cuáles eran los vínculos que tenía con el gobierno Revolucionario; a lo que Mima reacciona y le dice:
—El gallego era comunista de toda la vida. Por eso recurrimos a él, para que ayudara a Dulce y mira en el lío que nos ha metido. Aunque espera, dijo Mima, él tiene un radio de transmisión en el cuarto de

Santos Suárez donde se comunica con Fonseca, el polaco joyero que vivía a varias cuadras.

—¿Un radio?, ¿por qué no me lo mencionaste antes?

—Podemos distraer la atención de las autoridades dando un chivatazo. Cuando lleguen a la casa y vean el radio se van a olvidar del caso de Dulce. Porque eso es un asunto más serio. El gallego va a aparecer como un espía, mientras tanto Dulce estará contigo en la embajada esperando por la salida a Honduras.

En casa de Joaquín el ambiente de tensión se podía cortar con un cuchillo. El hombre estaba desesperado, él hubiera querido ayudar a Dulce. Pero, no podía. Ese sinvergüenza de Cándido lo llamó para pedirle más dinero. Estaba jugando con él y no lo iba a permitir.

—Joaquín le dijo: Mira Cándido, yo te entregué todo lo que tenía y eran joyas muy valiosas.

—No, Joaquín, no nos engañemos. Los judíos siempre han comerciado con diamantes y no pueden haberse llevado todo.

—¿Dónde están los diamantes? Entrégame todo lo que tengas de valor y no diré nada.

—Está bien, Cándido. Esta noche tendrás lo tuyo. Ven por casa y llévate todo lo que quieras. Lo que quiero es salvar a las muchachas. ¿Me entiendes, viejo? Tengo que sacar a mi mujer de Cuba hasta que pase esta locura.

Cuando Cándido llegó a casa de Joaquín eran las seis de la tarde. Se abrazaron y Joaquín lo introdujo al cuarto oculto donde estaba el radio.

—Joaquín, coño, no me esperaba esto de ti, amigo. Tienes una estación ilegal de radio. Esto es contrarrevolución. Déjame ver el botín, que luego yo me voy y no he visto nada.

—Quiero los diamantes que tenían los polacos y cualquier cosa de valor que hayas tomado de su casa. Con esto arreglamos, saldamos cuentas y yo te ayudo a salir de la Habana con tu mujer.

¿Estamos de acuerdo?

—Seguro que sí, Cándido, respondió Joaquín inclinando su cuerpo sobre un baúl del que extrajo una navaja sevillana con la que en un rápido gesto abrió en dos el vientre del infortunado que lo había agarrado por las solapas en un intento de defenderse.

Empujó el cuerpo de Cándido y cercenó su cuello con satisfacción.
—Desgraciado ladrón. ¿No esperabas esto, ¿verdad? Tan pronto salieras de aquí, me ibas a delatar con tus amigos para ganar galones a costa de mi estupidez.

Arrastró el cadáver hasta el sótano y lo arrojo a la caldera del carbón, prendiendo una mecha sobre el cuerpo inerte del vizcaíno y abandonando la habitación. Rápidamente, Joaquín se dirigió al piso superior a buscar la bolsa con el collar de diamantes y al alzarla en peso explotó:
—Malditas brujas, me han robado. Ahora mismo comienzo la búsqueda de esas dos estúpidas. Dónde han podido ir, si no conocen a nadie. ¡Maldita sea! Bueno, es hora de ganarme una medalla con el chivatazo. Está visto que no he nacido para ser buena persona.
—¡Hilda! Gritó: ¿Dónde están Dulce y su madre?
—No lo sé, Joaquín, respondió Hilda preocupada, mientras yo salí a la universidad, ellas se quedaron aquí. Dulce no podía caminar, estaba algo ebria. Yo misma le di licor para que descansara.
—Mira Hilda, tienes que entender esto, tengo que entregar a Dulce, es cuestión de vida o muerte. Somos nosotros o ellas.
—No, no, Joaquín, por favor, tiene que haber otra forma de resolver esto. Cómo vas a entregar a Dulce que es como mi hermana ¿Te has vuelto loco?

Decía Hilda llorosa agarrando a Joaquín por el brazo y tratando de retenerlo en la casa. Joaquín empujó a Hilda y salió de la casa. Pronto había organizado un grupo de voluntarios ávido de encontrar a la muchacha y a su madre. El populacho se embriagó y con bates en las manos se dirigieron a buscar a las mujeres en la Víbora. Iban casa por casa, dando palos y sacando a la gente para afuera, pero las mujeres no aparecían.

Eran casi las diez de la noche y la muchedumbre enardecida pedía sangre. Joaquín, borracho y lleno de frustración estaba desesperado. El hombre pensó que las dos mujeres podían haber ido a buscar ayuda con la familia Baumann en Miramar. Se acordaba del maltrato de Eva Weizman y decidió darle un destino similar a Dulce y a su madre. Malditas mujeres habían dañado todos sus planes, ahora había perdido los diamantes que eran su llave de salvación para comenzar una nueva vida con su amada Hilda lejos de Cuba.

En medio del barrio de Miramar divisó a Louis Baumann, el cuñado de Dulce, se dirigió con la muchedumbre hacia él, le increpó preguntándole por Dulce.

—¿Dónde está tu cuñada Dulce?

—Dime Baumann, preguntó Joaquín. ¿Dónde está esa gusana?

Louis, ignorante de todo, respondió con naturalidad. Viejo cabrón, le dañaste la vida a esa mujer, chuleando con gringos.

Eso no le gustó a la chusma que empujaron a Joaquín.

—¡Viejo cochino, chulo! le gritaban.

Louis trató de golpearlo, pero un mulato se metió en el medio y le dijo:

—Es un cabrón el gallego de mierda éste, un chulo de mujeres Cubanas. Si eso es lo que es, un gallego de mierda que prostituye a las mujeres gritaba Louis fuera de sí.

En medio del arrebato, el mulato le dio un puñetazo a Joaquín que quedó tirado en el suelo mientras la chusma se alejaba. El mulato se viró y le guiñó un ojo a Louis.

—Viejo cabrón, eso es lo que es el gallego ese, gritó eufórico, mientras se alejaba en la oscuridad con la multitud.

Joaquín se levantó al cabo de unos minutos, estaba agotado. Ya no podía ni con su alma, solo la adrenalina le impulsaba a arrastrar su viejo cuerpo golpeado y maltratado. Todo había salido mal, porque se había encontrado con el imbécil de Louis. Esa familia sería el último sitio para buscar a Dulce. No se hablaban desde que el otro hermano abandonó a la muchacha. Tenía que llegar a su casa. Desesperadamente, caminó y caminó. Cuando avistó la propiedad, los milicianos lo estaban esperando en la puerta.

—Camarada Bengoechea que mal aspecto usted tiene. Tenemos una denuncia en su contra, dijo un militar de complexión robusta y mirada intimidante.

—Denuncia de que, contestó Joaquín. Me he pasado toda la noche buscando un par de elementos antirrevolucionarios.

—Estoy seguro que usted oculta información, dijo con firmeza el militar.

—Hay dos mujeres contrarrevolucionarias que han desaparecido, Dulce Alegría y su madre. He estado buscando a esas malvivientes y se me trata así. No hay derecho camarada., explotó lloroso Joaquín que estaba a punto de desfallecer por el maltrato al que había sido infligido por la turba.

—A un lado camarada, tronó el militar, déjenos pasar y comprobar que la denuncia no es cierta. El miliciano echó a un lado a Joaquín y entró con otros dos. Pasaron al cuarto y destaparon el escondite donde se mantenía oculta la estación de radio.

—¿Qué es esto gallego? ¿Eres un espía de los gringos? Exclamó el miliciano, tras lo cual agarró a Joaquín y lo empujó dentro del camión de patrullaje.

El miliciano entró y se dirigió a Hilda:
—Gracias ciudadana, usted si es una revolucionaria. Así se hace la Revolución.

Hilda tenía el rostro lleno de lágrimas, pero no podía haber hecho otra cosa. Dulce era su hermana, había perdido a sus hijas y Joaquín estaba convertido en un monstruo. Ya no era el hombre amable que ella había admirado tanto. Horas más tarde, Hilda estaba en la comisaría. El capitán la estaba felicitando por su heroica labor. Entregar a su propio marido acusado de contraespionaje. Ese gesto Revolucionario la hacía merecedora de un puesto importante en el nuevo gobierno. La traición paga, pensó Hilda y preguntó por Joaquín al conductor del camión.

—Olvídese del gallego, contestó el capitán. Ese tipo es un espía de Washington, estaba haciendo mucho daño camarada, pero gracias a usted, hemos eliminado a una alimaña más. ¡Viva Fidel! ¡Viva la Revolución!

Cuando Louis llegó a casa de Joaquín, venía con la intención de deshacerse del individuo. Pero, se encontró con Hilda sentada en las escaleras de la entrada de la casa. Con el rostro apagado por la angustia le contó a Louis lo que había pasado. Discretamente, Louis le indicó a Hilda que se había enterado por el propio Joaquín de la desaparición de Dulce y venía a ver en que podía ayudar. Hilda le contestó que no sabía nada de su amiga y que como él se encontraba muy preocupada. Más tranquilo, Louis regresó a su casa, eran las nueve de la mañana y él no había dormido en toda la noche.

Allí, lo estaban esperando Dulce y Mima, para despedirse de él. Su madre, Aurore, las acompañaría hasta la embajada sudamericana para hacer los arreglos pertinentes. Los funcionarios del consulado no aceptaban pesos Cubanos y Aurore temía descubrir que poseía dólares producto del mercado negro. En ese momento, se cotizaban el cambio de cada dólar por diez pesos Cubanos. Además, se había enterado que muchos diplomáticos extranjeros estaban desvalijando las casas que habían alquilado a familias Cubanas pudientes que habían caído en desgracia, robando obras de arte y cuberterías de plata que pararían en sus respectivos países. Había que tener mucho cuidado de no despertar la avaricia de los buitres. Ella había hecho transacciones con la familia de Fonseca y habían logrado poner en Miami unos $250,000 que estaba bajo el control de su hijo Raoul. Por lo que decidió no dar muestras de que poseía dólares y decidió entregar a los funcionarios cinco pulseras de oro. Cada pulsera tenía enganchada una gema preciosa diferente ensartada en una jaulita simulando a un pájaro cautivo. Joyas de exquisito gusto y esmerada labor elaboradas por su suegro Ariel. El valor de cada una de esas joyas era muy superior a lo que le estaban pidiendo, pero ante la posibilidad de no poder sacarlas de Cuba, decidió canjearlas por las vidas de Dulce y su madre.

Los funcionarios quedaron deslumbrados al ver las joyas, que percibido por Aurore le forzó a explicar que era lo único que le quedaba de su antigua vida. Pero que la vida de sus nietas superaba el sacrificio de desprenderse de ese tesoro. Los funcionarios parecieron creer lo que Aurore con el semblante abatido expresó y quedaron satisfechos con el acuerdo. Quedaba un detalle por resolver, Aurore tenía miedo que en el transcurso del viaje al aeropuerto Martí milicianos parasen el auto donde iban Dulce y su madre y lo desviaran para conducirlas a la prisión. Así que Aurore entregó el pequeño tesoro a los funcionarios y al mismo tiempo solicitó que la embajada trabajase un salvoconducto para Dulce y Mima que les permitiera llegar al aeropuerto Martí sin tropiezos y de ahí viajar hasta Honduras o Nicaragua. Tras la negociación entre Aurore y los funcionarios, Dulce y Mima fueron conducidas a un cuarto de la embajada. En el pasillo observaron una habitación con la puerta abierta. Dentro del cuarto vieron a Víctor, era el hijo del cónsul de Cuba en el Vaticano. Un muchacho guapísimo, pensó Mima. El joven la miró sonriendo. Estaba tomado de las manos de una joven muy bella. Aparentemente, estaban en la misma situación que ellas. Agarró a Dulce de la mano y se dirigió a su habitación.

—Dulce, hija tienes que tener fe. Si tú no sacas fuerzas para salir de esto no podremos llegar a la Florida a recuperar a las niñas.

—Si mamá, no te preocupes, estoy más fuerte de lo que tú piensas. Te juró, mamá que voy a encontrar a las niñas y a ese desgraciado también. Solo te digo una cosa, cuando encuentre a ese tipo que me robó a mis hijas, lo mato. ¡Por Dios, que lo mato!

Mima abrazó a su hija con ternura infinita y con suave voz comenzó a cantar una melodía de Rafael Gómez que en su juventud le cantaba a

Dulce para dormirla en su camita por las noches.

Pensamiento, Dile a Fragancia que yo la quiero, Que no la puedo olvidar; Que ella vive en mi alma, Anda y dile así;

Dile que pienso en ella, aunque no piense en mí.

El lirismo de la trova tradicional Cubana hizo el efecto de animar a la triste Dulce que miró a su madre con agradecimiento y empezó a acompañar a la mujer contestando el acertijo.

Anda, pensamiento mío, Dile que yo la venero, Dile que por ella muero, Anda y dile así; Dile que pienso en ella, aunque no piense en mí

—Ay mami, que linda esa canción. Me trae tantos recuerdos de nuestra juventud allá en la casa de la Víbora. ¿Te acuerdas cuando Hilda y yo tocábamos esa letra al piano y nos turnábamos para descifrar el acertijo de Fragancia?

—Si mi niña, la música Cubana es linda e inspiradora. Vamos a tener que refugiarnos en los recuerdos para atravesar estos momentos tan difíciles de prueba que nos está dando la vida. Pero al final verás que todo sale bien. Te lo juro mi niña, todo va a salir bien y nos reuniremos con tus hijas en la Florida.

—¿Me lo juras mami? Dijo Dulce.

—Claro que sí, mi hija. En el nombre de Dios y de la Virgen de la Caridad del Cobre, nuestra familia se va a encontrar sana y salva en muy poco tiempo.

Mima albergaba en su corazón el sentimiento de que sus nietas estaban a salvo en los Estados Unidos con la familia Baumann. Quizás, Aurore no le había dicho algo que ella sabía del paradero de sus nietas y Raoul, pero el hecho de que Louis hubiese decidido acompañarlas era muy significativo porque indicaba que el hombre las iba a proteger y llevar hasta donde estaba su hermano y las niñas. La anciana estaba muy agradecida con Aurore y su hijo Louis, ambos habían arriesgado su vida por ellas y reconoció que a pesar de la distancia que había separado a las dos familias, los Baumann eran personas muy buenas e incapaces de guardar rencor. Gracias a Aurore, la pobre Dulce había podido escapar del horror de la prisión en Cuba. Nunca en la vida le alcanzaría el tiempo para agradecer el valor de Aurore y su hijo.

Encomienda a Jehová tu camino; Y confía en él y él hará, Exhibirá tu justicia como la luz y tu derecho como el mediodía (Salmos 36,37).

Hilda se encontraba en un estado total de confusión. Por un lado, se sentía culpable de haber entregado a Joaquín. Al parecer, el hombre falleció en el mismo camión que lo conducía a la comisaría. No podía haber hablado mucho de los planes de escape del Viernes Santo. Cuando lo subieron a la parte de atrás del vehículo Joaquín estaba casi muerto. Había recibido muchos golpes en la cabeza y estaba perdiendo mucha sangre.

Pobre hombre, pensó: Cómo se le había podido pasar por la cabeza entregar a Dulce, una muchacha que acababa de perder a sus dos hijas y a la pobre Mima. No sabía Joaquín que ellas eran la única familia que ella tenía.

La interrumpió el golpeteo en la puerta. Se tiró un chal sobre los hombros y salió a ver quién llamaba. Era el capitán que había arrestado a Joaquín. Un hombre alto y fornido con cara de buena gente.

No parecía un asesino. Abrió la puerta y le dijo: ¿En qué puedo ayudarlo Capitán?

—¿Cómo está ciudadana? No me tenga miedo. Soy un hombre honrado, eso sí, Revolucionario hasta los huesos.
—Vengo a verla de parte de mi Comandante Varela. Queremos reconocer su valiente gesto denunciando el acto de traición a la patria de Joaquín Bengoechea. Necesitamos que trabaje con nosotros. Nos honraría que una señora tan educada como usted, producto de la universidad de la Habana colabore con el nuevo gobierno. Por favor, tome su tiempo para arreglarse y acompáñeme. Esperaré fuera de la casa para que no se asuste. Mi nombre es Orlando Valdés y estoy a sus órdenes.

Hilda pensó que no tenía otra salida que acompañar a ese militar. Así que se dio un rápido baño y se puso una blusa blanca de encaje con una falda sencilla pero ajustada que dejaba ver el contorno de su cintura y sus amplias caderas. Iba a salir, pero regresó al cuarto y se roció con agua de violetas en el cabello y en el cuello.

—Estoy a su disposición Capitán Valdés. Dijo con ingenuidad, pero calculada coquetería mirando a los ojos a Valdés, pero pensaba que este hombre tenía que saber si Joaquín había cantado sobre los planes de escape. Si era así, su viaje tenía que ser cancelado. Ya ella le iría dando confianza sin despertar muchas sospechas en el hombre.

Valdés se había quedado helado al ver salir a Hilda de la casa. Qué belleza de mujer, eso sí que era una Cubana linda de los pies a la cabeza. No habló en todo el viaje a la Comisaría, porque temía dejar ver su nerviosismo. La muchacha podía darse cuenta de lo impresionado que él estaba y eso lo avergonzaba y lo hacía sentir débil como un niño.

Hilda fue recibida con abrazos y sonrisas. El Comandante Varela era un hombre joven muy bien parecido. Ella ya lo conocía de la universidad. Varela había estudiado leyes y era un alumno destacado en las luchas socialistas de la universidad de la Habana. Un idealista que se había unido a Fidel Castro y que lo acompañó a la Sierra a luchar por la Revolución. Varela estaba eufórico con la presencia de Hilda. Así tenían que ser los jóvenes de la Revolución, personas educadas, honestas y comprometidas con la nueva Cuba, como esta muchacha.

—Contamos contigo Hilda, le decía Varela. Te quiero trabajando aquí conmigo en este cuartel. Hilda se dejaba adular y abrazaba a sus nuevos camaradas. Pensó, esta gente no sabe nada de los planes de escape de la Semana Santa. Es obvio, Joaquín no pudo decir nada. La puerta de escape está abierta.

Al acabar la reunión, el Capitán Valdés se ofreció para llevar a Hilda a su casa. No hablaron en el camino. Valdés guiaba serio mirando hacia el horizonte, no pensaba en nada. Disfrutaba el olor a violetas que emanaba de Hilda. Hubiera deseado que el viaje durara horas, pero ya habían llegado a la casa de Santos Suárez. Hilda se bajó del coche y Valdés la acompañó subiendo las escaleras con la joven. Hilda abrió la puerta, el sol que entraba por la ventana del fondo de la casa atravesó el fino lino de su blusa. El encaje de su ajustador se veía a través de la tela que flotaba sobre el cuerpo de la mujer.

—Bueno, camarada Hilda, me despido de usted, dijo Valdés atragantado. Cierre bien la puerta para quedarme tranquilo, que las cosas están muy malas. La gente está procesando el cambio y hay dos o tres locos sueltos que no saben lo que hacen.

—Gracias Capitán, no sé qué hubiera hecho sin su ayuda, dijo Hilda extendiendo su mano hacia Valdés.

El hombre tomó su mano y con su otro brazo la estrechó contra su pecho. Cerró la puerta y besó a Hilda con una pasión desenfrenada. Hilda respondió al hombre frenética, sus labios y lengua se funden con los labios del hombre con la boca hambrienta de deseo. A Hilda le temblaba el cuerpo completo, su deseo era tan intenso que la lubricación de su vagina le mojaba los muslos. Orlando Valdés la poseyó sobre las losas del vestíbulo. Fue un acto sexual violento, salvaje, no hablaron, se comían uno al otro. Cuando por fin separaron sus cuerpos, Hilda estaba avergonzada.

—No sé qué me ha pasado, nunca había tenido intimidad de esta manera exclamó la joven casi llorando.

—Mira Hilda, dijo Orlando, yo tampoco había hecho el amor en mi vida de esta manera.

—Pensé que me iba a morir. Te deseaba tanto. Todavía te deseo. No quisiera separarme de ti. Esto es como un sueño. Te veo, te siento, pero quisiera tenerte para mí solo.

—Quiero cuidarte, mimarte, protegerte del momento que estamos viviendo.

—Confía en mí, soy todo tuyo, daría mi vida por ti. Creo que estoy enamorado como un niño por primera vez en mi vida.

Abrazó a Hilda entre sus brazos y la besó en el cabello. No se hubiera querido ir en ese momento pero debía volver al cuartel. Muy a pesar suyo, dejó a Hilda y se fue hacia su camión.

¿Qué era lo que le estaba pasando, acaso había perdido la razón? Ya se había entregado en los brazos de esta mujer como un niño. Estaba loco por ella. Es que le encantaba, su cintura tan pequeña y esas caderas tan amplias. Había besado sus muslos, saboreado su sexo y estaba encadenado a ese placer como un adicto. Había acabado de separarse de ella y estaba loco por volver a tenerla. Tomar entre sus manos ese rostro ovalado de ojos grandes y boca sensual valía cualquier riesgo que hubiera que tomar. Le molestó el recuerdo de Joaquín tirado en la caja del carro. Sentía celos de que aquella sabandija hubiera tocado a su preciosa Hilda. El viejo había preguntado que quién lo había denunciado. Alguien le dijo:

—Tu mujer, gallego, tu mujer.

—El viejo herido de muerte no lo podía creer.

—Que mi Hilda me delató, eso es imposible, ella no tiene maldad para hacer una cosa así. Tiene que haber sido las dos brujas que se escaparon.

—No, viejo comemierda, fue tu mujer, le dijo el chofer. Joaquín escupiendo sangre por la boca exclamó:

—Si fue ella, búsquenla también, que se hunda conmigo porque está planificando escaparse de Cuba. Vayan por ella, no me hagan esto a mí, suplicaba el viejo agarrándose de Orlando por la solapa.

Inconscientemente, Orlando golpeó a Joaquín en el rostro y le gritó:

—Cállate ya, viejo desgraciado, es que no quieres a nadie sabandija gallega.

Cuando llegaron al cuartel, Joaquín había muerto. Sería cierto lo que dijo el viejo gallego, acaso Hilda tenía algún plan para escaparse de Cuba. Orlando Valdés pasó el resto del día callado haciendo sus cosas en las oficinas del Cuartel, no quería levantar sospechas ni dejar ver sus sentimientos hacia Hilda. Tendría que observar a la mujer que amaba y evitar que diera un paso en falso que podía cobrar la vida de ella y la de él mismo.

Hilda estaba arrobada con sus pensamientos. Se había entregado a un desconocido en un momento de pasión descontrolada. Nunca había sentido una atracción tan fuerte por un hombre. Había deseado a Valdés desde el momento en que vino a su casa para arrestar a Joaquín. La Revolución nos estaba cambiando a todos, pensó. En solo días, un pequeño incidente de Dulce con una desconocida había cambiado la vida de dos familias para siempre. Aspiró el olor de su cuerpo, tenía un aroma dulzón como caña de azúcar pensó con placer recordando a Orlando sobre su cuerpo.

Deseaba a ese hombre con locura, pensó acercándose a la ducha. Cerró sus ojos y disfrutó de la caída del agua sobre su cuerpo, se enjabonó con delicadeza y esmero. Por la noche, él iba a venir, estaba segura. Se secó y fue desnuda por el cuarto a cambiar las sábanas de la cama. Sacudió el agua de violetas sobre las fundas de encaje y abrió los ventanales para que se refrescara el cuarto. Cansada se tiró sobre la butaca y se quedó dormida. Cuando Hilda despertó, Orlando la miraba sonreído desde la cama.

—¿Que yo te dije a ti? Exclamó divertido… que te cuidaras.

—Mira niña, toqué la puerta, nadie me contestó y cogí para el jardín. ¿Y qué me encuentro? a esta belleza desnudita y dormida en la butaca.

—Has tenido suerte que fui yo. Pero, no vuelvas a dejar las ventanas abiertas o podrás pasar un susto.

—Ahora ven conmigo, que te quiero amar toda la noche.

—¿Qué hora es? preguntó Hilda avergonzada…

—Hora de amarnos, contestó el hombre alzando a Hilda en sus brazos y depositándola con amor en la cama. Nuevamente, Hilda y Orlando se entregaron a su pasión. Orlando besó el cuerpo de Hilda en todos sus rincones, explorando nuevas maneras de complacer el deseo de ella. Hilda se entregaba a Orlando sin reservas complaciendo sus más oscuros deseos.

—Hazme tuya otra vez, por favor, no me dejes así.

—Que me queda por hacer beba, que no sea arrodillarme delante de ti. Te amo, te amo y quiero que estemos juntos. Pero, tenemos que hacer las cosas bien. La Revolución es una época difícil para enamorarse. Ahora yo no puedo vivir sin ti. Déjame pensar, porque el amor que siento por ti me tiene descontrolado y no quiero cometer un error que tengamos que lamentar.

Al día siguiente, Hilda se levantó temprano, recogió parte de su material de trabajo para la universidad y se dirigió al Cuartel. Se le había ocurrido presentar al Comandante Varela un viejo modelo educativo que había preparado con Joaquín para desarrollar escuelas normales en las zonas rurales de Cuba. Eran planes de trabajo pensando en los esfuerzos de la Revolución para mejorar la vida del guajiro Cubano. Hacían falta escuelas normales y de comercio en Cuba. Estaba segura de que un joven instruido como Varela apreciaría ese esfuerzo.

Hilda llegó a las oficinas del cuartel a las siete de la mañana. Varela estaba reunido. Se oían voces discutiendo, una mujer reclamaba justicia por un atentado contra su vida. Al abrir la puerta, salió una miliciana de unos 40 años. Tenía muchos puntos de sutura en la boca. Era una mulata alta y corpulenta. Miró a Hilda con desprecio y salió agitada y molesta de la oficina.

—¿Que pasó, compañera Hilda? Dijo el Comandante Varela, tratando de mantener una postura seria; pero encantado de recibir a su bella compañera de la universidad de la Habana. ¿Me quería usted ver?

—Sí, Comandante, quisiera hablarle de un proyecto educativo que desarrollé hace tiempo en mi trabajo en la universidad. El plan consiste en el desarrollo de un sistema de escuelas normales y de comercio para los campesinos. Quisiera dejarle un informe de la idea que he desarrollado para que usted lo evalúe y, si lo considera importante, estoy a su disposición, para darle más información del proyecto. Terminó diciendo Hilda y depositando el informe en las manos del comandante.

—Hilda, te agradezco el interés que tienes por ayudar a reconstruir nuestra patria. Necesitamos educadores con compromiso como tú. Cuba necesita maestros y poetas, no milicianos vigilando en las calles. Has visto

esa mujer que salió por ahí. Está en la búsqueda de una joven de la cual ella alega que la atacó causándole serias mutilaciones en el rostro. Sin duda, su denuncia es de un acto salvaje sin precedentes. Pero tú y yo sabemos que esta mujer trató de aprovecharse de alguna infeliz que por defender su honra le fue para encima a la mujer esta. A mí no me gustan los abusos, compañera. Al miliciano que veo cometiendo atropellos lo agarro y lo disciplino. Aun así, han ocurrido verdaderas barbaridades y que en nombre de la Revolución muchos desgraciados han saldado viejas cuentas. Voy a extender una orden de captura contra la mujer causante del ataque a la miliciana porque no quiero que mi gente pierda la moral.
—Comandante, dijo Hilda, la moral se pierde con las injusticias que se cometen día a día a nombre de la Revolución. No sea participe de una infamia, esta mujer será miliciana pero no tiene derecho a violar la honra de ninguna mujer Cubana, creo yo, exclamó Hilda con fuego en los ojos. Conozco a la otra parte, es una joven que está desaparecida, posiblemente está muerta a estas alturas. Pero, era una mujer Cubana decente. Se llamaba Dulce, era maestra de música, tenía solo 24 años, fue mi amiga y no era ninguna desgraciada como dice esa mujer. Fue una víctima de las circunstancias, solo eso, una pobre muchacha víctima del destino.
—Voy a pensar en eso, Hilda, exclamó Varela. No firmaré esa orden por el momento. Creo que tienes razón. Tenemos que recuperar la normalidad en el país y no podemos permitir abusos con la población.

Hilda pensaba en lo irónico que era el destino. Había perdido a Joaquín, a Dulce, a Mima, a las niñas, sin embargo, había encontrado a Orlando, un hombre que le cambió la vida y le abrió el alma al mundo del amor y la pasión. Todo lo que amaba había desaparecido y otras cosas habían ocupado su lugar. Seguía con su empleo en la universidad, pero en las tardes iba a las oficinas del Cuartel a discutir asuntos cotidianos con Varela.

El Comandante era un Revolucionario que amaba Cuba. Ese hombre tenía tantos planes para mejorar la vida de los campesinos y estaba entusiasmado con el programa de implantación de escuelas de comercio que le había presentado Hilda. Sin embargo, este joven idealista contrastaba con otros mandos del ejército de naturaleza tiránica y violenta. La cancelación de la orden de búsqueda de Dulce no fue bien vista por los milicianos del cuartel que hablaban a espaldas de Varela tildándolo de burgués anticomunista. Además, Varela había intervenido en el arresto de Eva Weizman, la joven estaba detenida y durante su estancia en el cuartel se había enterado que la muchacha había sido violada por dos milicianos que fueron castigados severamente por Varela.

El Comandante, avergonzado por el comportamiento de sus subalternos liberó a la joven Judía y con la recomendación de Hilda asignó a la joven bajo la responsabilidad de su tía Aurore Baumann. Eva estaría viviendo con la anciana hasta la celebración de su juicio acusada de conspiración para derrocar al régimen. Hilda estaba preocupada por la seguridad de Varela. El Comandante era un caballero que odiaba los abusos y las injusticias, reprimiendo con fuerza cualquier abuso de poder entre sus subalternos por lo que muchos milicianos estaban resentidos y veían en la revolución una vía para desahogar sus bajos instintos.

Angustiada por la seguridad de su protector el Comandante Varela, Hilda le preguntó a Orlando en un momento que la tropa había salido del Cuartel por una emergencia ciudadana a causa de un incendio provocado en unos antiguos almacenes de la vieja Habana, qué podría pasarle al Comandante.
—Mira amor, dijo Hilda. Estoy preocupada por el comandante, observo que no tiene mucho respaldo entre los milicianos.
Valdés manteniendo la distancia ante la proximidad de Hilda y preocupado de que alguien se percatara de la relación existente entre ellos le dijo:
—Ay mi niña bella, mi china preciosa, tú te preocupas de cosas que no tienen remedio. Valdés abraza a su mujer con pasión contenida y

desesperado por no poder hacer el amor con ella en esos momentos. El hombre se apartó disimulando y con el rostro serio y la mirada sombría de contestó:

—La vida del Comandante Varela pende de un hilo, decía Valdés. Los milicianos son personas de extracción humilde y la mayor parte de todos nosotros somos personas que respetamos la familia y la sociedad Cubana. El caso de la polaca es diferente, Hilda. Lo acepto, no debieron haber hecho lo que hicieron. Pero la culpa fue de un gallego comunista que se la tiró a los milicianos para pasar el rato. Del grupo de militares solo uno de ellos se atrevió a tocar a la muchacha, el otro fue el gallego. La muchacha era señorita y parece que tuvo una hemorragia Es una muchacha muy joven y se recuperará, no creo que esté involucrada en las actividades de su padre. Lo que sucedió con ella, le puede pasar a cualquiera, corren tiempos difíciles y hay que moverse con cuidado. Te pido de favor, mi niña, que mantengas distancia con Varela e incluso conmigo en los predios del Cuartel. No te me vuelvas a acercar en el horario de trabajo porque nos ponemos en peligro los dos. En cualquier momento, voy a tener que arrestar a Varela, es cuestión de tiempo y no quisiera tenerte cerca en esos momentos, concluyó Valdés.

Hilda aterrada estaba preocupada por la vida del Comandante Varela, en cualquier momento lo podían traicionar y, si eso pasaba, ella estaría en peligro también. Aunque, ahora los proyectos culturales de la Revolución eran el centro de su vida y aunque había ganado una posición importante en el gobierno de Fidel, no se sentía del todo segura. Ahora tenía a Orlando, era parte del sistema Revolucionario que había sido el motivo de lucha tanto de ella y como de Joaquín. Pero, ansiaba reencontrarse con Dulce y las niñas. ¿Cuándo volvería a ver a su amada familia? No lo sabía, pero en ese momento una llamada interrumpió sus pensamientos.

—Doctora, hay una petición para un salvoconducto de una embajada. ¿Podría usted evaluar esa petición?

—Sí, claro.

—¡Dios mío! Un salvoconducto para Dulce Alegría, Mima y Louis Baumann. No puede ser… Santísima Virgen de la Caridad del Cobre hacedora de milagros. ¡Gracias!

Hilda aprobó el salvoconducto y autorizó una patrulla para que acompañara a la comitiva hacia el aeropuerto Martí. En la embajada sudamericana, Louis y Mima recibieron el salvoconducto con el corazón en un puño, abrazaron a Dulce y la reconfortaron.

—Pronto estarás con tus hijas. Te lo prometo, dijo Louis.

—Me lo juras hermano, decía Dulce.

—Si, te lo juro por mi vida, te lo juro. Vamos a encontrar a tus hijas, no, a nuestras hijas. Raoul nos ayudará a buscar a las niñas, tan pronto lleguemos a la Florida. Después que las encuentre, te juro que voy a reventar al tipo que se las llevó, concluyó Louis. Pensaba Louis que necesitaba encontrar a su hermano para comunicarle la desgracia que había pasado con sus hijas. No sabía cómo Raoul comprendería el comportamiento de Dulce, tendría que mediar para evitar una desgracia aún mayor entre su cuñada y su hermano. Raoul no iba a perdonar a Dulce por la pérdida de las niñas. Era una situación horrible cuya responsabilidad recaía en una mala decisión de la pobre mujer que se había dejado engañar por ese maldito. Interrumpe sus pensamientos y le dice a Dulce…

—Ese secuestrador me va a tener que dar muchas explicaciones antes de que le rompa el alma. Tranquila Dulce, nunca más vas a estar sola en la vida. Somos una familia, no lo olvides nunca, dijo Louis tomando las manos de una silenciosa Dulce.

El 14 de febrero un carro de la embajada conducía a Dulce, Mima y Louis al aeropuerto Martí. Al lado, una patrulla del gobierno Cubano escoltaba a la comitiva protegiendo los flancos de cualquier manifestación pública inusitada. En el interior del vehículo iba Hilda, acompañada por milicianos.

Tanto Louis como Mima estaban sorprendidos. Como había sido posible que Hilda se hubiese infiltrado en la Comandancia y ocupara un cargo de confianza con el nuevo gobierno. Louis había oído a un compañero de trabajo que Hilda era la amante del Comandante Valdés, un alto oficial del régimen Cubano Revolucionario. De cualquier manera, Hilda había facilitado la salida de Cuba para ellos y los había escoltado hasta el avión para evitar que las turbas populares tuvieran la oportunidad de atacar el vehículo y evitar su salida de Cuba. Cuando el grupo subió la escalerilla, Louis ayudó a Dulce. La última en entrar fue Mima, la viejita tan linda con su collarcito guajiro de color rosa que llevaba puesto. El grupo agradecido se despidió de su amiga Hilda, quien pensaba que Mima no perdía la coquetería, ni en las peores circunstancia.

—¡Hasta Pronto, familia! Hilda lanzó un furtivo beso con la mano a la comitiva que subía al avión.

En esos momentos, recordó su vieja vida. Las reuniones en su casa con Dulce y las chiquitas. El cariño de Mima que ocupó el lugar de su madre cuando Amelia murió. Reconoció que, aunque había sobrevivido al proceso de la Revolución y había comenzado a integrarse en su nueva vida en Cuba con Orlando, no tenía estabilidad. Sus seres queridos estaban fuera de Cuba y sus raíces se mantenían en los recuerdos de una vida que no volvería. Le preocupaba que Varela cayera en desgracia, si eso pasara, todavía tenía a Orlando que estaba bien parado con la Revolución. Orlando era un ser misterioso, callado y disciplinado. Solo en la intimidad dejaba ver sus sentimientos. Tras hacer el amor con ella, volvía a adoptar su personaje de militar Revolucionario temible e implacable. Hasta ella misma le cogía miedo en ocasiones. Era un hombre de armas tomadas... No se andaba con chiquitas con nadie. Su misma presencia de un metro noventa, grandote, medio mulatón y con un semblante de pocos amigos la presencia del hombre era imponente. Valdés casi nunca se reía de las bromas de sus subalternos ni participaba del relajo. Era un individuo recio y controlado que aspiraba al puesto de Varela y él era verdadero hombre fuerte del Cuartel. Respetado por la milicia, era el propio Orlando el líder natural de la milicia no el Comandante Varela quien era visto por sus subordinados como un burguesito. Pichón de gallego, le decían a sus espaldas, al ser hijo de hacendados de origen español establecidos en Matanzas que se dedicaban a la agricultura. Gente rica que le habían dado a su hijo una gran educación y dinero para malgastar. Así se había convertido en un joven instruido y romántico con la cabeza llena de ideas socialistas que lo llevó a asociarse con los Revolucionarios de la universidad. Jóvenes ricos como él que querían cambiar el mundo empezando por erradicar la corrupción que existía en Cuba.

El Comandante Varela había participado de varios atentados contra Batista, todos infructuosos y controlados por el ejército del dictador. Su padre lo sacaba de todos los líos, pagando fuertes suma de dinero a los funcionarios corruptos de la dictadura de Batista para que soltaran al muchacho. En esos días, nadie en Cuba tomaba en serio a los Revolucionarios de Fidel. Solo la Iglesia Católica acudía pronta al rescate de los Revolucionarios arrestados por las fuerzas batistianas. Eran los Revolucionarios románticos, los niños ricos de buenas familias que querían adecentar la política del convulso país. En el futuro lamentarían todos los esfuerzos por ayudar al ejército de Fidel y que una vez instaurado este en el poder combatiría a todos aquellos que antes le habían salvado el pellejo.

Hilda pasó callada y taciturna el resto del día en el cuartel. Tenía que tomar una decisión. El tiempo de escapar llegaba. Si los planes de Fonseca estaban en pie, era ahora o nunca. Cuando regresó a su casa en la tarde se cambió de ropa y se dio un largo baño. Estaba decidida, se prepararía para ir a Varadero. Era temprano todavía, había cumplido con Dulce pero ahora tenía que preparar su huida de Cuba con el enviado de David Fonseca.

No había sabido nada de la familia Fonseca desde que Joaquín acordó con David que ella se escaparía el 3 de abril, el domingo de Pasión, cuando la recogerían en la playa de Varadero a la una de la mañana. Espero que cumplan pensó. Estaba preocupada por la reacción de Orlando cuando no la encontrara en la casa. ¿Qué haría? Quizás, esperar a que ella llegara por la noche.

¿Y, si no llegaba? Había un fallo en el plan. No había duda. Tenía que alejar a Orlando de su vida cercano a la fecha de Semana Santa, la razón que le ofrecería era que necesitaba un periodo de reflexión espiritual y que el mejor día de recogimiento era el Domingo de Pasión.

Ella había provocado una pelea con Orlando para tenerlo alejado unos días pero no había funcionado. Orlando estaba pendiente en todo momento de ella y no la dejaba de vigilar. Se había escabullido en un descuido del hombre y pensó que no iba a ir a buscarla a la playa. Dejando atrás los malos pensamientos se recostó en un palmar y esperó la noche. Eran la 12 de la noche del domingo cuando vio una luz que se acercaba entre el follaje. Se quedó paralizada del miedo, esperando pasar desapercibida por el extraño que caminaba hacia ella. De pronto, divisó el rostro de Orlando.

—Hilda, conozco tus planes hace tiempo, dijo Orlando, tapando la boca de Hilda para evitar que la mujer gritase asustada.

—Me he debatido entre mi sentimiento Revolucionario y mi amor por ti. Me voy contigo esta noche, aquí no hay nada para nosotros. Estoy decepcionado de las cosas que están pasando en Cuba.

—Ayer, cuando peleaste conmigo y te fuiste a tu casa vinieron a arrestar a Varela debido a una acusación de alta traición. El Comisario de barrio estaba acompañado de unos individuos que habían trabajado para los padres de Varela y lo acusaban de antirrevolucionario. Se lo han llevado a la Cabaña y lo van a fusilar. Yo mismo lo esposé y lo conduje al camión. No sé qué ha sido de ese individuo, exclamó entre sollozos Orlando sorprendiendo a Hilda con este desahogo sentimental tan inusual en él.

—No hay tiempo, Orlando, respondió Hilda. A la una de la mañana se supone que me recojan aquí detrás de este palmar. Tenemos que calmarnos y esperar a ver si mi contacto cumple con lo prometido.

Orlando e Hilda se abrazaron con ternura y permanecieron en silencio por una media hora que les pareció una eternidad.

A la una de la mañana exacta apareció el bote. Fonseca había cumplido. Era una embarcación pequeña. El botero se quejó diciendo: Me dijeron que era una mujer y ahora aparece otra persona.

—No se preocupe, dijo Hilda. Llévenos a puerto seguro que usted recibirá el doble de compensación por el servicio que nos está dando.

Orlando e Hilda se agarraron de las manos y el botero gritó:
—¡No caballero! Agarre un remo y arranque que esto no va a ser fácil.

Los dos hombres tomaron los remos y echaron el resto para salir de las aguas de Cuba. Hilda sentía como las olas caían sobre el bote, estaban completamente mojados. No se veía nada, el mar era una completa oscuridad. La embarcación saltaba y caía con fuerza sobre las olas, pensó que en un viraje de esos en el que quizás caerían al mar. Miró a Orlando y se arrepintió de haberse metido en esa aventura. El botero tenía muy mal aspecto, estaba empapado y hacía rato que se quejaba de dolor en el pecho. De pronto cayó de bruces sobre la espalda de Hilda.

—Agarra el remo Hilda, gritó Orlando, sigue paleando o no llegamos.

Hilda se movió del centro del bote y tomó el remo en sus manos. Estaba helada y aterrorizada, empezó a gritar. Orlando la abofeteó varias veces.
—Cálmate Hilda o nos volcamos.

Colocó a Hilda despavorida al lado del cuerpo del botero y tomó ambos remos. Santísima Virgen del Cobre ayuda a este siervo tuyo porque estoy agotado. Se le hacía difícil avanzar en la oscuridad de la noche, no sabía si iba en la dirección correcta y el peso muerto del botero dificultaba la lucha contra el mar. Así que decidió coger al hombre ya muerto y lanzarlo al mar.
—Hilda gritaba: ¿Que has hecho?

—Está muerto y pesa mucho, estoy cansado, por favor Hilda cálmate o me vas a hacer volcar, suplicaba Orlando luchando por sobrellevar las olas que caían implacables sobre el bote.

En el horizonte se veía una luz. Orlando recibió un golpe de adrenalina y cogiendo impulso, empezó a remar con fuerza. En unos 10 minutos se acercó a una embarcación de unos 30 pies. Había gente esperando. Pronto les prestaron ayuda y los subieron a bordo. La persona a cargo de la embarcación preguntó por Hilda y quiso saber quién era la otra persona y qué había pasado con el botero. Tras las explicaciones de rigor, Orlando pudo atender a Hilda que continuaba presa de los nervios.

—Mi amor, lo conseguimos. Estamos a salvo.

—Gracias a todos, dijo Orlando, siento lo del botero, pero parece que le dio un infarto y murió. Tuve que sacarlo del bote porque si no lo hacía nos hundíamos todos.

—Otra víctima más del mar que se ha llevado la dictadura Cubana, dijo el capitán. Esto ha pasado otras veces y seguirá pasando mientras sigan escapando personas de la Isla.

Orlando miró hacia atrás, se veían las últimas luces de la Habana. La tristeza embargó su alma y lloró sobre el rostro de Hilda.

—Amor, despídete de Cuba, por favor Hilda dile adiós.

—Adiós mi patria querida dijo Hilda y miró a Orlando. Ahora, miremos para el frente y saluda a lo que viene. Porque como dijo alguien: "Para atrás, ni para coger impulso".

En el firmamento brillaba un lucero que iba alumbrando la embarcación a medida que se desplazaba.

—Miren eso, grito Hilda. Esa estrella se mueve con nosotros... Es la guía del camino que nos lleva a puerto seguro...

Los pasajeros miraban embelesados el espectáculo nocturno y parecía que habían recuperado la confianza permaneciendo tranquilos en la atestada embarcación. La estrella nos protegerá hasta estar en tierra y en libertad, pensó Hilda y recordó a la familia Baumann disfrutando de la observación de las estrellas en su casa de la Habana.

Raoul y Dulce decían que las estrellas tienen un sortilegio especial para complacer a los justos en la tierra que le abren su corazón al Señor. Hilda miro a la estrella más grande y pidió el deseo de su corazón, sintió que el lucero le sonrío y oyó un sonido. Serían los Ángeles en el cielo contestando su suplica. No, los cantos provenían del interior del bote, Hilda sonrió al oír a sus compatriotas cantando guajira guantanamera, se unió al grupo y con su hermosa voz entonó las estrofas del compositor Joseito Fernández:

"Guantanamera, Guajira guantanamera, Canta mi sinsonte tanto, Tan lindo y tan melodioso, Que el público jubiloso, Presta atención a su canto. Es su modular cantando Tan melódica cadencia Que con su fina vehemencia Se esparce armónicamente y se incrusta dulcemente en la amable concurrencia".

CUARTO MANDAMIENTO
Honra a tu padre y a tu madre para que tus días se alarguen en la tierra que Jehová tu Dios te da
(Éxodo 20: 8-12).

El avión salió del aeropuerto Martí y tras largas horas de vuelo llegó a un aeropuerto desconocido a tomar combustible.
—Dulce, yo creo que deberíamos cancelar nuestra trayectoria a Honduras y tomar un vuelo desde aquí mismo a Miami, exclamó Louis.
—Vamos a comunicarnos con el teléfono que nos dio mamá de la finca de mi padre, para que alguien nos espere en el aeropuerto de Miami.

Los funcionarios del aeropuerto permitieron hacer la llamada de Louis a Miami, pero nadie contestaba en el número que les había dado mamá Aurore. ¿Qué había sido de su padre? ¿Por qué Alejandro y Raoul no aparecían en ningún lado? Estaban siendo manejados por la fuerza del destino y no tenían un plan de contacto concreto con la familia en la Florida. A Louis le preocupó demostrar su ansiedad frente a Dulce y provocar una nueva crisis de nervios en la atribulada mujer, por lo que tomando la mano de Dulce sonrió y le dijo:

—No importa, mi hermanita Dulce, vamos a tomar un vuelo a Miami directamente. La ayuda de la Embajada Panameña ha sido muy buena, pero ha llegado el momento de cambiar los planes. Francamente, no debemos arriesgarnos siguiendo el itinerario por esta gente. El vuelo a Panamá fue sufragado con parte del dinero americano que les había dado Aurore.

Cuando subieron al avión que las llevaría a Miami, Louis, Dulce y Mima se encontraban llenos de esperanzas por recuperar a sus hijas y empezar una nueva vida. Ya en los Estados Unidos las cosas podían ser diferentes. Habían escuchado de muchos niños que habían sido sacados de Cuba con éxito y sus familias los habían recuperado más tarde. Tres horas más tarde, Louis, Dulce y su madre desembarcaron en el aeropuerto de Miami. No vieron a nadie esperando por ellos, por lo que, discretamente, salieron del aeropuerto y en la terminal tomaron un taxi hacia la dirección de la finca.

Aparentemente, la casa de la familia Baumann estaba ubicada en las afueras de Miami. Aquello era un campo, había enormes plantaciones de fruta y también se veían viveros para el cultivo de palmas decorativas. En el transcurso del viaje, empezó a anochecer. Sorprendidas por la ausencia de focos de iluminación en el camino y la oscuridad de la noche, Louis se preparaba para defenderse ante un posible secuestro del taxista.

—Ya llegamos señores, dijo el taxista deteniéndose ante una finca de palmas decorativas. Aquí es la dirección que me dieron. Por favor, bájense y entren rápido que esto es un sitio solitario y yo soy un hombre de familia, tengo que regresar a mi casa.

Aliviado, Louis entregó al hombre un billete de diez dólares y se bajaron del carro. Aquello era Homestead, pertenecía a Miami y parecía un campo. No se imaginaba a su amado hermano Raoul viviendo en un sitio así. Tocaron la puerta, pero nadie contestó a pesar de que las luces estaban encendidas. Louis pudo observar que aquel sitio era una plantación abandonada. Las palmas permanecían creciendo entre hierbajos que nadie había sacado hace años, había equipo de agricultura que se había cubierto de maleza y permanecía abandonado entre los palmares. Se sentía un olor desagradable en el aire, una especie de fetidez proveniente de los palmares que podía ser producto de la actividad de las ratas que debían anidar por allí. Del interior de la casa comenzó a oírse el ladrido de un perro, no debía ser muy grande, Una luz se fue acercando hacia las ventanitas de la puerta y alguien gritó:

—¡Mamá! ¡Abuela!

La puerta se abrió y apareció Sarah con una linterna en la mano apuntando hacia las dos mujeres.

—¡Dios mío! Mi niña Sarah… ¿Dónde está tu hermana y tu papá? exclamó Louis.

Las dos mujeres se abrazaron a la niña, había tanta emoción…

—¿Estás bien, mi niña? gritaba Dulce fuera de sí.

—¿Sarah, mi niña estás bien y tu hermanita? Insistía Dulce.

Dulce y Mima lloraban, reían y seguían preguntando por Raquelita.

—¿Dónde está tu hermanita?

—¿Qué le pasó a la niña? Dinos algo, Sarah. Exclamó Mima.

En ese momento, las mujeres pudieron apreciar el rostro de la niña, estaba pálida y había estado llorando. Con esfuerzo comenzó su relato.

—Mamá, Matthew y otro hombre nos trajeron en un barco grande con mucha gente que venía con nosotros. Papá nos estaba esperando, nos pusimos tan contentas de verlo. Él nos abrazó y nos regaló ese perrito que ves ahí. Después, llegamos hasta esta casa. Papá tenía un cuarto bien lindo para nosotras, ven, para que lo veas, dijo la niña tomando a una ansiosa Dulce de la mano. La niña llevó a las mujeres a un dormitorio que tenía dos camitas de madera de palo de rosa, juguetes y bonitos accesorios en las paredes decorando la amplia habitación que tenía ventanas hacia el palmar.

—Desde aquí vimos cuando papá peleó con los hombres. Dispararon sobre papá, dos de ellos murieron y el otro entró en el cuarto y se llevó a Raquel. Cuando fui a ayudar a papá me dijo que me mantuviera escondida en el sótano hasta que llegara abuela Aurore, que no me iba a pasar nada. Pero, pasaron varios días y estaba asustada, hasta que llegaron ustedes.

—Mamá, verdad que vamos a buscar a Raquelita y a papá.

—Si hija, contestó Dulce, los vamos a buscar y los vamos a encontrar sanos y salvos.

Louis había tomado la linterna de la niña y se adentró en el palmar. Allí encontró los cuerpos descompuestos de dos hombres. Estaban comidos por las ratas, eran irreconocibles. Se acercó y de los dedos de uno de los cadáveres sacó una sortija que reconoció era de Raoul. Con asco la tomó y la envolvió en un pañuelo. Miro los restos del hombre con detenimiento y trató de reconocer a su querido hermano entre los restos que habían dejado las alimañas. No estaba seguro de que ese cuerpo mutilado era de Raoul. Se tomó la cabeza entre las manos para controlar el dolor que le experimentó la visión de aquel cadáver que parecía ser su amado hermano. ¿Quién sería el otro? Volvió a la casa a buscar una pala para enterrar el cuerpo de Raoul. Terminado su trabajo, llamó a Mima.

—Necesito que reconozcas a alguien, deja a las niñas con Dulce y ven al palmar.

La anciana caminó entre los hierbajos y se encontró con el cadáver descompuesto de Matthew.

—Este tipo no es el americano, no me cabe duda, dijo Mima conteniendo el asco y el otro cuerpo tampoco es de Raoul, expresó Mima mirando con detenimiento el montón de restos humanos.

—Eso creo yo también. Alguien trató de aparentar que este es el cuerpo mutilado de Raoul, por lo que debemos pensar que mi hermano sigue vivo concluyó Louis.

—Y el americano también, dijo Mima.

—Okay, Mima, yo me encargo, respondió Louis.

Este emprendió la tarea de enterrar el cuerpo no sin sacar los documentos del pantalón del infortunado. Tras enterrar los cadáveres, la pestilencia que dominaba el ambiente cedió y Louis pudo sentir el aroma de las azucenas del porche. Efectivamente, en la terraza había numerosas plantas de azucenas repletas de flores y la fragancia empezó a inundar la casa. Inexplicablemente, Louis sintió que con el aroma de las flores su alma se llenaba de júbilo y se dirigió a la sala donde estaban reunidas las dos mujeres y la niña. Alzó a la pequeña en brazos y le dijo:

—No te recuerdas de mí, soy tu tío Louis y te quiero mucho. Miró a las mujeres y con determinación exclamó: Todo está bien. Estoy seguro que vamos a encontrar a Raquelita y a Raoul. Siento que mi hermano sigue vivo y está detrás de todo lo que está pasando. Estoy convencido de que Raoul amaba a sus hijas y a ti también Dulce. No será que el americano era un enviado de Raoul… ¿Nunca te habló de eso?

—No Louis, el americano me lo presentó Hilda, era amigo de Joaquín, ese hombre llegó a mi vida de casualidad. Matthew me conoció en casa de Joaquín y se enamoró de mí, así como lo oyes. Por eso, se arriesgó a sacarme de Cuba con las niñas. Incluso yo me sentía culpable pensando que me aprovechaba de su generosidad. Mima sabe que yo nunca tuve nada con Matthew, nada de nada. ¿Verdad, mamá? Preguntó Dulce mirando a Mima y buscando su apoyo con la mirada

—No sé, yo siempre desconfié de ese hombre, tú lo sabes Dulce te lo dije muchas veces de cómo llegó a nuestras vidas ese individuo y como ideó todo el plan para sacarte a ti y a las niñas de aquel infierno. Se aprovechó de nuestra desesperación. En esta historia hay demasiadas casualidades que nos hacen preguntarnos de la verdadera identidad de ese hombre, concluyó Mima.

Louis permaneció reflexionando acerca de todo lo que había pasado desde que se encontró a Joaquín al mando de esa turba en las calles de la Habana y pensó que faltaba un elemento importante para que todas las piezas de ese rompecabezas cayeran en su sitio. Esa piedra era Raoul, mañana comenzaría investigar el área y trataría de establecer un plan para localizar a su hermano. Todos quedaron dormidos en la sala, Sarah en el regazo de Louis y sobre él las dos mujeres recostadas.

Cuando despertó, Louis tenía los brazos dormidos. Dejó a las mujeres y a la niña descansando y comenzó a explorar el lugar. La casa era muy grande, tenía varios cuartos. El de las niñas, tres dormitorios adicionales muy bien amueblados, una oficina y un cuarto de servidumbre. Pensó que Raoul se había preparado para estar escondido por largo tiempo. Aunque el sitio era distante, la casa era una hermosa mansión y estaba bien montada. La cocina tenía magníficos muebles y una abundante despensa. La abrió y agarró una botella de vino Marqués de Riscal. La volvió a poner en su sitio. Quizás, la abriría más tarde, por la noche cuando la niña se acostara y pudiera iniciar una conversación con Dulce y su madre para delimitar un plan de acción que permitiera iniciar la búsqueda de Raquel y comunicarse con su madre en Cuba.

Al cerrar la puerta de la alacena, sintió un ruido bajo sus pies, quizás fueran ratas bajo la casa. Se agachó y puso la cabeza en el suelo de madera. No sintió ruido, pero si aspiró un olor conocido para él. Olía a flores, un aroma dulzón y fétido provenía del suelo. Buscó algún resorte en la pared, movió la despensa y allí, debajo del mueble se encontraba la puerta de acceso al sótano de la casa. Este era el slick de su hermano, el lugar de seguridad. Bajó las escaleras y se quedó mudo. Entre unos troncos de caña secos y cortados hacía tiempo, había metralletas, cajas con fusiles y suficientes municiones para asaltar el castillo del Morro.

¿En qué cosa estaba metido su hermano? Muy peligrosa era su vida, que lo llevaría o lo llevó a la muerte. Enfocó con la linterna hacia un escritorio, de allí provenía el olor dulzón que había percibido en la cocina. Un montón de flores de azucena estaban amontonadas y a medio descomponer en una cubeta con agua y al lado allí había una agenda y una libreta de banco. Louis emprendió la tarea de abrir gavetas y buscar respuesta a sus preguntas, en el fondo de la gaveta encontró dinero en efectivo y el reloj de su hermano. Se fijó en dos bolsitas con los nombres de las hijas, al abrirlas salieron de ellas dos pulseras de oro que reconoció eran de Aurora su madre. Louis pensó que Raoul se estaba preparando para traer a sus hijas a Miami y que esta casa era el sitio que él había elegido como el lugar más seguro porque estaba lejos de todo. No había vecinos en varias millas y era un sitio donde pasar desapercibido por un buen tiempo en lo que retomaban el rumbo de sus vidas. Tomó la agenda en su mano, la guardó en el bolsillo y abandonó el lugar, cuidando de mantener en secreto lo que su hermano había querido ocultar.

Cuando Louis subió, la familia estaba desayunando y lo esperaban. Mima le sirvió café y galletas de avena con mermelada de uva. Sarah tenía mejor semblante, comía con ganas un pedazo de queso que le había picado Mima. Dulce se había bañado y arreglado el cabello. Ahora ya se parecía a la hermosa mujer que recordaba casada con Raoul. Por qué su hermano la había abandonado… no comprendía como Raoul pudo separarse de Dulce y las niñas e irse del país. Nadie en su sano juicio haría tal cosa. No quería juzgar a su hermano. Siempre había sido un muchacho idealista, soñador y enamorado. Pero, Raoul era una buena persona. De eso, no cabía duda. Si en algo estaba metido su hermano, eso fue lo que le costó la vida.

Mima se sentó a la mesa con una taza de café humeante.

—Tengo que contarles algo: Joaquín nos traicionó. Él iba a entregarnos a la policía castrista. Sospeché de él la noche que llegó alterado diciendo que todo estaba arreglado y que se habían olvidado de la denuncia de Dulce.

—Cuándo Joaquín se acostó yo busqué entre sus cosas y miren lo que encontré y que nos va ayudar a empezar una nueva vida para encontrar a Raquel. Es un collar de diamantes muy raro. Las piedras son grandes y deben valer un dineral. Los polacos cubrieron las piedras con laca de uñas rosada para disimular. Quién se iba a fijar en un collar de fantasía tan ordinario en apariencia como éste. He estado raspando con las uñas las piedras y casi están limpias. Con un poquito de acetona se verían mejor.

—Mami, eres increíble, exclamó Dulce, que por primera vez reaccionó con un poco de energía tras su arribo a los Estados Unidos. Con la venta de ese collar podremos contratar el mejor detective privado de Miami para encontrar a mi hija y a mi marido.

—Claro cariño, claro. Contrataremos al mejor detective de Miami para buscar a Raquelita y a Raoul y acabará nuestro sufrimiento.

—Yo también tengo que contarles algo, replicó Louis pasando por alto el asunto del collar: encontré una agenda de Raoul en el sótano, dinero y armas. No sé qué significa esto, pero creo que ese collar pertenece a mi padre Alejandro y que por algún motivo que no conocemos llegó a manos de Mima pudiera estar relacionado con la desaparición de Raoul. De momento les voy a pedir que se olviden de la existencia del collar y no mencionen de ello a nadie. Me parece que con el dinero que hay en el sótano es suficiente para que yo mismo pueda empezar a buscar a Raquel sin levantar sospechas. No sabemos cuándo Raoul abandonó este sitio, así que durante el día de hoy comenzaré a auscultar los alrededores y dejarme caer por ahí para ver que investigo. Les pido paciencia, no cometamos errores que atrasen la búsqueda de la niña. Creo que se pueden quedar aquí, porque si Sarah sobrevivió hasta hoy, es que el lugar es seguro. Voy a salir ahora, regresaré por la tarde.

Louis se puso una chaqueta de cuadros que encontró en uno de los armarios, jeans y unas botas usadas y polvorientas. Podía pasar por un americano descendiente de italianos. Era blanco, alto y corpulento y no llamaría la atención en esta área de campesinos dedicados al negocio del cultivo de plantas y vegetales. Acabó su arreglo con un gorro que se caló hasta los ojos. Se miró en el espejo del vestíbulo al salir de la casa, parecía un granjero americano, respiró satisfecho y se alejó caminando por la carretera. Al volver la cabeza, alcanzó a ver a Dulce, la mujer lucía perdida con la mirada en el horizonte reposando su cabeza contra el rostro de Mima, la pequeña Sarah la miraba asustada. Tendría que sacar a esta familia adelante, se lo debía a Raoul, aceleró el paso y se adentró en la carretera.

Louis llevaba caminando alrededor de una hora, cuando divisó una pequeña capilla hecha de madera. La puerta estaba abierta, así que entró y se sentó en un banco. La capilla pertenecía a la comunidad Judía, estaba dispuesta en una serie de bancos a ambos lados mirando hacia el Bemá que estaba iluminado por un haz de luz que bajaba de un vitral en el costado de la sinagoga.

Que sitio más interesante, pensó Louis, se respira la paz, siento que Dios está en este lugar.

Sacó la agenda de su bolsillo y empezó a leer: Viaje de David Fonseca. Pagado en Miami por papá. Ok. Dulce y las niñas están incluidos. Pago pendiente con la entrega. Coordinar con mamá. (Endré a cargo.) Papá viajó a Israel a reunirse con el grupo hebreo. 14 de febrero. Hay que incluir a Hilda Bengoechea. Viene con la familia Weizman y la familia del Valle. (11 en total) Falta pago de Hilda. Coordinar con Varela en Cuba levantamiento en Santiago. Necesitan armas y municiones. Pendiente pago con José Arozamena y Armando del Valle (Deben $ 40,000)

¿Qué era esto? Su hermano era un militante anticastrista. Miami estaba lleno de espías de Fidel. Posiblemente lo descubrieron y estaban tratando de matarlo. Ya sabía de otros casos lamentables. Louis no confiaba nada en los norteamericanos, sino ayudaron a su hombre fuerte Batista en Cuba para escapar de la Isla, que iban a hacer por unos Cubanos apasionados que querían tumbar a Fidel. Nada, los Estados Unidos abandonaron Cuba en las manos del comunismo. Le cogieron miedo a la reacción de la comunidad internacional. Todos los países apoyaron a Castro en su Revolución y la prensa norteamericana se volcaba en halagos de la figura romántica de Fidel. Abandonaron al dictador Batista, le cortaron los suministros y favorecieron la entrada en Cuba de pertrechos para Fidel. Encima de eso, todavía titubeaban con meterle la mano al gobierno comunista de Castro. Malditos gringos, igual que te dan la mano como que te traicionan igual. En este país extraño tendremos que hacer nuestra vida. Se acordó de lo que en su día le dijo Marcelo Guttmann, un Judío procedente de Hungría que estaba relacionado con su hermano Raoul.

—Mira Louis, nosotros no somos de ningún sitio y somos de todo el mundo. Somos los Judíos errantes, nos hemos acostumbrado a esto. A prepararnos para abandonar el lugar cuando la oscuridad llega. A Cuba, mi amigo, llegó un régimen comunista. Las tinieblas han caído en esta Isla. Esto se acabó, llegará la persecución y los asesinatos en masa. La comunidad internacional indiferente dejará a Cuba sola en el olvido. Esto es parte de una conspiración comunista internacional con la anuencia de los Estados Unidos. Dentro de nuestra comunidad hay muchos informantes que ya nos han advertido del destino de Cuba. El Mossad tiene contactos con Fidel Castro y han llegado a acuerdos por los que el sistema permitirá brevemente la salida de los Judíos y podrán sacar sus bienes. Hemos vivido esto antes y sabemos lo que sucederá. Coge a tu familia y vete a otro lugar donde puedas empezar una nueva vida. Hazlo pronto, porque no queda mucho tiempo.

Poco a poco, Louis fue observando que las palabras de Guttmann eran verdad. La comunidad Judía se fue retirando de la vida pública. Discretamente, los Judíos salían del país, dejando sus casas en apariencia intactas. Los Judíos se comunicaban con familia en el exterior y enviaban dinero y joyas a los países donde tenían contacto. Hasta el año 1959, los Cubanos pudieron hacer transacciones bancarias y envíos de dinero y bienes a través de las embajadas y de la Iglesia Católica. También, instituciones como la Falange Española había servido de intermediaria a muchos españoles para sacar su dinero a través de órdenes religiosas establecidas en España. Pero eso no duró mucho tiempo, pronto el gobierno Revolucionario detuvo la salida de divisas al exterior y nacionalizó los bancos.

El mismo Louis estuvo de acuerdo, así que hizo una declaración voluntaria de sus bienes y se ofreció como voluntario del gobierno. Lo ubicaron como Inspector de las haciendas. Fue increíble comprobar cómo estaban robando en los campos, destruyendo las cosechas, desbaratando un país con la misma corrupción de tiempos de Batista. Informó numerosos abusos y latrocinios. Hasta el punto que se ganó el respeto de las fuerzas revolucionarias. Él tenía compromiso con su patria y por un tiempo creyó en la revolución, pero a Fidel se le fue la Revolución de las manos. Los gringos con su acostumbrada indecisión no lo estaban apoyando para normalizar la situación política y social en Cuba y Fidel se estaba arrimando a la Unión Soviética.

Fidel era comunista, sí, claro que lo era, pero ahora se había convertido en un comunista radical que quería perpetuarse en el poder. Castro no permitió elecciones una vez establecido en el poder y desarrolló un sistema policial tipo checa. Louis se había desilusionado de la Revolución y cuando pasó el incidente de Dulce decidió acompañarla e irse del país. No soportaba que su patria se hubiese convertido en un cementerio de mártires. Guttmann tenía razón, él no podía luchar solo, ni era un cobarde pero tendría que huir de Cuba como Moisés huyó del Faraón. Una mano se posó en su hombro, era un hombre corpulento de unos 55 años, blanco con los ojos azules y nariz prominente.

—Disculpe, dijo Louis, hablando en un buen inglés, ya me voy. Entré a descansar un rato, pero ya me siento mejor, así que seguiré mi camino.

—No se disculpe, contestó el hombre en perfecto español. Cuando un viajero llega a mi casa, estoy obligado a atenderlo y ofrecerle mi ayuda. Iba a desayunar cuando percibí su presencia, acompáñeme a tomar un jugo y un emparedado, así me podrá contar quien es y de donde viene.

Louis acompañó al hombre a un aposento en la parte posterior de la capilla. Se sentaron en la mesa y compartieron el alimento que estaba servido.

—No me he presentado, dijo Louis, mi nombre es Louis Baumann y soy

Cubano, Judío Cubano. Acabo de llegar de Cuba con mi familia a Miami esperando encontrar a mi hermano que tenía un pequeño negocio por esta zona. Pero no lo he encontrado ni sé nada de él. Estaba caminando sin rumbo en la búsqueda de trabajo en alguna granja cercana porque necesitamos ganarnos la vida de alguna manera. Soy ingeniero de profesión y tengo mucha experiencia en el desarrollo agrícola. Pero estoy dispuesto a trabajar en cualquier posición que me ofrezcan. Incluso en labores de campo al ver que ésta es un área de granjeros.

—Así es, Louis, contestó el otro hombre. Mi nombre es Samuel Weizman, tenía un hermano en Cuba pero murió asesinado por los comunistas. De mi sobrina Eva, no sé nada, me han dicho que está presa. No sé si es cierta o sea otra mentira de los buitres que rondan a la comunidad Cubana exilada en Miami para robarle más dinero. Aquí, mi amigo existe un negocio con el tráfico humano para salir de Cuba. Las familias tienen que pagar a mercenarios el peso en oro de sus familiares en la Isla para traerlos a los Estados Unidos. Hay varias vías de escape, por Miami a través de embarcaciones en alta mar que esperan a los refugiados que llegan en botecitos guiados por aventureros. Otros, salen a través de las embajadas o de la Iglesia Católica en Cuba. Yo mismo estaba coordinando desde aquí la salida de Cuba de mi hermano Jacob y mi sobrina Eva, cuando perdí el contacto con ellos.

—No te voy a preguntar como llegaste a esta tierra. Pero si te digo algo, tienes en mí a un amigo. Te ofrezco trabajo aquí conmigo contestó Weizmann

Weizman miró a Louis, parecía un hombre de honor, se preguntaba si sería cierto que era uno de los Bauman; de momento observaría al hombre antes de confirmar su identidad. El hombre prosiguió hablando:

—La comunidad Judía es la dueña de casi todas las fincas que ves en Homestead. Tenemos competencia con nuevos colonos que están llegando a esta tierra de pantanos. Los nuevos vecinos son estadounidenses protestantes que han elegido esta tierra para levantar sus negocios al igual que nosotros los hebreos. Miami es un gran balneario, ya lo verás. Esta tierra está llena de pantanos. Muchos miembros de la comunidad hebrea nos jubilamos en Miami por el clima y la tranquilidad. Si aceptas mi empleo, hoy mismo conoceré a tu familia y saldremos a dar una vuelta por Miami para que conozcas la ciudad, concluyó Samuel observando atentamente a su nuevo amigo.

Louis confió en Samuel, en su palabra. El hombre era el primo de Weizman en Miami, pero su padre tendría que confirmar la identidad antes de franquearse con su nuevo amigo. Se levantó y lo abrazó.
—Gracias Samuel, el Dios de Israel te puso en mi camino.
—Por favor, acompáñame a conocer a mi familia.

Ambos hombres salieron y se montaron en el camión de Samuel, había comenzado un nuevo ciclo de vida para las dos familias.

Se levantó de mañana el que servía a Dios y he aquí el ejército que tenía sitiada la ciudad, con gente de a caballo y carros. Entonces el criado le dijo: ¡Ah Señor mío! ¿Qué haremos?
Él le dijo: No tengas miedo, porque más son los que están con nosotros que los que están con ellos.
Y oró Eliseo y dijo: Te ruego, Jehová, que abras sus ojos para que vea.
Entonces Jehová abrió los ojos del criado, y miró; y he aquí que el monte estaba lleno de gente a caballo, y de carros de fuego alrededor de Eliseo (2 Reyes 6.15-17.)

HILDA Y VALDÉS LLEGAN A LA FLORIDA

La embarcación se detuvo en Key West donde varios grupos de personas les esperaban. Los pasajeros se lanzaron alborozados a saludar efusivamente a sus familias. Era tan emocionante ver a esas personas encontrarse después de tanto tiempo. Orlando contuvo su emoción y mirando a Hilda le dijo:

— ¿A dónde vamos tú y yo?

—No sé, estoy tan perdida como tú, contestó Hilda. Vamos a preguntar por David Fonseca. Él era la persona de contacto con mi marido y quien recibió el encargo de traerme aquí a la Florida.

—Perdone caballero, dijo Orlando dirigiéndose a uno de los encargados de la embarcación.

—¿Conoce usted a David Fonseca? Él es nuestro contacto aquí en Miami, quisiéramos hablar con él. Por favor, ayúdenos, no tenemos ni un kilo encima y estamos solos en este país.

—Si, conozco a Fonseca, pero el no pudo venir hoy. Si ustedes quieren, los puedo dejar en su residencia, él vive en Homestead, en una finca dedicada al cultivo de palmas reales. Como quiera puedo sacarlos de aquí porque de camino a mi casa en Miami hay que pasar por el área de Homestead.

Orlando e Hilda se montaron en el camión del individuo que dijo llamarse José Cohen y se dirigieron a través de los cayos hacia su destino.

—Este poblado se llama Isla Morada, por aquí no vive casi nadie, dijo José. Algunas personas retiradas, mayormente hebreos que buscan la tranquilidad de la zona. La carretera que vamos a tomar ahora es el camino a Homestead, un sector ocupado por granjeros que no tiene casi desarrollo urbano. En esta área hay mucha sabandija, tengan cuidado con los caimanes y los roedores que abundan por esos rincones.

—Un hombre rico como Fonseca debería vivir en un área más elegante, no en esta tierra perdida del mundo, llegamos, anunció José. Esa vereda lleva a la hacienda de Fonseca. Alumbraré con los focos del camión para que lleguen hasta allá.

Orlando e Hilda bajaron del auto dándole las gracias al hombre. José estrechó la mano de Orlando y le dejó un billete de $20.

—Sé que es poco dinero, pero se lo quiero regalar, dijo el taxista.

—Gracias, dijo Orlando conmovido ante el gesto del desconocido y guardó el billete en su bolsillo.

—Algún día, compatriota Cubano, te devolveré el favor que nos has hecho.

—Es un regalo, los Cubanos nos tenemos que ayudar, contestó el hombre con afecto y emoción en sus ojos.

La luz de la casa estaba encendida por lo que Orlando con los ojos húmedos hizo un gesto despidiéndose de José que encendió el camión y se fue. La propiedad de David Fonseca era una enorme residencia construida en ladrillo y madera al estilo de las viejas mansiones sureñas; una estructura con techos a dos aguas, varios balcones en el segundo nivel y un porche que rodeaba toda la propiedad. En el pórtico pudieron divisar un individuo apostado a manera de centinela custodiando la entrada. La experiencia militar de Orlando le hizo intuir que antes de delatar su presencia, deberían estudiar con detenimiento el ambiente y después decidir el curso de acción a tomar. Por lo que alejándose del camino principal se adentraron entre los arbustos para dirigirse a la parte de atrás. Siguiendo las luces alumbradas, ya estaban llegando a la galería posterior cuando oyeron una conversación entre varias personas. Con el alma en vilo, Orlando e Hilda se acercaron lo más posible a la terraza iluminada para oír y poder ver las caras de los allí reunidos. Hilda casi se cae de espaldas. Desde su posición podía ver a Raoul Baumann con el torso vendado y con la pequeña Raquel sentada en sus piernas. La niña se había bajado del regazo de Raoul y corrió a tratar de tocar un insecto luminoso que se había posado en la tela metálica que protegía la terraza de insectos y depredadores. Estaba tratando de ver mejor a la niña, cuando una mano fuerte la alzó por la parte de atrás de la blusa. Era Orlando que al virarse vio al vigilante de la entrada apuntando con un arma hacia ellos.

—Por favor, no me obliguen a disparar, dijo el hombre en español.

—Caminen lentamente hacia esa terraza.

Con los brazos en alto, Orlando e Hilda se dirigieron hacia el área de reunión donde los estaban esperando.

—¿Quiénes son ustedes y qué buscan aquí? Preguntó un hombre con acento Cubano. Hilda contestó mirando de soslayo a un Raoul sorprendido:

—Somos Cubanos exilados, acabamos de llegar a Key West a través de un acuerdo de mí fenecido esposo y David Fonseca. Mi relato es largo y les pido que me escuchen antes de tomar cualquier acción contra nosotros.

Uno de los presentes, agarró suavemente a Raoul que se había levantado y entregando una bebida refrescante a Hilda le dijo:
—Yo soy David Fonseca, la escucho.

La mujer que conocía a Fonseca por referencias de su marido lo miró a los ojos y procedió a contar con pelos y detalles todo lo ocurrido desde el incidente con Dulce en su encuentro con la miliciana. El escape de Dulce de Cuba con su madre y Louis a través de la embajada del Perú y finalmente su salida clandestina de Cuba con Orlando.

Raoul intervino:
—Hilda, yo no sabía nada de todo esto que ha pasado, no había podido comunicarme con mi madre en Cuba desde que dejé el país, por lo que tuve que recurrir a un agente del servicio Israelí en Cuba para no perjudicar más a Dulce y poder sacarla a ella y a las niñas.

—¿Dónde estará Dulce y mi hermano? ¿Habrán llegado a Panamá? ¿Qué hemos hecho con nuestras vidas? Dios mío, ayuda a tu siervo que me estoy volviendo loco, sollozó Raoul desesperado.

David interrumpió a Raoul y exclamó:
—Mira Hilda, te estábamos esperando con el alma en vilo, tu salida de Cuba había sido acordada con Joaquín. El trato fue que a cambio de facilitar tú escape de Cuba, Joaquín nos haría llegar unos diamantes sumamente extraños que cuestan una verdadera fortuna. Perdimos la comunicación con tu marido y ahora con tus declaraciones nos enteramos la razón por la que el gallego dejó de mandar mensajes a nuestra estación en Miami.

—Hilda, necesitamos que nos digas dónde está el collar La desaparición

de esas joyas ha provocado la muerte de varias personas. Las piedras son una colección de diamantes de una prominente familia Judía rusa cuyos miembros se encuentran en Israel a la espera de entregar el collar a la causa Judía. Me refiero a la familia Baumann que custodió el collar muchos años en lo que uno de sus herederos se preparaba como miembro del ejército Israelí de liberación en los cuarteles del Mossad. Con la muerte de Voda que había viajado para trasladar el collar de Cuba a Israel, Raoul se comunicó conmigo y me dio instrucciones para que escondiera el collar en un punto secreto de mi casa. Yo dejé el collar escondido en un lugar inaccesible para que un agente encubierto del Mossad lo recogiera y lo trajera a Miami. Aparentemente, el agente en Cuba no pudo entrar al escondite de los diamantes al ser asesinado en su negocio y su hija fue encarcelada. Tuve que comunicarme con Joaquín, tu marido, ofreciendo tu salida de Cuba a cambio del alijo de diamantes. Cuando Joaquín llegó a la casa encontró a mis padres asesinados, pero logró rescatar un radio de alta frecuencia y el collar de diamantes. Con la muerte de Joaquín el asunto se complica porque el collar está en manos que no conocemos. Debido al valor del collar hay elementos de la comunidad Judía que pertenecen a la clase dominante estadounidense y quieren que se les entreguen esas joyas. Por otro lado, el Mossad reclama el collar porque pertenece a la familia Baumann y ellos han hecho la promesa de donar esa joya como símbolo del nuevo estado de Israel.
—En estos momentos, Alejandro Baumann se encuentra en Israel para llegar a unos acuerdos con el gobierno para financiar diversos negocios en los Estados Unidos porque el collar es el símbolo de la lucha del pueblo hebreo para conquistar la tierra prometida.
—¿Tan importantes son esas joyas?; preguntó Hilda.
—Si, Hilda, Son diamantes raros y valiosos por el origen y la leyenda que han acompañado a esas joyas durante mucho tiempo.
—¿Pero, cómo es posible que Joaquín no me haya dicho nada? Continuó la mujer asombrada ante el relato de Fonseca.

Raoul interrumpió a David y dice:

—Mira Hilda, estamos en un grave peligro a causa de la desaparición de esas joyas de las que soy responsable pues como te dijo David pertenecen a mi familia. Cuando llegué a Miami vine con la intención de participar en los planes de un grupo de patriotas cubanos que preparan una invasión a Cuba para restablecer la democracia en nuestra patria. Esta organización está adiestrándose con el asesoramiento de la CIA y creo firmemente que podemos tener éxito e imponer en Cuba un régimen constitucional apoyado por Washington que obligue a Fidel a celebrar elecciones. En estos momentos, yo estoy evaluando si continuar dentro del proyecto de invasión. Le prometí a mi padre no inmiscuirme en los asuntos de Cuba hasta que se normalicen las relaciones entre Cuba y los Estados Unidos. El problema del collar se nos ha atravesado y ha detenido nuestros planes. Hay personas influyentes que han sospechando que yo les oculto el collar y ahora, por tu relación con Joaquín y el hecho de que lo hayas entregado a la milicia cubana pondrán sus ojos en tu persona. Creo que necesitamos sentarnos y evaluar qué alternativas hay para recuperar las joyas, porque todos los aquí reunidos estamos en un grave peligro hasta que aparezca el collar. David Fonseca es la persona que nos está protegiendo, gracias a él, mis hijas y yo estamos todavía vivos. Tuve un intento de asesinato hace dos días por parte de Endre Guttmann un personaje siniestro que trabaja para el Mossad pero que también tiene contactos con la Mafia y con el gobierno de Castro. Este individuo debe ser un doble agente tanto de la CIA como de Castro y en consecuencia el Mossad se ha cerrado a darnos información. Los hombres de David impidieron que mi hija fuera secuestrada y me han estado atendiendo las heridas que recibí por parte de estos delincuentes. He estado inconsciente y ya han pasado dos días desde que los hombres de David me rescataron. Ahora debemos ir a buscar a Sarah que se encuentra escondida en el sótano de mi casa en Homestead. Quiero decirte, continuó Raoul, que yo pensaba que Dulce no había podido salir de Cuba. El topo que tenía la misión de traer a mis hijas y a mi mujer, abandonó a Dulce en la playa. Sé ahora por ti que ella se refugió en el edificio de la embajada con Mima y mi hermano.

—Lo sé Raoul, contestó Hilda. Yo misma autoricé el salvoconducto para que pudieran llegar al aeropuerto desde la embajada.

—Dios mío, Hilda, cuando fui a buscar a Dulce y a mis hijas a los cayos, Endre me dijo que Dulce había sido arrestada por la policía Castrista, me volví loco de angustia y culpa, pero mi hija Sarah me aclaró que Endre había abandonado a su madre en la playa bajo un engaño. Le dije a Sarah que se escondiera en el sótano con Raquel y subí a reclamarle a Endre y su acompañante.

Tenemos tanto que hablar, sollozó Raoúl, han pasado cosas que han cambiado el destino de nuestras vidas radicalmente, pero ahora vamos a buscar a mi hija que debe estar desesperada.

Durante el viaje, Raoul contó a Hilda y a Orlando cómo tuvo que enfrentarse a Endre, al comprobar con el testimonio de su hija Sarah que éste había decidido dejar a Dulce engañada en la playa. Discutieron y Endre sacó un arma con la que disparó varias veces contra Raoul, pero no fue suficiente para acabar con él porque logró sofocar los ataques del topo Endre y abrirle el estómago en dos con su daga. Con voz entrecortada Raoul les dice:

—Endre no venía solo, el hombre que lo acompañaba se había hecho cargo de la pequeña Raquel que había huido de su escondite y se había acercado al tumulto de la pelea. De pronto de la maleza surgió David Fonseca con sus hombres disparando contra el individuo que cargaba a Raquelita. Fue lo último que vio antes de quedar inconsciente por la pérdida de sangre.

Fonseca añadió, que encontró a un hombre apuñalado con el vientre abierto y a Raúl desmayado arriba del primero con una enorme daga en la mano. Despachó a tiros al otro gorila y recuperé a la niña tras lo cual volví a su casa para dar atención médica a Raoul. Respecto a Endre no sabía nada de él, porque no estaba en el lugar cuando llegué. Coloqué el anillo de Raoul en uno de los cadáveres, para sembrar confusión entre los perseguidores de Baumann y corrí a atender las heridas de Raoul en su casa. Fue una suerte que sobreviviera, pues recibió varias heridas, ninguna mortal por suerte. Cuando Raoul despertó preguntó por su otra hija y ahora antes de su llegada estaban preparándose para buscar a la niña en la casa de los Bauman. El grupo salió de la casa de Fonseca y en 20 minutos llegó a la casa de Raoul, quien grita asustado:

—¿Que está pasando aquí? Hay gente en la casa. Ese camión es de Samuel Weizman el Rabino.

Debe haber estado averiguando que ha sido de mi persona, ojalá haya encontrado bien a Sarah.

Raoul abrió la puerta de su casa y la luz entró en el corazón de todos los seres que se amaban y habían estado separados por la oscuridad. Raoul con Raquel en brazos se lanzó para abrazar a Dulce y a Sarah, Louis se unió al abrazo de su hermano. Hilda lloraba desconsolada agarrada de las manos de Mima. Fonseca observaba con desconfianza a Orlando que sollozaba contra la pared contemplando el desgarrador cuadro de una familia Cubana que se encontraba después de haber superado tantas dificultades. David Fonseca tomó la palabra:

—Esto es un milagro, el Dios de Israel ha dirigido a través del camino de las dificultades los pasos de los seres que se aman para lograr este encuentro familiar.

—Señores, continuó Fonseca, estamos empezando una nueva vida, tenemos muchos planes por delante e incluyen volver a Cuba para recuperar la patria. Vamos a celebrar el encuentro de esta familia y le vamos a pedir a Samuel que es nuestro rabino una oración. Por favor, Samuel tu que eres un hombre de fe, dinos lo que tenemos que hacer.

—Samuel alzó sus manos al cielo y exclamó: Durante mucho tiempo nuestro pueblo soñó con la liberación, hemos llorado y sufrido por alcanzar la felicidad. Todos nosotros estaremos unidos para protegernos y evitar que nuestro pueblo vuelva a ser lastimado. Nuestra primera liberación debe ser con nuestros propios miedos, con nuestras debilidades, con el pasado que debe dejarse atrás para que el Dios de Israel deje caer sus bendiciones en nosotros… y proteja a nuestro pueblo para que pueda seguir adelante y llegar a nuestro destino que es la tierra de Israel.

Samuel Weizman invitó a los presentes a rezar el Qaddish, la oración que los Judíos piadosos rezan en la mañana y en la noche durante los once meses posteriores a la muere de un pariente. Los presentes ofrecieron el servicio a Joaquín Weizman y a Voda y bendijeron a Dios por concederles la dicha de reunir a una familia.

Raoul se levantó temprano, fue derecho a la cocina, se complació de ver la mesa servida con una hermosa vajilla como en los mejores tiempos. Mima traía una bandeja con una jarra de café humeante y galletas que fue distribuyendo entre los presentes. Las niñas pidieron mermelada que Mima presurosa fue a buscar a la cocina. Orlando miraba arrobado a Hilda que nerviosa lo apretaba contra su cuerpo, hablaban entre susurros, se notaba que estaban enamorados apasionadamente. Raoul buscó con la mirada a Louis que con un gesto de desaprobación hacia la pareja se sentó junto a su hermano.

—¿Cómo ha pasado la noche tu mujer? ¿Está más tranquila? Preguntó Louis a Raoul, tratando de pasar por alto la presencia de Orlando.

—Pues muy mal, Louis, muy mal. Estoy preocupado por la salud emocional de mi mujer, Louis. Creo que voy a necesitar ayuda profesional, porque Dulce está muy deprimida y yo estoy realmente asustado. Hoy mismo, voy a ir con ella a la oficina de Samuel, contestó abatido Raoul. Dulce estaba tirada en la cama, no se quería levantar para darse un baño y se negaba a tomar alimento. Mima entró a la habitación y fue hacia su cama sentándose en el borde. La anciana abrazó a su hija diciendo:

—Mi niña, ya pasó todo. Tienes que incorporarte a la vida otra vez para cuidar a las niñas y a tu marido.

—Mamá no puedo, todo lo que ha pasado es mi culpa, sollozaba Dulce. Raoul nunca me va a perdonar. Arriesgué la vida de mis hijas en las manos de un extraño, no te das cuenta de que todo es mi culpa. Además, no sé qué voy a decirle a papá Alejandro cuando regrese de Israel. Me muero de vergüenza por mi comportamiento ante los Baumann.
—Mira hija, la culpa es mala consejera. Si no te avivas y sales de esta, vas a acabar mal. Tus hijas te necesitan y tu marido te quiere mucho. En realidad, aquí nadie tiene la culpa, todos hemos sido engañados por la maldad que nos ha rodeado tanto tiempo. Mira a Hilda, entregó a su marido y ahora está feliz con el tipo, ese mulatón, que hasta comunista es. ¿Acaso ella se siente culpable? Pues no, está tranquila, y tú que lo has recuperado todo estás tirada a la bartola. A ti lo que te ha pasado es que no tenías experiencia y yo que soy una vieja ignorante no te supe aconsejar bien. Además, tu marido se pudo haber quedado en Cuba, continuó Mima. Mira mi hija, la culpa es huérfana, no es justo que tú que eres una buena mujer te eches toda la carga encima. Deja la culpa a un lado y usa la cabeza, las niñas te necesitan y tu marido se está recuperando de sus heridas, yo creo que moralmente tienes que apoyar a Raoul para que esta familia no se acabe de destruir por completo.
—Levántate de esa cama y cumple con tu obligación, aunque sea hazlo por tus hijas, que le estás dando un mal ejemplo. Te necesitamos Dulce, hija, yo estoy agotada sino te recuperas vas a acabar con el poco ánimo que le queda a esta familia. Amárrate la faja y echa hacia delante o sino vas a arrastrarnos a todos con tu debilidad. ¿Te imaginas que Raoul podría quitarte a tus hijas y lanzarnos a la calle? Pues lo hará si empiezas a ser un estorbo para los Baumann. Recuerda que nosotras no somos hebreas y ya no estamos en Cuba. Mima besó a su hija y le dijo: Sonríe, pon tu mejor cara y finge hasta que te convenzas de que la felicidad volvió a tu vida. La culpa es una carga muy pesada y en estos momentos nos puede salir muy caro tu remordimiento.

Dulce se levantó, fue al baño y se dio una larga ducha. Mima tenía razón. Había que seguir adelante, ella había obrado mal, lo sabía, pero ahora su familia la necesitaba. Decidió que iba a fingir que era feliz, se lo debía su madre, a sus hijas y a su marido. Algún día Dios le perdonaría todos los errores que ella había cometido, pero ahora ella iba a trabajar para ayudar a los suyos. Se recogió el cabello mojado hacia atrás y se pellizcó las mejillas para verse mejor. Abrió la gaveta del tocador tomando una botella de whisky y se dio un largo trago. El alcohol le brindó el impulso que necesitaba, tomó un segundo trago y se dirigió al lavabo a enjuagarse la boca. Cuando llegó a la cocina, una sonriente Dulce abrazó a su marido que la miraba entre desconcertado y sorprendido.

—Perdóname Raoul, soy una pobre ignorante que no sé ni ocuparme de mi propia vida, le dijo Dulce abrazando a su marido.

Raoul sintió el olor a licor, disimulando le dijo a su mujer:

—Te amo Dulce, quiero recuperar la confianza que una vez tuviste en este pobre iluso.

—Ay, Raoul, no sabes lo mal que me siento por todo lo que ha pasado. Pero, te juro que nunca te he faltado...

—No te castigues más, Dulce, dijo Raoul con una voz suave. Tú no has tenido la culpa, si acaso, yo he sido más torpe que tú, al dejarte sola en Cuba. Vamos a olvidar el pasado y de ahora en adelante demos importancia a lo que realmente es el centro de nuestra vida. Atiende a las niñas, estaban preguntando por ti, quieren un abrazo de su mamá. Ah, por favor, no sigas bebiendo tanto alcohol, te necesito sobria, porque tenemos mucho trabajo por delante. Tú eres muy fuerte, más de lo que tú piensas y nuestra familia te necesita. Pronto llegará mi madre de Cuba con mi prima Eva y tú tendrás que ocuparte de la muchacha que está atravesando una situación emocional bastante delicada de la que no quiero hablar en estos momentos.

—Sí Raoul, tienes razón, la familia es lo más importante para nosotros ahora y siempre. Estoy en deuda con tu madre, cuenta conmigo para todo lo que necesites, me siento mucho mejor sabiendo que te puedo ayudar en algo.

Dulce se sorprendió al darse cuenta de que se sentía mejor pronunciando esas palabras. Sí, la familia era lo más importante para ellos. Mima había tenido razón, tenía que poner de su parte y alcanzar la felicidad nuevamente, esta vez no iba a dejar que la dicha de tener a su familia se le escapara nuevamente. Raoul continua diciendo acerca de sus padres Alejandro Hauman y Aurore:

—Ah, tengo que dar una noticia muy importante, dijo Raoul mirando al grupo: Tengo noticias de papá. El viejo ha logrado que Eitán arreglara la salida de Cuba de nuestra madre de la que no teníamos noticias, pues habíamos asumido que ella saldría de Cuba a través de la Embajada Española, pero no fue así. El gobierno de Cuba le asignó a mamá la custodia de Eva, la sobrina de Samuel acusada de conspiración. Ellas han estado esperando por varios meses en Cuba la celebración del juicio contra la pobre Eva, pero todo ese problema fue una confusión que ya se aclaró. Mamá y Eva llegarán a Miami la semana próxima, por lo que debemos preparanos para recibir a nuestros seres queridos. Papá también regresará a los Estados Unidos para recibir a nuestra madre. Como ustedes ven, la salida de Eva de Cuba fue autorizada por el gobierno Castrista. Esto nos da una prueba de que el gobierno no es tan intolerante como a veces pensamos, todo es cuestión de tiempo. Papá me ha dicho que en menos de un año se restablecerán las relaciones con Cuba y podremos iniciar nuestros negocios con el gobierno de Castro.

Louis se acercó sonriente a su hermano y comenta:
—Parece que Dulce está mejor, alabado sea el Dios de Israel. De cualquier manera, creo que debemos volver a ser los hebreos piadosos que hemos sido siempre. ¿No crees Raoúl?

—Claro que sí, mi hermano, contestó Raoul. Hoy es viernes, cuando la primera estrella salga en la noche comenzaremos el Shabbat.
—¡Le-jáyim, Raoul!
—¡Por las vidas, Louis!
Durante los días siguientes la familia se reunía a diario en la terraza de la residencia con Samuel Weizman. No se cansaban de hablar, desde la mañana hasta bien entrada la noche el grupo se reunía, un día el tema era el sionismo internacional, en otras ocasiones la situación política en Cuba. Orlando Valdés era partidario de integrarse a la Brigada 2506 para vencer a Castro y a sus milicias, cada vez que surgía el tema entraba en una agria discusión con Louis que opinaba que el gobierno de los Estados Unidos traicionaría al grupo de voluntarios Cubanos adiestrados por la CIA.
—No te das cuenta Valdés, que aquí Miami se está llenando de ex Revolucionarios como tú. Los exilados Cubanos no se entienden entre ellos, la misma división que había en Cuba la hay ahora en Miami. Los norteamericanos no nos van a apoyar en una ofensiva armada contra Fidel. Yo creo que debemos favorecer que el gobierno de los Estados Unidos reinicie las relaciones con el gobierno de Castro buscando una salida democrática para Cuba. Lo que necesitamos es que Castro inicie un proceso democrático en Cuba y el país regrese a la normalidad, acabó diciendo Louis y extendiendo una mano a Orlando que continuaba alterado, pero que aceptó el saludo de su amigo y lo abrazó con efusión.

Raoul se incorporó a la discusión.
—Que bien, ha llegado alguien que me entiende, no es cierto Raoul, exclamó alborozado Orlando, que tenemos que luchar por la causa Cubana.
—Mira Orlando, si alguien ha estado arriesgando su vida y la de su familia por esa causa he sido yo, contestó Raoul. Ha sido un sacrificio inútil tantas reuniones con los americanos para nada. A los exilados Cubanos ni nos consideran ni nos entienden, todavía el gobierno

norteamericano no ve el motivo para apoyar una invasión a Cuba. La mayoría de los Cubanos apoyan y han respaldado a Castro. Los Estados Unidos quieren un cambio en Cuba, están esperanzados en que Fidel restablezca la Constitución en el país para dar paso a un proceso democrático que permita que el país recobre la confianza en sus instituciones. Los americanos han repudiado a Batista, lo han abandonado y no van a respaldar ningún movimiento dirigido a restituir al viejo régimen, sería una vergüenza para los Estados Unidos frente a las demás naciones. Cómo explicaría Washington una invasión militar contra Cuba, sería una masacre contra el pueblo Cubano que respaldaría a Fidel y lo convertiría en un héroe. Además, la invasión a Cuba atraería a los rusos que encontrarían el motivo para atacar a los Estados Unidos. Lo siento Orlando, el régimen Castrista llegó para quedarse, esperemos que Fidel restablezca la Constitución en Cuba lo antes posible y que los Estados Unidos respalde la instauración de un proceso democrático viable para las relaciones de ambos países.

Samuel interrumpió a los dos hombres diciendo:
—Nosotros no entendemos a este país, ustedes me pueden explicar, ¿cómo fue posible que, tras el final de la segunda guerra mundial se hayan entregado, repartido a Rusia naciones en calidad de premio? ¿Que había en el pensamiento de la política pública de los Estados Unidos y de la Gran Bretaña para permitir que Rusia esclavizara a Rumania, Polonia, Bulgaria, Ucrania y parte de Alemania?
—Ahora les digo yo: ¿Creen ustedes que los Estados Unidos van a intervenir en Cuba?
—No, no lo van a hacer, contestó Raoul. Samuel continuó:
—Así que nosotros no nos vamos a meter en los asuntos diplomáticos de los Estados Unidos. La Brigada 2506 será traicionada y abandonada. Todos sus integrantes serán asesinados o apresados. Desgraciadamente esa es la información que tengo y es cierta. Esa información proviene del mismo Spielberg que está aconsejando al presidente Kennedy a desli-

garse del asunto de Playa Girón. ¿Ustedes recuerdan el asunto del barco Saint Louis que llegó a Cuba cargado de refugiados Judíos en el 1939? ¿Cuál era la consigna de los nazis en aquella época? Se la voy a recordar: Los nazis decían que los pasajeros Judíos estaban solos y que ningún gobierno los recibiría. Pues así está ahora el movimiento anticastrista. En las mismas condiciones que los Judíos del Saint Louis, están solos y ningún gobierno los va a ayudar. Al contrario, en pocos meses Castro reanudará relaciones comerciales con los países europeos y con los Estados Unidos.

—Como cabeza espiritual de esta familia los invito a dejar a un lado la lucha contra el Castrismo e impulsar el negocio familiar, expresó Samuel con voz firme captando la atención de los allí presentes y les dice:

—Levantaremos juntos un emporio comercial en la Florida que irá más allá de la agricultura e incursionaremos en el negocio de la construcción. Si nos unimos y trabajamos juntos podemos controlar el negocio inmobiliario de viviendas en el sur de la Florida. Hace poco llevé a Louis a conocer el área de South Miami y durante el trayecto observé hermosos terrenos frente al océano y pensé en lo maravilloso que sería levantar condominios a lo largo de esa franja de mar. Recordé a tu abuelo Ariel y a Voda su consejero familiar. Ambos estarían de acuerdo con empezar nuestras vidas en la Florida como ellos lo hicieron en Cuba cuando tuvieron que huir de Rusia. Arranquemos a la vida todo lo que nos pueda dar, tomemos el destino en nuestras manos y edifiquemos el futuro de nuestro pueblo en este país que nos acogió para poder ayudar a la salvación del pueblo de Israel. Hay algo más que quiero pedir, dijo Samuel. Quiero que me acepten como consejero de la familia, como en su tiempo lo fue Voda con Ariel, ustedes me dicen si aceptan mi petición, para mí sería un honor y un compromiso con la familia Baumann, concluyó Samuel mirando a Raoul y a Louis.

Los hermanos se miraron y en un abrazo se fundieron con Samuel que lloraba desconsolado abrazando a Raoul y a Louis.

—Por favor, quiero tomar la palabra, dijo Raoul, todavía abrazado a su hermano. En los próximos días recibiremos en Miami a papá que viene acompañado de un enviado de Rafi Eitan para orientarnos acerca de los planes del gobierno de Israel. Quiero concluir el proyecto de vida de mi padre Alejandro y de mi abuelo Ariel y contribuir a la causa de Israel con parte del legado de la familia Baumann.

—Leshana Habá Yirushalayim, exclamó Samuel con devoción alzando sus brazos.

—Si, Samuel, contestó Raoul, el año próximo estaremos en Jerusalén.

—Le entregaremos al gobierno hebreo 12 diamantes que representan a las doce tribus de Israel, continuó Raoul. Con este acto lograremos la paz con el Mossad y con la gente de Spielberg que no podrá oponerse a la entrega de los diamantes porque esa era la promesa de nuestra familia, la contribución a la causa Judía.

—¿Y el asesinato de Voda, lo vas a dejar impune? Raoul, yo creo que deberíamos pedirle cuentas a Spielberg, dijo Louis.

—Mira Louis, Spielberg es un hombre terrible, lo sé. Pero, hay que zanjar esa cuestión. El viejo zorro está arrepentido del asunto de Voda, le ha pedido perdón a mi padre. Mateo no tuvo participación en el asunto de Voda, pero sabe quién lo mató y en su momento saldará esa cuenta. Recuerdo que Voda antes de morir con su propia sangre escribió las iniciales M y S. Mucho tiempo pensé en que era un mensaje acusando a Spielberg, pero la intención de Voda era que mantuviéramos comunicación con Mateo. El asesino de nuestro fiel Voda fue un mafiosillo Cubano de poca monta de nombre Ramón Becerra que se introdujo en nuestra casa como empleado de una floristería para entregar un ramo de gardenias. El individuo trabajaba para Mayer Lansky y había ido a la casa con la encomienda de torturar a Voda y sacarle información relacionada con los diamantes de nuestro abuelo. Voda murió sin confesar nada y Becerra volvió con las manos vacías donde Lansky y lo liquidó con un tiro. Spielberg se enteró de todo este misterio porque Mayer había pedido asilo en Israel y Spielberg influenció para que este fuera denegado.

Ese era el motivo de la presencia de nuestro padre en Israel, reivindicar el asesinato vil de Voda. Tras múltiples intentos de mover la voluntad de Spielberg, Mayer Lansky fue al encuentro de papá en Tel Aviv para suplicar que moviera sus influencias para que el gobierno de Israel lo aceptara como asilado. Pero nuestro padre permaneció impasible ante las súplicas de ese canalla y endureció sus esfuerzos ante el gobierno de Israel para denegar el asilo del infeliz. Aparentemente, Lansky en su desesperación confesó el crimen y trató de comprar a papá sin resultado alguno. La vida de Voda no tenía precio para papá y obligó al mafioso a desistir de sus planes de asilo por lo que debe estar buscando refugio en alguna jurisdicción extraña. Creo que los días de Lansky están contados, en cualquier momento la Mafia de las Vegas saldará cuentas con él.

—Creo Louis, que Spielberg aprecia a nuestro padre, continuó Raoul. Alejandro Baumann ha sido importante en la vida de Spielberg, estos dos hombres comparten muchos secretos y vivencias juntos. Tras la muerte de los abuelos en Israel, Mateo se ha acercado a papá y creo que lo aprecia como si fuera su propio hermano. Voda descansa con el abuelo Ariel y la abuela Anya en el paraíso. Vamos a dejarlos descansar en paz, decía Raoul conciliador, echando un brazo sobre los hombros de su hermano.

—Me siento tranquilo con esta decisión, siento que hemos logrado un pacto duradero y por primera vez desde hace mucho tiempo me siento en paz con Dios y conmigo mismo, concluyó Raoul. Les diré lo que como consejero de esta familia, creo que debemos dejar de mirar atrás, hacia nuestra vida pasada en Cuba, así como nos hemos alejado del pecado y la maldad, de otro modo no podremos dirigir nuestras vidas y la de nuestras familias pues nos puede desviar de nuestro destino. De ahora en adelante, vivamos el presente y caminemos unidos como pueblo de Israel hacia nuestro futuro según sea la voluntad de Jehová. Lé-jayim, hermanos ¡Por las vidas, Samuel! Hágase la voluntad de Jehová el Dios de Israel.

AURORE Y EVA LLEGAN A MIAMI

Aurore Baumann y Eva Weizman llegaron a Miami el 7 de enero de 1961 en medio de la celebración del Yom Kippur. Alejandro, Raoul y Louis caminaban por la terminal del aeropuerto mientras esperaban nerviosos a su madre y Dulce trataba de mantener arregladas las cabelleras de sus hijas que peleaban por apoderarse de un ramo de flores destinado a su abuela.

Dulce estaba preocupada, no sabía cómo la abuela Aurore iba a tratarla después de todos los problemas que habían atravesado para salir de Cuba. Temía que la señora tratara de hacerla responsable del ataque sufrido por su hijo a manos de Endre. De cualquier manera, tendría que ser fuerte y enfrentar lo que fuera, se lo debía a sus hijas. Si Aurore la maltrataba de algún modo, tendría que tolerarlo porque se sentía responsable del curso que habían tomado los acontecimientos. Ella debió haber seguido a su marido cuando salió de Cuba pero no lo hizo, la inmadurez la llevó a cometer tantos errores de los cuales se había arrepentido. Dios lo sabía, ella nunca le había faltado a Raoul pero se sentía culpable de no haber sido la compañera que él se merecía. Su hija alteró sus pensamientos, Raquel saltaba de alegría, sacudiendo a su madre le gritaba:

—Mamá, mira, es abuela, ahí viene.

—Ah, sí, ya llegó abuela.

—Raoul, Louis, miren llegó mamá.

El grupo se dirigió a recibirlas muy emocionado. Aurore bajaba por la escalera del avión. La mujer entrada en edad, pero todavía fuerte y con buena figura alzó los brazos y agitando las manos se echó a reír y llorar al mismo tiempo. Detrás de ella, venía una joven de unos 24 años, alta y rubia que parecía ausente del revuelo del aeropuerto. Alejandro abrazó a su esposa, querida mía, no hay un hombre más orgulloso de su esposa que yo. Raoul y Louis rodearon a su madre en un abrazo que duró minutos.

Aurore se viró hacia Dulce y exclamó:

—¡Hija mía! me alegro de volver a verte a ti y a estas niñas preciosas. Vengan a darle un abrazo a su abuela. ¡Que lindas están las niñas! Raoul, que feliz estoy de verte con toda tu familia. Nuevamente, el Dios de Israel nos ha unido y ha derramado bendiciones sobre nuestra familia.

Aurore estaba rodeada por su marido, sus hijos y por sus nietas que la abrazaban y lloraban sobre ella, la gente comenzó a mirar a aquel bullicioso grupo.

—Louis, amoroso, le dijo a su madre: ¡Shalom, mamá! Vamos a casa, tenemos tanto que hablar, la gente nos mira extrañada, no se dan cuenta que esta familia estaba incompleta sin ti mamá. Estuvimos contando los días que faltaban para que tú llegaras. Mima e Hilda se quedaron en la casa cocinando una comida especial para recibirte como te mereces.

En ese momento, cuando el grupo recobró la compostura y empezaron a caminar hacia el estacionamiento, Louis reparó en Eva. Su prima tenía una belleza singular, diferente a cualquier otra mujer que hubiera conocido en su vida. Era una joven rubia, alta y de cuerpo escultural. Su cabello rizado y abundante enmarcaba un rostro en forma de corazón con pómulos altos y boca carnosa. A pesar de su belleza, la mujer tenía una mirada apagada y triste que reflejaba en sus ojos de un azul pálido un miedo profundo que la hacía evadir la mirada de sus familiares. Aurore se percató de la reacción de Louis y tomando a Eva de la mano exclamó:

—Eva querida, tu tío Samuel nos está esperando, quiero que vea una sonrisa en tu rostro. Me prometiste que ibas a luchar por la vida, la encomienda de esta familia es luchar por la vida, por la felicidad. Recuerda la promesa que me hiciste y que vas a cumplir. Cariño mío, te amamos y no te vamos a dejar sola jamás.

Louis se acercó a Eva y le pasó el brazo por los hombros, sintió como la joven se encogía temerosa entre sus brazos, pero con una sonrisa la miró y levantando la barbilla de la atribulada muchacha le dijo:

—En esta familia no nos rendimos, Dios te quiere feliz y si te ha traído hasta nosotros es porque tiene un plan para ti. En el nombre de Jehová te digo, deja el temor y abraza la vida.

—Así sea, respondió la muchacha con los ojos aguados mirando a Louis.

Raoul miró a su hermano y sintió la fuerza de Dios en sus palabras. Mirando a su mujer Dulce, le comentó:

—Tienes mucho trabajo que hacer con Eva. Esta niña ha sufrido mucho, recuerda que te dije que mi prima iba a necesitar tu ayuda.

—Si cariño, Eva tendrá mi ayuda y la de todos nosotros. No te preocupes, si permanecemos unidos resolveremos nuestros problemas. Esa es la base de nuestra supervivencia, la resistencia y el deseo de luchar por la vida como dijo tu hermano.

Samuel había estaba esperando a su sobrina en la puerta. Cuando el carro se iba acercando a la residencia, Samuel salió a paso rápido a recibir a su sobrina. Abrió la puerta del carro y tomando las manos de Eva tiró de la joven hacia él.

—¡Shalom! Mi querida sobrina, que feliz soy de tenerte entre mis brazos. Era un hombre que había perdido la mitad de mi corazón y ahora con tu llegada le has devuelto a este hombre el deseo por la vida. Alabado sea Jehová que te ha devuelto a mis brazos.

—Shalom, tío respondió Eva, dejando que su tío la abrazara. Pronto Aurore se acercó a Samuel y lo abrazó.

—Shalom, querido primo, he cumplido con tus deseos. Te he traído a la hija de tu hermano Joaquín como te había prometido. Nos espera una gran batalla para que esta niña recupere la estabilidad emocional.

—Lo sé Aurore, dijo Samuel abrazando a su sobrina, tras lo cual entraron a la casa seguidos de la algarabía que formaban Raoul y Louis con las niñas y Dulce. En la casa dominaba el aroma del asado de pavo, el lochsen kugel y los tsimmis. Mima había decorado la mesa con un mantel blanco y exhibía sobre ella las exquisiteces que había preparado. Hilda al ver a los recién llegados acomodó el pan recién horneado en una bandeja de plata y se lanzó a los brazos de Aurore.

—La estábamos esperando con ansias locas mamá Aurore, a usted le debe esta familia la libertad que tiene en estos momentos, dijo Hilda abrazando a Aurore.

Dulce resintió la espontaneidad y el cariño con que Hilda saludó a su suegra que reciprocó el abrazo a la joven con efusión.

Dulce le dice a Hilda, conteniendo el dolor que sentía en su alma: —Hilda, no te quites méritos, tú también ayudaste y mucho. Si tú no hubieras frenado a Joaquín o no hubieras autorizado la escolta oficial para el aeropuerto a la familia, ninguno de nosotros estaría aquí en estos momentos. Tú sí que te mereces el agradecimiento de todos nosotros.

—Tiene razón Dulce, dijo Raoul. Sin tu ayuda, mi mujer hubiera caído en las manos de Joaquín y su destino sería distinto. Estamos muy agradecidos Hilda, cierto Dulce?, de tu hermana Hilda, porque eso es lo que eres para nosotros, una hermana.

Hilda agradecida por las palabras de Raoul se acercó a Dulce y le dijo: —Jamás dude de entregar a Joaquín para salvar tu vida y la de Mima. Si tuviera que hacerlo otra vez, lo haría. En estos momentos solo le pido a Dios por la recuperación de la felicidad y la estabilidad de esta familia que es la mía también. Desde que Orlando salió para Guatemala para prepararse para la invasión a Cuba, no tengo paz en mi alma. Siento en mi corazón que el plan de invasión a Cuba fracasará y que puedo perder a Orlando que ha sido un buen hombre conmigo.

—Mira Hilda, no quiero discutir contigo, dijo Dulce, pero Orlando se enlistó en la brigada a sabiendas de que la invasión era un fracaso anunciado. Si Orlando se embarcó en ese viaje fue por culpabilidad, porque ha decidido ser un mártir por su patria. El hombre es un Revolucionario de pies a cabeza y está comprometido con la causa Cubana. Él va derechito y consciente de su destino, solo Dios sabe si regresará con vida.

—Por favor, familia, interrumpió Samuel, dejemos los temas de discusión y unamos nuestros brazos para iniciar una oración antes de iniciar nuestra cena. Hoy es el día de Yom Kippur una de las fiestas más importantes dentro del Judaísmo, en la que todos los Judíos debemos expiar nuestros pecados.

Finalizada la oración, Samuel se sentó a la cabecera de la mesa, su persona irradiaba tal paz que todos los presentes se sintieron plenos del espíritu de Dios. El rabino se dirigió a Eva:

—Querida sobrina, esta noche iremos a la Sinagoga a recitar el Kol Nidré para liberarnos de todas las obligaciones contraídas durante el año. De la misma manera te pido que dejes atrás el dolor y el sufrimiento de tu vida en Cuba. No te voy a pedir que me cuentes todo lo que has pasado, sino que lo entierres y te olvides. Perdona al que te hizo daño y perdona tus propios pecados y empieza una nueva vida. Así te lo ordeno y así lo cumplirás. En el nombre de Jehová tu Dios, tu vida comienza ahora y tiene que ser del agrado del Señor tu Dios.

Eva emocionada, contestó:

—En el nombre de Dios escojo vivir en el gozo del Señor y no en las quejas. Quiero ser una guerrera de Dios y vivir en la misericordia, si el Dios de Israel me ha dado una segunda oportunidad, me humillaré ante él y transmitiré su mensaje a todos los que lo necesiten.

Hilda interrumpió a Eva y emocionada se lanzó a los pies del Rabino.

—Samuel quiero convertirme al Judaísmo. Me gustaría que me digas que debo hacer.

—Samuel miró a Hilda y se sorprendió con la petición de la joven. Observó su rostro ovalado, el cabello negro y ondulado, los ojos grandes y la boca abierta y sonriente. Hilda era tan espontánea y apasionada que pensó cual sería el motivo que llevaba a esta mujer a convertirse al Judaísmo. No le quedó más remedio que preguntar: ¿Porque quieres convertirte a nuestra religión?

—Hilda contestó: Rabí, yo siento admiración por un pueblo que ha llevado la carga del destierro durante más de mil años. A través de los años he conocido a la familia Baumann en Cuba y he oído relatos de todas las vicisitudes que han atravesado a lo largo de varias generaciones. He admirado su honestidad y valentía ante la adversidad, el amor por la familia, la resistencia ante la desolación. Aurore arriesgó su vida por Dulce y su madre y las perdonó, las ayudó a salir de Cuba aunque Dulce había abandonado a su hijo. Aurore antepuso el amor a cualquier sentimiento para salvar la vida de una mujer que la buscaba la policía. Realmente, aunque quiero convertirme me siento muy poca cosa para ser aceptada como un miembro más de su comunidad.

—Samuel le contestó: A pesar de todo lo que conoces sobre el sufrimiento de nuestro pueblo, aun así, quieres ser Judía.

—Sí, mi deseo es convertirme al Judaísmo, aunque sea indigna de tal deseo, contestó Hilda.

—¿Te sientes indigna, Hilda? Preguntó Samuel.

—Sí, soy indigna por todos mis pecados, en estos momentos soy como una hoja seca que lleva el viento, replicó Hilda.

—Pues yo te digo que te acepto para la conversión a la fe Judía, así cumplo con la ley del Torá y aunque te he advertido de la carga dolorosa de ser Judío en esta sociedad, has persistido en tu deseo de conversión, reconociendo que eres indigna. La ley del Torá me obliga aceptar tu conversión, por lo que te invito a tomar las clases en la Sinagoga para que te instruyas en nuestra fe. Eva te ayudará a familiarizarte con el alfabeto hebreo y la historia Judía.

—Quiero pedirte algo más Rabí, deja que Eva viva con nosotros en esta casa para que me pueda ayudar en el proceso de instrucción en las costumbres del Judaísmo, dijo Hilda, mirando a Eva que le correspondió con una sonrisa y por primera vez los ojos de la joven Judía se iluminaron desde que había llegado a Miami.

—Si tío, expresó Eva radiante, me gustaría quedarme con la tía Aurore y el tío Alejandro para ayudar a Hilda en su proceso de instrucción.

—Pues así sea, dijo Samuel. Bueno muchachos, tenemos reunión mañana, hay muchos planes en camino, debemos decidir si vamos a comprar los terrenos en la playa de Miami Beach o nos mantenemos en Homestead reforzando el negocio de agricultura. Los espero a las 10.00 a.m. en mi casa, no tarden en llegar porque dependiendo del resultado de nuestras conversaciones, podríamos entrar en un acuerdo comercial con tu padre Alejandro y los Spielberg. Estamos a pasos de empezar la más grande aventura inmobiliaria en los Estados Unidos.

Raoul y Louis se miraron con satisfacción, las cosas empezaban a caminar favorablemente para ellos en los Estados Unidos. ¿Qué iba a pasar con el asunto Cubano? pensó Raoul. Fidel Castro no había dado paso a un proceso democrático para llevar al pueblo a unas nuevas elecciones, la excusa que estaba dando era que no era el momento para celebrar elecciones por la inestabilidad política que imperaba en Cuba y las amenazas que algunos sectores de la derecha de los Estados Unidos hacían para invadir la Isla y derrocar el gobierno revolucionario. Hasta el momento, los intelectuales estadounidenses respaldaban un proceso de cambio en Cuba. La alta jerarquía académica en la Universidad de Harvard había expresado públicamente su deseo de que el gobierno de los Estados Unidos no debería interferir con los asuntos Cubanos. Su padre Alejandro y Andrew Spielberg habían mantenido comunicación con Castro para facilitar la liberación de Eva y el mandatario Cubano les había transmitido confianza en sus conversaciones. De acuerdo con Alejandro, en poco tiempo Cuba entraría a negociar con los Estados Unidos y el resto del mundo. La invasión a Cuba era un asunto mal manejado a los cuatro vientos por el exilio cubano que estaba fuertemente dividido y sin ningún respaldo del gobierno de los Estados Unidos.

—Raoul pensó en Orlando. Qué pena con este muchacho, no se sentía a gusto con nosotros, él quería regresar a luchar por una Cuba libre. Ahora debe estar preparándose en Guatemala. Orlando sabe bien que los Estados Unidos no van a respaldar militarmente la invasión a Cuba y los líderes que dirigen este desatino también lo saben. Pero estos desgraciados están obligando a los norteamericanos a participar tirando a estos hombres a una emboscada, pensando que de esta manera el gobierno Estadounidense entrará en el conflicto. Esto es una desgracia y lo siento mucho por Orlando que quiere inmolarse en estos momentos por una causa que no está clara.

—Raoul, dijo Louis. ¿Que sabemos de Fonseca?

—Nada, mi hermano, dijo Raoul. David estuvo en Guatemala y regresó decepcionado de lo que allí encontró. La desorganización es total, los norteamericanos no respaldan la operación militar. Los líderes Cubanos en el exilio que hablan tanto, se enfrentan entre ellos, pero no se arriesgan por su pueblo allá en Cuba. Están preparando a estos ingenuos para darle una bofetada a Fidel. Pero, se los están entregando como corderitos al sacrificio. Realmente, es repugnante este espectáculo mediático en que tantos inocentes van a ser sacrificados impunemente. David Fonseca está encerrado en su casa en Homestead y no quiere recibir visitas. ¿Qué te puedo decir? Habrá que ir a ver como está. Deberíamos llamarlo para que se reúna con nosotros en el asunto de Miami Beach. Si vamos a tener un socio, debemos considerar a David y darle su lugar con prioridad. Yo, le debo mi vida a ese loco y mis hijas también.

—Estamos de acuerdo, Raoul, dijo Louis. David Fonseca es tremendo individuo y muy valiente, pero necesita digerir el asunto Cubano, esto no es fácil para ninguno de nosotros pero hay que seguir adelante. Yo el único miedo que tengo es que los Estados Unidos y su gobierno estropeen el curso de las negociaciones con el gobierno revolucionario Cubano y Castro se cierre a un proceso democrático por miedo a que los americanos invadan la Isla.

—¡Que va! Dijo suavemente Alejandro. Al gobierno de los Estados Unidos no le interesa invadir Cuba para nada. Tú no has visto como Fidel se ha paseado por los Estados Unidos como un héroe. Hasta en la Universidad de Harvard se publicó un escrito respaldando el gobierno revolucionario de Cuba y solicitando la no interferencia de acciones militares por los Estados Unidos.

—Y que tú me dices de España, Franco que representa la extrema derecha no ha dicho nada en contra de Castro y no ha suspendido las relaciones comerciales más allá de algún que otro sobresalto diplomático. Por favor, aquí los únicos perjudicados fueron los Cubanos trabajadores y honrados como nosotros que tuvimos que abandonar nuestro país. La gran mayoría del exilio Cubano está dividido entre liberales y conservadores y apoyan una invasión a Cuba utilizando a unos patriotas Cubanos ingenuos y con afán de protagonismo para lanzarlos como carnada a los milicianos de Castro para así forzar a los Estados Unidos a participar y respaldar la invasión. Están forzando a la cañona una invasión que es una quijotada, una Cubanada en otras palabras. Los norteamericanos no son como nosotros, no se van a meter ni se van a dejar manipular por los personajes que circulan por Miami. ¿Para qué? Para llevar a Batista o a alguien parecido de vuelta a Cuba.

—Mira, yo te digo una cosa, a mí ya me manipularon bastante y descubrí la verdad. La gente que quiere invadir Cuba es aquella parte del exilio que no acepta que las cosas cambiaron, pero que no se quedaron en Cuba con el compromiso de echar hacia delante el país, ni tampoco se van a lanzar a la muerte en una invasión suicida. No, ellos se siguen lamentando y pensando en la Cuba de ayer. ¡Olvida eso ya!

—Estoy de acuerdo con papá, dijo Raoul, la Cuba de ayer tampoco nos quería, nosotros éramos los polacos, los malos de la película. No mi hermano, se acabó el cuento. Me arrepiento de todo lo que hice pasar a mi familia. A Dulce, a las niñas. Por poco, pierdo a mi familia por andar salvando al mundo, cuando el mundo no me quiere.

—Raoul, hermano…me alegro de oírte hablar así, que no le guardas rencor a Dulce que solo es una pobre mujer que ha sufrido y sigue sufriendo porque piensa que tu no la has perdonado.

—Yo no tengo que perdonar nada a Dulce, yo fui un idiota y sé que ella es una buena mujer, un poco inmadura quizás, pero con principios y valores familiares. Conozco a mi mujer y no tengo dudas de ella, terminó Raoul.

—Pues yo creo mi querido Raoul que debes decirle a tu mujer eso mismo y lo mucho que la amas porque la pobre vive con el alma encogida por la culpa, expresó Louis conciliador.

—Lo haré, Louis. Claro que sí, pero el que me preocupas eres tú. Estás solo, no se te conoce a nadie. Debes empezar a buscar una compañera, quizás en la sinagoga conozcas a una muchacha adecuada.

—Dios quiera que sea así. Mi querido e impulsivo hermano Raoul. De momento, voy a tomar mi camioneta e ir a visitar a Fonseca. Me quiero sentar con él y que me hable claro. Yo no sé nada de política, soy un ingeniero, por lo que mi forma de pensar se dirige a la creación y al desarrollo urbano y público. Necesito oír a David, saber su sentir para tomar una buena decisión respecto a los planes de Samuel y el desarrollo inmobiliario en Miami Beach.

Louis se dirigía a la casa de David, en el camino puso la radio para distraerse con música. No encontraba ninguna melodía de su agrado, pasó a probar con las estaciones de noticias locales, sintonizó una de ellas y escuchó a un norteamericano hablando del tema de Cuba. Era Wayne Morse el que hablaba, un senador por el Estado de Oregón. Louis prestó atención, el hombre decía en un tono apasionado que Fidel Castro había devuelto a los Cubanos la libertad y la igualdad que el régimen de Batista le había arrebatado. ¡Dios mío! Pensó Louis, lo que dice Raoul es cierto, los americanos apoyan a Fidel y nosotros planeando una invasión a Cuba con un grupito de Cubanos exaltados y sin el respaldo de los norteamericanos. El individuo seguía gritando desde su micrófono que ya era hora que los Cubanos del exilio se callaran la boca y regresaran a su país a trabajar por la nueva Cuba.

Louis apagó la radio y se echó a llorar. Era un expatriado en los Estados Unidos, qué iba a hacer con su vida. Le agolpaban en su mente los recuerdos de su vida pasada en Cuba y se dijo a si mismo.

—Señor dirige mis pasos porque estoy perdido, permite que eche raíces en este país o llévame a donde tú quieras, pero no me separes de mi familia ni de la gente que amo.

Ya estaba llegando a casa de Fonseca, encontró el portón de rejas abierto y se estacionó a mitad del camino, los pastores alemanes comenzaron a ladrar y David salió a recibir a su invitado.

—¡Louis! Gritó David, corriendo a abrazar a Louis, no sabes lo feliz que me hace tu visita en medio de mi soledad. Estaba oyendo la radio local y quiero que me acompañes con un vaso de té frío hasta que acabe el programa para que compartas mi indignación y mi dolor con las cosas que están ocurriendo aquí en los Estados Unidos.

—Olvida eso, respondió Louis. De casualidad no estabas oyendo a Morse el senador de Oregón.

—Ese mismo individuo, contestó David, que se refiere a nosotros como unos indecentes e irresponsables con nuestro país. Que sabrá ese tipo de los asesinatos que ha perpetrado el régimen de Fidel en Cuba. A mí me indigna ese individuo, sentado en la estación de radio e insultando al exilio Cubano.

—Lo sé, David. A mi ese racista me acaba de sacar las lágrimas cuando venía de camino a hablar contigo. Tú no crees mi hermano que ya es hora de dejar el dolor atrás y empezar de nuevo. Nosotros somos Judíos. Mi abuelo huyó de Rusia porque los Rusos sufridos y maltratados por los Zares se desquitaban con los Judíos. Mi padre nació en Cuba, pero allí le decían polaco y según él y el abuelo cuentan, tuvieron que aguantar lo indecible para sobrevivir en un país inestable políticamente. Llegamos a Norteamérica y somos Judíos Cubanos y nos discriminan por partida doble. Lo siento, David, yo sigo siendo Judío donde quiera que voy y tengo la esperanza que en esta tierra donde se han establecido tantas etnias diferentes pueda echar raíces con mi familia. Nuestro futuro está aquí en los Estados Unidos. Une tu fuerza a la de nosotros y comencemos una aventura empresarial en el mercado de bienes raíces en Miami. Estoy hoy aquí para invitarte a unirte a un grupo Judío formado por los Baumann, mi padre, mi hermano y yo, los Weizman y los Spielberg, el viejo Mathew y su hijo Andrew. ¿Qué te parece? Solo faltas tú, David. No me voy a ir de aquí hasta que te convenza y me des tu palabra de asistir mañana a las 10:00 a.m. en la casa de Samuel a la primera reunión.

—Asistiré, Louis, te lo prometo. Estoy solo en Miami con mi esposa y con mi hijo, ustedes son mi familia y Samuel es mi Rabino. Me gusta la idea de un grupo empresarial Judío, tenemos algo de capital para empezar. Todos nosotros podemos aportar para crear una empresa sólida y el momento es bueno para desarrollar el mercado de bienes raíces en la costa. Aquí hay mucho Judío retirado, por lo que tendremos un buen mercado de compradores. Louis, te agradezco tu visita porque me has sacado de esta locura del tema de la invasión a Cuba que controla mi mente y me estaba llevando a tomar malas decisiones en mi vida. Bendito sea el Dios de Israel que te trajo a mi casa en la mañana de hoy.

—Brindemos entonces hermano, dijo Louis.

Los dos hombres alzaron sus vasos llenos de té y brindaron.

—¡Le-jáyim! Louis. — ¡Por las vidas! David.

Bienaventurado el hombre que teme a Jehová, Y en sus pensamientos se deleita en gran manera.

Su descendencia será poderosa en la tierra; La generación de los rectos será bendita. Bienes y riquezas hay en su casa,

Y su justicia permanece para siempre.

Resplandeció en las tinieblas luz a los rectos; Es clemente, misericordioso y justo, El hombre de bien tiene misericordia y presta; Gobierna sus asuntos con juicio,

Por lo cual no resbalará jamás; En memoria eterna será el justo, No tendrá temor de malas noticias;

Su corazón está firme, confiando en Jehová. (Salmo 112).

UN NUEVO COMIENZO

Samuel tenía en sus manos el Siddur y estaba esperando a sus invitados para comenzar el Shajarit la oración matinal y la más importante del día para los Judíos. Los primeros en llegar fueron Raoul y Louis que se acomodaron frente al Bemá, después llegó David y, finalmente, Alejandro Baumann acompañado de Andrew Spielberg.

Terminadas las oraciones, Alejandro se echó a llorar y abrazó a sus hijos.

—El Dios de Israel me devolvió a mi esposa y a mis hijos y me regaló una familia añadida, mi primo Samuel y su sobrina Eva. Tenemos que estar muy agradecidos con Dios y cumplir nuestro compromiso que es el trabajo arduo en la tierra que nos acogió como sus hijos. Desarrollaremos el área de Miami Beach con una larga cadena de condominios que se extenderá a lo largo de la playa. Es una dicha tener dos hijos ingenieros, no digo! tres hijos porque David es un hijo más y digo esto porque la compañía tendrá un área de diseño a cargo de Raoul, un área de administración de proyectos a cargo de Louis y el área de mercadeo estará bajo la responsabilidad de David. Samuel, Andrew y yo seremos los socios capitalistas y mantendremos una junta de directores para establecer la toma de decisiones y hacer los acercamientos necesarios al gobierno de los Estados Unidos. ¿Me entienden? Nosotros tomaremos la rienda de nuestro propio destino.

—Nunca más, pero nunca más, vamos a permitir que ningún gobierno nos pisotee. La compañía estará a cargo de los jóvenes, nosotros seremos socios mayoritarios, podrán vernos como el consejo de los ancianos, expresó Alejandro con una risa que contagió a todos los presentes.

—Gracias, papá, dijo Raoul por darnos la oportunidad de tener nuestra propia vida. Eres un genio, lo tenías todo pensado, has repartido las responsabilidades de acuerdo a nuestra capacidad. Viejo zorro, te felicito.

—Que va, contestó Alejandro. Esta decisión que he tomado es producto de las negociaciones que he tenido con Spielberg y Samuel. Jamás tomaría decisiones sin contar con mis socios. Todos estamos convencidos que esta es la mejor manera de empezar con nuestra empresa y el tiempo vuela. Necesitamos adquirir una buena porción de la franja costera de Miami para empezar a trabajar antes de que otros desarrolladores se adelanten. Spielberg está moviendo sus fichas en el senado para que así sea. Nuestra oferta es la más alta hasta ahora presentada, quizás estamos pagando demasiado para lo que piensan muchos que incursionan en este mercado de bienes raíces, pero les digo algo, si conseguimos lo que queremos, estaremos haciendo el negocio más grande y lucrativo de nuestras vidas.

—Papá, no te hemos preguntado cómo se llamará la compañía, dijo Louis que había permanecido callado hasta el momento.

—No lo sé, creo que eso lo deben decidir ustedes, pero les recomiendo que busquen un nombre neutral, no llamen la atención, traten de diluirse en el mercado norteamericano.

—¿Qué les parece el nombre de Sunrise Engineering, Corp.? Dijo David.

—¡Aprobado! Contestaron al unísono todos los presentes.

—Precisamente, esta empresa representa el amanecer en nuestra vida, me encanta ese nombre,

David. Creo que ya empezaste tus labores de mercadeo, te felicito, dijo Samuel.

—Bueno, creo que nos entendimos, dijo Alejandro. Las cuestiones mayores se irán discutiendo con nuestros abogados que estarán a cargo de ir desembolsando los fondos para nuestro primer proyecto que será el Voda Center, un edificio de oficinas que llevará el nombre de nuestro fiel Voda. Creo que mi padre, Ariel, estaría feliz de honrar la memoria de Voda que arriesgó su vida para traer a mis padres desde Rusia a Cuba. Necesito que tú Louis estés con los ojos abiertos en las transacciones del abogado Cohen, no podemos dejar cabos sueltos, nuestra supervivencia depende de nuestra desconfianza en la gente que nos rodea. ¿Estamos de acuerdo?

—No te preocupes, papá. Yo no creo en nadie fuera de este círculo. Puedes estar seguro que estaré como un halcón sobre Cohen, dijo Louis.

—Mejor así, contestó Alejandro, porque Raoul deberá entregarse al diseño y construcción y David estará a cargo de las ventas.

—Necesitamos a dos administradores de segunda línea para trabajar con los cuerpos de ingeniería, añadió Raoul.

—Tengo a una persona, contestó Louis. Es Orlando Valdés si sobrevive a la invasión de Cuba. El muchacho me ha demostrado que es un hombre honrado y se puede confiar en él aunque no es Judío.

—Pero Louis. ¿Tú crees que Orlando va a sobrevivir? Exclamó Raoul. A ese pobre hombre lo van a liquidar tan pronto pise suelo Cubano. Tiene que estar loco para haber entrado en ese proyecto. Yo se lo advertí, pero él se quería inmolar como Martí. El hombre había crecido con la Revolución, le habían dado una oportunidad de ser alguien y ahora él quería morir por su patria.

—Por favor, Raoul. Hay que reconocer que el hombre es un patriota y yo lo admiro por eso. No sé, lo aprecio mucho y lo voy a ayudar. Todavía creo en los milagros y sé que el Señor de los Ejércitos estará con él donde quiera que vaya. Así que ya saben, Valdés es el hombre fuerte de Sunrise Engineering, Corp., contestó Louis a su hermano bajo la mirada suspicaz de David que no confiaba en el Cubano.

—Bueno, creo que Louis tiene razón, la lealtad y la honradez son dos virtudes que se deben tener en consideración, expresó Samuel. Ya ustedes ven, Hilda que es una goyim, me solicitó que acepte su conversión a la fe Judía y yo le dije que sí. Ya comenzó sus estudios en el Yeshivá. Eva la está ayudando en el estudio del hebreo y dice que es una alumna brillante y dedicada.

—Esta ha sido una primera reunión muy satisfactoria, lejos de los movimientos de la política que podrían afectar nuestras operaciones en Miami, dijo Alejandro. Afortunadamente, todos estamos viviendo en esta área de Homestead, protegidos de la algarabía que suscita todo el problema acerca de la situación de Cuba. Debemos mantenernos en la sombra durante un tiempo, yo he dejado el manejo de la cosa política en manos de Spielberg que es nacido en los Estados Unidos. Nuestra meta, la de Spielberg y la mía es la de dejar los asuntos en manos de nuestros hijos, Mateo delegó en Andrew y yo delego en ustedes, nosotros los viejos, nos mantendremos en la esfera política y haciendo negocios para beneficio de Israel que es nuestra promesa y compromiso de fe.

—Bueno, hijos míos, los espero con su madre en casa, David trae a tu mujer y únete a nosotros en el almuerzo, terminó Alejandro.

—Estaremos todos allá, papá. No te preocupes, nos vemos alrededor de las 12:00 a.m., dijo Louis acompañando a Raoul y David que se acercaban a sus carros.

—Tengo que hablar de algo que sé que no te va a gustar, dijo David tomando a Raoul por el brazo.

—¿Que pasa ahora? David, no es momento de misterios, contestó Raoul.

—Endre está vivo. El hombre anda por Guatemala y es parte de la Brigada que va a invadir Cuba. Aparentemente, Endre es un doble agente que trabaja para Castro y para la CIA. A estas horas, gracias a este desgraciado, Castro debe saber todos los planes para invadir Cuba. El Mossad ha sabido siempre la clase de persona que es Endre, pero lo utilizaba para misiones especiales. Después del incidente en el que trató de matarte, se escapó y fue a Israel e hizo un informe del viaje en el que llegaron tus hijas a Miami. Tengo entendido que regresó a Cuba a buscar a tu mujer y traerla a los Estados Unidos, pero Dulce ya estaba escondida en casa de tu madre y no pudo dar con ella. Por lo que yo sé, el hombre tiene una personalidad contradictoria y atormentada pero no es un traidor. No sé de qué manera se enamoró de tu mujer y trató de hacer una vida con ella en la Habana. De ahí toda la trama que urdió contra Dulce en Cuba y que finalmente se descubrió con el testimonio de tu pequeña hija. Algo con lo que Endre no contaba. Bueno, el tipo se sentía culpable por el desarrollo de los acontecimientos y pidió a Israel que hiciera con él lo que les diera la gana. A los jefes del Mossad no les interesó para nada la historia de Dulce y el tipo ese. Otra cosa sería si Dulce fuera una verdadera hebrea, pero es una goyim, así que vieron el asunto como un problema de infidelidad, porque al fin y al cabo, Endre sacó a tus hijas de la Habana. Así, que el Mossad le dio una segunda oportunidad y lo envió para Guatemala como infiltrado de la CIA.

—Así, que yo no soy más que un tarrudo para Eitán, dijo exaltado Raoul.

—Más o menos, la verdad es que no has salido muy bien parado más bien como el galán traicionado de la película. Porque la opinión general es que tu mujer se involucró sentimentalmente con Endre y te estaba poniendo los cuernos, terminó diciendo David. Pero eso no es lo que importa. Lo realmente notable es que este individuo sigue vivo y le sigue pasando información a Fidel Castro de la invasión a Cuba y al mismo tiempo pasa información al grupo hebreo en los Estados Unidos y a la C.I.A.

—Que hijo de puta el Endre ese, algún día de estos me lo voy a encontrar y lo voy a abrir en dos, te lo aseguro, dijo Raoul entre dientes.

—No le des cabeza, solo te digo lo que hay, porque este es un individuo muy importante para ciertos grupos que lo protegen y cuentan con él para misiones especiales.

—Pero, David, tú me dices todo eso y pretendes que me quede como si nada. Oye, viejo, están hablando de mi mujer, que no será perfecta pero tampoco es una cualquiera. La gente del Mossad está viendo todo esto de una manera muy superficial. Endre trajo a mis hijas a los Estados Unidos, pero arriesgó la vida de Dulce y eso demuestra que el tipo no es confiable, porque actúa por su cuenta.

—Mira Raoul, Endre está conectado con muchos asuntos sucios a cargo de personas con intereses opuestos a los del mismo Endre. En cualquier momento, uno de los socios de Endre lo va a liquidar. El tipo lo sabe y no le importa, ya te dije que es un maniaco depresivo que se esconde detrás de una personalidad agradable. Endre es un solitario, no tiene familia, la perdió en un campo de concentración nazi donde él se crió hasta que los rusos entraron a liberar a los prisioneros. Ben Gurión lo rescató vagabundeando en un centro de refugiados y lo trajo a Haffa cuando era un niño de solo cinco años. Se crió en el Kibbutz de Ben Gurión y más tarde como miembro del Mossad se instaló en Nueva York para estudiar periodismo. Hay una persona importante en los Estados Unidos que lo protege, puede ser alguien influyente del grupo Judío, pero desconozco su identidad. A pesar de esto a Endre nunca se le ha conocido afecto alguno, excepto por su compromiso con el pueblo de Israel. Por su personalidad fría y discreta fue el hombre adecuado para enviarlo a la Sierra como corresponsal del New York Times, donde se involucró en todas las actividades de la Revolución Cubana y considerarle un tipo raro que no le temía a la muerte. En Israel se sorprendieron cuando se enteraron del asunto con Dulce y pensaron que tu mujer lo sedujo y le pidió que montara todo ese espectáculo para quedarse con él en Cuba. Nadie ha pensado que Endre traicionó las órdenes de Israel porque a pesar de estar enamorado de Dulce se arriesgó y cumplió con el compromiso que había contraído contigo.

—¿Qué tú dices? Así que la culpa es de Dulce. Qué bien…mi mujer es una puta y yo un cabrón, dijo loco de rabia Raoul.

—Te voy a decir algo, la obligación de sacar a Dulce era tuya. Tú eras el que tenía que haberte tirado en un bote a sacar a tu familia, pero era más seguro mandar a un topo y mira lo que provocaste. Fuiste un inmaduro y lo estás pagando caro porque el gobierno de Israel desconfía de tu persona y eso no es conveniente ni para ti ni para nosotros, dijo David. Te digo que, incluso he pensado que es posible que el Mossad le hubiera dado órdenes a Endre de eliminar a Dulce. Tu mujer no es hebrea y por eso desobedeció el mandato divino de seguir a su marido arriesgando toda la operación.

—Pero, David, continuó Raoul molesto: Toda mi vida he servido al Dios de Israel y si no fui a Cuba a rescatar personalmente a mi mujer fue porque no quería perjudicarla, pensé que un agente experimentado sería más eficiente que yo y cometí un gran error. Pero, me he arrepentido de todos mis errores. Además, nuestra familia ha estado entregada a la causa de Israel desde que llegamos a Cuba, hemos sido Judíos devotos ayudando a nuestros hermanos en las condiciones más difíciles que te puedas imaginar cómo fue el caso del rescate de la familia Weizman.

—Mi error, al parecer del Mossad fue casarme con Dulce que se comportó de una manera tan inmadura al quedarse en Cuba contra mi voluntad. No fui fuerte con ella en esos momentos, es cierto, lo reconozco, pero desde este país yo he seguido trabajando para la causa Judía con mucho dinero que hemos aportado al grupo hebreo y yo creo que ya es hora de que me devuelvan la confianza, dijo Raoul.

—Bueno, Raoul, mi hermano del alma, ya sabemos lo que hay. Yo te voy a ayudar a buscar a ese tipo pero te voy a decir algo que tengo en mi corazón hace tiempo: Yo creo que Endre recibió órdenes del Mossad para eliminar a Dulce de tu vida. Tú eras el hombre del Mossad en la Habana y al moverte a los Estados Unidos seguías siendo un elemento muy importante en la organización por tus conexiones con los distintos grupos políticos tanto de izquierda como de derecha. Para el instituto tú eras el doble espía perfecto y Dulce era un obstáculo en sus planes. Es posible que Endre se haya arrepentido y volviera a buscar a Dulce a la Habana para sacarla de la Isla y al no encontrarla se dirigió a Israel desesperado y pidió permiso para sacar a tu mujer de Cuba. Por lo que he averiguado de ese hombre es un espíritu atormentado, pero no es un inmoral.

—El caso es que toda esa desgracia quedó atrás y si tú quieres recuperar la importancia que tenías para el Mossad, no podemos seguir cometiendo errores. Aquí no hay víctimas ni culpables, fueron las circunstancias las que han provocado todas las tragedias familiares que tenemos los Cubanos dentro y fuera de Cuba.

—Raoul, no quiero discutir contigo, porque eres mi hermano. Yo te digo todo esto porque te aprecio y no quiero que andes en las nubes, sino que sepas lo que está pasando aunque te duela. Yo te agradezco que hace unos días me vinieras a buscar a mi casa porque me sentía desesperado y no puedo ocultarte cosas que debes saber, prefiero que te enfades conmigo a que andes ignorante de lo que está pasando a tu alrededor. Por eso mantengo una estación de radio en mi casa, para oír conversaciones y filtrar la información importante al Mossad y poder contribuir a la causa de Israel. Tanta gente nos traiciona y juega con nuestros destinos que nos sentimos como si nos tiraran al viento, decía David con el semblante entristecido.

—El otro día logré captar una conversación de Washington que me resultó sospechosa en extremo. Pude comprobar que hay mucha gente importante en el tablero de la política estadounidense que no quiere a Kennedy en la Casa Blanca, expresó David en voz baja apoyado en el bonete del carro y tomando el brazo de Raoul. No puedo creer que el presidente católico Kennedy pueda tener sus días contados.

—Pues no me extrañaría… porque a mí no me agrada Kennedy en absoluto, dijo Raoul. Desde que me enteré que Jacqueline Kennedy se ha ido de viaje de placer sola sin su marido en el yate de Onassis, le he perdido respeto a esa familia. No puedo creer que la esposa del presidente de los Estados Unidos comparta unas vacaciones con un individuo de dudosa reputación como Aristóteles Onassis, mientras que el pueblo norteamericano mantiene una imagen pura de la primera familia.

—Además, David, dijo Raoul: el presidente ha manifestado muchas simpatías con la causa árabe y esto ha causado revuelo entre los hebreos. Papá me manifestó que el mismo Rockefeller mira con desconfianza a Kennedy y que no dudaría que fuera parte de alguna conspiración contra esta familia. Lo mismo pasa con los jefes de la CIA y los sindicatos. Kennedy tiene una doble moral, es un presidente popular que encanta a las multitudes con su aspecto de muchacho pulcro, pero a mí no me engaña, es un pusilánime que no toma decisiones, su vida es una novela rosa, lo ideal para este idiota sería que alguien tratara de asesinarlo, así pasaría ser un héroe, concluyó Raoul.

—¡Pero qué dices, no seas loco! ¿Cómo se te ocurre hablar tan alto Raoul? dijo David. Si nos oyen nos podemos meter en problemas, pero coincido contigo. Te digo por lo bajo que este cándido individuo tiene muchos enemigos, así que se ande con cuidado porque a pesar de que el pueblo estadounidense lo adora tiene sus días contados. Por favor, entra al carro, no quisiera que alguien nos oyera.

Los dos hombres entraron al carro y arrancaron rumbo a la casa de Alejandro. Samuel ignorante de las conversaciones de sus invitados se quedó mirando cómo se alejaba el grupo y se sintió tan feliz como cuando era un niño. Sunrise, pensó que era una palabra bonita, un nuevo amanecer, eso es lo que será nuestra vida a partir de ahora, el nuevo amanecer.

LA CONVERSIÓN DE HILDA AL JUDAISMO

Hilda se había levantado temprano, hoy era el día estipulado para su conversión. Miró a través de la ventana y observó el cielo despejado de Homestead, el sol dejaba caer sus suaves rayos sobre la apacible naturaleza de la zona. Se sentía tan feliz en esos momentos y se preguntaba el motivo de tanta alegría. Quizás su entusiasmo respondía al hecho de que estaba rodeada de todos los seres que ella amaba o de que estaba empezando una nueva vida. De cualquier manera, ella había decidido abrazarse a la vida y vivir a toda plenitud. Se sentía libre de toda atadura sentimental, ella quería a Orlando de una manera libre sin ataduras. Tantos años viviendo con Joaquín le habían provocado un ansia de libertad que, en ese momento estaba disfrutando con locura y no quería perder esa sensación atándose a un nuevo matrimonio. Solo tenía 25 años y había conocido los dos extremos del amor. Por un lado, un hombre mayor y resentido contra la sociedad que la aburría con sus eternas charlas en temas de cultura e historia y el otro, un hombre apasionado y dominante, que le había enseñado los placeres del amor y el sexo. Pensaba que el matrimonio podría llegar a un punto estable donde el equilibrio entre las distintas facetas de la vida permitiera una relación balanceada y tranquila.

—Eva tocó a su puerta. ¿Hilda, estás lista? Debemos irnos, dijo la muchacha que llevaba una maleta para asistir a Hilda durante su inmersión en la miqvá.

Salieron en el auto que guió Hilda hasta llegar al local donde se efectuaría el rito de su conversión al Judaísmo. Era una oficina amplia con varias habitaciones. Eva la guió hasta el final del pasillo y entraron a un gran salón donde había una piscina en la que fluía agua clara constantemente.

—Despoja tu cuerpo de toda tu ropa, dijo Eva.

Hilda obedeció, se había lavado y depilado escrupulosamente. Aun así, Eva tomó un paño de lino y humedeciéndolo en el agua de una palangana de porcelana, procedió a lavar el cuerpo de Hilda. Después, Eva tomó sus cabellos y los peinó con un peine de fina madreperla. Hilda se acercó y se sumergió en las aguas, una y otra vez, tras lo cual, salió sonriente y empezó a recitar las brochas. Eva le extendió una toalla para que se cubriera y la abrazó emocionada.

Ambas mujeres se dirigieron a la oficina de Samuel Weizman. El rabino puso sus manos sobre la cabeza de Hilda.

—Este tribunal te da la bienvenida a la casa de Israel donde serás conocida como Hilda Bat Abraham. Toma tu certificado y firma tu nombre en él.

Hilda escribió su nombre, tras lo cual firmó Eva y Samuel y otro rabino como testigos.

—Ahora, querida Hilda llevas junto a nosotros la carga de la alianza de Dios con el hombre.

—Así sea, en el nombre de Jehová, contestó Hilda.

Hilda y Eva se dirigían a la casa de regreso, estaban en silencio. Hilda se sentía muy emocionada y contrario a su naturaleza parlanchina no deseaba expresar sentimiento alguno. Eva interrumpió.

—¿Sabes algo? Me ha hecho muy feliz ayudarte en este proceso de instrucción previo a tu conversión, porque he olvidado mis tristes recuerdos.
—¿Tan mal lo has pasado, querida Eva? Preguntó Hilda.
—Si, muy mal, respondió la muchacha nerviosa y torciendo la mirada.
—Eva yo soy una mujer nueva, todos mis pecados quedaron atrás y te digo que mis pecados eran más grandes que los tuyos, si es que pecaste, porque, por lo que yo conozco no fuiste más que una víctima de las circunstancias. No me hagas perder la fe, tú eres mi guía y espero que lo sigas siendo, concluyó Hilda.
—¿De veras Hilda? ¿Acaso soy un modelo para ti? Preguntó Eva.
—Claro mujer, le dijo Hilda riendo. Tienes que coger la vida con calma y disfrutar de todo lo que te ofrece. La fe no está reñida con la felicidad. Tienes mucho que aprender y yo te voy a ayudar a dejar atrás todos esos pensamientos erróneos que tienes de la vida. Te aseguro, mi querida Eva que siempre he estado buscando la felicidad en mi vida aunque la mayoría de las veces me he equivocado. Pero, aquí me ves intentando alcanzar las estrellas con mi conversión al Judaísmo.
—Me encanta estar contigo Hilda, admiro tu vitalidad y tu seguridad en ti misma, dijo Eva mirando con cariño a su amiga; guardó silencio y pensó: si conocieras el interior de mi alma me aborrecerías.
—Que cosas tan absurdas dices, contestó Hilda mirando con extrañeza a su amiga. Mi querida Eva, tú eres como una hermana para mí, como lo es Dulce, como si te conociera de toda la vida, dijo Hilda.

Las jóvenes continuaron charlando todo el viaje hasta llegar a casa de Raoul donde los esperaban con un magnífico brunch que Mima había preparado. Al abrir la puerta, se encontraron a toda la familia reunida, Raoul y Louis miraban atentamente el televisor. El presidente Kennedy anunciaba que por ningún concepto apoyaba la invasión a Cuba ni respaldaba la invasión de la Brigada 2506.
—¿Que te dije, Louis? Ahí lo tienes, dijo Raoul, Kennedy no va respaldar la invasión de Cuba, dejaron a esa gente sola.

Louis miró a Hilda que entraba por la puerta.

—Lo siento, Hilda. Te tenemos que dar muy malas noticias en un día que es tan importante para ti.

—Lo oí todo, Louis, contestó Hilda. Sabía que esto iba a pasar y se lo advertí a Orlando que no fuera para allá. Pero el, en su corazón, sentía que quería dar su vida por la libertad de Cuba. Que te puedo decir… el hombre es un valiente.

—Yo todavía creo, dijo Raoul, que esta acción militar puede detenerse, porque esta gente va derechita a las fauces del gran caimán. Cómo es posible que permitan la inmolación de estos hombres de una manera tan estúpida. Para mí, esto no es heroísmo, sino sacrificio por una causa.

—Te recomiendo Raoul, dijo Louis, que no te metas en los asuntos de Cuba en estos momentos. Ya habíamos hablado de este problema antes y nos comprometimos con papá en ocuparnos de los asuntos de Miami Beach. Yo espero que no vuelvas a la lucha antirrevolucionaria porque entonces nos vamos al desastre.

—Está bien, Louis, lo que pasa es que me duele. Tengo un corazón Cubano y me preocupa lo que le va a pasar a esa gente.

—A mí también, contestó Louis, pero no puedo hacer nada en estos momentos.

—Por favor, dijo Hilda, no hablemos más de este tema, cada vez que tocan el tema de Cuba, siento como si me pusieran una piedra en el cuello y me tiraran al mar. Quiero olvidar, lo entienden, necesito olvidar, dijo Hilda refugiándose en los brazos de Louis que apenado se disculpó.

—Perdona mi torpeza Hilda, se me olvida que tú eres la mujer de Orlando. Que torpe soy, disculpa. Tendremos más cuidado en lo sucesivo.

Lo de "mujer" de Orlando a Hilda no le gustó, pero le dio las gracias a Louis y le agradeció su sensibilidad respecto al tema.

Dulce pudo apreciar el disgusto de Hilda cuando Louis se refirió a ella como la "mujer" de Orlando, pensó que tal vez Hilda sintió vergüenza, ella no estaba casada con Orlando. La relación de ambos era consensual y hablar de ello en términos familiares denotaba poco pudor o ingenuidad por parte de Louis. Su cuñado era tan bueno, pensó Dulce. ¿No sería que Hilda le estaba echando el ojo a Louis? A ella no le extrañaría nada, porque Hilda había estado muy enamorada de Louis en la Habana y su cuñado era atractivo, elegante y rico; todo lo que no era Orlando. Habría que observarla, Hilda era una chiquita muy tremenda, se llevaba a cualquiera por el medio. Ella no la veía muy afectada por la suerte de Orlando, lo mismo había hecho con su marido Joaquín, salió de un hombre para otro y ahora estaba a punto de hacer lo mismo. Se miró en su propio reflejo y pensó que había descuidado mucho a Raúl, tenía que volver a recuperar su amor y salvar su matrimonio o podría perder a su marido con cualquier mujer ambiciosa.

La familia se fue acercando a la mesa para disfrutar del agasajo preparado para Hilda. Dulce abrazó a su esposo que sorprendido le devolvió el gesto y cariñoso la besó en la boca. Dulce se puso coqueta y provocativa con su marido lo que a Raoul le encantó y le llevó a preguntar.

—Oye nena, hacía tiempo que no te veía tan amorosa conmigo, se me había olvidado lo bella que eres.
—Te amo mucho Raoul y quiero demostrarte mi devoción y entrega como esposa el resto de mi vida, dijo Dulce.
—Lo sé, querida mía, lo sé, yo también te amo mucho, dijo Raoul besando nuevamente a su esposa.
—Vaya, que mucho amor se da esta pareja, dijo Louis. Así es como yo los quería ver, como una pareja enamorada.
—Y tú que, Louis, dijo Hilda, tú no te vas a enamorar. No ansias el amor y la pasión de una mujer en tu vida, seguía Hilda tomando a Louis del brazo y ofreciendo al hombre una copa de ponche. Louis se puso nervioso ante la proximidad de Hilda, era una mujer hermosa e inconscientemente se excitó sexualmente al extremo de tener que sentarse para ocultar su erección. Avergonzado, mintió:
—No he comido nada en todo el día y estoy muerto del hambre. Por

favor, Mima, sírveme un buen plato de comida y un buen vaso de jugo que estoy desfalleciendo del hambre que tengo.

—Sí, claro, mi niño, dijo la vieja riéndose por dentro. Te sirvo ahora mismo.

Tremendo punto la Hilda, pensó Mima, tiene al pobre mulato camino a la muerte en Cuba y ya está pensando en meterse con Louis. Ya sabía yo que esto de la conversión al Judaísmo era un invento. Tremendo punto filipino la chiquita, es una come candela que hay que estar con mucho cuidado con ella.

Eva divertida con el comentario de Hilda se acercó a Louis y le comentó al oído:

—Nuestra amiga tiene razón y creo que yo podría acompañarte en tus noches de soledad si tú me aceptaras en tu corazón. ¿Qué me dices querido primo?

La actitud de Eva no pasó desapercibida para Raoul que con satisfacción miró a la pareja y comentó a su mujer: Eva y mi hermano hacen una pareja tan bonita que deberían casarse y tener muchos hijos.

—¡Sí!!! Dijo Dulce siempre dispuesta a seguir la corriente de su marido en cualquier tema. Que se besen… Que se besen, decía Dulce mirando a Louis que avergonzado se había puesto rojo e intentaba alejarse de la prima, pero Eva se inclinó y le dio a Louis un beso en los labios, largo y profundo, que sorprendió a la misma Dulce que les gritó:

—Oigan, cuidado, que aquí hay niños, decía Dulce riendo.

—Hilda estaba avergonzada. Nadie había reparado en que ella estaba interesada en Louis. Se preguntaba por qué a ella la ignoraban y a Eva le reían todas sus impertinencias. Acaso, la misma Eva no se daba cuenta de que ella amaba a Louis. No, claro que no. Ellos eran Judíos y no cualquier tipo de Judíos. Los Baumann eran ricos y se relacionaban con gente al mismo nivel social de ellos como los Weizman. Pero ella iba a luchar por su hombre y no iba a darle ningún espacio a esa mujer bella y consentida que lo tenía todo en la vida. Sí, todo, pero no a Louis, pensó

Hilda determinada a jugarse el todo por el todo. Sonriente miró a la pareja y levantó su copa.

—Salud y amor, dijo Hilda.

—Salud, Hilda, contestó Eva.

QUINTO MANDAMIENTO

La invasión de Playa Girón:
No matarás Éxodo 20:13

El 17 de abril de 1961 los periódicos de Miami anunciaron en sus primeras páginas la frustrada invasión a Playa Girón. La tensión en casa de Raoul era tan fuerte que todos permanecían callados escuchando en silencio las declaraciones del presidente Kennedy. La planificada invasión a Cuba por la Brigada 2506 fue un fracaso. El ejército de Castro estaba esperando a los miembros de la brigada 2506 formada por exilados Cubanos y otros voluntarios de la causa Cubana. El presidente reconocía que en ningún momento había decidido respaldar militarmente tal invasión a Cuba, pero que tenía conocimiento de los planes de la Brigada 2506 y del adiestramiento que recibieron en Guatemala.

—¿Que dice este tipo? ¿Tú lo estás oyendo, Louis? Raoul gritaba:

—El presidente reconoce que el gobierno de los Estados Unidos estaba implicado en el adiestramiento de estos Cubanos con el asesoramiento de la CIA en Guatemala y aunque tenía conocimiento no los quería respaldar abiertamente. Pero, entonces, ¿por qué no frenó la invasión a Cuba? En qué quedamos, presidente Kennedy, esto no es un juego de preguntas y respuestas en el club social de Martha's Vineyards, se trata de política pública, de la vida de seres humanos que son mejores que usted maldito hipócrita. Asqueroso hijo de puta, vete a confesarte ahora con tu sacerdote y dile que enviaste a la muerte a unos Cubanos ingenuos y valientes.

—Raoul, dijo Louis. El presidente Kennedy no ha enviado a la muerte a los expedicionarios de Brigada 2506 ni tampoco ha respaldado nunca

la invasión a Cuba y lo ha hecho por diferentes razones. ¿Quién tenía conocimiento de que esta gente se estaba preparando en Guatemala? Pues claro que sí, como lo sabían muchas fuerzas políticas a nivel internacional. Pero, tú no puedes pretender que se deje manipular por personas que no comparten su política pública respecto a los países latinoamericanos. Además, tú, mi hermano, ¿no estás viendo una enorme conspiración para respaldar el régimen de Fidel a nivel internacional?
—Si Louis, claro que sí, dijo Raoul.
—¿Recuerdas la historia del barco Saint Louis que quiso desembarcar en Cuba el 27 de mayo de 1939 con una carga humana de más de mil Judíos huyendo del régimen nazi? El barco partió de Alemania rumbo a Cuba con la autorización del régimen nazi y la anuencia del gobierno de Cuba y de los Estados Unidos. Los pasajeros del Saint Louis tenían la esperanza de llegar a Cuba y alcanzar la libertad, pero no contaban con el maquiavelismo de los nazis que querían demostrar ante la comunidad internacional que el régimen permitía salir con libertad de Alemania a la comunidad hebrea, pero que los Judíos no eran bien recibidos en ningún lado. Por ello movieron sus fichas políticas y diplomáticas en Cuba con los grupos antisemitas para boicotear el desembarco de los pasajeros del Saint Louis y obligarlos a regresar a la Europa dominada por Hitler. Fue una movida política de Goebbels el ministro de propaganda de Hitler en contubernio con los antisemitas del mundo. Lo mismo está pasando ahora con la Brigada 2506. Los expedicionarios son los Judíos del Caribe buscando la libertad de su patria, pero han sido utilizados por la izquierda para demostrarle al mundo que Cuba no necesita a los que se fueron sino a los que se quedaron. En este juego maquiavélico de Castro y sus simpatizantes en los Estados Unidos, los que perdieron fueron los miembros del exilio Cubano. La Brigada estuvo infiltrada desde el primer momento por miembros de la inteligencia Cubana, la CIA lo sabía, pero tenía órdenes de los hombres que manejan la política de los Estados Unidos de seguir con este circo mediático.

—Te voy a decir más, Raoul, siguió Louis. Tengo conocimiento de que el presidente Kennedy se dio cuenta de que lo estaban utilizando y trató de parar la invasión y reunirse con los dirigentes Cubanos, pero la CIA lo detuvo en sus intenciones porque no querían desenmascarar la conspiración que habían tramado a nivel internacional. Kennedy es un problema para los Estados Unidos en estos momentos, tiene una personalidad contradictoria. Por un lado, está buscando acuerdos de paz con los rusos y por otro lado quiere frenar el desarrollo del comunismo en Asia. Con una mano recibió votos presidenciales de la Mafia y con la otra mano fustiga a la organización del crimen organizado de los Estados Unidos. En este país, los presidentes no mandan, sino que los mandan y Kennedy está queriendo correr solo en la carrera política norteamericana y eso no le va durar mucho, concluyó Louis.

—Tienes razón, dijo Raoul. En estos momentos, nosotros somos como una hoja que se la lleva el viento. Ya hemos hablado de esto antes. Nosotros y, me refiero a papá y a Andrew, entendemos que hay que darle tiempo al gobierno de Fidel. Dejemos que las cosas se asienten y Fidel pueda establecer una democracia en Cuba. En estos momentos, hay muchas personas del exilio que respaldaron esta invasión, arriesgando la vida de esos pobres infelices a sabiendas de que el gobierno de Kennedy no los iba a apoyar. Pero esta gente anda tranquila y segura en Miami cuidando su pellejo y haciendo dinero. Mira, yo te digo que esta hipocresía no la aguanto más. Miami está lleno de cobardes e irresponsables. Si quieren sacar a Fidel que vayan y lo saquen ellos. Vamos a concentrarnos en lo que nos importa a nosotros como familia. Tenemos que saber lo que le ha pasado a Orlando. ¿Habrá muerto o estará preso?

—Estás en lo cierto, mi hermano, contestó Louis. Pero es que duele tanto todo lo que está pasando. Vamos a casa de David, él debe estar más al tanto de todo esto que nosotros.

—Hilda se acercó a Louis y le dijo suplicante: Voy con ustedes, quiero saber qué está pasando.

—De eso nada, Hilda, intervino Raúl. No te pongas melodramática con el asunto del mulato, que yo te conozco bien. Por favor, vete con tus lágrimas de cocodrilo a otro lado.

—¿Qué pasa, Raoul? ¿Porque le hablas así a la pobre muchacha? Dijo Louis sorprendido de la actitud de su hermano.

—Mira mi hermano, esta Hilda es una zorra y a mí no me la da. Ponte en guardia, porque la tipa va a por ti, contestó Raoul mirando con desprecio a Hilda.

—Ya hablaremos de esto después Raoul, me parece que se te fue la mano. Hilda es una gran mujer y se ha portado muy bien con nosotros siempre, expresó Louis asustado ante la reacción de su hermano y temiendo que la joven se fuera a ofender.

Raoul tomó la camioneta y con Louis salieron para la casa de David. Al llegar, David les abrió la puerta rápidamente.

—Pasen, los estaba esperando, estoy tratando de comunicarme por radio con Cuba. Han matado más de 400 miembros de la Brigada en Playa Girón. Fue una carnicería, El coronel Vicente León al ver que los habían abandonado a su suerte en la playa se suicidó. Las fuerzas armadas de Castro los estaban esperando en la playa como quien los esperara al sacrificio voluntario. Esto es una vergüenza para los Estados Unidos y una afrenta a la dignidad de los Cubanos que hemos perdido seres queridos en esta misión suicida.

—David, dijo Louis, quiero saber si Orlando Valdés está muerto o preso. Si está vivo quiero interceder por él para que de alguna manera pueda regresar a Miami. Creo que se lo debemos a Hilda…

—Pero bueno, tú estás loco. Valdés era un comandante Revolucionario que traicionó la causa. A ese, tan pronto se den cuenta que regresó lo van a fusilar. Es un desertor y a los desertores los tratan como perros. No podemos hacer nada por él ni tan siquiera preguntar porque sería comprometedor relacionarnos con un individuo que es un desertor a su patria.

—De cualquier manera, dijo Louis, yo quiero saber si está vivo Valdés.
—Olvida a ese tipo, en los próximos días el gobierno de los Estados Unidos va a empezar negociaciones con Fidel para rescatar a los sobrevivientes de Playa Girón. Si lo quieres ayudar mientras menos preguntes por Valdés, mejor será para él. Me entiendes. No revuelques el gallinero, porque a lo mejor tiene suerte y cae en el grupo de los afortunados que el gobierno Cubano decide canjear por dinero americano, expresó David.
—David, tú sabes más de lo que nos está diciendo, decía Raoul.
—Claro que sé lo que está pasando y también conozco lo que viene contestó David. Castro se va a contactar con Rusia y la Unión Soviética y va a establecer bases con misiles nucleares en Cuba. Esto lo sabe desde la CIA, Franco en España y mi tía la que vive en el Cerro en Cuba. Es un secreto a voces, lo que yo no entiendo es cómo esta gente se ha dejado meter el comunismo por la cocina de su casa. Es la gran conspiración de la izquierda y de los grandes capitales del mundo. Tirar a Cuba a las fauces del caimán, esa es la consigna de los grandes capitales americanos, podrían evitarlo, pero no quieren. Es el teatro de la gran comedia humana presentado por la política internacional ante el público estadounidense.
—Muchachos, sigamos con nuestras vidas como discutíamos los días anteriores en casa de Samuel. Vamos a hacer lo que le conviene a nuestras familias que es trabajar y hacer capital. Samuel dijo el otro día algo importante, estamos en la mejor posición para desarrollar buenos negocios y ayudar a la causa Judía en Israel. Por qué meternos en cosas que están evolucionando a su propio destino, terminó diciendo David.
—Es cierto, David, estamos desesperados porque somos personas que sufrimos lo que está pasando con nuestros compatriotas en Cuba, pero si, tienes razón, concluyó Raoul abrazando a su hermano. Pero, por favor, David, pregunta a tus contactos en Cuba por Valdés.
—Está bien, mis hermanos sentimentales, preguntaré por el hombre, pero también quiero saber si el maldito Endre Guttmann sobrevivió. El hombre es un doble agente, trabaja para el Mossad pero le rinde

servicios a Allen Dulles en la CIA, contestó David.

—Oye, David, ese perro es mío, solo mío. Cada vez que me baño y me veo el costado con las marcas de los dos tiros que me metió, tengo ganas de picarlo en trozos, dijo Raoul con rabia. Por otro lado, está el asunto con Dulce que no estoy muy seguro hasta donde llegó. Gracias al tipo ese, en el Mossad tengo fama de cornudo y se deben reír de mí y de Dulce a mis espaldas. En otras palabras, he perdido credibilidad. No me han llamado para nada, cuando necesito información tengo que venir contigo o llamar a papá.

—Bueno, Raoul, no empieces con el mismo rollo, estoy de acuerdo con todo lo que dices. Pero te voy a decir algo: Si Endre, te hubiese querido matar esa noche lo hubiese hecho porque es un asesino profesional. Él te inutilizó, para no tener que matarte. Pero, tú no puedes matar a Endre porque es un agente del Mossad, porque van a decir que lo que tienes es un ataque de cuernos y que lo que deberías hacer es divorciarte y olvidarte de Dulce. Vas a hacer el ridículo, porque allá en el rígido ambiente del Mossad no se interesan por estos líos de faldas. No podemos actuar por nuestra cuenta sin pedir autorización a Eitán. Endre es un miembro del Mossad que ha rendido buenos servicios a Israel y a la CIA. Así como tú lo estas oyendo, Endre es un entregado a la causa Judía y tiene todo el respeto de los guardianes de la causa de Israel. Yo creo que cuando todo este asunto de Cuba termine prescindirán de él porque está implicado en tantas cosas sucias que apesta demasiado. En esos momentos nos ocuparemos de ese tipo, lo podemos raptar y traerlo aquí a Homestead y ponerlo a descansar entre las azucenas del jardín.

—Mira David, no sabes el esfuerzo que tengo que hacer todos los días para no coger a Dulce por el cuello y tirarla a la calle. Me aguanto… porque sé en mi interior que el responsable de todo lo que pasó en Cuba con mi mujer y mis hijas fui yo. Dulce me ama y es una buena mujer, dijo Raoul.

—Vamos a dejarnos de tanta cosa negativa y pongan atención con la radio, comentó Louis, pasando el brazo por los hombros de un exaltado Raoul. Por favor, David trata otra vez de comunicarte con Cuba. Nada, no puedo comunicarme con la Habana. Vamos a poner la radio local, dijo David.

En la estación se oía un poema de Martí:

"No me pongan en lo oscuro A morir como un traidor: Yo soy bueno y como bueno moriré de cara al sol."

—Yo debía haber estado en ese desembarco, decía Raoul.

El hombre estaba en un estado de embriaguez que lo llevaba a llorar y ansiar volver a Cuba. Había buscado una botella de whisky y la llevaba por la mitad. David y Louis lo miraban aburridos.

—Este hombre no tiene remedio, le decía David a Louis, se está debatiendo entre su deseo de echar para adelante los planes de trabajo de la familia aquí en Miami y el problema de Cuba.

—No le hagas caso, contestaba Louis. El problema de mi hermano es que cuando se da unos tragos se pone sentimental. Empezó a molestar a la pobre Hilda antes de salir de la casa. Tú puedes creer que se puso ofensivo con la muchacha, a mí me dio mucha vergüenza, porque Hilda es una niña encantadora y muy buena persona. ¿Qué va a pensar Hilda de nosotros?

—Por favor, Louis, te digo, lo que le dije a tu hermano el otro día: No seas pendejo con las mujeres. La Hilda esa no es ninguna palomita, se estaba acostando con el mulato comunista ese que tú quieres sacar de Cuba. Con esto te digo que tengas cuidado con Hilda, esa preciosa mujer es una seductora y no me extrañaría que cayeras en sus redes.

—Si, mi hermano, continuó David: la Hilda era la amante del revolucionario Valdés. Ese tipo mató mucha gente en Cuba y dicen por ahí que mató también a Joaquín el gallego. Todavía yo no creo ese cuento de que Valdés llegó a Miami porque se enamoró de Hilda y después se sentía culpable y se tiró al martirio Cubano como otros ex revolucionarios del exilio. Por favor, Louis, si ese tipo no es un comunista desertor es un agente de la inteligencia Cubana. Pero, te advierto algo de ese tipo, si Valdés sobrevivió al ataque de Playa Girón y el gobierno de Castro nos lo entrega a cambio de dinero, tenemos un problema: Valdés puede ser un agente de la inteligencia Cubana y quiere regresar a la Florida por instrucciones del gobierno Castrista.

—Bueno, David. Vamos a esperar a ver qué pasa. Dentro de pocos días sabremos quienes han sobrevivido y quienes han muerto. En ese momento tomaremos una decisión. Respecto a Hilda, creo que debemos darle un voto de confianza y tener paciencia con el proceso que está atravesando. Mira, Raoul se quedó dormido, vamos a tener que llevarlo entre los dos a mi camioneta.

—Si, mi hermano, dijo David con cara de resignación.

Los días siguientes transcurrieron llenos de agitación para el exilio Cubano en los Estados Unidos. Los exilados cubanos exigían al gobierno norteamericano que interviniera para facilitar el rescate de los expedicionarios de Playa Girón presos en Cuba

La comunidad internacional opinaba que ningún país debía intervenir en los asuntos políticos de Cuba. Las autoridades en las universidades de los Estados Unidos se expresaban públicamente en la prensa en contra de la intervención de los Estados Unidos en la política Cubana. Mientras tanto, Rusia enviaba convoyes de armas y municiones a Cuba para apertrechar militarmente a la Isla convirtiendo a la Isla caribeña en un bastión comunista con bases militares instaladas con cohetes a cien millas de las costas estadounidenses. Por primera vez, en el ánimo de los estadounidenses surgía el temor entre el pueblo por las implicaciones de una guerra entre los Estados Unidos y la Unión Soviética; potencia que apoyaba el régimen Castrista.

El presidente Kennedy comenzaría negociaciones con la Unión Soviética parta resolver el tema Cubano. Kennedy se comprometía a no invadir Cuba y el líder soviético a retirar los misiles de las bases militares de la Habana. Además, un comité presidido por la señora Roosevelt dirigió los procedimientos para lograr el rescate de los expedicionarios de Playa Girón a cambio de pagar una indemnización al gobierno Cubano.

La situación era deprimente para los exilados Cubanos. La invasión a Cuba había fracasado, se sentían abandonados por el gobierno de los Estados Unidos, achacaban a Kennedy la culpa del fracaso de Playa Girón. Muchos de ellos tenían familiares entre los combatientes de Bahía de Cochinos y los esperaban a su arribo a los Estados Unidos como héroes de guerra.

Los siguientes días pasaron muy rápido para Louis y Raoul. Los Baumann habían descubierto unos hermosos terrenos en Miami Beach para el desarrollo de varios edificios de apartamentos. Habían presentado una buena oferta por la compra de los terrenos a una corporación privada, pero la firma era esquiva y distante en el proceso de negociación. Aparentaban no estar muy interesados en la propuesta de los hermanos Baumann y no contestaban sus llamadas. Louis trataba de averiguar quiénes eran los socios de la firma, pero los reglamentos corporativos protegían el nombre de los inversionistas que eran representados por los abogados Avery Taylor y Albert Sulzberger. Louis pidió una cita con el licenciado Taylor, quería ir directo al grano con el representante legal para tomar una decisión acerca de si comprar el terreno o buscar otro lugar para empezar a operar en el negocio de construcción en la Florida.

La secretaria de Avery Taylor tomó la información de Louis y dijo que lo llamarían en algún momento.

Al cabo de varias semanas, Louis no había recibido respuesta alguna del bufete de Taylor.

SEXTO MANDAMIENTO

No cometerás actos impuros Éxodo, 20:14

Una tarde, al levantarse David de la cama, Comenzó a pasearse por la azotea del palacio Y desde allí vio a una mujer que se estaba bañando La mujer era sumamente hermosa, por lo que Davis mandó que averiguaran quién era, Y le informaron: Se trata de Betsabé, que es hija de Elián y esposa de Urías el
Hitita (Samuel II: 2-3).

En casa de Raoul la situación era muy extraña, mientras Mima y Dulce hablaban del posible regreso de Valdés, Hilda se mantenía callada y absorta en sus pensamientos. No estaba segura de desear el regreso de Orlando, Había comenzado una nueva vida en Miami, se había convertido al Judaísmo y soñaba con acercarse cada día más a la familia Baumann. Ella tenía derecho a ser feliz, acaso Mima y Dulce no podían entender eso cuando a ella no le importó que Dulce abandonara a Raoul y empezara una relación con Endre allá en Cuba. ¿Por qué se mostraban tan intolerantes con ella en estos momentos? Pero no, ella iba a luchar por su felicidad que estaba al lado de Louis y no de Orlando Valdés.

Cuando los muchachos llegaron, la mesa estaba servida. Mima había preparado unas costillas asadas de cordero que emanaban un exquisito olor. Louis se acercó a la mesa y tomó un panecillo caliente.

—Que bueno que la comida está lista, traía un hambre tremenda. Mira, Raoul, hay asado en la mesa, tal como tu querías, dijo Louis mirando con afecto a su hermano.

—Si, Mima es muy buena cocinera, dijo Raoul, pero yo quiero probar las galletas de almendra y pasas que hacía Dulce en Cuba. ¿Te acuerdas, mi amor?

—Pues mi niño, Hilda y yo preparamos hoy esas galletitas que tanto te gustan. Horneamos una buena cantidad para repartir entre la familia de David y Samuel. Hilda tuvo que ayudarme porque queríamos que todos nosotros tuviesen una muestra de este dulce, contestó Mima.

Hilda entraba por la puerta del comedor con una bandeja donde traía una buena cantidad de galletas de pasas. Miró a Louis con una gran sonrisa y tras depositar los dulces se sentó a su lado en la mesa.

La cena transcurrió agradablemente, Raoul y Louis comentaban de los últimos recuerdos de su vida en Cuba. Mima hablaba con admiración del valor de Aurora y decía que la mujer había sido muy valiente y que gracias a ella habían podido salir de la Habana. La mujer se echó a llorar, se había puesto sentimental. Louis se levantó y la abrazó.

—Mima tú también eres una heroína como mamá Aurore. Quien sacó los diamantes de Cuba que ahora nos están permitiendo empezar una vida y financiar nuestros proyectos de construcción. Pues, fuiste tú, mi querida Mima y por eso y por muchas cosas más, te quiero tanto.

—Me voy a dormir, dijo Mima, estoy exhausta de tantas emociones que he experimentado estas últimas semanas. El asunto de los refugiados de Playa Girón me ha hecho recordar tanto nuestra vida en Cuba que estoy con los nervios a flor de piel.

—Es cierto, mami, dijo Dulce. Vamos a retirarnos, es muy tarde, son casi las once de la noche. Las niñas se acostaron hace rato y quiero ver como están, dijo Dulce abandonando la habitación seguida por Raoul que bostezaba somnoliento.

Hilda estaba en su habitación y pensaba en Orlando y sus días de romance en Cuba. Un cosquilleo recorrió su cuerpo recordando la pasión de Valdés, el cariño desprendido de ese hombre que dejó una vida en la que él tenía un lugar y un futuro importante por seguirla a ella. Orlando se había desengañado de la Revolución porque él era nacionalista y no era comunista. Aún con sus diferencias, Orlando era parte del gobierno Revolucionario y creía en el nuevo régimen, por eso regresó a luchar por sus ideales. Ahora, los hermanos Baumann habían puesto dinero en el comité de rescate de los expedicionarios de Playa Girón para traer a Orlando a Miami y ella estaba desconcertada con los acontecimientos que se avecinaban con la inminente llegada de Valdés a la vida de la familia Baumann.

Hilda sintió pasos en la terraza que llevaba al jardín, se asomó a la ventana y vio que era Louis apoyado en una columna, parecía mirar las estrellas. La mujer se estremeció con la presencia de ese hombre que tanto le agradaba, Louis era un ser especial por su corazón noble y su disposición para ayudar siempre a todo el que lo necesitara. Además de ser una buena persona era atractivo e inteligente, reunía todas las cualidades que podía tener el hombre perfecto para cualquier mujer. La mujer aprovechó para disfrutar en silencio del joven alto y apuesto e imaginó estar en sus brazos. ¿Cómo la amaría Louis? La familia Baumann no la iba a aceptar, de eso estaba segura y Valdés, ¿qué pasaría con él si se enteraba de que lo había traicionado? Pero, Louis era la única persona que podía decidir en sus sentimientos, ¿qué podía importar lo que dijera la gente? ¿Estaba ella dispuesta a renunciar a su felicidad por complacer a los demás? Pues mira que no, pensó Hilda que se dirigió al espejo y al mirar en su luna vio su reflejo: una mujer joven y deseable, pero sola y desprovista de medios económicos para llevar la vida que ella quería.

Hilda tomó la botellita de agua de violetas y vertió unas gotas de la loción en su cuello, soltó su cabellera y se puso sobre sus hombros un chal que dejaba ver su camisón de seda transparente, tras lo cual abandonó el dormitorio tomando rumbo hacia el jardín.

La mujer caminó hacia la terraza y resuelta, abrió la puerta. Louis sorprendido giró la cabeza y miró a la recién llegada. La luz de la luna caía sobre la mujer, Louis pudo ver la esbelta figura de Hilda a través del batín de seda, delgada y proporcionada, tenía el busto pequeño, la cintura estrecha y las caderas amplias. La mujer estaba descalza y venía caminando hacia el con el semblante triste. El chal se había caído a sus pies y ella se dirigía casi desnuda hacia él. De momento estaba nervioso, la presencia de Hilda lo había excitado sexualmente y avergonzado de su reacción y no sabía qué hacer.

—Louis, no podía dormir, oí un ruido en la terraza y me asusté, dijo la mujer. Pero, al mirar por la ventana me di cuenta que eras tú.

—Si, estaba preocupado por unos problemas que tengo que resolver con el abogado Cohen y me desvelé pensando en conjeturas, dijo Louis mirando el bello rostro de la joven.

—¿Has perdido el sueño al igual que yo? Dijo Hilda extendiendo sus manos hacia Louis que las tomó entre las suyas.

Louis se llevó las manos de la joven hacia sus labios y las besó.

—Por favor, Louis, me has hecho temblar, dijo Hilda tratando de separar sus manos de los labios del hombre. Louis sin pensar la tomó entre sus brazos y cargando con ella se dirigió al área más distante del jardín. Atrajo a la joven hacia sí y pudo aspirar el suave aroma que emanaba de su cabello, besó sus labios con delicadeza y luego con pasión pasó su boca sobre el cuello y bajó hacia sus pechos para chuparlos con fuerza. Con cuidado soltó los tirantes del camisón de Hilda y pasó las manos por su cuerpo, le gustaron los pechos pequeños y la breve cintura que marcaba unas caderas voluptuosas. Se arrodilló y besó el vello que cubría su sexo, metió la lengua y acarició el clítoris. Hilda estaba lubricando y Louis comenzó a chupar el sexo de la joven. Cuando la joven se vino entre sollozos, Louis la siguió penetrando hasta lograr que Hilda se viniera una y otra vez.

Pasaron la noche haciendo el amor en el suelo del granero. Si Orlando era apasionado, Louis no se quedaba atrás. Por el contrario, Luis era un hombre caliente y que disfrutaba devorando el cuerpo de Hilda. En toda la noche no le había dado tregua a la mujer. Habían hecho el amor como cinco veces y Louis no se cansaba. Había amanecido y se habían refugiado en el granero, allí estarían seguros, nadie iba a sospechar ni buscarlos en ese sitio. Louis no había visitado el granero desde el día en que tuvo que disponer de los cuerpos de los asaltantes de Raoul. Así que nadie iba a sospechar que estaban ahí. Louis tomó un descanso.

—Mí querida amiga, no sé cómo lo vas a tomar, te tengo que decir algo importante: Hilda estoy avergonzado de mi comportamiento y te ruego que me perdones y olvides esta locura a la que me ha llevado la pasión que provocas en mi corazón cuando estoy cerca de ti. Eres muy bonita, inteligente y femenina y todo lo que se le puede pedir a una mujer, pero no creo que debamos seguir con esto. Por mi parte, te prometo que no se va a repetir nunca más, terminó diciendo abatido Louis.

—No digas eso, Louis, contestó Hilda. Yo siempre te he amado, Louis. Desde que te conocí en nuestra juventud he admirado tu fortaleza y tu bondad. Eres el ideal de hombre que siempre tuve desde mi juventud en Cuba. En aquellos tiempos, Raoul se fijó en Dulce, pero tú, a mí ni me mirabas. Yo te observaba de lejos, con la admiración con que una niña observa a su príncipe valiente. En aquel momento, mi madre era una mujer muy mayor y enferma cuando le vendió nuestra casa a Joaquín y arregló mi matrimonio con él. Tras la muerte de mi madre, me casé con Joaquín, pero nunca lo amé. Yo te quiero a ti, Louis. Vamos a darnos una oportunidad. Los dos somos libres, tanto tu como yo merecemos ser felices. Por favor, no me dejes ahora, después que te entregué mi cuerpo y mi alma, decía Hilda llorosa.

—Esto no funcionaría nunca, mi querida Hilda. Somos personas muy diferentes, yo tengo responsabilidades con mi familia y con mi religión. Mi madre espera mucho de mi persona y de la compañera que yo elija para mi vida porque soy el líder de esta familia en el exilio. Toda mi vida se me inculcó que el matrimonio no siempre tiene que ver con la pasión sino con la responsabilidad social y familiar. Te pido perdón, si te ofendí, tú eres una joven llena de cualidades y serás más feliz con una persona que tenga intereses similares a los tuyos. En unos días llegará Orlando y tú ya habrás olvidado todo esto y podrás hacer una vida con él. Yo los voy a ayudar en todo lo que pueda, dijo Louis tomando la puerta y abandonando el granero ante la mirada desolada de Hilda.

Hilda había entrado en un estado de abatimiento total. Estaba enamorada como una loca de Louis. Le encantaba la forma de ser de ese hombre, como la besaba, el aroma de su cuerpo y la forma en que le hizo el amor. De solo pensar en los besos de Louis se excitaba, pero el individuo estaba lleno de escrúpulos y deberes morales hacia los demás. Le había pedido perdón por hacer el amor y llevarla al paraíso con su pasión y ahora la quería abandonar porque sentía que había sido el culpable de que ella traicionara a Orlando. Pero qué difícil era tratar con Louis, la obligación moral lo dominaba y estaba por encima de la pasión. Ella no iba a perder a este hombre maravilloso y haría cualquier cosa por casarse con Louis, pero tendría que cambiar la estrategia y jugar con los sentimientos de su príncipe para que él se viera obligado a pedirle que se casara con ella. De momento, se haría la víctima desolada y abandonada por Louis y ya vería después.

¿No está toda la tierra delante de ti?

Yo te ruego que te apartes de mí. Si fueres a la mano izquierda, yo iré a la derecha; y si tú a la derecha, yo iré a la izquierda.
(Génesis 12-14).

Hilda estaba esperando en el granero el momento propicio para regresar a la casa cuando la puerta se abrió y entró Mima con ropa.
—¿Qué haces aquí Mima? Dijo Hilda asombrada.
—¿Que voy a hacer? Traerte ropa para que no hagas el ridículo en la casa de la familia Baumann. Si Raoul se da cuenta de que pasaste la noche con su hermano, va a pedirte que te vayas de la casa. Hace unos meses te estabas abrazando con el mulato Valdés en presencia de la familia Baumann y en ese tiempo te advertí que estabas muy suelta y que esta gente te iba a juzgar mal. Pero, ahora, acabas de rematar tu conducta frívola entregándote sin motivo alguno a Louis en una noche de amor. Estás jugando fuerte Hilda y te voy a dar un consejo porque te quiero

mucho y sé que estás sola en el mundo desde que murió tu mamá. Si quieres enamorar a Louis, vas a tener que tomarlo con calma. Hilar fino, diría yo, porque el muchacho, aunque noble y generoso es Judío. Esta gente tiene su código de valores. Ahora debe estar avergonzado y lleno de culpa por traicionar a Valdés.

—¿Qué estará pensando ese hombre de ti? ¡Por Dios, Hilda, te entregaste a cambio de nada! ¡Tú vales mucho mi niña! Eres tan bella y refinada. Ninguna muchacha he visto yo en Cuba que haya alcanzado la educación que tú has obtenido. Además, vienes de una familia de la clase más alta de la sociedad Cubana y, no se te ocurre otra cosa que entregarte en una noche de amor con uno de estos polacos. ¡Por Dios! Hilda recapacita mi niña que ya no eres una adolescente. ¿Qué ha hecho la Revolución con nosotros? Acabó diciendo la anciana abatida recostada en el hombro de Hilda.

—Me enamoré de Louis hace mucho tiempo. Desde que vivíamos en Cuba, a mí me gustaba Louis pero él no se fijaba en mí. Yo pensé que como Raoul se había casado con Dulce, Louis podría hacer lo mismo que su hermano y casarse conmigo aquí en los Estados Unidos, ambos somos solteros y sin compromiso con nadie. Mima, yo también te quiero y a Dulce la quiero como si fuera mi hermana, dijo Hilda. Pero, Mima… ¿Que va a ser de mi vida? Me siento como una pieza que no acaba de encajar con los Baumann. Hasta me convertí al Judaísmo para poder casarme con Louis. ¿Qué más puedo hacer? Yo estoy enamorada de Louis por primera vez en mi vida y no quiero perderlo, ayúdame Mima, a ti todos te quieren en la casa.

—Mi niña, mi traviesa niña, mi come candela, yo también te quiero mucho. Mira Hilda, esto que está pasando yo lo veía venir hacía tiempo. Louis es un hombre excepcional y a ti no te iba a pasar desapercibido. Para ti sería una gran oportunidad casarte con este muchacho y yo te voy a apoyar en todo lo que pueda porque tú eres como una hermana para mi hija Dulce. Como dicen por ahí, es mejor malo conocido que bueno por conocer. Ahora, te digo algo, la niña Eva parece estar interesada en Louis. Es una mujer bella y con mucha clase. Además, es hebrea y podría ser la candidata de Aurore para su hijo. Tenemos que observar calladas los movimientos de la familia Baumann con Louis y con Eva. Si actuamos muy rápido y forzamos las cosas, podemos fallar y salir disparadas de esta casa. Así que coge las cosas con calma y no te pongas en evidencia, porque no solo tú estás en peligro. También estamos Dulce y yo en el medio. No se te olvida que Raoul perdonó a Dulce y los Baumann nos han recibido en su casa como si no hubiese pasado nada. Nosotras no somos hebreas y en estos momentos no tenemos donde meternos si a esta gente le da por buscar pretextos para salir de nosotras.

—Está bien, Mima, dijo Hilda. Creo que tienes toda la razón, vamos a estar pendientes para comprobar si Eva está interesada en Louis o solo son sospechas nuestras. No me gustaría tener problemas con esa muchacha que tan buena ha sido conmigo y mucho menos interponerme entre ella y Louis. Pero yo también tengo derecho a buscar mi felicidad y no voy a renunciar a ella por nadie. Buscaremos la forma de convencer a Louis que yo soy la candidata perfecta para él.

—He pensado en solicitar trabajo en la oficina de los Baumann. Yo podría ser de utilidad en la constructora como relacionista público y así estaría cerca de Louis. ¿Que tú crees, mi viejita linda? Preguntó Hilda.

—Creo que no debes apresurarte. Además, Raoul no te va a querer en la oficina y lo vas a poner a la defensiva. Todavía está muy presente en los Baumann el recuerdo de Valdés en tu vida. Mejor estrategia es que demuestres que quieres conseguir tu independencia económica y no estás buscando el dinero de los Baumann. Así que comienza a ofrecer clases de piano aquí en Homestead. Tú eres graduada del Conservatorio de Música de la Habana y eres una excelente maestra de piano. En ese campo te puedes lucir y relacionarte en la comunidad hebrea de Miami. Podrías dar un recital de piano si te pones de acuerdo con Dulce, así estarías comprometiendo a Raoul a respaldar económicamente cualquier empresa que fueras a iniciar.

—Tienes razón, Mima. No puedo estar a los pies de Louis esperando que se digne a darme una migaja de su amor. Mañana mismo iré al centro de Miami y pondré un anuncio en el periódico para ofrecer clases de piano.

—Así es que yo quería verte, pensando en ti y recuperando el recuerdo de aquella niña con clase que se había graduado con mi hija Dulce de la Universidad de la Habana. Ustedes dos eran las muchachas más hermosas y admiradas de la sociedad de la Habana. Hoy mismo debes sentarte al piano cuando acabe la cena para que toques aquel danzón que a mí me gustaba tanto, demuestra lo que tú vales, dijo Mima.

—Ah, sí, "Tres Lindas Cubanas". Esta misma noche, me sentaré al piano, concluyó Hilda ilusionada con la idea de lucirse ante Louis y la familia Baumann.

—Que muchacha, dijo Mima sonriente saliendo del granero con la muchacha y volviendo a la casa. Cuando llegaron a la cocina, Dulce las esperaba.

—¿Dónde estaban?

—En el granero, respondió Mima. Estábamos viendo el espacio disponible que hay en esa área porque Hilda desea mudarse allí e incluso ofrecer clases de piano a la comunidad. ¿Qué te parece la idea, Dulcita? La muchacha se quiere ganar la vida honradamente. ¿Tú crees que Raoul se oponga a que Hildita viva en el granero y ofrezca sus clases de música allí?

—No sé, Mamá. Pero creo que Hilda se puede quedar en esta casa con nosotros, no se tiene que ir al granero como si fuera un huésped. Además, si quiere dar clases de piano, las puede ofrecer en la biblioteca y así tendría un ambiente más formal, contestó Dulce.

—Mira Dulce, yo no quiero estorbar en esta casa. Me he dado cuenta que Raoul es muy quisquilloso y yo no quiero crearte ningún problema.

Créeme, mi hermanita, que yo prefiero vivir independiente en el granero. Por favor, Dulce, habla con Raoul para que me permita mudarme lo antes posible.

—Bueno niña, si es lo que tú quieres, hablaré con Raoul. Dijo Dulce mirando con agrado a su amiga. Siempre has sido independiente, fuerte y decidida. El otro día estaba leyendo un artículo periodístico de Betty Friedan y me acordaba de ti. Ya me gustaría a mí ser tan valiente como tú y que estando sola sin tu marido tienes la fuerza de salir adelante.

—Pero que tonta soy, ahora caigo, dijo Dulce. Quieres tu independencia porque esperas la llegada de Orlando a Miami y quieres tener tu nidito de amor. Ay Hilda, yo estoy siempre en las nubes. Aunque la mayoría de los expedicionarios ya han llegado, tu marido no ha aparecido. Hace más de un año del desastre de Bahía de Cochinos y el hombre anda perdido. Continuó hablando Dulce. Bueno, te voy a decir lo mismo que tú me dijiste a mí hace mucho tiempo. Eres joven y no puedes estar sola y más tú, que eres una mujer soltera. Tú no te habías casado con ese hombre, así que no tienes que estar guardando luto por él. Al contrario, yo creo que ese episodio de tu vida lo debes dejar atrás. Quisiera verte casada con un buen hombre, Hilda, tú no has tenido suerte en el amor, siendo una mujer con tantos atributos. ¿Verdad, mamá, que Hilda debe conseguir un buen partido para ella? Concluyó diciendo Dulce, mirando sonriente a su madre.

—Claro que sí, pero primero tiene que ponerse a trabajar para ser independiente, tal como dice la Betty Friedan que tu Dulcita tanto admiras, contestó la dama asombrada ante la ingenuidad de su hija.

Mima pensó que Dulce siempre había sido tan cándida e inocente que por eso Endre la engañó con tanta facilidad. No podían hablar de los planes de Hilda con ella, porque conociendo a Dulce le contaría la verdad a su marido con toda la candidez del mundo provocando que Hilda fuera expulsada de la casa de los Baumann.

—¿Que vas a cocinar? Preguntó Mima a su hija.

—Cordero asado, tsimmis y kugel, contestó Dulce. La cena se sirve a las seis de la tarde. ¿Te parece bien, mamá?

—Creo que sí. Pero a mí me gustaría que Hilda y tú tocasen un poco de piano después de la cena, dijo Mima.

—Me encantaría, contestó Dulce. Así le presentó el plan a Raoul y como va a estar agradecido por la cena y el recital nos dirá que sí.

A las seis de la tarde la mesa estaba puesta con la mejor vajilla de Dulce, la joven había abierto las ventanas del comedor que daban al jardín y el aroma de las azucenas se introducía en todos los rincones de la casa mezclándose con el olor a cordero asado y pan recién horneado.

Mima estaba colocando en la mesa un pastel de pasas cuando llegaron Louis y Raoul.

—¿Que estamos celebrando? — Preguntó Raoul.

—Celebramos el amor y la unión familiar, mi amor, contestó Dulce abrazando a Raoul que sorprendido la tomó de la mano y se sentó con ella a la mesa.

—Estás muy bonita Dulce, dijo Raoul mirando a su mujer que estaba vestida con unos pantalones largos de color rosa y un suéter ajustado del mismo color que resaltaba el tremendo cuerpo de su mujer.

Dulce siguió coqueteando con su marido que empezó a reírse de las ocurrencias de su mujer que siempre lograban alegrarle la vida y ponerlo de buen humor. A él le gustaba la forma de ser de Dulce, jamás trataba un tema con profundidad, su conversación era ligera y divertida, lo suficiente para relajarlo y hacerlo feliz. Además, Dulce tenía un cuerpo voluptuoso de formas torneadas y sensuales que lo trastornaba completamente y cuando hacía el amor con ella alcanzaba las estrellas. Era su mujer por arriba de cualquier cosa y él la amaba. Raoul tomó a su mujer por la barbilla y con dulzura la besó en los labios.

Louis tomó asiento frente a ellos y Mima se sentó a su lado comenzando una conversación con el joven acerca de la preparación del pan con pasas.

—Louis. ¿A ti te gusta el pan con dos clases de pasas? Preguntó Mima.

Porque estaba leyendo una receta que las pasas deben ser blancas y rojas.
—Me da igual, Mima. Como tú lo prepares es que a mí me gusta.

Estaba hablando cuando entró Hilda con el cabello recogido de forma sencilla en un rabito de caballo en lo alto de su cabeza. La joven andaba en pantalones capri de color azul, una blusita sencilla apretada al cuerpo y zapatos bajos tipo ballerina. Louis la observó y pensó que Hilda se veía adorable con su aspecto fresco y juvenil. La ropa marcaba su figura voluptuosa y Louis no podía sacar la vista de la muchacha. Avergonzado, cambió la mirada y le pidió a Mima que le sirviese un poco de cordero.

La cena fue un éxito, todos celebraron el exquisito asado de Dulce que sonriente presumía que hacía el cordero según las instrucciones de su suegra y que por eso es que a Raoul le gustaba tanto.
—Un momento dijo Dulce, les tenemos una sorpresa musical. Hilda acompáñame al piano.

Las dos mujeres se sentaron y a dos manos tocaron el son "Almendra "seguido de otras composiciones como "Ésas no son Cubanas" un son de Ignacio Piñeiro que puso a Mima a bailar y a Raoul a cantar:
"La Cubana es la perla del Edén La Cubana es graciosa y baila bien…."
—Raoul, yo recuerdo que tú cantabas muy lindo aquella canción de las hermanas Martí que se llamaba "Ausencia"
—Si es cierto, Mima. Esa canción es de Jaime Prats, yo la voy a cantar y que Dulce me acompañe al piano, dijo Raoul entonando la voz. El hombre se paró al lado del piano y con el acompañamiento de Dulce cantó con tal sentimiento que a Dulce se le aguaron los ojos.

"Ausencia quiere decir olvido, decir tinieblas, decir jamás

Las aves pueden volver al nido, pero las almas que se han querido cuando se alejan, no vuelven más…."

Louis observaba con disimulo a Hilda quien contenida no le daba ni una mirada y al acabar su canción, Raoul se volvió a sentar al piano al lado de Dulce para esta vez tocar otro son "Guajira Guantanamera" que puso a todos a cantar al unísono el son de Cuba de Joseíto Fernández.

—¿Cómo es posible que esta canción se haya convertido en el himno de Cuba?, le decía Louis a Mima.

—Así es mi niño, esa canción es un homenaje a las guajiras Cubanas que son las mujeres más lindas del mundo y al amor que es esa cosa tan bonita que mueve al universo.

—Por las mujeres Cubanas, dijeron al unísono Raoul y Louis.

Cuando acabaron de tocar el piano y cantar melodiosas canciones de la trova Cubana, Raoul y Dulce estaban agotados. La muchacha no se acordó del tema del granero y Mima pensó que así había sido mejor. La anciana había observado las miradas furtivas de Louis a Hilda, esta se había mantenido en su sitio y se hacía la desentendida. Pensó que a Louis le gustaba la muchacha, pero siendo tan contenido en sus emociones estaba racionalizando lo que pasó en el granero.

Hilda estaba en su dormitorio descansando, tanto trabajo para nada. A Dulce se le olvidó sacar el tema de las clases de piano y de la mudanza al granero. No importaba, ella iba a esperar que alguien respondiera al anuncio que había puesto en el periódico, debería haber personas interesadas en que sus hijos aprendieran música y piano con una profesional como ella. Se acostó y sin darse cuenta se quedó dormida. Por la noche tuvo pesadillas, soñaba con Eva, altiva y elegante del brazo de Louis. Ambos se reían y la miraban con simpatía pero desde muy lejos y se despertó llena de sudor. Se incorporó en su cama y pudo ver de nuevo a Luis en la terraza en la misma actitud de la vez anterior. A cada momento, el hombre miraba nervioso hacia el dormitorio de Hilda, quizás enviando una señal, pensó Hilda. No, no cedería otra vez a sus instintos. Prefirió seguir el consejo de Mima y darse su lugar.

—¿Que estaba esperando ese hombre? ¿Tener un encuentro intrascendente con ella otra vez, para luego arrepentirse? Pues estaba equivocado el gran señor millonario y perfecto. Ella no sería tan elegante y distinguida como Eva, pero era una mujer que se le había entregado sin restricciones y lo había amado apasionadamente. Se dio cuenta que a pesar de que Louis era un hombre noble y generoso no la consideraba como una persona a su mismo nivel social. De la misma forma, actuaba con el asunto de Valdés, con generosidad, pero con distancia. Vamos, la clásica relación de tú me agradas, yo te ayudo, pero yo aquí y tu allá. Sin saber por qué, se sintió herida, se había hecho ilusiones con Louis Baumann y resulta que para el señor Baumann ella era la amante del mulato Valdés.

Parecía que ahora Louis tenía ganas de repetir el encuentro anterior, se había pasado la cena mirando hacia ella con disimulo, para que nadie se diera cuenta, pero ella no era mujer de regalarse por nada y mucho menos que la trataran como una criada de la casa. Hilda se sintió herida y se alejó de la ventana.

Hilda se contempló en el espejo y encontró un rostro bonito de piel muy blanca, grandes ojos castaños, nariz chatita y respingona y unos labios gruesos que dejaban ver un poco de su herencia negra. Soltó su cabello y el pelo negro y rebelde cayó sobre sus hombros. Bueno, era verdad que ella tenía una abuela mulata, pero que había sido una belleza en su época, al extremo de casarse con Ignacio Linares del Valle un vasco dueño de grandes vegas en Cuba que poco tiempo después se arruinó dejando como herencia la casona en la que vivía con su madre en Cuba. ¿Será que esta gente es racista? Pensó Hilda. Pero si fuera eso, Raoul no se hubiera casado con Dulce, que también tiene su manchita de plátano se decía a si misma:

—Mi problema es la relación con Orlando, ellos me ven como la mujer del Revolucionario, una especie de mancha en mi pasado. Además, yo no tengo dinero, ni influencias en el grupo hebreo. Pues mira, que a Louis se la den con queso. No me voy a seguir regalando con esta gente, tanto que arriesgué mi propia vida por ellos, para que salieran de Cuba y ahora me tratan con la mano izquierda. No señor, yo también tengo dignidad. Si Louis, las mulatas Cubanas que ya no somos señoritas, que hemos tenido dos o tres maridos, todavía tenemos nuestro corazoncito y tú no me lo vas a pisar, pensó Hilda hundiéndose en su dolor ante el desprecio de Louis.

Morena soy, oh hijas de Jerusalén, Pero codiciable

Como las tiendas de Cedar, Como las cortinas de Salomón. No reparéis en que soy morena porque el sol me miró, los hijos de mi madre se airaron contra mí, Me pusieron a guardar las viñas; mi viña, que era mía, no guardé, Hazme saber, oh tú a quién ama mi alma,

Dónde apacientas, dónde sesteas al mediodía. ¡Pues por qué había de estar yo como errante Junto a los rebaños de tus compañeros? (Cantar de los Cantares de Salomón 1).

Al día siguiente, el teléfono no paraba de sonar, Hilda recibió decenas de peticiones solicitando que tuviera la cortesía de evaluar a diferentes jóvenes que querían aprender a tocar el piano. Hilda le pidió a Dulce permiso para mudarse a una casita que había visto anunciada en el sector de los Cayos. Pero, Dulce estaba triste con su amiga.

—Pero, ¿cómo te vas a mudar sola en los Cayos? Es un lugar de playa solitario en la semana y te va a dar miedo por las noches. Hilda, recapacita, yo no quiero que te vayas de mi casa, decía Dulce tratando de convencer a su amiga.

Mima intervino.

—Mira Dulce, yo creo que debemos dejar que Hilda pruebe a ver si puede vivir con independencia. Lo que si te voy a pedir hija es que la ayudemos económicamente al principio para ver cómo le va.

—Claro, mami, la vamos a ayudar siempre. Bueno, ¿qué esperas para enseñarnos la casa que quieres alquilar? Dijo Dulce poniéndose un abrigo y tomando las llaves del carro para ir a los cayos y ver el lugar que Hilda quería alquilar.

Las tres mujeres tomaron la carretera hacia los cayos y después de una media hora se encontraban frente a la vivienda. Era una casita pequeña de madera pintada de azul y blanco y situada frente al mar. Tenía una terraza algo deteriorada al frente, que conducía a una sala llena de ventanales que dejaban entrar la débil luz del sol de la tarde. El sonido del mar entraba silbando por las rendijas de madera de la pequeña estancia en la que ya Hilda había colocado su piano y dos bellas sillas. A Dulce le encantó el lugar, aunque la casa lucía deteriorada, pero encontró que Hilda debería tener un perro guardián que la acompañase porque el lugar, aunque no distante era solitario en las noches.

—Hilda, mi hermana. ¿Tú estás segura de querer mudarte a esta casa? ¿No te da miedo pasar las noches solas en este sitio tan retirado? Dijo Dulce.

—No voy a estar sola. Jehová de los ejércitos estará conmigo para protegerme contra cualquier persona que quisiera tentar conmigo, contestó Hilda.

Mima se echó a llorar con sentimiento.

—Hilda no te puedo dejar aquí, coge tus cosas que nos vamos.

—No, Mima no. El Señor me trajo a este lugar con algún propósito y aquí me voy a quedar, contestó Hilda.

Al otro día, Dulce se apareció en la casa de Hilda con un precioso cachorro de pastor alemán.

—Es una hembra y tiene seis meses, el criador que me la vendió me dijo que tiene buena cría, esta perrita te acompañará en las noches y así yo voy a estar más tranquila, dijo Dulce entregando la correa a Hilda que agradecida acarició a la perra que cautelosa se acostó a los pies de su nueva dueña.

En la casa había causado estupor la mudanza de Hilda. Raoul estaba asombrado y preocupado le preguntó a Dulce: Oye, mi amor.

—¿Tú crees que Hilda se fue por mi culpa? Me siento muy mal con la muchacha, creo que voy a ir a verla a su nueva casa y disculparme con ella. Si quiere regresar que lo haga, voy a estar más tranquilo que dejando a esa muchacha sola en los cayos.

—Mira Raoul, dijo Mima. Creo que debemos dejar que Hilda haga su voluntad, si quiere vivir allí, vamos a darle la oportunidad de experimentar su nueva vida. Eso sí, no la perdamos de vista porque la muchacha está sola y siempre hace falta que la presencia de un hombre se note en la casa. Además, Hilda ha tenido mucho éxito con las clases de música, tiene el día lleno de alumnos y cada día llegan más solicitudes para hacer lista de espera para recibir clases de la muchacha.

—De cualquier manera, mañana por la tarde vamos a ir a ver a Hilda tú y yo Dulce para ponernos a su disposición, no quiero que se sienta sola. Al fin y al cabo, somos su familia aquí en Miami, terminó diciendo Raoul.

Louis permanecía callado, estaba sorprendido por la partida de Hilda, ni tan siquiera se había despedido de él. ¿Así de orgullosa era esa mujer? Recordó la noche en que Hilda y Dulce tocaron el piano, cuando todos se retiraron, él se quedó esperando en la terraza a Hilda, ansiando revivir el recuerdo de la noche que hicieron el amor en el granero. Sabía que Hilda podía verlo a través de la ventana, pero ella no fue a su encuentro. Se sintió como un estúpido, no la había tratado bien, había sido un altanero y un equivocado, ahora se arrepentía de su error pues Hilda se había ofendido y con razón se alejó de su vida.

Mima observaba a Louis y se dio cuenta de que le hombre pensaba en Hilda, si era así porque no la buscaba y le declaraba su amor. Louis era tan frío y calmado, era algo que a Mima la sacaba por el techo y se dice para si misma:

—Pues mira mi hijo, yo tampoco me voy a meter. Allá tú, que eres grandecito, si la quieres ve y búscala.

Había pasado un par de semanas desde que Hilda se había mudado a los cayos y Raoul y Dulce tenían una sorpresa para Hilda, pero debían alejar a la muchacha durante el viernes el día completo de la casa.

Dulce había ido el viernes temprano a recoger a Hilda con Mima, fueron a la ciudad y compraron cosas que Dulce iba escogiendo para la casa de su amiga.

—Este chal azul turquesa en cachemira te vendrá muy bien en las noches de frío, también un par de botellas de brandy hacen falta en cualquier casa decía Dulce.

—Por favor, Dulce, yo espero que el brandy no sea para ti, todavía me acuerdo de tus borracheras cuando llegamos a Miami, dijo Mima.

—Alabado sea, mami, eso ya pasó, dejé la bebida y ya soy una persona estable, contestó Dulce muerta de la risa ante la preocupación de su madre.

Regresaron cargadas de paquetes a casa de Hilda y cuando se bajaron del auto, Hilda exclamó:

—Pero, ¿qué ha pasado aquí?

La casa estaba recién pintada, el techo de madera había sido cubierto por tejas color azul marino que hacían juego con las nuevas barandas que rodeaban la terraza donde unos bellos muebles de mimbre blanco se mecían con el arrullo de la brisa marina. En las esquinas dos inmensos macetones de barro guardaban unos rosales recién plantados y los bulbos de azucenas se extendían por el terreno marcando la entrada al zaguán de la residencia. Raoul abrió la puerta.

—Hola, Hildita. Queríamos darte una sorpresa y le pedí a Dulce que te entretuviera hasta que la brigada de José Sánchez acabara su trabajo. Esto se puede llamar operación comején, por lo efectivo y rápido que esta gente trabajó, pero valió la pena. Todavía les falta asegurar las ventanas y puertas con cerraduras de bronce nuevas. En tu cuarto instalé una puerta de roble sólida, para que en las noches coloques una tranca por dentro y así descanses tranquila. Esta casa es tuya, Hilda. Considera esto como un regalo de agradecimiento de nuestra parte hacia ti. En la semana, el abogado Cohen te hará llegar el título de propiedad de la casa.

Hilda se echó a llorar, no podía creer que Raoul fuera tan espléndido, se había equivocado con él. Acaso el hermano que ella consideraba rudo y altanero, no era tan malo como parecía.

—Bueno, mi niña, dijo Raoul conmovido por las lágrimas de la joven. En la semana, Dulce pasará a echarte un ojito a ver cómo va la cosa y recuerda, pórtate bien, porque te estaremos vigilando.

—Ah, Louis no pudo venir porque fue a cenar a casa de papá con

Samuel y la prima Eva. Ya sabes, actividades políticas del partido demócrata. Nosotros nos fuimos porque no podíamos esperar para darte esta sorpresa, dijo Raoul despidiéndose de Hilda.

Mima se quedó de piedra con el comentario de Raoul que inocente no sospechaba nada del affaire de Louis e Hilda. Sintió como a Hilda se le aguaron los ojos y corrió a darle un abrazo.

—Hilda, mi niña, se fuerte que la batalla no está perdida todavía.

Hilda se quedó agitando la mano mientras el carro se alejaba. Mima había tenido razón, ella le gustaba a Louis, pero él no la consideraba como una candidata potencial para casarse con ella. Todo porque no era de su mismo nivel social, aunque Louis no lo quisiera reconocer, inconscientemente la rechazaba, por no tener padres, ni fortuna y además con un pasado nebuloso. Absorta en su pensamiento, Hilda al pensar en ella se sintió mal, porque Eva era una mujer encantadora que siempre la había tratado de maravilla a pesar de que se alejó de ella sin dar explicaciones para su distanciamiento. Aun así, Eva respetó su decisión y no la volvió a llamar ni a visitar. Mejor así, pensó Hilda tristemente pero conforme: cada oveja con su pareja y la mía aún no ha llegado. Eran las seis de la tarde, pero todavía no había caído el sol, necesitaba caminar, salir y gritar que Louis era un idiota, así que se puso un par de zapatos deportivos y tomando a la perra por la correa salió a correr por la carretera.

Hilda llevaba una media hora caminando cuando vio una casa iluminada por la débil luz de una linterna. Era la primera vez que se percataba de la presencia de ese lugar que consideraba una vivienda abandonada. Con la imprudencia que la caracterizaba Hilda empujó el portón de madera y entró a curiosear. Tomó la linterna que alguien había dejado prendida y alumbró hacia el interior de la casa. Estaba vacía pero el interior de la casa despedía un hedor extraño a lejía, dirigió la luz de la linterna hacia donde parecía que procedía la pestilencia y observó los cuerpos calcinados de dos hombres. Con cuidado se retiró sigilosamente y puso la linterna en la misma forma en que la había encontrado. Rápidamente, Hilda abandonó el lugar agradeciendo que su perra Griska estuviera con ella y que el animal no hubiese ladrado. Cuando llegó a su casa, cerró la puerta de madera de roble que Raoul había instalado, pasó el cerrojo y se refugió en su dormitorio poniendo la tranca para clausurar la puerta. Afortunadamente, Raoul preocupado por la seguridad de ella había reforzado la seguridad de la casa y ahora se encontraba más tranquila.

Apagó las luces y pasó la noche abrazada a la perra.

Cuando Hilda se levantó a la mañana siguiente, la perra estaba moviendo la cola frente a la puerta del dormitorio. La dejó salir y fue a preparar café y pan tostado para desayunar. Pronto llegarían sus alumnos y debía mantenerse serena, no podía dejar ver a nadie que conocía de la existencia de los cadáveres en la casa abandonada. Cualquiera de los padres que traían a sus hijos a coger clases podía estar relacionado con la muerte de esos hombres. Estaba tomando su segunda taza de café cuando apareció Mima con una bolsa de víveres.

—Llegué, mi niña, vine escapada, el chofer de Raoul me recoge en una hora. Pero no podía dejar de venir a verte, decía Mima.
—Si Mima, olvida a Louis y oye lo que te voy a contar con cuidado porque necesito que informes de todo esto a Raoul, él sabrá que hacer.

Mima escuchaba con cuidado el relato y con voz baja le dijo a Hilda: Esa gente pueden ser agentes de la inteligencia Cubana o víctimas de ellos. No te acerques más por allá. Ha habido varios asesinatos estos días de líderes anticastristas en el exilio. Hay que tener cuidado, mi niña, tu no comentes esto con nadie. Ahí llegó el chofer, me voy, tenemos que dejar el tema de Louis para otro momento, dijo Mima saliendo con una sonrisa forzada por la puerta.

Mima se quedó pensando en el relato de Hildita durante el trayecto a la casa, no quiso comentar nada con Dulce porque sabía que su hija no tenía el temple para tratar este asunto. Decidió esperar que llegara

Raoul para que el decidiera si Hilda regresaba a la casa o permanecía en ese lugar solo de día mientras ofrecía sus clases.

—¿Cómo estaba Hilda, mami? Se habrá molestado porque no te acompañé, pero tengo reunión en el colegio de las niñas y tengo que irme ya, decía Dulce mientras salía con el chofer.

—Hilda estaba bien. ¿Cuándo regresas? preguntó Mima.

—A eso de las tres de la tarde, después de la reunión voy a esperar a las niñas hasta que salgan para no tener que dar dos viajes, contestó Dulce.

—Bueno, entonces el chofer me puede llevar a comprar una esencia de almendra dijo Mima. Dile al muchacho que regrese a recogerme lo antes posible.

El chofer de Raoul estaba recogiendo a Mima para llevarla al grocery, pero Mima le dijo:

—He salido sin dinero para todas las cosas que tengo que comprar, Pancho llévame a la oficina de mi yerno

—Claro, lo que usted mande, mi señora Mima.

Cuando Mima llegó a la oficina de los Baumann en Miami Beach se encontró con David en el vestíbulo.

—Gracias al Señor que estás por aquí Fonseca, dijo Mima halando al hombre de una mano y tratando de dirigirse hacia el estacionamiento.

—David sonriente de dijo a la anciana: ¿No me tratas de invitar a salir, verdad? Tú eres una viejita muy linda y podría caer en la tentación.

—Nene, esto es serio. Cerca de la casa de Hilda aparecieron dos muertos en una casa abandonada, contestó Mima.

—Raoul está afuera en el área de construcción, vamos allá que ya empezaron a remover el terreno.

—Pero, no sabía que habían comprado los terrenos, dijo Mima.

—Todavía no se ha completado la adquisición de todo el terreno que necesitamos, pero esta franja costera es de Samuel Weizman y colinda con la propiedad que deseamos adquirir. Es una estrategia de Louis para forzar a vender al vecino porque vamos a construir edificios de lujo con los que esos terrenos de la colindancia subirán de valor y forzaremos al county para que retase la propiedad vecina y le suba el property tax, así estaremos forzando la venta o por lo menos entrar en la sociedad con ellos. Mira vieja, ahí está Raoul, dijo David corriendo hacia el hombre.

Cuando llegó hasta Raoul, David con una sonrisa en el rostro le dijo a su amigo:
—No te inmutes, pero Mima dice que anoche Hilda salió a correr y se encontró dos cadáveres a media hora de su casa.
—Vamos a tomar café aquí al lado, dijo Raoul.
—Yo creo, Raoul que debemos seguir caminando hacia aquellas palmas donde nadie nos pueda oír, contestó David.

El grupo se internó en la maleza cercana y después de verificar con cuidado que no había nadie. David dijo:
—Esa área de Homestead es muy tranquila, no hay ni vagabundos. El que vive por ahí es porque es dueño o trabaja para alguien del sector agrícola. Mima dice que Hilda observó los cuerpos a medio calcinar y les pareció que eran Cubanos y que el calzado que usaban era de muy buena calidad similar al que usábamos en Cuba.
—Así es, Hilda comentó que, aunque enseguida salió del lugar observó que los individuos usaban unos zapatos de diseño italiano muy elegante, añadió Mima.
—Bueno, esto no nos dice nada, dijo David. Pero les advierto algo, hay un grupo de anticastristas entre los que se encuentran Eladio del Valle un individuo al que tu padre conoce bien, él era miembro de la camarilla de secuaces de Batista y están planificando actos de terrorismo en Miami contra miembros del exilio.
—Pero, ¿Cómo tú no me habías dicho nada? Ese individuo era un gánster en la Habana, un chantajista y un extorsionador. Papá tuvo encontronazos con él en varias ocasiones. Bueno, porque no tenía conocimiento, ¿todavía el Mossad me tiene castigado desde el asunto de

Endre? Preguntó Raoul.

—De eso te quería hablar, Endre está en los Estados Unidos, anda por Washington reunido con la gente de la CIA. Como siempre te dije, Endre es intocable, así que evita tus comentarios vengativos en contra de ese ese individuo si quieres volver a recuperar la confianza del Mosad. Además, te tengo que advertir que han llegado a los Estados Unidos miembros destacados de la inteligencia Cubana, como Fabian Escalante y nuestro amigo Orlando Valdés. Yo te había advertido del mulato ese, te dije que no era de fiar. El cuento del enamoramiento de Hilda era un paquete, se acostó con la chiquita para introducirse en los grupos anticastristas, el individuo estaba detrás de ti. Desde el primer momento que lo tuve al frente, me di cuenta que era comunista hasta los huesos, por eso es que estaba muy confiado de volver a Cuba. Posiblemente desde Guatemala estaba pasando información a la gente de Castro del desembarco de la Brigada 2506.

—Raoul, mi hermano, no sé qué es lo que pasa en este país que el gobierno está descuidando la seguridad nacional. Cómo es que tú puedes entender que en un estado de crisis nacional donde se alega que estamos al borde de la guerra con Rusia, permitan que en este país circule como Pedro por su casa gente como Escalante o los espías de la KGB.

—¿Sabes una cosa, David? Lo que me extraña de todo este asunto de los muertos es que yo había apostado un guardia de seguridad cerca de casa de Hilda. El individuo no me ha informado de nada extraño durante sus rondas nocturnas por el área. Un asesinato como ese despierta cierto alboroto que no pasa desapercibido para un agente de seguridad. Voy a investigar al hombre no vaya a ser que tengamos un infiltrado en nuestra propia casa. Respecto a Hilda, yo voy a ir de vez en cuando a vigilar el área hasta que encuentre alguien de confianza. He pensado en el tío de Pancho, Felo es un hombre mayor pero curtido y sabe usar un arma, puede quedarse unos días acompañando a Hilda y al mismo tiempo se ocupará de poner los alrededores de la casa bonitos. Dulce y yo queremos que la casa tenga unos buenos jardines que realcen la propiedad. Esa área proyecta convertirse en un sitio exclusivo y pienso adquirir terrenos en la zona para desarrollar vecindarios de altura.

—Bueno, a lo mejor mataron a los tipos en otro lado y los tiraron ahí. Voy a averiguar de quién es esa propiedad y después voy a hacer una visita por la zona, terminó David.

—Ay!, ya me quedo más tranquila, voy a regresar a la casa, pero antes voy a comprar la esencia de almendra porque si no Dulce me va a empezar a preguntar cosas.

Mima se despidió y se alejó de los dos hombres que observaban como la anciana se dirigía al estacionamiento para subir al auto.

Raoul volvió a la oficina, Louis estaba sentado hablando por teléfono. Cuando colgó el auricular sonreía.

—Ya está caminando mi plan, los agentes de contribución sobre la propiedad visitarán la firma de Avery Taylor. He conseguido que retasen esas propiedades que tanto nos interesan. Vamos a ver ahora si los dueños estarán interesados en vender o aguantaran un sustancial aumento en el impuesto sobre la propiedad, dijo Louis.

—¿Tú crees que funcione esa táctica? Para mí, lo que vas a lograr es irritar a esa gente y que nuestra relación con ellos se complique aún más de lo que está. ¿Has averiguado si son hebreos? Preguntó Raoul.

—No creo que sean hebreos porque Spielberg o Weizman los conocerían. Tengo la sospecha de que estamos bregando con alguien detrás de un Trust que maneja mucho dinero pero que no le gusta trabajar con judíos. Por eso es que ni tan siquiera se dignan el atender nuestras propuestas.

—Bueno Louis. ¿Cómo te fue en la reunión de papá la otra noche? Preguntó Raoul.

—Muy bien, mi hermano. Pasamos una velada estupenda con Andrew y su hermana Kate. También estaba Eva y Samuel. Por cierto, he notado que Eva se ha convertido en una mujer muy elegante y tiene una clase que la hace sobresalir en cualquier lugar. Es tan alta y tiene ese cabello rubio rizado que cuando le cae sobre los hombros no le puedes quitar la vista de encima. Mamá se dio cuenta de que me quedaba absorto mirando a nuestra prima y empezó a hacer bromas con Samuel de un posible noviazgo entre nosotros, terminó diciendo Louis.

—¿De verdad? Dijo Raoul. Yo no sabía que estabas interesado en Eva, pero no me extraña, porque la prima parece una diosa germana. A mí no me gustan mucho las rubias tipo americano, prefiero el tipo caribeño. Ya tú sabes, yo prefiero una mujer latina con ojos de alcoba y boca sensual sobre un cuerpo de guitarra con buenas nalgas y cintura de avispa. Ah! y que sea pícara y simpática para que me haga reír como lo hace Dulce con sus tonterías. Pero me alegro por ti, si Eva está interesada en ti que no me lo has dicho todavía, ustedes son la pareja perfecta.

—Bueno Raoul, ella me mira con simpatía, estuvo muy cariñosa conmigo y me parece sin exagerar que la rubia está a mis pies. Así que es cuestión de que yo le de pensamiento a este asunto, antes de hacer una petición de mano a Samuel. Estas cosas hay que pensarlas bien para no arrepentirse. Durante el fin de semana voy a analizar si debo iniciar un noviazgo con Eva, terminó diciendo Louis.

—Yo cuando conocí a Dulce, no pensé en nada, me gustó la mujer y pasé por alto hasta que no era hebrea y que no tenía dinero. Recuerdo hasta el día de hoy que acompañé a papá a la casa de Calixto Alegría el fenecido socio de papá y cómo conocí allía Dulce. La muchacha estaba preciosa con un vestidito rosado y ajustado sobre un cuerpo espectacular que te paraba la respiración, me apasioné con ella y al mes le dije a papá que me quería casar, el resto es historia.

—Yo no soy así, Raoul. A mí me gusta analizar y razonar mis actos en la vida, porque si te dejas llevar por la pasión puedes cometer errores. Elegir a una esposa es como elegir un buen socio para el resto de tu vida. Nosotros somos un círculo cerrado y conocemos a nuestros socios por eso no permitimos que entre gente extraña a nuestra vida porque arriesgamos nuestra seguridad y así mismo es el matrimonio una relación de confianza y credibilidad. Tú mismo has sufrido muchos pesares por el hecho de casarte con una mujer que no es hebrea ni sigue al pie de la letra nuestras tradiciones.

—Quizás tengas razón, Louis, pero yo prefiero dejarme llevar por la pasión. Mira todo lo que yo he pasado junto a Dulce y todavía la mantengo a mi lado, contestó Raoul. Pero me encantaría que te casaras con Eva porque solidificaría nuestra relación con Samuel.

—Yo también lo he pensado y creo que sería un matrimonio muy conveniente para todos nosotros. Deja que analice el asunto y te comunicaré mi decisión la semana que viene, terminó diciendo Louis abrazando a su hermano.

El sabio tiene sus ojos en su cabeza, más el necio anda en tinieblas; pero también entendí yo que un mismo suceso acontecerá al uno como al otro (Eclesiastés 2,3).

SÉPTIMO MANDAMIENTO
No robarás

En los siguientes días Louis estuvo pensando en Eva, mientras más analizaba el asunto más le agradaba la muchacha. Eva era una mujer que irradiaba clase y elegancia, su figura era espectacular y la belleza de su rostro le paraba la respiración a cualquiera. Además, era la sobrina de Samuel y su propia madre la adoraba. Louis pensó que, si se casaba con Eva, lograría la aprobación de su familia y con esa unión fortalecería el negocio del grupo hebreo. Decidió ir a visitarla a casa de su tío Samuel, en el camino adquirió unas bellas rosas color rojo que le recordaron los labios finos y bien maquillados de Eva.

Cuando llegó a la finca de Samuel, la misma Eva le abrió la puerta con una bella sonrisa.

—Eva querida, dijo Louis, estas flores son para ti, perdona mi atrevimiento pero quería verte otra vez y no me pude contener. Como tú puedes ver, aquí me tienes rendido a tus pies, dijo Louis mirando los bellos ojos de la muchacha que le tomó las manos y lo invitó a pasar al salón.

—Louis yo también te quería volver a ver, siempre me has agradado desde el día en que llegué asustada a Miami con la tía Aurore y en el aeropuerto me abrazaste con tanto afecto. Sentí que en tus brazos que estaría siempre segura y que tú podrías ser el compañero de mi vida, dijo la mujer mirando a su vez a Louis.

Samuel no se sorprendió con la petición de mano de Louis ni tampoco Aurore y Alejandro que sonrientes parecían estar esperando la decisión del joven en cualquier momento.

—La vida nos ha puesto frente a frente, aprovechemos esta oportunidad que nos ofrece el destino para formar una familia, Eva, ¿Te quieres casar conmigo?, Preguntó Louis.

—Sí, quiero casarme contigo lo antes posible, contestó Eva.

Louis acercó sus labios a los de Eva y la joven lo besó con una pasión inesperada que lo llevó a tomarla por los hombros suavemente y separarla de su cuerpo.

—Querida, tu tío está presente y no quiero que se forme una opinión equivocada de mi persona.

—Por favor, Louis, tú me gustas y yo sé que estás loco por tenerme entre tus brazos. Yo te deseo y mucho, sé que los Cubanos tienen sus truquitos y deseo conocer los tuyos. Así que es normal que quiera comer de tu boca y beber de tu fuente. Soy una mujer moderna y es bueno que te vayas acostumbrando a mi forma de ser liberal y progresista.

Al fondo se oía la música de Bob Dylan, Louis estaba sorprendido por la sinceridad de Eva y su personalidad libre de prejuicios. Bueno, será que ahora las muchachas presumían de modernas, hasta la misma Dulce en su simplicidad se la pasaba hablando de Betty Friedan y la liberación sexual. No le dio importancia al asunto y se acercó a Samuel que estaba descorchando una botella de vino kosher.

—Brindemos por ustedes, dijo Alejandro levantando su copa y mirando con amor a los novios. Aurore tomó del brazo a su esposo y elevó una plegaria por la felicidad de su sobrina y su hijo.

Eva sonriente se abrazaba a un Louis confundido y sorprendido ante la naturalidad de Eva; él esperaba a la joven reservada y sumisa que recordaba de años atrás. Por la tarde, de regreso a la casa llamó a su hermano y le comunicó la noticia. Después se dirigió al comedor donde la familia cenaba y se sentó a cenar con tranquilidad. Cuando acabó la cena se dirigió a Raoul y le dijo:

—Pedí en matrimonio a Eva Weizmann, nos vamos a casar lo antes posible.

—Te felicito hermano, has tomado una gran decisión. Dulce corrió a abrazar a su cuñado.

—Pero qué bueno, Louis. Eva es una muchacha tremenda y tan bella. Ustedes son una pareja preciosa.

—¡Mami! Gritaba Dulce. ¡Louis se nos casa… y con Eva!!!

—Felicidades mi niño, espero que este matrimonio te de la felicidad que tú te mereces, dijo Mima abrazando a Louis.

Las bodas

Mujer ejemplar, ¿dónde se hallará?
¡Es más valiosa que las piedras preciosas! Su esposo confía plenamente en ella
Y no necesita de ganancias mal habidas.
Ella le es fuente de bien, no de mal, todos los días de su vida. Anda en busca de lana y de lino, y gustosa trabaja con las manos. Es como los barcos mercantes, que traen de muy lejos su alimento. Se levanta de madrugada,
Da de comer a su familia y asigna tareas a sus criadas.… Decidida se ciñe la cintura Y se apresta para el trabajo (Proverbios 31:10-15,17).

LA BODA DE LOUIS Y EVA

En los próximos días, Aurore se dedicó a preparar la boda de su hijo y su querida sobrina. Los novios querían privacidad y no deseaban celebrar la boda en un hotel sino en la intimidad de sus amigos y familiares. Por lo que Raoul levantó una enorme estructura en madera que cubrió con diferentes carpas en la playa de Miami Beach. Aurore contrató a Rachel Saguy una decoradora experta que llenó el pequeño palacio de madera con butacas estilo renacimiento, alfombras persas y enormes lámparas de lágrimas proyectando un aire de lujo y suntuosidad al lugar.

Dulce y Mima estaban sombradas.

—¿Mami, no te parece un poco ostentosa la decoración de este lugar? parece que estamos en una escena del cuento de las mil y una noches, decía Dulce mirando aquel desparrame de cosas exóticas.

—Si hija, eso es lo que parece este lugar, pero recuerda que los hebreos son muy orientales en sus gustos, contestaba Mima.

—¿Orientales, mami? Yo pensaba que venían de Europa, dijo Dulce.

—Bueno, ellos vienen de Europa Oriental, Rusia y Alemania, contestó la anciana.

—Tu, mejor ni opines, no vaya ser que se ofendan y piensen que estás criticando a la novia, terminó diciendo Mima.

Por fin llegó el dia, Louis y Eva se casaban el 16 de noviembre de 1963. Toda la familia estaba invitada, incluyendo a Hilda que se había propuesto asistir a la ceremonia y pasar desapercibida. Se había vestido con un sencillo pero favorecedor traje de encaje en color crema, se recogió el cabello y se puso unos aretes de fantasía bastante bonitos que había adquirido en un bazar de caridad.

Le decía a Mima muy dolida:

—Tú puedes creer que ni tan siquiera me llamó para decirme que se casaba. Yo fui para ese hombre una aventura de una sola noche. Me está bien empleado por regalarme, habrá pensado que soy una cualquiera, dijo Hilda hundiéndose en su propio dolor y resentimiento.

—Mira Hildita, cierra la boca que la novia está entrando y no te deben oír, no quiero que sufras más. Recuerda lo que te dije de Louis, que era un hombre bueno, pero tradicional y al final se iba a casar con alguien de su misma posición social. Disimula y sonríe, que esto ya no tiene remedio. Por favor, conserva tu dignidad y recuerda quien eres. No me gustaría que hicieras un papel lamentable y cayeras en la boca de toda esta gente.

Eva caminaba hacia el Bemá con un ramo de gardenias en sus manos. Elegante y distinguida la joven llevaba el largo cabello rubio suelto y cubierto por una mantilla de encaje de Bruselas sobre un traje blanco de Christian Dior recamado de perlas y cristales. Louis la miraba avanzar con los ojos brillantes y el pecho henchido de orgullo ante la belleza de su novia. Samuel celebró la ceremonia y bendijo la unión ante el entusiasmo de la familia Baumann. Louis le entregó a Eva un hermoso anillo de diamantes que la joven recibió asombrada y fascinada por la belleza de la joya.

—Ese anillo que le dio Louis a Eva tiene un diamante de diez quilates, le dijo Mima a Hilda.

—Pero, ¿cómo va a tener diez quilates un anillo? Dijo Hilda.

—Como lo oyes, los Baumann han sido joyeros de toda la vida y la sortija de desposada tenía que ser una joya digna de una princesa. Se nota que Eva es una mujer refinada que le gusta todo lo bello y Louis quiso complacerla. Además, ella es hebrea, sobrina de un rabino y para los Baumann es la pareja perfecta para su hijo. Ni tan siquiera a Dulce le regalaron una joya de esa categoría, cuando se casó con Raoul, allá en los tiempos de abundancia en Cuba. Ese diamante forma parte de la colección Baumann y el mismo Don Alejandro mandó a engarzar la piedra en los talleres de un afamado orfebre hebreo de Miami, terminó diciendo Mima

—Si Mima, lo he notado. Ahora comprendo toda tu preocupación por el futuro de Dulce cuando llegaron a los Estados Unidos, ninguna de nosotras dos somos hebreas ni ricas como Eva y temías que Raoul repudiara a Dulce por un matrimonio más conveniente para él. Desde el principio te diste cuenta de que Louis no me iba a considerar como una potencial esposa y me lo advertiste, pero yo no te hice caso. Eres una mujer sabia, mi querida Mima, no te preocupes por mí. Sabré cuidarme y sobrevivir en este mundo nuevo para todos nosotros, dijo Hilda tomando la mano de Mima.

—Eso espero, mi niña. No quisiera que nadie te hiciera sufrir. Tú eres una muchacha que vales más que todas las Evas del mundo juntas. Yo siempre me acuerdo de tus excelentes calificaciones en el Conservatorio de Música de la Habana. Los maestros decían que tú serías una gran concertista y yo me sentía tan orgullosa y pensaba que tu madre, tan enferma en aquel entonces, se alegraba tanto de tus éxitos que no puedo tolerar que ningún polaco de estos te falte el respeto. Eso, que yo quiero mucho a Louis, pero te quiero más a ti, mi niña, dijo Mima abrazando a Hilda.

—Todo este lujo desbordante me asfixia y estoy loca porque se acabe la fiesta y pueda llegar a mi casita en los Cayos, dijo Hilda con sinceridad contemplando al nuevo matrimonio que parecían dos estrellas de cine.

Los festejos de la boda duraron hasta la madrugada, los invitados se empezaron a retirar y en ese momento Hilda aprovechó para escabullirse y poder irse a su hogar en los cayos. Dulce se dio cuenta de que se iba y fue donde ella.

—Hilda no me gusta que te vayas sola esta noche, ya es muy tarde y te va a coger más de una hora llegar a tu casa. Antes de ir para allá, llama a Felo para que te esté esperando. No te vayas, Hilda, por favor. Dulce trató de detenerla, pero Hilda la abrazó y corrió hacia su auto.

—Que terca es esta mujer, Dios mío, cuida a esta loca que no le pase nada. Pensó Dulce viendo alejarse el auto de su amiga.

Una hora más tarde, Dulce abrazaba a su cuñado y se despedía de los novios. Mima le preguntó a su hija:

—¿Dónde está Hilda? Hace rato que no la veo. Raoul… ¿Tú sabes dónde está Hildita?

—No, debe estar hablando con Samuel, contestó Raoul.

—No, Hilda se fue hace rato para su casa, interrumpió Dulce a su marido.
—Pero, Dulce, como la dejaste ir sola para allá, Felo está trabajando en la fiesta, cuando Hilda llegue va a encontrar la casa sin protección y han estado pasando cosas muy malas en los últimos días.
—Yo la quise parar, pero tú sabes cómo es ella, me dio un beso y se fue, dijo Dulce sollozando ante la situación. ¿Qué vas a hacer, Raoul?
—No lo sé, Dulce, no lo sé. Deja ver si localizo a Fonseca. ¡Felo! !Felo! ¿Dónde está David?

En minutos, Raoul y David se dirigían a los cayos en la camioneta de Felo, Pancho guiaba el vehículo. Felo hablaba preocupado:
—Don Raoul, yo he estado vigilando todo el tiempo los alrededores de la casa y no me he percatado de nada raro. Como le he dicho en otras ocasiones, la única vez que noté algo extraño fue cuando pasó un individuo medio mulatón hace como una semana preguntando por la maestra de música. Se lo mencioné a usted como todos los clientes de la niña Hilda son americanos y este parecía Cubano, esa fue la única ocasión que encontré algo raro.

Raoul permanecía callado, había sacado un rifle de largo alcance que mantenía en sus rodillas. Sabía que Valdés estaba cerca, rondando a Hilda, uno de sus hombres había desaparecido como si la tierra se lo hubiera tragado. Felo había sustituido al anterior guardia y hacía bien su trabajo, lástima que Hilda fuera tan independiente y se hubiera ido esa noche a lo loco y sin protección. David le dijo a Felo:
—Vamos a concentrarnos, creo que hay alguien detrás de Hilda, vigilando sus pasos, con lo cual es posible que el cazador haya esperado hasta hoy para cazar a su víctima. Pero, ahora, nosotros vamos a cazar al cazador.

Hilda había llorado durante todo el viaje hasta la casa. Sus sentimientos eran una mezcla de lástima hacia ella misma y de dolor por el abandono de Louis. Eva se veía muy hermosa, tan elegante, caminando entre los invitados parecía una reina. Cuando Eva pasó por su lado la abrazó con afecto y le murmuró al oído: Te quiero mucho. Louis observaba risueño a su mujer y se acercó a darle una palmadita en el hombro a Hilda. Envidió la dicha de Eva y la odió con todas sus fuerzas. Esa mujer lo tenía todo, belleza, elegancia, posición social y dinero. En ese momento tal circunstancia la hacía impotente, poca cosa e inferior ante una mujer con los recursos económicos de Eva Weizman. Ella era una joven universitaria muy bien preparada pero jamás podría comparar su situación con la de la distinguida Eva. Mucho menos, ahora en el exilio, que no gozaba de la posición social y el abolengo que el apellido de su familia ostentaba en la Habana. Debido a su situación, Hilda no se atrevía a pedir dinero a los Baumann y se vestía con la ropa que descartaba Dulce. Además, aunque Hilda era muy bella y sensual, su aspecto sencillo y natural pasaba desapercibido frente a la imponente presencia de la bella Eva, siempre vestida a la última moda de Miami. En fin, Louis se había enamorado de aquella mujer maravillosa y a ella ni le había considerado tan siquiera para mantener una relación más o menos estable.

Pero, que tonta había sido pensando que un hombre como Louis se iba a fijar en ella, una simple maestra sin dinero que vivía de dar clases de piano. Ella era una arrimada de Dulce y Mima y, por eso, en algún momento, se llegó a sentir parte de la familia y con derecho a aspirar al amor de Louis. Se sentía avergonzada de su comportamiento tan ridículo y apasionado ante ese hombre que la había despreciado. Si se enteraba el resto de la familia Baumann iban a poner su nombre por el piso y la iban a compadecer aún más. Como detestaba a Louis y a Eva Baumann, en esos momentos recordó sus últimos días en Cuba. Allí, empezaba a ser una persona importante en el nuevo régimen y Orlando la había amado tanto. Que difícil era la vida para una mujer sola y pobre como ella en los Estados Unidos. Estaba agradecida con Mima y Dulce que eran personas sencillas, incluso Raoul la había sorprendido con su generosidad, pero el resto de la familia la trataba con amabilidad, pero con distancia. Ella quería que la amaran como amaban a Dulce y a Eva y eso no lo conseguiría jamás.

Abatida, Hilda se bajó del auto y, sin mirar, entró a la terraza y comenzó a buscar las llaves para abrir la puerta. Ya dentro de la sala, Hilda tiró la cartera de noche en el sofá y se quitó los zapatos que le había regalado Dulce y que tanto le molestaban, cuando se dirigía a cerrar la puerta se encontró de frente con Orlando Valdés.

—Dios mío, Orlando.

—¿Qué haces aquí? Pensé que nunca te iba a volver a ver en mi vida. La familia Baumann quería pagar tu rescate para traerte a Miami. Todavía estás a tiempo de empezar tu vida aquí con nosotros.

—Mira Hilda, no tenemos tiempo, tú ya debes sospechar que trabajo para la inteligencia Cubana...

—Si, Orlando, sospechaba eso hace tiempo, contestó Hilda. Pero eso no importa, para mí no importa.

—Lo sé, pero solo vine a pedirte que vengas conmigo de nuevo a Cuba. Estarás más segura conmigo allá, que en este país. Yo tengo un papel importante dentro de la Revolución y tú lo tendrías también Hilda. Eres una mujer joven, culta y necesaria para la nueva Cuba que estamos construyendo. Puedes volver en confianza, no habrá represalias contra tu persona. Hilda, ¿Que vas a hacer aquí? ¿Quieres seguir pegada de los Baumann? Para que lo sepas, ellos van a Cuba cuando les da la gana. Alejandro Baumann tiene negocios con el nuevo gobierno y Fidel le ha solicitado que construya viviendas en Cuba para la clase proletaria. Todos estamos luchando para que Cuba restablezca las relaciones con los Estados Unidos y por eso combatimos a la oposición que busca perpetuar la crisis Cubana. Mi presencia en los Estados Unidos se debe a una misión especial para desbaratar grupos clandestinos en el exilio Cubano que tratan de perjudicar el desarrollo del nuevo gobierno en Cuba. Son personas que en el pasado tenían historial delictivo en Cuba y ahora tratan de sacar partido del dolor en el exilio. Mi querida niña, se avecinan momentos difíciles para los Estados Unidos, hay una lucha interna entre los sectores tradicionales y el nuevo movimiento que lidera Kennedy. Te digo que el presidente tiene los días contados, fuerzas del gobierno permanente de los Estados Unidos atentan contra Kennedy. Agentes de inteligencia de Cuba, Israel y Rusia están en los Estados Unidos tratando de neutralizar el complot contra Kennedy, pero es imposible, la conspiración es grande y son muchas las estructuras del gobierno norteamericano que conspiran contra el presidente. Piénsalo, mi china, después que explote lo que viene, si estás de acuerdo, te vendré a buscar para salir para México. Ahora me voy, no quiero que me relacionen contigo para no ponerte en evidencia. Ah, por cierto, los dos muertos que encontraste, ya no están ahí. Eran basura, un par de gusanos que estuvieron haciendo mucho daño y había que salir de ellos. Ya, esto está a punto de terminar…

¡Hasta pronto, mi niña!

Orlando desapareció y Hilda de momento se encontró en total calma. Era como si todo su dolor hubiera desaparecido de momento. Claro, era porque Orlando la aceptaba tal como era, sin pretextos ni excusas. Casi no pudo hablar con él, parecía que tenía prisa por llegar a algún lugar. Cerró la puerta y se dirigió al baño. Abrió la ducha caliente y comenzó a tomar un largo baño. Se puso un pijama ancho y fue a la cocina a calentar agua para el café. Estaba sentada en la terraza con una taza de café humeante, cuando llegó la camioneta y vio bajar a Raoul con David y Felo.

—Felo, ve a la parte de atrás de la casa y mantente vigilando toda la noche, dijo Raoul.

—¿Hilda, estás bien? Preguntó el hombre escudriñando el rostro de la mujer.

—Si, Raoul, me fui sin despedirme porque estaba emocionada con la boda y no quería molestar en una actividad que es familiar, dijo Hilda.

—Mira niña, intervino David. Tenemos conocimiento de que agentes de la inteligencia Cubana están en los Estados Unidos y se está tramando algo grande. Si tú ves por aquí a Valdés o a cualquier persona que relaciones con tu vida en la Habana nos tienes que avisar enseguida.

—Bueno, nos vamos, dijo Raoul pasando el rifle a Felo que se sentó en la sala dentro de la casa. Mantén los ojos abiertos, Felo.

—Sí señor, respondió el hombre poniendo el rifle en sus piernas y tomando una taza de café que Hilda le entregó.

Cuando los hombres se fueron, Hilda regresó a la terraza y se sentó en la mecedora con la taza de café en sus manos, sintió que su alma había recuperado la calma y sin saber por qué miró al cielo en la noche estrellada de Homestead. En lo alto del firmamento refulgía aquel lucero que tantas veces había visto en la casa de Dulce en la Habana. ¿Cómo puede ser que este lucero me persiga desde Cuba hasta aquí? pensó Dulce, maravillada al reconocer la estrella de su juventud. Ese era el lucero al que Dulce y ella le pedían milagros en el patio de la casa de Mima en la Habana. Recordó a Mima diciendo:

—Dulcita…Hildita… ¿Ustedes ven esa estrella tan grande en el cielo? Pues le pueden pedir cualquier deseo, que ella se los va a conceder si lo piden con fe y amor en sus corazones. Dulce y ella cerraban sus ojos y pensaban en los hermanos Baumann. Las amigas después se confesaban sus secretos y se reían esperanzadas de que el lucero le cumpliese sus deseos. A Dulce le había ido muy bien porque el lucero le concedió su mayor deseo que era casarse con Raoul, pero a ella le trajo a Joaquín a su vida y la condenó a un matrimonio sin amor. Hilda miró al lucero y le sonrió con sorna.

—¿Qué haces por aquí? ¿Vienes a ver cómo estoy? Pues ya ves, estoy sola y esperando por mi amor. ¿Qué pasó contigo, mi lucero de Cuba? ¿Acaso Eva también te pidió el mismo deseo que yo, casarse con Louis Baumann? Mira, vete a otro lado y déjame sola disfrutando con mi fracaso y mi frustración.

Hilda recordó de nuevo a Eva y no pudo evitar sentir una punzada de dolor en su corazón. No podía seguir así, viviendo en esa zozobra sentimental, iba a luchar por olvidar a Louis y aceptar el destino que Dios tenía para ella. Hilda dejó el asiento y miró hacia el lucero.

—No me abandones estrellita de Cuba, por favor, sigue a mi lado y perdona mis ofensas. El desamor me hace decir cosas que realmente no siento, pero es tan difícil enfrentar el desprecio de Louis y ver que empieza su vida con Eva. Te juro que trataré de seguir con mi vida y recuperar el rumbo de mi destino, pero sigue a mi lado alumbrando mi sendero como siempre lo has hecho, terminó diciendo Hilda con el pecho acongojado por el sufrimiento.

La mujer aspiró el aroma a sal que venía desde la playa y se dirigió hacia allá. Caminó por la orilla más de una hora hasta que se sentó en una roca y desde allí esperó a que amaneciera, cuando regresó a la casa se sentía mejor. Felo la estaba esperando.

—Señorita Hilda, son las cinco de la mañana y no he podido dormir nada en toda la noche. He estado siguiendo sus pasos toda la noche y velando por su seguridad. Yo espero que esos paseos nocturnos no se repitan o tendré que hablar con el señor Baumann, dijo el hombre molesto.

—Hilda se rió. ¿Me estabas siguiendo, Felo? dijo la mujer, pensarás que estoy loca. Pero no te preocupes, que no se va a repetir esta expedición nocturna. ¿Y sabes por qué? Porque ya arreglé el mundo, dijo Hilda ante el asombro de Felo.

La mujer corrió a la casa feliz, se sentía renovada y decidió que de ahora en adelante iba a disfrutar de cada momento de su vida. El comienzo era ahora y no se iba a perder nada.

Durante el trayecto en el automóvil, David dijo:

—¿Raoul, tú crees que los agentes de la inteligencia Cubana están aquí para un atentado contra el gobierno o están vigilando a alguien?

—A mí no me hace sentido que después que el gobierno de los Estados Unidos firmó un pacto con los rusos, los comunistas Cubanos quieran hacer una demostración terrorista en territorio norteamericano.

—No, no creo, dijo Raoul. Pero, el gallinero está revuelto, por un lado, los Cubanos, por otro los agentes del Mossad y al final la C.I.A. Hay una calma peligrosa en el ambiente que no logro entender, tu David debes saber qué es lo que está pasando.

—No lo sé, Raoul, pero creo que hay mucha gente poderosa en diferentes lugares que no quiere a Kennedy en los Estados Unidos. Detrás de un presidente hay un enmarañado complot que solo unos pocos lo conocen, yo no soy de ese grupo selecto y no voy a preguntar a los que saben, de eso puedes estar seguro.

—¿Que ha pasado con Endre? ¿Lo localizaste?

—Si, el hombre está en Pensylvania trabajando con el doctor Salman Shapiro en un instituto nuclear que se llama Numec, dijo David.

—Ahora comprendo la importancia de Endre para el Mossad. Esa gente está refinando uranio. Endre, el guardián de Israel que nunca duerme, dijo con sorna Raoul.

—Calla, Raoul, te he dicho muchas veces que ese nombre es prohibido para ti. Deberías agradecer que trajera a tus hijas desde Cuba, las pudo haber matado o haberlas lanzado al agua, pero no, las sacó en un bote y arriesgando su vida te las entregó sanas y salvas en tu casa en Miami.

—No lo había pensado así, de esa manera que me lo presentas. Pero es cierto, si mis hijas no hubiesen salido de Cuba habrían acabado, junto con Dulce y la miliciana las habría llevado a un orfelinato del estado, dijo Raoul con la voz quebrada por la vergüenza.

—No hablemos más de este tema, es muy doloroso y me recuerda malos momentos, yo también perdí a mis padres en Cuba o se te olvida, dijo David.

—Lo siento, perdona, no vuelvo a tocar este tema, dijo Raoul.

—Oye, Raoul, ¿porque esta muchacha no vive con ustedes?

—Porque no quiere. Hilda está trabajando como maestra de música y es muy buena en eso. Samuel me comentaba el otro día, que Hilda es tremenda pianista y que estaba sorprendido de la técnica musical de la muchacha. Además, añadió Raoul: Tú debes saber que Hilda se especializó en la carrera de piano en la Habana y era de las alumnas más destacadas del Conservatorio, al extremo de que papá asombrado por la habilidad y el desempeño de la muchacha le regaló un piano para que nunca dejara de practicar sus ejercicios musicales. Ese piano se lo compró a Joaquín en la calle Muralla y se tuvo que esperar meses en lo que llegó de los Estados Unidos. Recuerda que los Weizman tenían una tienda muy importante de aparatos musicales en la Habana y que Jacob daba clases de acordeón y piano y le daba clases de piano Eva que también era pianista, decía Raoul.

—Me alegro por Hilda y la respeto mucho más ahora que antes, contestó David. El dolor del exilio me había hecho olvidar que la bella Hilda Linares del Valle era una joven culta y refinada de la alta sociedad Cubana. Mis padres asistieron en la Cuba de entonces a muchos conciertos que la joven pianista ofrecía en el Conservatorio de la Habana. Pero, nuestra hermosa Hilda nos ha demostrado en el exilio que es una mujer Cubana valiente y con dignidad que no vive en el pasado y que ha logrado enfrentar su destino con valentía. Por cierto, cuando hablaste de Jacob me vino a la mente un recuerdo terrible de un relato que me hizo Joaquín el marido de Hilda antes de ser arrestado por la policía de Fidel. No sé si deba hablar de eso contigo, podría ofenderte, dijo con la voz quebrada David.

—Dime chico, yo siempre te oigo, aunque me moleste tu franqueza, contestó Raoul levantando la voz.

—Estamos llegando, patrón, dijo Pancho.

—Bueno, Raoul nos vemos mañana.

—De eso nada, termina el cuento de Jacob que después me quedo pensando en lo que me ibas a decir.

—Mira Raoul, a Jacob lo asesinaron en la tienda unos tipos que eran españoles, un asturiano de nombre Vicente Blanco y su hijo Pancho. Estaban buscando los diamantes de tu padre, Vicente los había movido a mi casa y cuando esta gente llegó a la tienda de música en la calle Muralla torturaron a Jacob para que les dijera dónde estaban los diamantes, pero el hombre no confesó. A la muchacha, a Eva, la violaron los dos españoles y la maltrataron tanto que la dieron por muerta, al extremo de que Joaquín vio cuando la arrastraban por la acera y la tiraban en una camioneta.

—Cuando en la noche los vecinos de Jacob localizaron a tu madre, Aurore se comunicó con tu padre que estaba en Miami y el llamó a un amigo cercano a Raúl Castro que permitió que la muchacha estuviera en un hospital durante tres meses, después se la entregaron a tu madre que la cuidó hasta que llegaron a Miami.

—Mamá nunca nos dijo nada de eso, contestó Raoul conmocionado por el relato.

—Tu madre ama a esa niña porque es la hija de su tío Jacob. Cuando eso pasó, Eva era una jovencita, pero me cuentan que estuvo como loca por meses y los gritos de ella se oían a través de las ventanas de la casa de ustedes en Miramar. Aurore tuvo que luchar con ella hasta que se recuperó con la ayuda de un médico Ruso que todos los días la iba atender a la casa. Recibió tantas sesiones de terapia e hipnotismo del médico que acabó enamorándose de su joven paciente. El doctor Alek Kornilov desembarcó con tu madre y Eva en Miami y por lo que sé ellos se han seguido viendo como parte del tratamiento de Eva, continuó David. A mí me extrañó cuando oí la noticia de que Louis se casaba con ella y más todavía cuando tu madre que fue testigo presencial del tormento de esa muchacha ha estado de acuerdo y feliz con ese matrimonio.

—Bueno, si mi madre promovió la boda de Eva con mi hermano es porque les conviene a los dos y a la familia también. Eva fue una víctima de las circunstancias y se me eriza la piel de solo pensar que una de mis hijas pasara por una situación semejante, dijo Raoul.

—Eso no es todo, Eva es una mujer muy inteligente con ambiciones políticas, también es fría y calculadora y falta lo mejor, es una mujer liberal en el amor. Te digo que ella no le será fiel a tu hermano, le gusta vivir con intensidad y disfruta con las cosas un poco fuera de lo normal, dijo David.

—Oye, me estás asustando. ¿Acaso, Eva es una loca? Mi madre se hubiera dado cuenta y no hubiera permitido que se casara con Louis.

—Mi hermano Raoul, esa mujer es una caja de Pandora. El día que se abra esa bella caja van a salir muchos demonios.

—¡Qué barbaridad! No me atrevo a hablar de esto con nadie y menos con mi hermano. Oye, viejo esto se queda entre tú y yo. Me has asustado con ese relato de mi cuñada, dijo Raoul.

—De acuerdo, ya yo te dije lo que hay. A mí me parece que este fue un matrimonio de conveniencia por el asunto del negocio de la construcción, así todo se queda en familia. Louis realizó una operación comercial muy conveniente que además es agradable y placentera porque la mujer es bonita. Pero ten cuidado con la rubia, porque se podría convertir en un dragón que vomita fuegos y centellas. Hay profecías hebreas que hablan de mujeres que se convierten en demonios para robar el alma de sus maridos y después entregar su espíritu al abismo del mal.

—Por favor, David, no sea dramático. ¿Vamos a tener que dormir armados? Dijo Raoul con sorna.

—No sé, pero yo abriría mis ojos, pararía mis orejas y vigilaría a esa Salomé. Mira Raoul, estamos llegando a tu casa. Mañana te llamo, dijo David.

Raoul entró a su casa pensativo, el asunto de Eva lo había dejado preocupado. Dulce estaba esperando impaciente en su cuarto.

—¿Estaba bien Hildita? Preguntó su mujer.

—Sí, mi amor. Todo estaba bajo control. Pero permanece con los ojos bien abiertos porque tengo un presentimiento muy malo de que algo va a pasar y no quiero que nos afecte a nosotros.

—¿Cuándo se van de luna de miel Louis y Eva? Preguntó Dulce a su marido.

— Salen el 25 de noviembre para Europa, después viajarán a Israel con mis padres, contestó Raoul.

—Bueno, pues si es así quiero que el 22 de noviembre que es viernes preparemos un bello brunch de despedida para tu hermano y Eva en nuestra casa. Por favor, invita a David y su familia. Quiero que estemos todos reunidos, dijo Dulce.

Así lo haré querida., respondió Raoul abrazando con ternura a Dulce y sonriendo a su mujer que siempre lograba relajar su estado de ánimo.
Y he hallado más amarga que la muerte a la mujer cuyo corazón es lazos y redes y sus manos ligaduras. El que agrada a Dios escapará de ella, más el pecador quedará en ella preso (Eclesiastés 8,9).

OCTAVO MANDAMIENTO
No dirás falsos testimonios ni mentirás.

Louis y Eva habían llegado a la elegante casa de Coral Gables que Alejandro y Aurore habían adquirido como regalo de bodas para la pareja. El mayordomo abrió la puerta acompañado de una doncella muy joven que tomó la chaqueta de Louis sin mediar palabra con la pareja. Eva se adelantó hacia la escalera que daba a la segunda planta, subió un par de escalones y comenzó a desabrocharse el vestido de novia; cuando la joven estaba a la mitad de la escalera solo cubría su cuerpo con el velo de encaje de Bruselas, se viró sonriente hacia su marido y le dijo: ¿Qué esperas?

Louis nervioso miró hacia la servidumbre que discretamente se retiraron. Su esposa estaba desnuda en lo alto de la escalera. El hombre subió la escalera y tomándola en sus brazos, la tiró sobre la alfombra del rellano de la escalera y sin tan siquiera quitarse la ropa la poseyó

con tal fuerza que casi se marea. Se sentó a su lado y le tomó una mano entre las suyas. Pasó sus dedos sobre el cabello de Eva y le dijo:
—Me gustaría saber que hay en esa preciosa cabeza para poder entenderte y lograr que seamos un matrimonio feliz.
De momento Eva se abrazó a Louis recostándose sobre él.
—Te necesito tanto Louis, abrázame por favor.

Louis permaneció callado con su mujer en brazos acariciando su cabello hasta que la joven se durmió. No era el tipo de luna de miel que él esperaba, le hubiera gustado una velada romántica con Eva, acariciar su cuerpo con delicadeza y amor y, como no, poseerla con mucha pasión. Pero ella parecía disfrutar de la brusquedad en el sexo, sintió que Eva se contenía para no pedirle que abusara más y más de ella. Pero no le siguió su juego, no fue fácil contenerse, pero le enseñaría a dejarse amar y consentir con toda la ternura y el amor que una mujer se merecía. Cuando Louis llegó a su oficina en Miami Beach, Raoul y David lo esperaban sonrientes.
—David, tú has visto la cara de ese hombre, parece que estuvo muy ocupado toda la noche. Toma este Bloody Mary, para que cojas fuerza, dijo Raoul entregando a su hermano un vaso alto lleno de la roja bebida.
—Hmmm. Me hacía falta, está en su punto. ¿Quién lo preparó? Dijo Louis disfrutando el trago.
—Yo, mi hermano, ese trago es un tiro tras una noche de juerga. Mira el viernes llega temprano a casa, tenemos un brunch de despedida para ustedes. Habrá sorpresas, cuento con ustedes, no nos fallen, dijo Raoul.

David miró a Louis y se dio cuenta de que las cosas no marchaban bien. Louis no hablaría de su vida íntima, pero a él no le hacía falta que el hombre hablara. Sabía perfectamente lo que estaba pasando y mucho peor lo que estaba por venir. Louis iba a tratar de controlar a su mujer, pero se le iba a hacer bien cuesta arriba.

En la casa Eva se había levantado y estaba desayunando en su cuarto cuando oyó la voz del jardinero en la terraza de la casa. Miró por la ventana y vio a un hombre de unos 40 años de aspecto ordinario. Se quitó la ropa y apoyó sus codos, sobre el borde de la ventana, llamó al hombre que sorprendido alzó la vista hacia la mujer que con los pechos al aire le sonreía desde la ventana del segundo piso. Eva hizo un gesto desde la ventana indicando al hombre que subiera, desconcertado el jardinero siguió trabajando e ignoró a la mujer que molesta cerró la ventana.

Eva se puso la bata y continuó dando cuenta de los alimentos que tenía en la mesa, cuando acabó se dirigió al baño. La doncella había entrado a retirar la bandeja, desde el baño, Eva le dijo:

—Dile al jardinero que venga un momento.

—Señora Eva, el jardinero terminó su trabajo en el jardín pero está ayudando al chofer a bajar unos víveres.

—Pues que suban los dos, necesito que vayan al centro a comprar unos rosales para la terraza.

—Como no, mi señora.

Los dos hombres estaban en el dormitorio de pie mirando hacia el suelo. El chofer fue el primero en hablar:

—¿La señora necesita que vayamos al centro a comprar unas rosas?

—Si, necesito que me traigan dos rosales bien desarrollados para la terraza.

—¿De qué color señora? Preguntó el jardinero.

—Del color de mis labios, un rosa profundo, contestó Eva. Los dos hombres estaban nerviosos.

—¿Te gustaría besarme? dijo Eva acercando sus labios a la boca del joven chofer que abrazó a la mujer con pasión. Eva se volvió y besó al otro hombre. En segundos la mujer estaba teniendo sexo con los dos hombres que la penetraban al mismo tiempo. Después de una hora, los hombres estaban cansados, asustados de que la doncella subiera se limpiaron con unas toallas y abandonaron la habitación. Eva yacía en la cama con la mirada perdida, se enredó en las sabanas y se quedó pensando en lo que había hecho.

Al cabo de un rato se levantó y llamó a la doncella. Limpia todo esto y espera… abrió su cartera y le dio un billete de veinte dólares a la criada que agradecida se retiró.

Eva tomó el teléfono y llamó al doctor Kornilov:
—Alek… te necesito. Por favor ven a verme, estoy muy deprimida.
—Pronto estaré en tu casa…una hora quizás o dos.
—Gracias….

El doctor Kornilov llegó a casa de los Baumann a las once de la mañana. Eva ordenó que les sirvieran un almuerzo ligero en la biblioteca.
—Kornilov preguntó: Como te ha ido con Baumann.
—Bien, Louis es una buena persona y muy tierno conmigo, contestó Eva.
—Lo conocí en la boda y me parece un hombre equilibrado y paciente. Creo que con el podrías alcanzar la dicha en el matrimonio si dominas tus demonios internos. Eva tú te mereces la felicidad, eres una mujer excepcional. ¿Por qué te castigas tanto en vez de disfrutar de todas las bendiciones lo que Dios te ha dado? Decía Kornilov.
—Alek, este problema no puedo controlarlo. En ocasiones tengo recuerdos del pasado que mi mente no puede rechazar y los pensamientos negativos vienen en tropel llegando a volverme loca. Entonces, en vez de luchar contra ellos, me entrego en esa ensoñación demoníaca que me hace cometer las mismas barbaridades a las que tanto temo. Hoy mismo he hecho actos vergonzosos con empleados de mi marido en mi propia casa y ahora me siento arrepentida, pero ya el daño está hecho y he cubierto de vergüenza el hogar de mi familia. Quisiera callar mi mente, los recuerdos que me atormentan, pero no puedo. Ayúdame a borrar mi pasado, por favor, Alek dame alguna droga que me permita olvidar.

—Querida Eva, no hay drogas para el olvido. Solo el perdón de Dios te puede salvar. Tú eres hebrea y sobrina de un rabí. ¿Porque no hablas con tu tío Samuel? Él es un Judío piadoso, sabrá comprender y perdonar cualquier acto del que te sientas culpable. Yo como médico no te voy a recetar fármacos que acaben con tu salud y te esclavicen de por vida con la adicción a las drogas.

—Si de verdad amas a tu marido, trata de salvar tu vida del abismo por el que vas camino a la desgracia. He visto casos como el tuyo en el pasado, personas que han atravesado por terribles momentos en la vida y arrastran un dolor que domina su espíritu y le impiden vivir una vida normal. Solo aquellas que se han acercado a una fuente de poder espiritual superior y han comprendido que las grandes tragedias de la vida no son culpa de nadie han podido salir adelante y llegar a ser felices. Recuerdo el caso de un joven que conocí en Cuba llamado Endre. Era de origen alemán y quedó huérfano en un campo de concentración nazi por lo que tuvo que sobrevivir tolerando cosas terribles. A los diez años lo rescató en Chipre un líder hebreo que lo llevó a Israel y lo educó en la fe. El amor lo rescató del abismo y te puedo asegurar que Endre sufrió mucho más que tú. Me gustaría que lo conocieras, es un individuo brillante intelectualmente y podría ser de gran ayuda para ti.

—¿Dónde está ese paciente tuyo? Dijo Eva.

—No es mi paciente, es un amigo que conocí en Cuba durante la Revolución y me ha sorprendido la resistencia emocional que tiene ese hombre. Lo conocí cuando tú estabas hospitalizada en la Habana y me pasaba las noches velando que no fueras a hacer una locura. Ese hombre es un periodista del New York Times que acababa de llegar a Cuba para trasladar a Miami a unos refugiados Judíos. Me acompañó en el hospital durante varias noches revisando los cuartos de los pacientes en la espera de encontrar a una mujer y a su madre desaparecidas, pero que después se enteró que ya habían salido de Cuba. Estaba triste, pero no se veía vencido ni asustado, solo aceptaba las cosas como el Señor se las presentaba. Me habló de su vida como un gran maestro de la supervivencia y por eso te hablo de su experiencia personal ante el dolor. Nos hemos mantenido en contacto y como somos hebreos de la Europa oriental nos entendemos muy bien. Ahora mismo está en Texas, pero cuando regrese a la Florida te lo voy a presentar, terminó diciendo Alek y tomando la mano de la mujer añadió: te voy a poner la misma penitencia que le impuse a Endre. Si por solo una semana cumples con ella, estoy seguro que el Señor te ayudará a salir de tu cárcel emocional.

—¿Cuál es mi castigo, Alek?

—No es castigo, es penitencia. Eva querida, durante una semana reprime a los demonios de tu mente y sal a hacer el bien. Toma una causa noble y trata de salvar a un justo, aunque sea solo a uno. Por favor, intenta lo que te pido solo esta vez.

—Lo haré Alek, lo haré. Aunque el viernes salimos de viaje para Israel, será cuando regrese de mi luna de miel, dijo Eva.

—No tardes, amiga, te estoy dando la oportunidad que alguien me dio a mí una vez, dijo Kornilov despidiéndose de su amiga. Hasta pronto, Eva.

—Gracias por venir, Alek.

Eva estaba arrepentida y avergonzada, esta historia se repetía una y otra vez. Caía en la promiscuidad sexual, se arrepentía luego, pero volvía a caer. Louis era una gran persona, pero nunca iba a poder desahogarse con él. Cómo podría ayudarla sino tenía la capacidad para aceptarla tal como ella era. Sólo dejo ver un pequeño asomo de su personalidad en la noche de bodas y detectó el desagrado en el rostro de su marido. No tenía con quién desahogarse, solo cuando Hilda se acercó a ella pudo ver un gesto sincero de amistad hacia ella. Los demás esperaban grandes cosas de ella, durante su convalecencia en Cuba la tía decía que ella era una mártir de Israel. La tía Aurore la llamaba "mi ángel", si ella le hubiera abierto su alma la tía la rechazaría. Samuel no quiso ni hablar del pasado y ahora Louis esperaba de ella una esposa perfecta para lograr sus ambiciones sociales y políticas. Ella era una mujer imperfecta y necesitaba un alma liberal y comprensiva a quién abrirle su corazón.

Entonces Jehová Dios dijo a la mujer: ¿Qué es lo que has hecho? Y dijo la mujer: La serpiente me engañó y comí.

Y Jehová Dios dijo a la serpiente: Por cuanto esto hiciste, maldita será entre todas las bestias y entre todos los animales del campo; sobre tu pecho andarás, y polvo comerás todos los días de tu vida. Y pondré enemistad entre ti y la mujer y entre tu simiente y la simiente suya; ésta te herirá en la cabeza y tú le herirás en el calcañar. A la mujer dijo: Multiplicaré en gran manera los dolores en tus preñeces, con dolor darás a luz a tus hijos y tu deseo será para tu marido y él se enseñoreará de ti (Génesis 3,4).

Por la tarde, Eva tomó el carro y se dirigió a casa de Hilda. Cuando llegó a la playa se estacionó detrás de la residencia y alcanzó a oír el final de la interpretación al piano de una bella composición de Moisés Simons, El Manisero y empezó a tararear el pregón:

"Caserita, no te acuestes a dormir Sin comprarme un cucurucho de maní, maní, maní…"

Hilda oyó la voz de Eva y nerviosa por la llegada de la mujer, acompañó a la niña de unos cinco años y a su madre a la entrada de la casa.

—Nos vemos mañana señora Mendieta dijo Hilda mirando a Eva que divertida preguntó:

—¿Me invitas a tomar un café, mi estimada Hilda?

—Como no. ¿Qué te trae por aquí, Eva?

—Amiga mía la soledad me está matando y el aburrimiento también, extraño nuestras conversaciones, no tengo con quién hablar. La tía Aurore es aburrida y Dulce ni se diga, solo habla de cocina y de los problemas escolares de sus hijas, dijo Eva tomando asiento en la acogedora salita de Hilda.

—Ah, te traje unos trajes preciosos que ya no uso, son de un diseñador Judío muy exclusivo y creo que si le coges el dobladillo te podrían servir, dijo poniendo una bolsa en el suelo. ¿No los vas ver? Preguntó Eva mirando a Hilda que permanecía de pie.

—Me encanta esta casita perdida en la nada como flotando en el mar. Desde aquí puedo sentir el ruido que hacen las olas al chocar contra las rocas de la playa. ¿No te da miedo el sonido del mar por la noche, Hilda? Comentó Eva.

—No le tengo miedo a nada, mi conciencia está tranquila querida Eva. No tengo a nadie por quién preocuparme, ni familia, ni hijos, nadie. Aparte de Dulce y Mima, estoy sola en este país. No me has contestado mi pregunta. ¿Por qué has venido a verme ahora que te acabas de casar y debes estar en plena luna de miel con tu marido? Dijo Hilda con sorna mirando a Eva.

—Me sentía sola en mi casa, contestó Eva, Louis es un hombre bueno, pero distante emocionalmente, él es cariñoso, amable y siempre hace lo que se espera de él. Yo no podría abrirle mi corazón a un hombre que es perfecto. Sería como empañar una superficie de plata pulida con mis pensamientos. No sé si me entiendes, dijo Eva mirando con tristeza a Hilda.

—No, Eva, no te entiendo, le dijo Hilda. Dices que tu marido es una buena persona y sientes que no le puedes abrir tu corazón, ¿qué encierras en tu pasado que te atormenta tanto que no se lo puedes decir a Louis Baumann? Recapacita, señora Baumann, porque estás desperdiciando tu vida. No me había dado cuenta de que eras una mujer tan egoísta y centrada en ti misma que no puedes dejar a un lado tus tontas preocupaciones para ocuparte de tu matrimonio. Has tenido mucha suerte y en vez de agradecer a Dios todo lo que tienes te la pasas lamentándote como la mayoría de las mujeres ricas y superficiales. Te voy a pedir que te vayas de mi casa y no vuelvas nunca más. ¡Fuera de aquí Eva y lleva contigo tu ropa usada, porque no la necesito!!

—Por favor, Hilda escúchame, quiero hacer algo de provecho por personas que lo necesiten, dijo Eva aguantando a Hilda por los brazos.

Ah sí, la dama cívica viene a hacer visitas de cortesía a sus amistades menos afortunadas. Pues te equivocaste de lugar, yo no necesito tu amistad condescendiente, si quieres ayudar a alguien, vete a los centros de ayuda para refugiados donde hay Cubanos que no tuvieron la suerte de sacar tanto dinero como ustedes, le contestó Hilda con rabia y se soltó de los brazos de Eva.

—Hilda, no me había dado cuenta que eres una resentida social, yo no tengo la culpa de haber nacido en una familia rica, dijo Eva.

—Si la tienes, todos ustedes han tenido la culpa siempre en Cuba y fuera de Cuba. Los Judíos viven con la culpa, mírate a ti misma, eres un saco de culpas y tormentos. Encerrados en torno a su posición, su dinero y sus costumbres ancestrales. Los Judíos son eso, Judíos, un pueblo dentro de otro pueblo, así eran en Cuba, aquí y donde vayan. Yo traté de entrar en su mundo y no me aceptaron, me tiraron al viento, entiendes. Ahora, fuera de aquí, lárgate con tu frío y estirado marido, termino diciendo Hilda y llevando a empujones a Eva hasta la salida de su casa.

Tras cerrar la puerta se sintió reivindicada e inmersa en sus pensamientos se decía a si misma:

-La muy estúpida, vino desde su casa en Coral Gables para hacerme una visita de cortesía a su amiga pobre y desahogarse de su maravilloso marido que no la comprende. Maldita vaga engreída, ojalá fuera donde Louis a contarle que la expulsé de mi casa, para que él se dé cuenta de lo ofendida que me siento.

Eva pensó que Hilda tenía razón, ella era una egoísta, teniéndolo todo iba a molestar a esta muchacha que se ganaba la vida dando clases de música y nunca le había preguntado si le hacía falta algo teniendo ella todos los medios a su alcance. Sólo se le ocurrió llevar como regalo una bolsa con la ropa que había desechado de su armario, ahora tendría que dársela a su criada Juanita que se pondría feliz con el obsequio. No comentaría esto con nadie porque la situación era absurda y mejor la pasaría por alto. Decidió ir a la boutique de Rachell Ritva a recoger el vestido de organza que usaría el viernes en el brunch en casa de Dulce. Por el camino a la tienda de modas iba pensando en las palabras de Alek.

El viernes Hilda había cancelado todas sus clases para poder asistir al brunch de Raoul y Dulce en honor a Louis y a Eva. Inicialmente, no pensaba asistir, se quedaría en su casa rumiando su tristeza y la mala suerte que había tenido en el amor, pero Mima la había convencido de ir a la actividad.

—Mira, mi niña, Eva te alejó de Louis, pero no dejes que te quite a tu familia que tanto te queremos. En esta casa, por lo menos, para Dulce y para mí, tú eres más importante que Eva Baumann. Además, si no vienes todo el mundo va a sospechar de tu comportamiento y Aurore comenzará a preguntar a Dulce acerca de tu ausencia. Arréglate muy bien y saca lo mejor de ti, que eres muy joven y tienes la vida por delante. Te lo digo por tu bien, lo peor que puedes hacer en estos momentos es aislarte y alejarte de la familia que tanto te quiere. Eso es precisamente lo que espera Louis y Eva que te lancemos al viento, pero eso no lo van a conseguir ninguno de los dos. Así que te esperamos aquí, mi niña, dijo Mima guiñando un ojo a Hilda.

A las diez de la mañana toda la familia Baumann estaba reunida en la terraza de la finca de Raoul y Dulce. Aurore estaba celebrando el buen gusto de Dulce para decorar la casa que parecía sacada de una revista de decoración especializada.

—Yo me quedo sorprendida con lo buena ama de casa que eres Dulce, decía Aurore caminando entre los macetones de rosales que su nuera había distribuido por la terraza. Alejandro asentía con la cabeza mirando a su hijo Raoul.

—¿Eres feliz hijo? Preguntó a Raoul.

—Lo estoy, padre. Mi vida se divide entre el trabajo y la familia. No tengo tiempo para nada más.

Louis y Eva se acercaron al grupo.

—Tía querida, exclamó la joven abrazando a Aurore que la miraba orgullosa. Eva estaba elegante en un traje de organza en color malva y bellas perlas a juego, por el contrario, su marido se veía serio y tenso.

Aurore pensó que Louis estaba preocupado por alejarse de la oficina en su viaje de luna de miel a Israel. No quiso decir nada, porque Louis era un esclavo del trabajo, cuando estuvieran en Israel tendría tiempo de descansar. Después, saludó con afecto a Alek Kornilov, que había llegado acompañando a su hijo y a Eva.

—¿Cómo está doctor? Lo apreciamos mucho, dijo Aurore con afecto abrazando al hombre.

—Mira Louis, dijo Aurore está llegando Andrew con su hermana Esther y su sobrino Daniel.

—Ah, voy a recibirlos dijo Louis caminando hacia la entrada y saludando con efusión a los Spielberg.

—Qué bonita está la finca, parece que tu cuñada ha hecho un buen trabajo aquí, comentó Andrew.

Se dirigieron caminando a la terraza para admirar la exuberancia de flores en el jardín cuando el cuarteto musical que había contratado Dulce comenzó a tocar la pieza favorita de Louis el son "Almendra".

—Me recuerda tanto a Cuba esta música, le dice Louis a Andrew, girando su mirada hacia la sala y observando que Hilda entraba a la casa.

La muchacha se veía preciosa en un traje de muselina escotado y ajustado al cuerpo que dejaba ver sus bien pronunciadas curvas, sin maquillaje y con el cabello suelto, Hilda parecía una muñeca de porcelana. En ese momento, Louis reconoció que había cometido un error al despreciar a Hilda, esa mujer sencilla y cariñosa lo hubiera hecho feliz. El hombre recordó la noche en la que hicieron el amor en el jardín… los besos de Hilda… su ternura…la entrega…y el dolor en los ojos de la muchacha cuando él le dijo que no tenían futuro como pareja.

Los Spielberg se quedaron mirando a la muchacha conscientes del efecto que había provocado su llegada ignoróando a Louis que con un nudo en la garganta permanecía callado.

—Me disculpan, dijo Daniel Spielberg, el deber me llama y se alejó sonriente hasta Hilda.

—Esta es mi pieza musical Cubana favorita. ¿Me harías el honor de bailar conmigo?

—Como no, Contestó Hilda coqueta y risueña mirando a Daniel que se encontraba en las nubes tomando a la mujer del brazo.

Hilda bailó con Daniel y después otras piezas más. Él no quería dejarla sola en la actividad, todos se estaban dando cuenta del interés del joven por Hilda. Dulce estaba alborozada y feliz.

—Ay mami, se nos casa Hildita, yo se lo había pedido a mi Virgen de la Caridad del Cobre, que le trajera un marido a Hilda.

—Por Dios, Dulce baja la voz, que estamos rodeadas de hebreos, por tu madre, vieja, decía Mima asustada. Tú ves a Hilda con un hombre y ya la estás casando.

—A mí no me importa, mami. Yo creo en todo, nací católica y ahora soy Judía y no pasa nada. Si a los polacos no les gusta, pues que le echen azúcar, contestaba Dulce mirando a Hilda y haciendo guiños que su amiga ignoraba.

Dulce y Raoul salieron a bailar seguidos de Alejandro y Aurore.

—A un lado, David bromeaba con Mima. A ver, vieja, vamos a enseñarle a esta gente como se baila un son. Mima daba sus pasitos con destreza inigualable para el disfrute de David y su esposa Imre que reían divertidos.

—Si ustedes supieran que el papá de Dulce era un bailarín de primera, él y yo bailábamos horas enteras. Hombre como ese no vuelve a nacer, suspiraba Mima llevando sus manos al pecho.

De momento, Felo irrumpió en la estancia. Con la voz entrecortada dijo:

—¡Mataron al presidente! ¡Mataron a Kennedy en Dallas!

Louis y Andrew corrieron a la biblioteca a prender el televisor, en la imagen se veía al periodista Walter Cronkite de la cadena CBS diciendo:

—Hace 38 minutos le han disparado al presidente Kennedy en Dallas, el presidente ha muerto….

Raoul y Dulce observan atónitos las escenas del asesinato. Hilda y Daniel se habían acercado al televisor. De momento, Hilda se echó a llorar pensando que Orlando pudiera estar involucrado en este horrible crimen del presidente de los Estados Unidos. Por eso es que había venido a despedirse, era que pensaba matar a Kennedy y luego irse a Europa. Pero, no, Orlando no tenía motivos para matar a Kennedy y Castro tampoco, pero de cualquier manera si Orlando volvía ella iba a hacerlo confesar la verdad porque él tenía que saber algo.

Los músicos dejaron de tocar y se acercaron al televisor a ver qué era lo que estaba pasando, la fiesta había terminado abruptamente. Alejandro se despidió de sus hijos: Tengo que comunicarme con el FBI, vámonos Andrew, tenemos que estar en las oficinas del partido. Daniel abrazó a Hilda y se fue con el grupo no sin antes decirle a la joven que la llamaría para invitarla a almorzar.

Louis y Eva decidieron retirarse también, invitando a Kornilov a llevarlo hasta su casa. El doctor declinó y prefirió quedarse. Este va a ser un día largo para todos, me quedo aquí para no perderme las noticias, le dijo a Louis y se acomodó en una butaca de la biblioteca.

En la pantalla del televisor en una especie de alucinación seguían repitiendo las noticias del asesinato una y otra vez. El pueblo estadounidense estaba destrozado con la muerte de su presidente, Kornilov observaba las muestras de histeria de las personas que asistían al evento.

—Un momento, ese es Endre… Me parece que es Endre… Señor, ya no está en la pantalla, pero juraría que es Endre. Él estaba en Dallas, no puede ser, no, tiene que ser una maldita casualidad. Como voy a pensar que Endre pueda estar involucrado en una locura como esta.

De nuevo, pasaban las imágenes y Kornilov pudo confirmar que el individuo que venía bajando una colina frente al área donde acababan de matar a Kennedy era Endre. No había duda, se individuo era Endre.

Pero qué hacía allí, justo en el área del crimen, lo llamaría enseguida…

¿pero y si Endre era el asesino? En la pantalla estaban anunciando que acababan de atrapar al asesino de John Kennedy, era un tal Lee Harvey Oswald. Alek suspiró aliviado, ya tenían al asesino, posiblemente un loco solitario molesto con la política liberal del presidente Kennedy.

Kornilov estaba más tranquilo y se acercó al grupo que formaban David y Raoul diciendo:

—Ya agarraron al asesino de Kennedy.

—Nunca se sabe doctor, nunca se sabe, las apariencias engañan, dijo David. Yo no creo que ese hombre actuara solo. Cómo sabía cuál era la hora exacta en que la comitiva del presidente iba a pasar por ese lugar y como logró acceso al edificio. Esta es una conspiración interna y la persona que la organizó conocía todos los detalles de las actividades del presidente en el día de hoy. La mente que organizó este complot tiene que tener un poder inmenso para lograr montar todo este espectáculo público que ha logrado impactar al país y a la comunidad internacional. Si querían matar al presidente por qué eligieron una actividad pública y televisada, pudieron haberlo matado en otro lado. Piensen en eso, decía David. El que mató a Kennedy no fue ese pobre infeliz con delirios de persecución, no. Este fue un trabajo interno hecho con el firme propósito de capturar la atención del mundo en el asesinato de un presidente de los Estados Unidos,

—¿Quién tenía interés en matar a Kennedy? dijo Raoul.

—Todo el mundo y nadie al mismo tiempo, contestó David.

El hombre prosiguió hablando captando el interés de Raoul y Kornilov.

—Escuchen amigos: Nuestro primer sospechoso es el bloque comunista y, en primer lugar tenemos a Nikita Krushev, pero el ruso logró un acuerdo con Kennedy que le permite desde su base de operaciones en la Habana exportar el comunismo a otras partes de América, con lo cual el bloque ruso queda descartado. El segundo sospechoso es Fidel Castro, pero con el apoyo del gobierno de Kennedy se ha convertido en el héroe Revolucionario de Latinoamérica, así que para qué Fidel querría matar al presidente que respetó el gobierno Revolucionario de Cuba y se negó a invadir la Isla.

—Yo creo, dijo David, que podemos descartar a Fidel y a los comunistas rusos. Incluso, te diría que la presencia en territorio americano de agentes de Fidel y de la KGB podría obedecer a la intención de proteger al presidente de cualquier intento de asesinato que se haya filtrado a través de las redes de inteligencia internacionales.

—Por otro lado, continuó David: El tercer sospechoso podría ser el gobierno de Israel. Pero Israel es un aliado incondicional de los Estado Unidos y los Judíos han seguido refinando uranio y plutonio en la planta de Dimona para desarrollar la bomba atómica. Es cierto que Kennedy se había expresado de manera tímida en contra de armar con la bomba nuclear a la nación hebrea, pero ha consentido en que el gobierno estadounidense le vendiera a Israel los misiles Halcón que son el arma más poderosa del mundo, por lo que me parece que a los Judíos no les estorbaba Kennedy para conseguir lo que estaban buscando del gobierno de los Estados Unidos.

—¿Quién nos queda? ¿El exilio Cubano podría ser sospechoso de matar a Kennedy? No lo creo en lo más mínimo y lo descarto con total seguridad. El exilio Cubano es ultra conservador y está agradecido de la nación norteamericana por lo que no se atrevería a tocar ni con el pétalo de una rosa a un presidente de los Estados Unidos. Por favor, eso no se le pasa por la cabeza a nadie.

—Nos queda la Mafia… Pero, para qué la mafia estadounidense quisiera involucrarse en matar a Kennedy, lo que menos le interesa a esa gente es llamar la atención.

David hizo una pausa, miró a sus amigos que absortos seguían los detalles de sus explicaciones y anunció con firmeza: Quiero decir lo siguiente:

—Este asesinato vil, fue un trabajo interno del gobierno permanente de los Estados Unidos y alguien se ocupó de que los detalles del asesinato fueran transmitidos a través de los canales de televisión de todo el mundo, para crear un enemigo ficticio que mantenga a la nación norteamericana al borde de un ataque de nervios. Es una manipulación de los dueños del mundo para crear la guerra fría y seguir con la industria de la guerra matando gente, creando líderes y tumbando gobiernos.

—¿Tú no crees que Israel tenga que ver con la muerte de Kennedy? El presidente simpatizaba con los árabes y era antisemita, dijo Kornilov ansioso mirando a David.

—No, doctor Kornilov, Israel no se involucró en la muerte de Kennedy en lo absoluto. Cómo se le ocurre una barbaridad como esa, me parece absurdo que algo así se le pase por la cabeza; Israel es un aliado incondicional del gobierno de los Estados Unidos. Pero, recuerden que el guardián de Israel no descansa y es posible que el Mossad haya obtenido a través de las redes internacionales de espionaje una confidencia relacionada a un complot para asesinar a Kennedy. Yo creo que los agentes del Mossad asignados en Estados Unidos estaban buscando información para utilizarla en su provecho y habían desplegado a una red de agentes del Mossad que trataban de neutralizar a los asesinos intelectuales del presidente. Yo mismo he oído conversaciones extrañas a través de mi estación de radio que me han llevado a sospechar que varias potencias internacionales tenían conocimiento de que se estaba tramando un atentado contra Kennedy.

—David, intervino Hilda en la conversación, el día de la boda de Louis ustedes fueron a mi casa y me dijeron que Cuba tenía espías en los Estados Unidos. ¿Tú crees que Fidel haya enviado a alguien a matar a Kennedy? decía Hilda llorosa.

—¿Acaso piensas en tu novio el Revolucionario Valdés? Yo me imaginaba que ese tipo andaba por ahí. ¿Nos has estado ocultando algo Hilda? Mira muchacha, si ese tipo está en Miami, es que está por encargo del gobierno de Cuba para eliminar a los anticastristas en el exilio. El tipo es un matón de Fidel, pero no de presidentes americanos, sino de elementos anticastristas medio desequilibrados que andan por Miami. Ese tipo no tiene categoría para esto y, Castro no tiene nada, pero nada, contra los Kennedy. Al contrario, yo te diría que si fuera por el presidente Kennedy se hubiesen normalizado las relaciones con el gobierno Castrista. Te digo que esto fue un trabajo interno de los dueños de este país. No me hagas hablar más que las paredes oyen.

—Dulce interrumpió a David. Mira Hilda ten cuidado con ese individuo, si Valdés anda cerca puedes estar en peligro. Tienes que prometernos que si lo ves nos vas a avisar.

—Está bien, los mantendré informados de cualquier cosa fuera de lo común que vea cerca de mi casa, contestó Hilda.

—Por lo pronto, hoy te quedas aquí con nosotros, dijo Dulce.

—No, contestó Hilda prefiero retirarme a mi casa.

—Bueno, pues que Felo se vaya contigo y se quede por allá un tiempo así aprovecha y limpia la parte de atrás que quiero instalar un quiosco hermoso en madera de caoba como el que teníamos en la casa del Cerro en la Habana.

—¿Te acuerdas, David?

Si, como no, aquello era una obra de arte, contestó David haciendo un guiño a su amigo. Nada menos que el arca de la familia Baumann, dijo David sonriendo a su amigo. Por eso, te digo, Raoul que tenemos que estar preparados para cualquier cosa y en cualquier momento.

Lo sé, hermano. El guardián de Israel nunca duerme.

Manantial de vida es la boca del justo; Pero violencia cubrirá la boca de los impíos,

El odio despierta rencillas; Pero el amor cubrirá todas las faltas (Proverbios 11,12).

Luis y Eva habían llegado a su casa en Coral Gables, en su dormitorio les esperaba una botella de champán helado. ¡Qué bien! Betty conoce mis gustos, dijo Eva descorchando la botella y vertiendo el líquido en dos copas.

—Brindemos por nosotros, Louis y por nuestro futuro, dijo Eva entregando una copa a su marido que la depositó en la mesa diciendo:

—Querida, no me apetece seguir tomando alcohol, déjame solo escuchando música suave que tengo mucha tensión nerviosa acumulada por el trabajo que dejo pendiente por nuestro viaje a Israel.

—Voy a tomar un baño, dile a Betty que en quince minutos me prepare, sopa, ensalada, pan con queso y algo de whiskey y me lo lleve a la biblioteca. Con la noticia del asesinato de Kennedy no pude probar bocado en la fiesta. Voy a estar trabajando el resto del día, así que por favor no me interrumpas. De hecho, Eva, te adelanto que, si no termino mi trabajo, tendré que cancelar el viaje de luna de miel, terminó diciendo Louis caminando hacia la biblioteca.

Eva se quedó sorprendida ante la fría indiferencia de su marido, sentía ella, que le estorbaba. La había rechazado con delicadeza de acuerdo con su estilo amable y disciplinado, pero observó el desamor en sus ojos y la falta de interés por iniciar una velada amorosa. Pensó en la promesa que le había hecho a Alek y reprimió sus ansias de irse a la calle y entregar su cuerpo al primer imbécil que se le pareciera en el camino. Agarró la botella y terminó de beber el champán que quedaba a pico de botella. Eva estaba bajando por una segunda botella, cuando oyó a su marido bromeando con la criada, vaya, para ella no tenía una sonrisa, pero sacaba tiempo para hacer un chiste a esa estúpida e insignificante guajira. Agarró la segunda botella y se encerró en su cuarto para seguir viendo las noticias del asesinato de Kennedy.

En la biblioteca Betty estaba sirviendo la cena a Louis Baumann. Con apenas 13 años la guajirita sobrina de Felo no se veía tan mal, aunque estaba muy delgadita y se veía ojerosa, tenía unos bellos ojos castaños que le daban un aspecto triste y asustado. El cabello negro y abundante lo llevaba recogido en una larga trenza que le caía a lo largo de la espalda hasta las nalgas. Nunca miraba a los ojos a nadie en la casa. Louis la aceptó en la casa porqué Felo le pidió de favor que le dieran trabajo. Con el paso del tiempo pudo comprobar que la joven cocinaba muy bien y era callada y obediente. A Louis le excitó sexualmente la vulnerabilidad de la muchacha.

—Está la sopa como a usted le gusta señor Baumann?, preguntó la joven que miraba asustada hacia el suelo.

—Si está en su punto, como tú, contestó Louis que se acercó a la joven y le desabotonó la blusa.

Con delicadeza empezó a jugar con sus pechos y luego le quitó el resto de la ropa. Louis observó a la muchacha desnuda y le dijo:

—Me gusta tu cuerpo delgado y delicado, ven acá y hazme feliz, dijo el hombre atrayendo a la joven hacia el sofá donde estaba recostado.

—Betty atribulada pero sumisa le dijo: Señor Baumann yo no he estado con un hombre antes.

Louis amoroso y con delicadeza acarició a la joven besando sus labios y luego con pericia extrema fue desenredando su largo cabello y colocando los oscuros mechones sobre de su cabello en el delgado cuerpo de la jovencita que siempre mantenía los ojos cerrados y en ese momento estaban muy abiertos mirando desconcertada a ese hombre tan ajeno a ella. Después el hombre la penetró suavemente y llevó a la joven al éxtasis. De nuevo Louis penetró a la joven, pero esta vez lo hizo sin ninguna delicadeza, tapando la boca de la sirvienta para que no gritase. Cuando acabó de satisfacer su deseo sexual, Louis se preocupó de que Eva pudiera bajar por la escalera y sorprender su interludio sexual con la sirvienta. Betty estaba mareada y yacía desnuda en el piso como un triste perrillo sin atreverse a mirar a Louis.

Louis estaba alterado. ¿Qué había hecho con la muchacha? Había violado y sodomizado a una niña de 13 años que no había conocido hombre antes que él. ¿Podía haber en su interior un ser tan vil como para comportarse de esta manera tan sórdida e inmoral? Dios mío en que me he convertido, pensó Louis. Agarró la botella de whiskey y empezó a beber para enterrar los remordimientos que lo acosaban una y otra vez.

—Louis le dijo a la sirvienta: te puedes retirar ya, cierra la puerta cuando salgas y óyeme bien, no quiero que hables de esto con nadie o serás despedida.

La joven estaba roja de vergüenza, pero se vistió de prisa, arregló su cabello y abandonó la habitación con los restos de la cena.

Betty se dirigió a la cocina, depositó los restos de la cena en el fregadero y se echó a llorar. Como podía haberle pasado a ella una cosa tan humillante. Era una simple criada de la casa y el patrón había tomado lo único de valor que ella tenía, como quién arranca una manzana del árbol, la prueba y después la desecha tirando los restos al camino. Así se sentía, como un despojo sin valor cuando se percató de que unas manchitas rojas caían al suelo. No quería manchar ningún paño de cocina por lo que se agachó y limpió el piso con su propio cabello trenzado. Acabó de recoger la cocina y se retiró a su habitación, tenía dolor en el vientre y sentía que la cabeza le podía explotar. Estaba asustada de que la situación se volviera a repetir y tuviera que volver a acceder a los deseos de ese hombre. Si hablaba con el tío Felo de lo sucedido, se avergonzarían de ella y le echarían la culpa. No tenía salida, era menor de edad y huérfana, para su escasa familia ella no era importante. Felo le había advertido que si buscaba problemas en la casa de los Baumann se tendría que ir de la casa y no querrían saber más de ella.

—Virgen de la Caridad del Cobre. ¿Qué hago ahora? Yo espero que esto no se repita o tendré que buscar trabajo en otro lado, pensaba la joven tirada en su cama y sufriendo el malestar que le había causado su primera relación sexual.

Seis cosas aborrecen Jehová; Y aún siete abominan su alma: Los ojos altivos, la lengua mentirosa. Las manos derramadoras de sangre inocente. El corazón que maquina pensamientos inicuos, Los pies presurosos para correr al mal. El testigo falso que habla mentiras y el que siembra discordia entre hermanos.
(Proverbios 6,7)

Mientras tanto, Louis encerrado en la biblioteca se sentía abochornado por su comportamiento con Betty. Había descargado su frustración con la humilde muchacha que no pudo defender su honor ante el abuso de un individuo lleno de dolor y rabia como él. Había llegado molesto de la actividad en casa de su hermano, se sentía asfixiado con la elegancia sofisticada de Eva y la belleza que tanto le había atraído de su esposa ahora lo agobiaba. Hubiese preferido una compañera alegre como Hilda que se había entregado a él con tanta pasión y que se sentía tan feliz a su lado aún sin comprometerse con ella.

Louis pensó que se había equivocado en su decisión al casarse con Eva pensando que su matrimonio iba a funcionar porque ambos eran hebreos y tenían intereses en común. El intentaba hacer feliz a su esposa, pero Eva era tan retorcida y extraña que no se dejaba querer como cualquier otra mujer. Hacer el amor con Eva conllevaba maltratarla de alguna manera y ya estaba harto de este comportamiento enfermo y desagradable. Su mujer no lo necesitaba a él, sino que requería ayuda profesional y pensó que Kornilov podía ser de ayuda en este proceso, hablaría con Alek en la semana y trataría de que la pobre Betty perdonara su comportamiento.

A la mañana siguiente, Louis y Eva desayunaban en el jardín. Betty servía jugo de frutas en los vasos de la pareja, sin querer la sirvienta derramó un poco del líquido sobre el fino mantel de lino.

—Ten cuidado muchacha, dijo Eva, ese mantel vale más que lo que tú vas a ganar en toda tu vida. Dile a Juanita que lo cambie inmediatamente, rápido, antes de que la mancha se haga permanente.

Betty se retiró a la cocina e indicó a la otra sirvienta que fuera a cambiar el mantel.

—Eva querida, no era para tanto, la sirvienta es solo una pobre muchacha, la asustaste, dijo Louis.

—Si es verdad, me porté un poco exagerada, contestó Eva. Pero a la servidumbre hay que enseñarla, esa sirvienta es muy joven, todavía no ha cumplido 15 años y si no ha tenido la suerte de tener una educación, por lo menos debe saber llevar una casa.

Eva se quedó pensando en la joven sirvienta y en lo que le había dicho Alek de ayudar a la gente que lo necesita. Se dirigió a la cocina y buscó a la muchacha.

—Betty al ver llegar a Eva se asustó.

—No tengas miedo niña, solo quiero ayudarte. Te alcé un poco la voz, pero fue para corregirte, me gusta que la servidumbre haga bien las cosas. Pero, quiero preguntarte algo. ¿Sabes leer y escribir? dijo Eva agarrando a la aterrada muchacha por el brazo.

—No señora, nunca he ido a la escuela. Vivía en el campo en la provincia de Matanzas, cerca de la casa del padre de su esposo, contestó Betty.

—Pues, como parte del castigo por haber manchado el mantel tendrás que aprender a leer y a escribir. Te enseñará una joven maestra amiga de la familia. No creo que tenga inconveniente en ayudarte; ella que tiene una academia dedicada a la enseñanza en Homestead. Hablaré con Hilda para que los lunes te ofrezca clases privadas todo el día.

Betty se echó a llorar, pensaba que la señora Eva la iba a tirar a la calle y resultó que la quería ayudar. Betty se inclinó y le tomó las manos a Eva para besarlas, pero la mujer las retiró.

—Mira niña, quiero ayudarte porque eres muy joven y podrías tener un buen futuro si alguien te guía. De ahora en adelante, me ocuparé de tu educación, el resto depende de tu empeño. Hasta luego Betty, ya te indicaré cuando comenzarás tus clases con Hilda.

Eva tomó el teléfono y llamó a Hilda.

—Hola! No me cuelgues, te quiero pedir que tomes por alumna a una joven sirvienta que trabaja en mi casa.

—Vaya. ¡Qué sorpresa! ¿Quién es esa muchacha? Preguntó Hilda.

—Es una joven de unos 13 años sobrina de Felo, se llama Betty y la pobre no sabe leer ni escribir. Esta mañana la regañé sin motivo y me fijé que se veía tan triste y desdichada que me dio pena. Creo que mi obligación es ayudar a esa pobre niña, dijo Eva.

—La conozco, tiene 13 años y es una guajirita de la hacienda Koba. Me hiciste recordar mis planes de alfabetizar al campesino Cubano en aquella época tan convulsa en Cuba. ¿Cuándo puedes traer a la muchacha para hablar con ella? Preguntó Hilda olvidando su antipatía hacia Eva.

—He pensado que los lunes pueden ser un buen día porque yo voy a ver a mi tío Samuel en Homestead y de paso te puedo dejar a la muchacha, expresó Eva

—Perfecto. Pues trae a tu ahijada el próximo lunes para empezar las clases. No es mi ahijada, es solo una criada que quiero ayudar, contestó Eva.

—Para mí es tu ahijada y así la voy a tratar como si fuera tu protegida, le dijo Hilda.

—Prefiero que veas a Betty como una protegida de la familia a que uses el término de ahijada que es más comprometedor, aclaró Eva.

—Está bien, ustedes son exclusivos con las personas. Te quiero ayudar, pero cada uno en su lugar. ¿No es así, Eva? Recalcó Hilda.

—Bueno, querida, lo importante es que la estamos ayudando para que salga de la miseria. ¿No es eso lo que cuenta?

—Si, Eva, eso es lo que cuenta. Al fin y al cabo, nadie da lo que no tiene.

—¿Qué quieres decir, Hilda? ¿Acaso me quieres ofender? Dijo Eva.

—No, olvida eso, te espero el lunes.

Eva se sentía satisfecha, había hecho una buena obra como le había aconsejado Alek. Un poco de su angustia se disipó y admirada de sus propios pensamientos pensó que ella no era una mujer tan indigna si todavía podía experimentar compasión por otro ser humano. Con ella no tuvieron compasión, aquellos hombres cuando entraron a la tienda de su padre en la calle Muralla, la trataron como a un animal, la amarraron contra las rejas de la terraza en el taller de orfebrería de su padre y la violaron salvajemente.

Nunca se podrá olvidar de aquellos individuos, Vicente y su sobrino Pancho, inquilinos de su padre en la calle Antón Recio. Cuando triunfó la Revolución, los dos hombres aprovechando el clima de incertidumbre que había en la Habana denunciaron a Jacob Weizman y lo acusaron de tener en su poder propaganda contra la revolución. Vicente y Pancho lograron colarse en el grupo de Revolucionarios y encabezaron una visita con milicianos para poder entrevistar a Jacob.

Su padre murió en el interrogatorio y ella fue violada y sodomizada por el sobrino de Vicente. El viejo impotente de realizar el acto sexual con ella, la penetró con una botella una y otra vez hasta ocasionarle una severa hemorragia interna de la que milagrosamente la salvó aquel periodista americano amigo de Alek que la sacó de la celda donde la habían abandonado y la llevó al hospital.

Durante mucho tiempo, Eva sufrió de depresión y sentía que ella era una mujer indigna de compasión y que estaba sucia y llena de pecado. Hoy, acababa de sentir un poco de alivio en esa cadena de culpa que la acompañaba como una condena perpetua. Ella no era buena, pero ayudaría otras personas para poder alcanzar la redención de sus pecados y lograr que Jehová le devolviera la tranquilidad que había perdido hacía años atrás.

Cuando llegó la noche, Eva estaba intranquila, los pensamientos destructivos la atormentaban y la inducían a irse a la calle y buscar un hombre nuevo que con una sesión de sexo furtivo la hiciera olvidar las escenas que venían una y otra vez a su cabeza sin remedio. Tomó una pastilla de Valium, se vistió y se perfumó. Estaba esperando en la sala cuando Louis llegó.

—Louis, mi amor, te estaba esperando para cenar, pero antes tomemos un poco de vino de Marsala, dijo Eva preparando dos bebidas para ella y su marido.

—Claro, porque no. Contestó Louis, tomando una copa y alzando una mano brindó con su mujer.

—¡Salud!

—¡Salud, Louis!

—Hace tiempo no nos sentamos a hablar de ti y de mí, dijo Eva tomando una mano de Louis y llevando a su marido hacia la ventana.

—Qué podemos hablar de nosotros dos que ya no sepamos, siempre te dije que quisiera saber que hay en esa cabecita tuya para comprenderte y poder hacerte feliz, contestó Louis.

Eva enroscó sus brazos alrededor del cuello de Louis y lo besó en los labios dulcemente.

Louis se sorprendió y con delicadeza devolvió el beso a su esposa. La tomó por la cintura y mirando a sus ojos le dijo:

—Eva, me agrada la ternura que veo en ti, me gustaría que siempre fueras así, dulce y cariñosa. Mira belleza, deja atrás las cadenas del pasado y vive el amor del presente.

Eva miró a Louis, pero no con la delicadeza que él esperaba, sino con angustia y miedo.

—¿De qué cadenas hablas, Louis? ¿Acaso me quieres atormentar, con los recuerdos de mi pasado? Todo iba bien hasta que tú lo dañaste. Las cadenas…decía Eva… las cadenas… Salió por la puerta y tomando las llaves del carro de Louis desapareció dejando a su marido en un estado de total confusión mental.

Eva guiaba hacia Miami Beach, el recuerdo de la violación que había sufrido en Cuba volvía de manera obsesiva una y otra vez para atormentarla... La mujer estacionó el carro frente a un bar cerca de la playa, entró y pidió al barman un whisky en las rocas y después otro y otro. Dos hombres se le acercaron y después perdió el conocimiento.

Cuando Eva despertó se dio cuenta que un hombre inclinado sobre ella le pasaba la mano por el cabello. El individuo de aspecto cansado la ayudó a incorporarse hasta que puedo sentarse en un banco frente a la playa.

—¡Vaya! Se despertó, pensé que iba a tener que llevarla a un hospital, la maltrataron un poco, dijo el hombre sonriendo compasivamente y mirando a Eva a los ojos con tranquilidad.

—¿Qué me pasó? Preguntó Eva, que se tocaba el rostro y veía asombrada como sus manos se llenaban de sangre.

—Al parecer, usted bebió más de la cuenta y dos individuos trataron de aprovecharse de su estado de embriaguez, contestó el hombre.

—¿Tuve relaciones sexuales con ellos? Preguntó Eva.

—Creo que sí, cuando yo llegué al local esos dos canallas la estaban golpeando bien fuerte. No me fue difícil parar la pelea, los hombres que abusan con las mujeres rara vez se enfrentan a un hombre. La tomé en mis brazos y la traje hasta aquí hace una media hora. Puede lavarse un poco la cara en esa fuente pública, el agua está limpia y no querrá que nadie la vea en ese estado, dijo el hombre. Ah, mi nombre es Paul Rosenberg, soy médico y acababa de salir de una guardia nocturna cuando entré en ese negocio para darme un trago antes de ir a mi casa.

—Cuando la vi tirada en el suelo, entre esos dos granujas que se estaban ensañando sobre un cuerpo inconsciente, me pregunté como una mujer tan bella y distinguida se había podido meter en un antro tan horrible a estas horas de la noche, dijo el hombre mirando a Eva y esperando una respuesta.

—Usted me ha salvado la vida doctor Rosenberg pero me debió haber dejado morir a manos de esos bandidos, contestó Eva.

—Pero, ¿qué está diciendo mujer? No le da vergüenza lo que acaba de sacar por su boca. Esta noche atendí en la sala de emergencia a una mujer de su edad que murió en mis brazos. Tenía una sobredosis de droga en su organismo y fueron inútiles todos los intentos que hice por revivir a esa mujer. Me sentí miserable al no poder ayudarla, era tan joven y tenía tanto porque vivir. Su hermana la trajo al hospital, llevaba a un niño de tres años de la mano que ahora quedó huérfano. Pero, usted, que se ve una dama elegante y bella dice que hubiera preferido que la dejara morir. Eso es un pecado, mi señora, un terrible pecado.

—Sí, lo sé. ¿Pero qué puedo hacer con mi mente que me traiciona? Contestó Eva.

—Usted debe recibir tratamiento psiquiátrico con un psicoterapeuta adecuado hasta que se recupere. ¿Tiene tiempo para hablar conmigo? Porque yo estoy disponible hasta dentro de dos días, dijo Rosenberg.

—Sí, tengo tiempo. Usted es un ángel doctor Rosenberg.

—Quizás Jehová le ha enviado un ángel para que siga el buen camino señora… No sé cómo usted se llama, dijo Rosenberg.

—Eva Baumann ese es mi nombre y con tranquilidad acompañó al doctor Rosenberg hasta su auto y se perdió con él en la noche.

En la casa Louis se había quedado perplejo con la reacción de Eva. Qué le pasaba a esa mujer que salió por la puerta y llevaba más de seis horas fuera de su hogar. La relación matrimonial con Eva Baumann era un suplicio para Louis. La mujer siempre tenía un misterio y una reserva con sus sentimientos, solo con Kornilov era abierta y confiada. Respecto a él, Eva era una mujer que no le demostraba ningún trazo de ternura y cariño en su vida diaria. Cuando quería tener sexo con él, se comportaba como una zorra vulgar y barata. Estaba harto de ella, si no se divorciaba de Eva era porque no le convenía a los intereses de la familia y no quería arruinar la imagen de pareja perfecta que mantenían ante la sociedad.

Louis caminó hacia el cuarto de servicio, abrió la puerta y despertó a Betty.

—Ven conmigo, le dijo a la muchacha, que llorosa le contestó:
—Por favor, señor Baumann no me obligue a tener relaciones con usted, tengo mucho dolor en el bajo vientre. Me siento la barriga hinchada. Por favor, no me obligue.
—Vamos muchacha, dijo Louis tomando a la mujer por el brazo y arrastrándola hacia la biblioteca. Cerró la puerta y miró a la joven: Estás más llenita, parece que la estancia en esta casa te está viniendo bien.
—Señor Baumann hace tres meses que no tenga mi regla, creo que estoy encinta, dijo la muchacha entre sollozos.
—¿Que estás diciendo? Dijo Louis molesto por la confianza que se tomaba la joven. ¿Cómo te atreves a decir una cosa así?
—Ponte boca abajo, muchacha.

Louis penetró a la mujer con fuerza. Si estaba encinta no iba a poder aguantar un trato como este. Volvió a penetrarla una y otra vez. Cuando ya el hombre no podía seguir se percató de que la muchacha yacía inconsciente sobre el sofá. Louis asustado tomó los signos vitales de la joven. La niña estaba viva, pero sangraba profusamente, llamó a Pancho por teléfono…

En un par de minutos el chofer estaba en la biblioteca. Pancho miraba espantado el cuerpo de Betty lleno de sangre.
—¿Que le ha hecho a la niña, patrón? Nada, ella está viva. Llévala al hospital, te daré $500.00 dólares, pero no hables de esto con nadie, contestó Louis.

Pancho tomó a la prima en brazos y metiendo a la mujer en el carro guió hasta llegar al hospital hebreo y la dejó arriba de una camilla en la sala de emergencia.

Betty se había despertado, le habían puesto un suero y estaba en el área de recuperación.
—¿Que me ha pasado? Preguntó la muchacha mirando a la mujer que tenía al frente.

—Soy la doctora Shapyro. Dime, hija... ¿Quién te ha hecho todo este maltrato?

—No lo puedo decir, lo siento, no sé quién fue, contestó Betty.

—Mira querida, tuviste una hemorragia y además has perdido a tu bebé. Tendré que dar parte a la policía. Porque sospecho que fuiste víctima de una violación, contestó la mujer.

—No doctora, nadie me ha violado. Yo estaba limpiando en la casa donde trabajo y me caí por las escaleras. Soy sirvienta y no puedo perder mi trabajo, porque me tendría que ir a vivir a la calle. Yo soy muy pobre y no tengo dinero, ni familia, ni a nadie en la vida. Por favor, deje que me vaya, imploró la muchacha.

—Está bien, contestó la doctora Shapyro. Llamaré a tu primo que está en la sala de espera. Pancho entró y miró con asco a Betty. Que puta había salido la niña, razón tenía el tío Felo, que la guajirita le iba a traer problemas con la familia Baumann. Ayudó a la mujer a subir al carro y la llevó hasta casa de la familia Baumann.

Louis estaba esperando a Pancho.

—Toma, esto es tuyo, dijo entregando un fajo de billetes a Pancho que se deshizo en agradecimientos a Baumann. Después, Louis llamó a Juanita y le dijo:

—Necesito que vengas unos días a la casa porque la cocinera está enferma. Parece que son cosas de mujeres. ¿Puedes venir esta misma noche?

—Ahora salgo para allá señor Baumann.

Las horas pasaban y ya había amanecido, pero Eva no aparecía por la casa. Louis estaba atrasado para llegar a su oficina cuando el teléfono sonó.

—Hola Louis, soy yo, Eva. Te llamo para decirte que necesito espacio y tiempo para pensar en nuestra relación. Me voy un tiempo de la casa, cuando esté lista para volver me comunicaré contigo. Por favor, no me hagas preguntas. Adiós, querido mío.

Louis ni contestó a una sola de las palabras de su mujer. Tomó su maletín y llamó al chofer para que lo llevara a la oficina. Después de la llamada de Eva se sentía aliviado, como si le hubieran quitado una loza el pecho. Maldita loca, ojalá se tomara unas buenas vacaciones y lo dejara tranquilo durante algunos meses. Ah, Pancho, de lo de ayer, ni media palabra, dijo Louis.

—No me acuerdo de nada importante que haya pasado ayer, señor Baumann, contestó el chofer.

Cuando Louis llegó a su oficina se sentía satisfecho. Todo se había resuelto, por un momento se asustó con esa pobre muchacha, pensó que Betty se moría. En lo sucesivo, tendría que ser más cuidadoso con ella. Al fin y al cabo, la muchacha le satisfacía su apetito sexual sin salir de su propia casa, evitando tener que ir a buscar sexo en la calle con una desconocida. Pensó tener un detalle con la joven, un poco de dinero le vendría bien y así se mantendría calladita. Louis pensó que si su padre se enteraba de lo que había hecho con Betty se escandalizaría e incluso podría expulsarlo de la presidencia de su empresa. El recuerdo de su padre despertó en él, un sentimiento de repulsión a hacia si mismo. No podía seguir guiando a su familia después de lo que había acabado de hacer. ¿Abusar de una niña? ¿En que se había convertido? En un hombre despreciable y sin moral. Nunca hubiera pensado en su vida que algún día se avergonzaría de sí mismo como lo estaba haciendo ahora.

Raoul y David acababan de llegar al despacho de Louis.

—¿Cómo estás hermano? preguntó Raoul.

—Yo estoy bien, pero mi mujer está tomando unos días de descanso en un balneario de Palm Beach para recuperarse de un estado de depresión que viene sufriendo hace meses.

—Se lo que es eso, pues Dulce también pasó lo suyo con el problema de Cuba, contestó Raoul.

—Mira Louis, vine con David a decirte que ya podemos empezar a levantar la torre. Todo el lecho de cimientos se completó y el edificio va para encima. ¿Qué te parece?

—Una maravilla Raoul. La verdad que eres tremendo ingeniero, dijo Louis complacido tratando de quitarse de la cabeza el remordimiento que lo invadía cada vez más fuerte. Se recostó en la mesa y trató de que los demás no se dieran cuenta de su estado emocional.
—Eso no es todo, intervino David. Hay tantas solicitudes para comprar apartamentos en ese edificio que tenemos una lista de espera de más de mil personas.
—Pues, exige a todo el que esté cualificado un depósito del 20% del valor de la propiedad. Prepara el contrato con Cohen, necesitamos agarrar a esos clientes, para poder empezar un nuevo proyecto, dijo Louis.
—Pero, ¿tan pronto? Dijo Raoul.
—Si, somos los reyes de la construcción en Miami y no podemos dejar que otro contratista nos salga al paso, contestó Louis. A mí me gustaría levantar un edificio de apartamentos de lujo al lado del Voda Building y quiero que desarrolles unos bellos jardines interiores con fuentes y muchos espacios para boutiques exclusivas en el lobby. Mira Raoul, vamos a brindar por las buenas noticias. De inmediato, Louis saco una botella de whiskey de la gaveta. La abrió con cuidado y se sirvió un trago abundante y después otro ante la mirada atónita de Raoul y David que para no desentonar también se sirvieron sendos vasos del licor. Brindemos por nosotros repitió Louis sacando fuerzas y pasó su brazo sobre los hombros de su hermano.

Raoul sintió el cuerpo de Louis temblando, lo abrazó con toda su fuerza y para evitar un desahogo inoportuno delante de David, comentó:
—Nos tenemos que ir hermano, te veo mañana. Recuerda que te quiero, nunca lo olvides. Te quiero mucho y te necesito.

Tras abandonar la oficina, Raoul y David se miraron y permanecieron callados. David rompió el silencio y exclamó:
—Mira mi hermano, te voy a decir una cosa. El matrimonio de Louis anda mal y la cosa es seria. Este Louis que dejamos en la oficina no es el hombre que yo conozco.

—Lo sé David. Yo también estoy preocupado, cada día que pasa encuentro a mi hermano más y más cambiado y no para bien por desgracia para todos nosotros.

NOVENO MANDAMIENTO
No consentirás pensamientos o deseos impuros (Éxodo 20:17).

Había pasado más de tres meses desde que Eva e Hilda habían hablado acerca de la educación de Betty y todavía la muchacha no había venido ni un solo lunes a comenzar su proceso de alfabetización. Sabía que Eva continuaba internada en la clínica de rehabilitación y hasta el momento no tenía una fecha de alta. Hilda pensó que parecía mentira que una mujer con tantos atributos como Eva estuviera travesando una depresión nerviosa. Quizás el problema lo venía arrastrando hacía tiempo y ahora fue cuando decidió enfrentar su situación con un buen tratamiento médico. No podía evitar que se sintiera culpable al recordar cómo había tratado a esa mujer cuando vino a visitarla a su casa después de la boda. Hilda pensó que debería comunicarse con Louis y hablar con el del compromiso que había acordado con Eva de brindarle ayuda a Betty para que aprendiera a leer y escribir. Le diría a Louis que mientras Eva estuviera hospitalizada ella misma recogería a Betty los domingos en la tarde para que el lunes pudiera trabajar con la muchacha todo el día y en la tarde la entregaría a casa de los Baumann nuevamente.

Al mediodía del domingo Hilda se dirigió a casa de Louis y cuando llegó a la residencia se estacionó en la parte de atrás para poder entrar por la cocina y sorprender a Betty con la noticia. Hilda encontró a Juanita y le preguntó por Betty.

La mujer hizo un gesto de desagrado al oír el nombre de la joven y contestó:

—Debe estar recogiendo la bandeja del almuerzo del patrón.

—Mírela ahí señorita, dijo la mujer, señalando con un mohín de cabeza a la joven que entraba por la puerta.

—Dios mío, Betty estás un poco demacrada, dijo Hilda mirando a la niña. ¿No crees lo mismo, Juanita? dijo Hilda asombrada al mirar a Betty que se veía más delgada de lo usual en ella.

Juanita no contestó, pero miró con desprecio a la muchacha que tenía la mirada fija hacia el piso. Hilda sintió que algo no estaba bien en esa casa y que el problema se relacionaba con la guajira.

—Acompáñame al jardín, dijo Hilda tomando a Betty por el brazo.

—Quiero que me digas ahora mismo que te han hecho en esta casa. ¿Eva te ha maltratado? preguntó Hilda a la pobre muchacha.

La muchacha negó con la cabeza mirando a todos lados.

—¿Los sirvientes te han estado molestando?

La muchacha seguía negando con un movimiento de cabeza.

—¿No será Louis el que te maltrata? Preguntó Hilda dudando que Baumann fuera capaz de maltratar a alguien.

La muchacha seguía mirando hacia el piso, pero Hilda pudo notar que tenía los ojos llenos de lágrimas.

—Ayúdeme señorita Hilda a buscar trabajo en otra casa, dijo la joven con un esfuerzo para que le salieran las palabras porque tenía un nudo en la garganta y estaba muy alterada.

—Mira niña, espérame en el patio y no te muevas de aquí. Hilda regresó a la cocina y encontró a Louis hablando con Juanita.

—Hola Louis. Vine a recoger a Betty hoy domingo como había acordado con tu esposa. Mañana comenzaremos su proceso de alfabetización y a las ocho de la noche la traeré de regreso a esta casa.

—Saludos, mi querida Hilda. Me agrada que hayas venido a visitarnos. ¿Quieres tomar un aperitivo conmigo en la sala y así podemos conversar un rato? Contestó Louis.

—Lo siento, Louis, tengo asuntos pendientes que me esperan. Solo vine a cumplir con el compromiso espiritual que hice con tu esposa y que para ella era muy importante ayudar a esta muchacha, dijo Hilda con firmeza.

—Pues lo siento, Hilda, pero esta joven es menor de edad y está bajo la responsabilidad de mi esposa y mientras ella esté hospitalizada, Betty no puede salir de esta casa, dijo Louis con amabilidad mirando a Hilda y deseando acabar esa conversación.

—¿Acaso desconfías de mi persona, Louis? ¿Piensas que yo podría perjudicar a esa muchachita? Nada más lejos de eso, tu esposa y yo la queremos ayudar. Por lo menos, deja que me reúna con ella un rato para evaluar su conocimiento general y ver como en un futuro cercano la podemos ayudar, siguió insistiendo Hilda ante la negativa de Louis de que Hilda se acercara a la muchacha.

—Francamente, Hilda, nosotros no te estábamos esperando hoy y necesitamos a Betty en la casa. La pobre Juanita no da abasto con tanta responsabilidad así que deberás esperar a que Eva regrese y ponerte de acuerdo con ella para el asunto de la criada. Si no necesitas nada más de mí, me retiro a la biblioteca porque tengo mucho trabajo.

—Pues adiós, Louis, dijo Hilda conciliatoria. Como quiera que sea, me voy a quedar un rato hablando con tus sirvientas. Pero descuida, esperaré que regrese Eva a la casa para el asunto de Betty.

—Está bien Hilda, eso espero. Nos vemos querida, contestó Louis.

—Por favor Juanita, prepárame un té y dile a Betty que me lo traiga a la biblioteca, dijo Louis despidiéndose de Hilda.

—Sí, señor Baumann, contestó la mujer mirando a Hilda con un gesto de disgusto en la cara.

—Por favor, Juanita, necesito que me sirvas un café aquí en la cocina porque estoy un poco mareada, dijo Hilda pasando el brazo por la espalda de la cocinera y fingiendo un mareo se recostó de ella.

—¿Está a dieta señorita Hilda? Vaya y coja un poco de fresco, por favor. No queremos que se vaya a desmayar, dijo Juanita.

La cocinera, aunque renuente, pero ansiosa por salir de la presencia de Hilda en la casa se apresuró a colar café para Hilda y esta aprovechó para ir al jardín donde la esperaba Betty que nerviosa le preguntó:

—¿Me voy con usted, señorita?

—¿Quieres venir conmigo? Contestó Hilda

—Sí, es lo que más quiero en el mundo, salir de esta casa. Trabajaría por casa y comida, igual que aquí. No le daría ningún problema se lo juro señorita Hilda, dijo la muchacha con los ojos llenos de lágrimas.

Hilda estaba asombrada de la situación que estaba atravesando Betty. Que le podían haber hecho a esta muchacha para que ella estuviera tan afectada y Juanita quisiera disimular como si no pasara nada con la niña. Se le pasó una interrogante por la cabeza.

—¿Acaso estaban abusando de la niña, pero quién? No podía haber sido Louis. ¿Pero, y si lo había hecho? Por algo no quería que me llevara a la niña de la casa, para que no hablara. Maldito idiota, Louis estaba abusando de Betty, para satisfacer sus deseos sexuales. De la misma manera que se acostó con ella, estaba satisfaciendo sus necesidades con la huérfana sin ninguna trascendencia real para el cómo ser humano.

—¿Ese hombre ha abusado de ti Betty? Dime la verdad, porque si fue así, no te voy a dejar sola en esta casa. Vendrás conmigo, así mismo, como estás vestida ahora. Después veremos cómo enfrentamos la situación.

La niña bajó los ojos.

— No me tienes que decir más nada. Rápido, vamos a mi carro, dijo Hilda con las llaves en la mano.

En minutos Hilda estaba guiando por la calle Flagler para coger la autopista hacia Homestead y llegar a su casa en los cayos. Betty a su lado lloraba amargamente con la cara entre las manos sin mirar a Hilda.

—Te voy a decir algo Betty. Yo soy una mujer fuerte e independiente, no le tengo miedo a Louis Baumann en lo absoluto. Nunca hubiese pensado que ese hombre se degradara al extremo de abusar de una pobre niña indefensa como tú. Aunque pensándolo bien, lo que a ti te ha pasado no es extraño, porque Louis es un hombre que mide a las personas por la posición social que ocupan en la sociedad y alguien como tú o como yo no somos candidatas para que el señor Baumann nos considere como unas posibles compañeras sentimentales. A personas como nosotras, Louis Baumann las utiliza para su provecho sin ningún remordimiento, como si esa relación de patrón empleado es lo que por naturaleza nos corresponde en la vida. Para Louis Baumann nosotras somos personas que estamos a su disposición y somos desechables y por eso estás pasando por esta triste situación. Ahora, yo te digo una cosa, ese hombre está bien equivocado. Los Baumann ya no están en Cuba, esto es una tierra de libertad y aquí no hay esclavos, dijo Hilda conteniendo el rencor que sentía contra Louis y su familia.

Cuando las dos mujeres llegaron a la casa, se acomodaron en la sala. Betty se sentía en la gloria, tan feliz de hallarse lejos del ambiente hostil de la casa de los Baumann, que se arrodilló en el suelo y comenzó a rezar:

—Virgen de la Caridad del Cobre deja que me quede en esta casa, por favor virgencita.

Hilda había estado preparando una jarra de chocolate caliente en la cocina, venía con una bandeja cargada de bizcochos y dos tazas de la caliente bebida cuando encontró a la muchacha arrodillada en el suelo. Le sirvió una taza a la muchacha que se la tomó con gusto y después le sirvió otra.

—Parece que tienes apetito, ese chocolate está preparado al estilo Cubano, bien espesito con leche evaporada y su poquito de mantequilla para darle gusto. Así lo hacía mi mamá bien espeso y sabroso, decía Hilda sirviendo otro pedazo de bizcocho. La muchacha la miraba agradecida como un perro que lo acaban de salvar de la calle.

—Bueno, ya es hora de que me cuentes todo lo que te ha pasado en esa casa. Tienes que ser muy fuerte y decirme la verdad, sin ocultarme nada, para poder defenderte y lograr que te puedas mudar conmigo a esta casa, dijo Hilda con firmeza

Betty empezó su triste relato, entre sollozos y llantos la muchacha iba narrando como había sido abusada sexualmente por Louis en innumerables ocasiones contra su voluntad. La muchacha fue descriptiva en detalles que le provocaban ansiedad y tenía que parar el relato para sofocar el llanto que le provocaban los recuerdos. En un momento en que la joven estaba relatando el episodio donde había tenido una hemorragia en medio de un encuentro sexual con Louis se llevó las manos al pecho y comenzó a quejarse de dolor.

—Tranquila Betty, dijo Hilda abrazando a la muchacha que tenía los ojos rojos de tanto llorar.

—Perdí un bebé ese día señorita Hilda, dijo la muchacha y creo que estoy encinta otra vez.

—¿Qué dices mi niña? Por eso es que te ves tan demacrada y con todo y eso, todavía sigues como una esclava en esa casa. ¿Cuánto te paga la familia Baumann por tu trabajo? preguntó Hilda.

—No lo sé señorita. Nunca me han dado dinero. Quizás es que le pagan algo a mi tío Felo, dijo Betty.

—Estoy asombrada por todo lo que me has contado. Bueno, es que no lo puedo ni creer, que hoy en día esté pasando algo así en los Estados Unidos. Ahora te pregunto yo a ti, mi niña: ¿Qué vas a hacer con tu segundo embarazo? preguntó Hilda.

—No sé. ¿Qué puedo hacer? dijo la muchacha abatida mirando a Hilda. ¿Qué hago señorita Hilda? Yo nunca hubiera querido estar en esta situación.

—¿Usted me cree? Yo no soy una perdida, es que no he podido hacer nada para evitar lo que me ha pasado, dijo Betty.

—Claro que te creo, han abusado de ti porque eres una inocente muchacha y eso es lo que más me molesta, dijo Hilda pensando en Louis con rencor y deseos de venganza.

—Se me ocurre que pongamos tu problema en las manos de Jehová para que el Señor nos guíe por senderos seguros hacia sendas de verdad, dijo Hilda. Mañana iremos a primera hora de la mañana al Hospital Hebreo para que te hagan una evaluación médica y a partir de ahí decidiremos el rumbo a tomar.

—Como tú ya no vas a volver a casa de los Baumann, tendremos más tiempo para tu educación. Hoy te voy a enseñar unos libros de cuentos que utilizo en la escuela con mis alumnos más pequeños. Podrás ver que cada página empieza con una vocal y un dibujo relacionado a esa letra. Empezaremos tu educación utilizando el sistema del juego y la imaginación. Te aseguro que estarás leyendo y escribiendo en un par de meses y después yo misma te prepararé para que tomes estudios libres en mi casa con la idea de sacar tu primer diploma de estudios superiores en los Estados Unidos terminó diciendo Hilda muerta de la risa al ver a Betty tan contenta y agradecida con la oportunidad que le estaba ofreciendo de empezar una nueva vida.

Betty levantaba las manos al cielo y le daba gracias al Señor. ¡Bendita sea señorita Hilda!, no deje que me lleven a esa casa, decía la muchacha conmocionada hasta las lágrimas.

—Bendito sea Jehová que me llevó hasta casa de los Baumann para rescatarte de la esclavitud que tenían contigo, dijo Hilda a la muchacha. Fui hasta allá guiada por una voz que durante días me decía que tenía que darle seguimiento al deseo de ayudarte de Eva.

—Señorita Hilda, interrumpió la joven: Usted no sabe el miedo que yo he pasado durante todos estos meses expuesta a la voluntad del señor Baumann. Yo no sabía qué hacer, no me atrevía ni a quejarme porque Juanita me trataba muy mal y mi familia no me quiere. Además, señorita Hilda yo he visto cosas del demonio en esa casa.

—¿Qué cosas tú has visto? Dime Betty, puedes confiar en mí, dijo Hilda tomando las manos de la muchacha.

—Mire señorita el día que llegaron de la boda el señor y la señora Baumann, la señora Baumann se desnudó en lo alto de la escalera delante de nosotros los criados. Yo misma tuve que recoger el vestido de novia del rellano de la escalera. Otro día, recibió a dos empleados en su dormitorio y dice Juanita que se acostó con ellos, dijo Betty mirando asustada a Hilda. Además, cuando el señor Baumann me obligaba a tener relaciones con él, la señora estaba en la casa. Con decirle que yo llegué a tener miedo de los dos.

—Ahora entiendo el carácter torcido de Eva, ella es una pervertida sexual y Louis se ha contaminado con la maldad de esa mujer. Qué horror has tenido que pasar en esa casa mi niña, pero eso se acabó, ahora estás a salvo conmigo y con Dios que todo lo ve.

—¿Cuál es tu nombre completo? Preguntó Hilda abrazando a la joven.

—Yo me llamo Betty y mi madre era una guajira de Matanzas. No tengo fe de bautismo porque nunca me bautizaron al no tener apellidos. Ella murió en Matanzas dicen que de tuberculosis y yo me crié en la hacienda Koba recogida por la familia de Felo. Hace unos años llegamos en un bote muy grande a Miami a trabajar en la finca agrícola del señor Alejandro en Homestead, hasta que hace un año o algo más, el tío Felo me colocó en la casa del señor Louis Baumann.

—Por lo que veo, dijo Hilda tendré que consultar tu caso con un abogado, porque no tienes apellidos y eres menor de edad. Aunque creo que cuando seas madre ya adquieres el status de adultez. De lo único que estoy segura es que no voy a permitir que un hipócrita como Baumann abuse de una huérfana de 13 años como si fuera una esclava de su propiedad.

En mi angustia invoqué a Jehová, y clamé a mi Dios. El oyó mi voz desde su templo. Tronó en los cielos Jehová y el Altísimo dio su voz. Granizo y carbones de fuego, envió sus saetas, Lanzó relámpagos y los destruyó (18.6-8, 13,14.)

En la casa Louis estaba en un estado de desesperación total. Miraba a Juanita molesto porque la criada no había podido impedir que Hilda se llevara a Betty.

—¿Cómo has podido dejar salir a esa muchacha sola sin ninguna protección? ¿Qué le voy a decir a mi mujer cuando me pregunte por ella o a su tío? Esta Hilda siempre ha sido tan impulsiva y alocada que no le importa faltarme el respeto en mi propia casa. ¿Que se cree esa mujer que puede entrar en esta casa y llevarse mi empleada sin mi autorización? ¿Cómo es posible que Hilda se haya atrevido a entrar en mi hogar y atentar contra mi autoridad y mi poder? Pues no es así y se lo voy a demostrar ahora mismo, dijo Louis tomando las llaves del carro.

—Señor, por favor, no vaya a buscarse problemas con la señorita Hilda, intervino Juanita frenando con sus brazos a Louis. Ella es una mujer de armas tomar y le provocará un escándalo, es capaz de llamar a la policía. Usted no la conoce, Hilda siempre ha sido tremenda y le forma un lío a cualquiera. En la Habana tenía fama de Revolucionaria y tiene el temperamento para enfrentarse a usted y a cualquiera. Si usted trata de controlar a Hilda solo logrará lo que ella está buscando que es dejarlo en evidencia y al final usted estará perdiendo mucho en este asunto, dijo la sirvienta asustada ante la situación que había provocado Hilda.

—Deje que la niña Betty se vaya y olvide todos los problemas que esa muchachita ha traído a esta casa. Por favor, señor, no vaya a enfrentar a Hilda que se va a meter en un lío tremendo con esa mujer.

—Tienes razón Juanita, Hilda es una persona temperamental y no tiene nada que perder y mucho que ganar. Me doy cuenta que me tiene rencor y lo entiendo. En estos momentos lo mejor es guardar la prudencia, dijo Louis atormentado por la situación que se le había salido de las manos.

No seguirás a los muchos para hacer el mal,
Ni responderás en litigio a los más para hacer agravios (Éxodo: 22,23).

Hilda estaba esperando que el médico acabara la evaluación de Betty. La muchacha llevaba toda la mañana en la clínica, le habían hecho análisis de sangre y placas de pecho, la doctora parece que la recordaba del día que llegó con síntomas de aborto.

La doctora Shapyro salió a ver a Hilda. ¿Esa joven es su hermana? Preguntó.

—Si, es mi hermana. ¿Cómo está ella, doctora?

—Pues el embarazo parece estable. La muchacha tiene una anemia muy peligrosa y está baja de peso. Las placas salieron negativas, por lo menos no tiene tuberculosis que era mi mayor temor al verla tan demacrada. Tiene que descansar y llevar una dieta nutritiva para recuperar la sangre que perdió en su último embarazo. La última vez que estuvo en este hospital tenía una hemorragia que le provocó que perdiera el bebé que llevaba en su vientre. Sospeché en ese momento que abusaban sexualmente de ella y ahora está al parecer en la misma situación. Necesito que me explique lo que está pasando o tendré que reportar el caso a servicios sociales.

Hilda se sentó con la doctora Shapyro y con lujo de detalles le contó todo el infierno que la muchacha había pasado. Le habló de la enfermedad mental de Eva y la ilusión que tenía antes de ser hospitalizada de ayudar a Betty.

—Por favor, doctora Shapyro, deme la oportunidad de ayudar a esta joven. Si se la entregamos a su familia la van a enviar de nuevo con Louis Baumann y la habremos perdido para siempre, dijo Hilda. Le prometo mantenerla informada de los progresos de Betty, me hago responsable de ella y de su bebé.

—Bueno Hilda, estoy de acuerdo con usted. Esta joven es una infeliz que nadie le ha dado un poco de cariño. Cuente conmigo para ayudar a Betty y no dude en llamarme si Baumann intenta presionarla, dijo la doctora Shapyro.

Yo la bendeciré y por medio de ella te daré un hijo.

Tanto la bendeciré, que será madre de naciones y de ella surgirán reyes de pueblos. Génesis 17:1

Amo a Jehová, pues ha oído mi voz y mis súplicas; porque ha inclinado a mí su oído y, por tanto, le invocaré en todos mis días. Me rodearon ligaduras de muerte. Me encontraron las angustias del Seol; angustia y dolor había yo hallado.

Entonces invoqué el nombre de Jehová diciendo: Oh Jehová, libra ahora mi alma (Salmo 116).

En el hospital Eva se iba recuperando lentamente, la mujer ansiaba que llegaran los lunes y los miércoles para recibir terapia con el doctor Rosenberg. El médico había ganado toda la confianza de Eva al extremo que ella le había contado todos los pormenores de su violación en Cuba. Paul la había confrontado con sus miedos a través de regresiones al pasado de las que había salido airosa. Ahora Eva podía recordar los hechos del asalto a la tienda de su padre y la muerte de este a manos de Vicente con objetividad sin sentir culpa por lo que había pasado. Paul acababa de llegar a la habitación y a Eva se le iluminaron los ojos al ver al galeno.
—¡Hola Eva! Dijo Paul acabo de tener una reunión con el doctor Kornilov y estamos satisfechos con los logros que has alcanzado. La psicoterapia y la hipnosis son técnicas valiosas en el tratamiento de la depresión. Nosotros coincidimos en que tú no tienes una enfermedad mental severa, la condición por la que tú estás atravesando es una ansiedad post traumática que ha surgido a causa de un evento que no habías podido superar. En estos momentos, tú has alcanzado la capacidad de poder hablar sin alterarte del pasado que te atormentaba, pero todavía tienes algo de depresión que puedes seguir tratando desde tu casa. Pero ya llevas cinco meses en el hospital y creo que debes tener deseos de volver a tu hogar.

Eva pensó que esos cinco meses habían sido el mejor tiempo de su vida, había recuperado la cordura y sentía aprecio por Alek y por Paul que tanto la habían ayudado. Valió la pena el sacrificio, pero lo había logrado. No la aterrorizaban los recuerdos, pero todavía se sentía rara, había algo en ella que todavía no le permitía llegar a un estado de normalidad total. Quería ser de utilidad para alguien, tener un propósito en la vida. Recordó a su marido, Louis no había venido por el hospital en todo este tiempo, había sido mejor así, porque no tuvo que fingir como siempre ante él y pudo dedicarse a su propia recuperación. Pensó en la guajirita y en la promesa que le había hecho a la muchacha, ahora cuando la dieran de alta se ocuparía de ella y la ayudaría como estos médicos la habían ayudado a ella.

Sin embargo, Endre la había estado visitando con regularidad en el grupo de psicoterapia invitado por el doctor Kornilov. Endre Guttmann ofrecía charlas a los pacientes del hospital hebreo acerca de la posibilidad de la recuperación espiritual a través del perdón. Eva había quedado fascinada por el verbo de ese hombre, que como un santo hablaba de la misión del pueblo hebreo, de la culpa y el perdón. Kornilov y Endre eran muy amigos y mantenían una relación profesional encaminada a recordar a las víctimas del holocausto del pueblo hebreo a la que se estaba incorporando el doctor Rosenberg.

—Te voy a dar de alta y te voy a estar viendo todos los meses, dijo Paul. Además, vas a tener que seguir asistiendo al grupo de psicoterapia que se reúnen los martes y los jueves en el hospital. Como sabes, tanto el doctor Kornilov como yo, somos enemigos de la medicación que solo conduce a la adicción.

—Acuérdate lo que dice Kornilov, hay que dominar los demonios internos con oración y buenas obras, dijo Paul.

—Claro que sí, el grupo de psicoterapia es lo que me ha devuelto a la vida, contestó Eva.

—¿Solo el grupo de psicoterapia? dijo Paul con una risita.

—Bueno, la psicoterapia me ha ayudado, pero también la aceptación y el amor de todos ustedes, contestó Eva.

Por primera vez en muchos años, Eva se sintió feliz. Había encontrado personas que habían pasado por situaciones similares a la suya y se habían recuperado a través de la oración y el perdón. Pensó que Endre se parecía mucho a ella, ambos habían pasado por situaciones donde habían sido víctimas de escarnio y la humillación y se habían recuperado del dolor que eso les ocasionaba. Los iba a extrañar, principalmente, a Endre del que estaba agradecida por salvarla de la muerte cuando la rescató de aquel camión en el que la había abandonado Vicente en Cuba.

Para Eva, Alek, Paul y Endre eran ángeles enviados por Jehová a la tierra para darle una segunda oportunidad a un ser imperfecto como ella. Qué equivocada había estado con todas las cosas que había experimentado, el sexo, el alcohol, el odio a sus semejantes. A pesar de todo eso, el Señor la había visitado y le había dado una vida nueva y su obligación era seguir la palabra y ser una Judía devota

Eva llamó a su marido. Louis estaba en la casa desayunando para salir a la oficina.

—Señor Baumann, la señora Eva al teléfono, dijo Juanita.

—Hola, Louis. Me han dado de alta. Quiero que me vengas a buscar, dijo Eva contenta de regresar a su casa.

—Cariño, qué alegría me das…. Cuando Pancho me deje en la oficina le diré que vaya a buscarte al hospital. Te veré en la noche.

Louis colgó. Ya su mujer estaba de regreso. Rogó porque estuviera cuerda y pudieran reiniciar su vida normalmente. En fin, que iba a hacer, Eva era su esposa y él tenía que cumplir con sus obligaciones. Ya veríamos que se traía ahora…

Eva pensó que Louis se iba a poner más contento con la llamada, pero pensó que así era su marido, medido en sus palabras y correcto en toda ocasión. Quién era ella para quejarse de un hombre como Louis que era perfecto en su totalidad. Estaba ilusionada con volver a la casa y ver a su marido y demostrarle que ella era una mujer nueva y que podía hacerlo feliz.

Pancho la había ido a recoger a las 10: 00 a.m. y Eva le pidió que se detuviese en una pastelería allí compró unas deliciosas trufas de chocolate y se las fue comiendo en el carro hasta que llegó a la casa.

Juanita estaba en la cocina preparando ensalada de papas y cordero asado.

—Bienvenida señora. Estábamos locos de alegría cuando nos enteramos de que usted volvía a la casa.

—Gracias Juanita. Me voy a cambiar de ropa y después quiero que me sirvas jugo y emparedados en el jardín.

—Si señora. En diez minutos le tengo su merienda en la terraza, contestó la sirvienta.

Eva se dio un largo baño con un delicioso gel de almendra que le enviaban desde Israel. Dios mío, cómo podía haber sido tan loca y no haber dado gracias a Jehová por todas las bendiciones que había recibido.

Salió del baño y se arrodilló. Gracias Señor por tus bendiciones. Eva salió al jardín y miraba las flores y los árboles, era como si no los hubiera visto antes. Se sentía tan feliz y agradecida que se volvió a arrodillar y agradeció a Dios nuevamente por los milagros diarios de la vida.

Eva se dirigió a la cocina. ¿Dónde está Betty? Preguntó Eva a Juanita.

—No lo sé, creo que anda por casa de la señorita Hilda trabajando para ella, pero no me haga mucho caso, dijo Juanita.

—¿Pero cómo que se ha ido con Hilda? No lo entiendo, contestó Eva.

—Pues, creo que sí, mi señora. La señorita Hilda le ofreció empleo y Betty quería un cambio de ambiente, ya lleva meses por allá. Yo no la he visto más, ni quisiera que volviera porque era una mala empleada, dijo Juanita.

—Bueno, la muchacha era algo torpe, contestó Eva. Pero, por eso, yo la quería ayudar. Es tan joven que yo creo que puede tener una oportunidad en la vida.

—Esa niña no se merece oportunidades, es vaga y traicionera, dijo Juanita. Señora, por favor, no la traiga de nuevo para la casa. Al señor no le gusta como esa muchacha trabaja y al patrón hay que tenerlo contento porque él es un santo.

—Tienes razón, Juanita. Yo debo ocuparme de mi esposo como es mi obligación y así lo haré, dijo Eva complacida y abandonando la cocina se dirigió a su cuarto a prepararse para la cena.

Louis llegó a las 6:00 de la tarde. La mesa del comedor estaba puesta con el mejor mantel y Juanita había preparado un estofado de cordero delicioso que el matrimonio disfrutó con deleite.

Eva se había vestido de manera muy sencilla, contrario a su costumbre de arreglarse excesivamente. El cambio le había beneficiado y se veía radiante con un maquillaje suave y un vestido azul pálido que resaltaba sus bellos ojos.

Tras la cena, Louis se acercó a ella y tomando sus manos las besó con delicadeza.

—¿Cómo te sientes Eva querida?

—Con ganas de vivir Louis contestó Eva.

—Intentaremos ser felices mi querida Eva, dijo Louis, ofreciendo el brazo a su mujer y abandonaron la sala.

Cuando llegaron al dormitorio, Eva se despojó de su ropa y quedó completamente desnuda. Con coquetería la mujer se sentó en el alfeizar de la ventana logrando que la luz de la luna se reflejara sobre su cuerpo

—Eva, quiero que sepas que voy a hacer todo lo posible para que seas feliz, dijo Louis que camino hacia su mujer y tomando su cuerpo en brazos la depositó en el lecho matrimonial.

Eva y Louis hicieron el amor varias veces. Eva se dejaba amar por Louis que besaba todo su cuerpo con deseo, pero pensaba en Alek y en el apoyo que Endre que recibió con sus visitas durante su estadía en el hospital. La mujer centró su pensamiento en aquel hombre que había conocido en las terapias y su cuerpo estalló en una pasión indescriptible. Estaba teniendo sexo con Louis, pero en su corazón y en su alma estaba haciendo el amor con Endre. Se sintió culpable y recordó las palabras de Kornilov: Eva haz el bien...domina tus demonios internos y no caigas en nuevas tentaciones.

Louis abrazó a su esposa con ternura y la besó en los labios. Habían hecho el amor toda la noche y se sentía esperanzado de retomar su relación. Eva se había quedado dormida entre sus brazos mientras él le besaba el cabello. De momento pensó en el problema de Betty y se entristeció pensando como en algún momento tendría que enfrentar la situación y contar toda la verdad a su esposa.

A la mañana siguiente, Louis se despertó muy temprano, pero esperó que su esposa se levantara. Sentado en la butaca del dormitorio con una taza de café en sus manos pensaba que debía comunicarle lo antes posible a su esposa el problema que había tenido con Hilda a su esposa antes de que ambas mujeres se reunieran y llegaran a conclusiones equivocadas.

Eva se despertó y se sorprendió de ver a Louis observándola desde el otro lado del dormitorio.

—Tenemos que hablar Eva. Tú y yo necesitamos tener una larga conversación para aclarar nuestra situación conyugal. Entre nosotros no puede haber secretos, sería demasiado peligroso para los dos y para nuestros intereses sociales y económicos. Quiero que estés consciente que somos la cabeza de una familia que maneja un imperio financiero, por lo que si queremos que nuestro matrimonio dure tenemos que tener confianza el uno en el otro, dijo Louis mirando con firmeza a Eva que evadía su mirada.

—Mira Louis, dijo la mujer mirando a su marido: yo me casé contigo porque pensé que ese era nuestro destino y lo que nuestras familias esperaban de nosotros. Creo que tomamos una buena decisión porque nuestra unión nos fortalece en el ámbito empresarial. Además, continuó la mujer, tú eres un hombre excepcional con valores y principios que a veces me hacen pensar que yo no te merezco. No estoy a tu altura moral, Louis, continuó la mujer. No he sido honesta contigo y te he ocultado cosas de mi pasado que debí haber confesado antes de aceptar casarme contigo.

—Conozco tu pasado Eva. Mamá me lo contó todo. ¿Acaso piensas que eres más lista que nadie y podías jugar conmigo a tu antojo? No ha sido así, me casé contigo consciente de lo que hacía, porque pensé que era el mejor matrimonio que podíamos hacer tanto tú como yo. Eva querida, aunque el matrimonio es una transacción como otra cualquiera, requiere que los socios se tengan mutua consideración y respeto. Ninguno de los socios puede estar usando cartas marcadas para jugar un juego fuera de los arreglos contraídos en la sociedad. Yo había pensado que con mi amor y dedicación iba a conseguir que tú te enamoraras de mí y tuviéramos una familia ideal, pero no ha sido así. Tu personalidad retorcida y atormentada ha salido a flote en nuestra relación y francamente te digo que ha sido una experiencia desagradable para mí. Había pensado que nuestro matrimonio no tenía remedio, pero me has sorprendido tras tu salida de la clínica con tu recuperación y veo en ti a la mujer que siempre esperé encontrar. Por eso querida Eva, creo que debemos empezar de nuevo, desde cero y con una confianza renovada nos dediquemos a ser una pareja feliz, no sigamos hablando de nada más y miremos hacia el futuro.

—Bueno Louis, ya veo que me has estado vigilando. Debí haber sabido que ese era tu estilo, al igual que tu hermano, ustedes mantienen un control total en todos los aspectos de nuestras vidas. Es cierto que la estadía en la clínica me ayudó y creo como tú que nos debemos dar una oportunidad. También creo que el pasado no tiene remedio y no quiero hablar de cosas que pueden hacer que nos aborrezcamos mutuamente, pero creo que debemos retomar nuestras vidas y tratar de tener un buen matrimonio que se fundamente en el respeto a Dios.

—Estoy de acuerdo contigo, contestó Louis. Nuestro destino está echado, querida Eva, permaneceremos juntos, dijo Louis abrazando con tristeza a su esposa que reclinó su rostro en el pecho de su esposo y con sentimiento pidió a Dios que los ayudase a recuperar la felicidad que nunca habían logrado tener.

La primera vez que el Señor habló por medio de Oseas, le dijo: "Ve y toma por esposa una prostituta y ten con ella hijos de prostitución, Porque el país se ha prostituido por completo.

¡Se ha apartado del Señor!". Oseas fue y tomó por esposa a Gomer, hija de Diblayin, la cual concibió y le dio a luz un hijo(Oseas I: 200).

Bienaventurado aquel cuya transgresión ha sido perdonada y cubierto su pecado. Bienaventurado el hombre a quien Jehová no culpa de iniquidad y en cuyo espíritu no hay engaño
Mientras callé, se envejecieron mis huesos, en mi gemir todo el día. Porque de día y de noche se agravó sobre mi tu mano. Se volvió mi verdor en sequedades de verano. Mi pecado declaré y no encubrí mi iniquidad (Salmo 32).

Hilda y Betty estaban sentadas en la terraza de la casa disfrutando la caída del sol en el horizonte. Pronto anochecería, ya las azucenas esparcían su inconfundible aroma a través de todo el hogar. Hilda suspiró, ese aroma le recordaba su casa en la Habana y especialmente esa noche cuando hizo por primera vez el amor con Orlando. Aquella noche, Orlando había dejado las ventanas de su casa abiertas y el aroma nocturno de las flores se colaba en la habitación mezclándose con el olor a fruta madura de su propio cuerpo.

—No tengas miedo mi niña, conmigo aquí no te va a pasar nada, le decía Orlando. Ay Dios mío, qué vida tan extraña la mía, pensó Hilda recordando a su viejo amor. Ahora Orlando estaba en Santo Domingo exportando la Revolución Cubana a otras partes del Caribe. A veces, ni yo misma se, si todavía quiero un poquito a ese hombre. Orlando le había propuesto volver a Cuba.

¿Por qué no? Al fin y al cabo la ilusión de ella era alfabetizar al campesino Cubano y había desarrollado tantos conceptos educativos de manera científica que era una pena que no los hubiese podido implementar en su patria.

Hilda, miró con cariño a Betty que se veía tan feliz en su casa. La muchacha le devolvió la mirada agradecida y acarició a su hijo. El niño ya tenía tres meses de nacido y era un sol de bonito, incluso Betty había embellecido después del parto. Hilda veía a la muchacha más alta y había cogido peso convirtiéndose en una adolescente hermosa y llamativa. No había querido comunicarse con Louis porqué Betty se lo había pedido. De solo pensar que tenía que enfrentarse a Baumann la muchacha entraba en pánico, así que había decidido esperar un tiempo para tomar una decisión respecto a informarle a Louis de que había sido padre. Solo Mima sabía de todo el asunto de Betty y Louis. La anciana se había quedado de piedra cuando se enteró, nunca hubiera esperado ese comportamiento tan descarado de Louis, pero le dijo a Hilda que en Cuba era normal que esas guajiritas desamparadas salieran con una barriga del patrón porque eran muy fáciles de engatusar. Como quiera, opinaba Mima que Louis tenía que saber que era padre e Hilda tenía que comunicarse con el hombre.

—¿Sabes algo Betty? Dijo Hilda.

—Diga usted, señorita Hilda.

—Quiero celebrar el bautizo de tu hijo por el rito Judío. ¿Estás de acuerdo? Dijo Hilda. Tarde o temprano, vamos a tener que llevar al niño ante Samuel y todo el mundo se va a enterar de que fuiste madre de un hijo de Louis Baumann

—Claro, como no voy a estar de acuerdo con sus deseos. Para mí, su palabra es lo primero en la vida. Usted es la hermana y la madre que nunca tuve. Hasta que la conocí a usted no sabía lo que era recibir el cariño de otro ser humano, pero no sé cómo el patrón va a coger el nacimiento de mi hijo, contestó Betty.

—Pues, no lo sé. Pero no podemos ocultar ese hecho al propio padre del niño. Te quiero prevenir que no esperes mucho de ese individuo y más ahora que Mima me ha dicho que Eva está embarazada.

—Pues, señorita Hilda, con más razón, no le debemos decir nada al señor Baumann no vaya a ser que doña Eva tenga un disgusto por mi culpa, contestó Betty angustiada ante la idea de tener que hablar con Eva y Louis de su hijo.

—Tienes razón Betty. Puede que no sea el momento. ¿Pero cómo voy a explicar el nacimiento de este niño a la familia? Vamos a tener que hablar con Raoul, por lo menos, sino, cuando se entere se va a poner hecho una fiera.

—Señorita Hilda, yo no necesito nada de ese señor, algún día podré mantener a mi hijo. Yo he aprendido mucho con usted y ya no soy aquella guajirita ignorante que no se sabía defender. Yo quiero ir a la Sinagoga y oír los servicios como usted, ya no me quiero ocultar más como si fuera un animal sarnoso.

—Claro que no te vas a seguir ocultando, Betty tú eres una muchacha buena y mereces ser feliz. Ahora de tu educación es de lo que quiero hablarte: yo estoy contenta de tu progreso en mi escuela, ya has obtenido tu diploma de intermedia y has sido una alumna excelente. En solo unos meses has tenido un gran aprendizaje. También, me gustaría que siguieras practicando en el piano, porque me has sorprendido con una habilidad musical que posees de manera natural. Yo espero que en unos años cuando nuestro niño empiece en la escuela, tú puedas coger exámenes libres y entrar a la universidad a estudiar música para hacerte maestra.

—Señorita Hilda, ese es mi mayor deseo, ser una maestra como usted. Pero, dígame una cosa.

¿Cómo le vamos a poner al niño de nombre? Preguntó Betty.

—No lo sé todavía, pero pronto sabremos cual es el nombre que el Señor quiere para nuestro pequeño, contestó Hilda.

—Vamos a retirarnos ya, Betty. Está cayendo la noche y mañana tenemos que revisar los detalles de las graduaciones del verano. Este año tengo 60 alumnas que se gradúan y no me esperaba tanto trabajo para nosotras dos. Betty se retiró con el niño a su cuarto e Hilda comenzó a cerrar las puertas de la terraza, estaba pasando cerrojo a la puerta de la cocina cuando Felo se asomó y le dijo:

—Señorita Hilda, Don Raoul está en el porche, salga un momento sin que se dé cuenta la muchacha.

—Hilda cruzó el pasillo hasta llegar al porche, Raoul la esperaba sonreído. Ya Mima me dijo todo, quiero que tú "cabecita loca" sepas que estoy al tanto de todo. Bueno, las cosas hay que tomarlas como vienen, que se le va a hacer. A la muchacha ni al niño les va a faltar nada, es mi sobrino y yo lo voy a proteger. No sé cómo Louis ha podido hacer una cosa así, pero hay que comprender que el pobre no ha tenido mucha suerte en su matrimonio. Para mí, que estaba desesperado y se refugió en la muchachita.

—Mira Hilda. Vamos a tener que esperar para hablar con Louis. El embarazo de Eva no está bien, la mujer ha tenido que guardar reposo en cama. Después que Eva dé a luz y ya todo esté en orden, yo hablaré con Louis para reconocer al niño de Betty.

—Está bien Raoul, siempre me sorprendes, dijo Hilda. ¿Ya hablaste con Dulce?

—Todavía. Si le digo algo, se lo va a contar enseguida a Louis y a Eva, contestó Raoul. ¿Puedo ver a mi sobrino?

—Creo que tienes ese derecho Raoul, pasa, por favor.

Hilda entró con Raoul al cuarto del niño donde Betty estaba organizando los cambios de ropa del pequeño. La muchacha se asustó al ver a Raoul.

—No temas muchacha, dijo Raoul extendiendo sus brazos a Betty que no se atrevía a moverse del sitio donde estaba plantada. Raoul se acercó y la abrazó diciendo: Ya Mima me contó todo lo que había pasado. ¿Puedo ver a mi sobrino?

—Sí señor, contestó Betty.

Raoul se acercó a la cuna y observó al pequeño. ¡Dios mío! ¡Qué bebé tan hermoso….y que grande está! ¿A quién se parece este niño? Tiene una mirada que me resulta familiar. Ya sé, se parece a papá. Esos ojos azules son de mi padre y de la abuela Anya, mi hermano y yo sacamos los ojos oscuros de los Baumann. Si Dulce ve a este niño, va a querer tener otro bebé, decía Raoul.

—Raoul tomó al niño y lo levantó en sus brazos. Mirando a Betty le dijo: Dios te ha visitado con este niño que va a traer mucha felicidad a la familia. Por lo menos a mí me ha conquistado por completo.

—Hilda, mi hermana, te agradezco tu intervención en esta situación. Has ayudado a esta niña y me has regalado un sobrino.

—Betty, quiero ser el padrino de este niño que llevará por nombre Alexander, el pequeño Alex.

¿Qué te parece?

—Yo estoy muy contenta, señor Baumann. Ahora mismo estábamos pensando en un nombre para el niño y Alexander me gusta mucho.

—No vuelvas a llamarme señor Baumann, por favor. De ahora en adelante, me puedes llamar padrino o simplemente Raoul y a Hilda la llamarás madrina porque ella va a ser la madrina del pequeño Alex.

—Por el bien del pequeño Alexander quiero que Betty sea un miembro más de la familia Baumann. No quiero que mi ahijado crezca con complejos ni remordimientos hacia nosotros. Ya hablaremos con Louis y su mujer y se tendrán que atener a esto. Yo recuerdo un viejo refrán cubano que decía: Chivo que rompe tambor…con su pellejo paga, dijo Hilda terminando el refrán.

—Este niño me ha cautivado…. con esa carita tan linda….seguía diciendo Raoul con el bebé en brazos.

—Oye macho… te voy a enseñar a pelear como un campeón. Ya tú verás cómo nos vamos a divertir tú y yo juntos cuando crezcas. De momento, voy a abrir una cuenta bancaria para la educación de mi ahijado, dijo Raoul mirando a su sobrino con todo el amor del mundo en sus ojos.

—Bueno, ya es muy tarde, la noche está oscura y Dulce debe estar esperando que llegue. Quiero ver las caritas de mis hijas cuando vean a su primito…hasta pronto muchachas, dijo Raoul, poniendo al bebé en su cuna y saliendo por la puerta.

—¡Qué sorpresa, señorita Hilda! dijo Betty. Mima nos facilitó la tarea de explicar el nacimiento del niño.

—Madrina… madrina, me debes decir madrina. Ha sido mejor así, Betty. En la vida hay que ir con la verdad a todos sitios y Raoul es un hombre sincero. Yo, en el pasado tuve mis encontronazos con él. Pero, con el paso del tiempo me ha sorprendido con su franqueza y generosidad. Tú puedes confiar en él porque nunca te va a mentir ni te va a abandonar ni a ti ni a tu hijo. El corazón de Raoul es apasionado y está lleno de amor y buenos sentimientos.

—Ya lo veo madrina, ya lo veo, continuó Betty. Yo solo espero que el señor Louis piense igual que su hermano.

En casa de Louis la situación era muy diferente. Eva continuaba en reposo, no podía levantarse más que para ir al baño. La mujer había experimentado sangrado a comienzo del embarazo a causa de que tenía debilidad en el cuello de la matriz. Kornilov venía a diario por la casa a visitar a Eva.

—Hola querida Eva, dijo el doctor Kornilov tomando la mano de Eva que continuaba recostada en su lecho. ¿Cómo te sientes? En cualquier momento puedes dar a luz. Hoy nos vamos al hospital para que esperes el momento del parto en un lugar preparado con todo lo que necesitamos, no quiero arriesgarme contigo. Creo que por tu seguridad deberíamos practicarte una operación cesárea ya que tienes el cuello del útero muy débil.

—Alek, yo no conozco a nadie que se haga cesárea. ¿Tú crees que yo no puedo parir como cualquier otra mujer? contestó Eva.

—Tú eres una mujer fuerte y vas a parir, pero se te puede rajar el útero y si eso pasa, te lo voy a tener que sacar. ¿Me entiendes? Quiero que estés preparada para aceptar que existe la posibilidad que después del parto haya que sacarte la matriz. Eso es así y la vida no se acaba porqué no tengas un útero. Al contrario, vas a ser una mujer sin riesgos de que te enfermes en el futuro de la matriz, concluyó Alek.

—La vida es así Eva. Tú eres una alumna aventajada y sabes hacer de una cosecha de limones una exquisita limonada. Cuando nazca tu hijo te vas a dedicar a él en cuerpo y alma y todo este sacrificio habrá valido la pena.

—¿Por qué he tenido que pasar tantas cosas, Alek? Yo era una joven tan buena. Dijo Eva remontándose a su vida en Cuba.

—Recuerda Eva, dijo el médico, hay que mirar al futuro…

A las 2:00 de la tarde Eva estaba registrada en el hospital hebreo esperando el momento para traer a su hijo al mundo.

La doctora Shapyro estaba conmovida ante la preocupación de la familia Baumann por la señora Eva. Louis se había sentado al lado de la ventana en la sala de espera del hospital y miraba hacia el jardín alejado del resto de su familia. Raoul y Dulce permanecían callados sin saber qué hacer con su hermano. Mima se acercó a Louis y tomó las manos del hombre.

—Tenemos que tener fe en que todo salga bien. La doctora Shapyro es una excelente obstetra y se va a hacer cargo de Eva. Además, Kornilov que es su médico de cabecera está con ella.

—La culpa de todo es mía, Mima. Dijo Louis. Me he alejado de Dios y no he hecho las cosas bien. La ambición y el deseo de alcanzar la cima social me ha dominado en los últimos tiempos. Desde que llegamos a los Estados Unidos, he luchado para alcanzar un lugar importante en esta sociedad. Había pensado que mi matrimonio con Eva sería conveniente para los intereses de nuestro grupo y lo que nos ha traído son problemas.

—No es cierto lo que estás diciendo, contestó Mima. Lo que ha pasado, sucedió, porqué tenía que pasar, para que se cumpliera el destino. Una vez oí, hijo mío que el Señor escribe derecho con renglones torcidos y que después de la tormenta viene la paz.

—Pero Mima, dime. ¿Tú conoces a la doctora Shapyro? preguntó Louis.

—Ella es la doctora de emergencias en el hospital y la conocí una noche que tuve que pasar por aquí, contestó la anciana.

—Mira Louis, ahí vienen el doctor Kornilov y la doctora Shapyro. Louis se levantó y corrió hacia los dos médicos.

—¿Cómo está mi mujer? Preguntó Louis.

—Su mujer está en perfecto estado contestó Alek. Mejor de lo que habíamos esperado, el parto fue rápido y la matriz aguantó. Milagrosamente, el embarazo ha hecho que el débil útero de Eva se haya recuperado y considero que esto solo puede ser un milagro de Dios continuaba Alek emocionado ante la mejoría en el estado de salud de Eva. El problema, interrumpió la doctora Shapyro, es el niño. Ha nacido enfermo, no puede respirar por sí mismo y es posible que no sobreviva.

—¿Que dice doctora? Salve a mi hijo, no importa como sea ese niño, no quiero que muera, contestó Louis estallando en llanto ante la mujer.
—Le digo señor Baumann que solo un milagro salvaría la vida de ese niño, como quiera si sobrevive su existencia podría ser muy complicada, dijo la doctora Shapyro con firmeza.
—Quiero verlo, dijo Baumann.
—Como quiera, contestó la doctora.

Louis acompañó al galeno hasta la sala de maternidad donde yacía su pequeño hijo en una cuna. El bebé estaba conectado a muchos tubos que le permitían seguir con vida. El hombre tomó asiento y se quedó a observar a su hijo a través de los cristales de la sala médica. Eva estaba reunida con Alek Kornilov que le había explicado la situación del bebé. Eva lloraba en silencio y se aferraba a las manos de Alek.
—Eva querida, es triste lo que has pasado, pero ese bebé te ha traído la salud de nuevo a tu vida. Tu matriz está sana, las cicatrices del pasado que atravesaban tu útero han desaparecido. Es como si ese pequeño ser enviado por Dios se haya sacrificado para devolverte la salud. Tu antigua matriz llena de cicatrices ha desaparecido para dar lugar a un útero fuerte y joven. He oído que el embarazo en ocasiones devuelve la salud a la mujer. Dios sabe lo que hace y quizás este embarazo era la única forma de recuperar tu salud y Dios te está dando una nueva oportunidad para ser feliz y hacer algo por la vida de otras personas. Tú has sufrido demasiado Eva, el Señor quiere que te acerques a él y seas una Judía devota.
—Quiero ver a mi hijo, Alek.
—Si, vamos a ver al pequeño, contestó Alek ayudando a Eva a incorporarse de la cama.

Cuando llegaron a la salita de maternidad, vieron a Louis sentado frente a los cristales de la incubadora como si estuviera velando el sueño de su hijo. Louis ni se molestó en saludar a su mujer, seguía mirando a su hijo absorto en sus pensamientos. Eva no pudo contener el dolor ante la desesperación de su marido y se retiró del lugar abrazada a Alek.

—Esto es horrible para Louis, se ve muy afectado con el estado del niño, vamos a tener que pedirle a Raoul que se ocupe de su hermano, dijo Alek.
—Yo creo que es mejor que llames a mi tío Samuel, contestó Eva. Mi marido necesita ayuda de un Rabino, solo el Señor podrá ayudarnos en un momento tan difícil como el que estamos pasando en esos momentos.

Los días pasaban y Eva se iba recuperando en la casa. El doctor Rosenberg le había recetado un calmante para controlar los accesos de ansiedad. Samuel estaba visitando a su sobrina, el Rabino estaba conmocionado por todo lo que había sucedido con la pareja y le rogaba a Dios porque el amor y la paz regresaran a la familia Baumann.
—Creo mi querida sobrina que debes hablar conmigo de tus temores. A veces hay que humillarse ante el Señor y rendir cuentas. Tienes que dejar a un lado el egoísmo personal y dar gracias a Dios porque todavía estás viva y tienes salud. Tu obligación Eva, está con tu marido que no sale de ese hospital esperando la recuperación de ese pobre niñito.
—Yo creo sobrina que esa criatura ha sido un ángel que nos envió el Señor con un regalo de mensaje de vida nueva centrado en el perdón y en la salvación personal. Alek me contó que te has recuperado de un padecimiento grave que tenías en la matriz y podrás ser madre de nuevo. El doctor Kornilov dice que es sumamente raro que los daños que tenías en la matriz hayan desaparecido y en su lugar haya surgido tejido nuevo y sano. El doctor achaca tu recuperación al milagro de la maternidad y dice que en los campos de concentración nazi se hicieron estudios con mujeres embarazadas que habían sido sometidas a condiciones infrahumanas y que se recuperaban de sus padecimientos gracias al poder de sanación de hormonas que se segregan en el embarazo. Incluso me llegó a decir que condiciones malignas desaparecen después que la mujer pasa por el embarazo. La bondad de Jehová es grande y prepara el cuerpo de la mujer para el milagro del nacimiento de un nuevo ser.

—Si tío, es cierto. Mi cuerpo ha sanado después de la maternidad, las cicatrices que tenía en mi útero a causa de la salvaje violación que sufrí en Cuba han desaparecido, pero sufro por esa criatura que permanece viva en el hospital como un mártir de Dios.

—Dios mío, Jehová Señor de los ejércitos ven en nuestro auxilio, clamó Samuel extendiendo sus brazos al cielo. Acaba con nuestro sufrimiento, no nos castigues más.

Louis no salía del hospital esperando por la recuperación de su hijo. En un impulso se arrodilló en el suelo y clamó a Dios por la recuperación de su hijo.

—¡Jehová, ¡Señor de los Ejércitos salva a mi hijo, te prometo ser un Judío piadoso y dedicar el resto de mi vida a hacer el bien!

—¡Señor perdona mis pecados, pero no te lleves a mi hijo! El desenlace llegó el fin de semana, Louis estaba acompañado por su hermano, cuando la doctora Shapiro entró en la salita.

—El bebé ha comenzado a respirar por sí solo, es una buena noticia. Pero deberá continuar unos meses en el hospital, ya que hay que alimentarlo con mucho cuidado para evitar problemas respiratorios. En estos momentos, señor Baumann su hijo necesita cuidados especiales como terapia respiratoria y física para que ese cuerpo débil pueda llevar una existencia normal ayudado por aparatos de ortopedia. En este hospital hay magníficos médicos de Israel que tienen terapias sumamente efectivas para ayudar a su hijo en el futuro cuando esté más fuerte y su cuerpo pueda resistir el efecto de los ejercicios físicos que el necesita.

—El Señor ha oído mis suplicas, alabado sea el Dios de Israel, dijo Louis hincándose de rodillas en el suelo.

Shapyro pensó que aquel hombre atormentado no era tan mala persona como ella había supuesto. Qué pena, pensó la doctora. Ojalá se recupere pronto y pueda reiniciar una nueva vida con su esposa.

—Señor Baumann, su esposa puede tener más hijos. Ella ha recuperado la salud de una manera milagrosa. Vuelva a su casa y agradezca que su mujer esté viva. Estas cosas pasan a menudo. Usted no recuerda que la primera dama de los Estados Unidos también perdió un embarazo y le aseguro, que no fue por falta de cuidados. Cuando un niño no está preparado para la vida regresa al cielo, pero su hijo decidió quedarse en la tierra porque tiene una misión que cumplir.

—Louis, dijo Raoul abrazando a su hermano, tenemos que volver a nuestra vida cotidiana. El Señor ha oído tus lamentos y te ha concedido el milagro de la vida para tu hijo. Yo he oído que en Alemania hay métodos de terapia física que levantan a inválidos de sillas de ruedas. Aquí en América no se utilizan esas terapias radicales que se probaron por primera vez en los campos de concentración nazis, pero en Israel hay médicos con el conocimiento que yo te digo y hacen maravillas hoy en día con las personas que han sufrido accidentes y necesitan rehabilitación. No pierdas la esperanza, porque en el futuro cuando tu hijo esté en condiciones de viajar Eva se puede radicar en Israel para que el niño reciba los tratamientos que necesita. Además, en el futuro podrás tener más hijos con Eva. Ahora regresemos a la casa que tu mujer te necesita y nosotros también.

Raoul pensó en el hijo que estaba esperando su esposa y pidió al Señor no tener que estar pasando por la prueba que ahora atravesaban Louis y Eva. No se atrevió a mencionarle a Louis nada acerca del niño de Betty, sería una falta de delicadeza para Eva en un momento tan crítico como el que estaba pasando el matrimonio. Louis se separó del abrazo de su hermano.

Raoul, voy a ir a la oficina, no quiero regresar en estos momentos a mi casa. Lo siento, no estoy preparado para bregar con los problemas emocionales de mi mujer. Prefiero estar en mi oficina y ponerme al día del trabajo que tengo abandonado.

—Mira Louis, tu mujer está más tranquila de lo que hubiéramos esperado, ella que es la madre de ese angelito ha reaccionado con más entereza que tú en esta situación. Me parece que ustedes deben afrontar juntos la situación y seguir adelante como cualquier otro matrimonio ante la adversidad. No debes dejar sola a Eva en estos momentos, dijo Raúl sorprendido por el distanciamiento de Louis y su mujer.

—Eva no está sola, Samuel y Kornilov le están dando apoyo, aquí el único que está solo soy yo, y es por mi culpa. Olvídalo, Raoul, me voy a la oficina. Algún día cercano hablaremos y me entenderás, pero ahora no es el momento porque quiero estar solo y pensar.

Louis iba guiando hacia Miami Beach, bajó la capota del carro y respiró tranquilo. Había pasado varios días encerrado en el hospital esperando por la suerte de su hijo y afortunadamente el Señor había oído sus súplicas. Su hijo estaba vivo, había superado el proceso del parto y necesitaba tener una larga estadía en el hospital para seguir recuperando la salud.

—¿Por qué el Señor no lo había castigado a él en vez de a esa pequeña criatura? Se acordó de Hilda con su filosofía de que Dios no castiga nadie porque Dios es solo perdón y amor. Pensó en ella y el alma se le llenó de júbilo como si la imagen de Hilda fuera un bálsamo consolador. Qué estúpido había sido. Si en vez de casarse con Eva lo hubiera hecho con Hilda su vida familiar sería tranquila y ahora no estaría pasando por este calvario que él se había buscado. Pero no, él aspiraba a desarrollar un imperio de construcción dentro del grupo hebreo y pensó en lo conveniente de un matrimonio con Eva. Quizás no estaba todo perdido, Eva se había recuperado y podían tener más hijos. Con nuevo ímpetu, Louis se desvió en la calle Flagler y se dirigió a Coral Gables donde su mujer lo estaba esperando.

Cuando llegó a la casa Eva estaba durmiendo bajo el efecto de los sedantes. Kornilov se acercó a él.

—Louis, no te preocupes por tu mujer, ella está tranquila porque se ha reconciliado con Dios y creo que tú debes hacer lo mismo para empezar una nueva vida. Samuel se fue hace un rato me dijo que te comunicara que quiere verte durante la semana en la Sinagoga en Homestead. Por favor, atiende la llamada de Samuel y escucha sus consejos. Ha estado todo el día rezando con Eva y tu esposa es una mujer nueva. Hacía tiempo que no veía a Eva tan centrada y piadosa, tu mujer no solo recuperó la salud física sino también ha conseguido la propia aceptación a través del sufrimiento y el amor de Dios.

—Está bien, Alek, gracias por tu ayuda. En la semana pasaré a conversar con Samuel. Te lo prometo, dijo Louis que se encontraba agotado y tras despedir al médico fue a acostarse junto a su esposa.

Eva dormía plácidamente y nada dejaba entrever que la mujer había pasado por un periodo de tanto dolor. Louis pensó que en la vida las cosas no son siempre como uno quiere. Los seres humanos tenemos obligaciones y tenemos que cumplir con la familia y con el trabajo. Después que había asumido tantas responsabilidades no iba a salir huyendo y abandonar a Eva con un niño incapacitado. Su vida no era lo que él se había imaginado, pero era su vida y tenía que apretarse el cinturón y seguir hacia delante.

A la mañana siguiente, Louis le dio la buena noticia a Eva que llorando no podía creer lo que su marido decía.

—Pero Louis, no puedo creerlo. ¿El niño está respirando por si solo? Preguntaba Eva una y otra vez.

—Querida, está respirando. La doctora Shapyro dice que sus extremidades son débiles y que no podrá caminar sin aparatos ortopédicos. Respecto a su capacidad intelectual no sabemos todavía que podemos esperar, es cuestión de tiempo. La doctora Shapyro dice que el bebé ha comenzado a desarrollar el proceso de succionar para ser alimentado pero que una enfermera especializada debe ocuparse de ello para evitar que surjan problemas respiratorios. Aparentemente, la situación ha mejorado para nuestro hijo, está vivo a pesar de sus problemas, pero vivo por la voluntad de Dios, terminó diciendo Louis.

—Vamos a ver a nuestro bebé hoy, por favor, Louis, suplicó Eva.

—Claro, tan pronto desayunemos, iremos al hospital para que puedas hablar con la doctora Shapyro y con las enfermeras que atienden al bebé.

Louis pudo ver una felicidad en el rostro de su mujer que nunca había conocido en ella, pensó que tendrían que sacrificar muchos egoísmos personales por el bien de su hijo. Ese pequeñito iba a necesitar a sus padres toda su vida, incluso, pensó le vendría bien tener un par de hermanos que velaran por él en el futuro.

Muchos hombres proclaman cada uno su propia bondad. ¿Pero hombre de verdad quién lo hallará?

Camina en su integridad el justo; sus hijos son dichosos después de él (Proverbios, 19,20).

La doctora Shapyro estaba esperando a Eva y a Louis Baumann. Condujo a la pareja hasta la sala de infantes donde una enfermera alimentaba con sumo cuidado al pequeño hijo de los Baumann. La doctora Shapyro les dice:
—Hay que tener mucho cuidado de que los alimentos no se desvíen a los pulmones cuando el niño se esté alimentando, por ello le recomendé a su marido que dejara al pequeño durante unos meses en el hospital hasta que esté más fuerte y pueda regresar a la casa.
—Mi esposo me ha mencionado que el niño se puede recuperar de alguna manera de sus malformaciones con terapia física, preguntó Eva.
—Sí. El pequeño ya ha pasado lo peor, tiene deseo de vivir y está comiendo bien. Él va a necesitar terapia física durante varios años hasta la adolescencia. Hay métodos radicales que se están utilizando en Israel para ayudar a personas incapacitadas y aunque el tratamiento es largo y doloroso es muy efectivo. También, hay unos magníficos técnicos de ortopedia rusos que están llegando a la Habana para trabajar con el ballet Cubano. Esa gente son especialistas en terapia física que manejan a los integrantes del ballet Bolshoi y hacen maravillas con los bailarines que

tienen lesiones serias a causa del fuerte adiestramiento al que se someten los artistas del Bolshoi, dijo Shapyro. Así, que no tendrías que ir tan lejos para buscar ayuda para el niño.

—Quiero tomarlo en mis brazos, dijo Eva.

—Vamos allá señores Baumann, dijo la doctora acompañando a la pareja a la sala. Eva tomó en brazos a su pequeño que sonreía mirando hacia la luz el cuarto. Parece que la luz le llama la atención, dijo Eva.

—Si, eso es una buena señal, el niño responde a los estímulos sensoriales y eso quiere decir que está consciente de su entorno, contestó Shapyro.

—Mira Louis, el niño se parece a ti, tiene el cabello y los ojos oscuros como tú.

—Parece que nos está mirando. ¿No lo crees Louis?

—Si, mi hijo me está mirando, dijo sonreído Louis cogiendo al niño de brazos de Eva y abrazándolo contra su pecho.

La pareja estuvo largo rato observando como la enfermera tomaba de nuevo al bebé entre sus brazos y terminaba de arreglarlo para ponerlo en la cunita.

Louis y Eva habían salido del hospital y se dirigían a Homestead.

—Nuestra vida ha cambiado de momento y creo que es para bien, dijo Eva. El niño nos necesita y creo que debemos dejar a un lado nuestros problemas para concentrarnos en la recuperación de nuestro hijo. Por mi parte, tengo que reconocer que no he sido una buena esposa. He sido infiel, desleal y abiertamente deshonesta contigo, Louis. Lo siento, no hubiera querido hacerte daño, lo siento de verdad.

—Por favor Eva olvida todo tu pasado, tu hijo va a necesitar una madre fuerte y cuerda y este no es el momento para empezar una pelea, yo tampoco he sido un santo, dijo Louis. He querido hablar contigo hace tiempo de un problema que ahoga mi alma y que tengo que confesarte.

—En los últimos meses nuestra vida matrimonial fue un infierno, llegué a aborrecer la idea de tener relaciones contigo, en fin, no te soportaba. A causa de esta situación, cometí infidelidad y abusé de un ser inocente al que le hice un gran daño moral. Me aproveché de mi posición y abusé sexualmente de la pobre Betty contra la voluntad de esa pobre muchacha. ¿Me entiendes, Eva? Violé a Betty en mi casa y deshonré mi hogar y ese pecado corroe mi alma. Pero mi hijo me necesita a mí y a ti. Ese pequeño necesita a sus padres pecadores e imperfectos y tenemos que seguir hacia delante, terminó diciendo Louis estacionando su auto frente a la Sinagoga. Eva se sintió afectada al oír el relato de Louis.

—Pobre niña.... ¿Cómo pudiste hacer eso?... Louis. Betty tiene solo 13 años y debió haber sido un trauma para la muchacha que no tiene apoyo familiar. Sé lo que es pasar por eso, Louis

Pero, Louis, estoy preocupada por ti. ¿Dónde está esa muchacha ahora? ¿Acaso la echaste a la calle? Preguntó Eva.

—No, Hilda vino un día a visitarnos y se percató de la situación. Betty estaba mal de salud e Hilda, contra mi voluntad, se la llevó de la casa y no pude hacer nada, dijo Louis avergonzado mirando a Eva.

—¿No te denunciará por abusar de una menor? Preguntó Eva.

—No creo, Hilda es una mujer recta, pero ha sabido mantener la calma por el bien de todos, yo no he vuelto por su casa porque se me cae la cara de vergüenza ante esa mujer.

—Pues deberías, Louis. Deberías ofrecer una compensación a Betty por los daños sufridos. Imagínate que nos denuncie a las autoridades por tener a una menor en la casa sin el beneficio de la educación y un buen cuidado de salud, dijo Eva preocupada. Creo que en vez de visitar a Samuel debemos ir a visitar a Hilda hoy mismo y cerrar ese horrible capítulo de la niña Betty.

Por el camino a los cayos Eva pensaba que Betty había sido testigo de sus infidelidades en la casa de Coral Gables. ¿Cómo los miraría a ella y a su marido esa niña ahora? Eran una pareja de sinvergüenzas y tendría razón si lo pensara. Posiblemente, a estas alturas ya Betty se habría desahogado con Hilda y ya todos sabrían la clase de mujerzuela con la que se había casado Louis Baumann. De cualquier manera, el matrimonio estaba de acuerdo que había que enfrentar a Hilda y zanjar este asunto para poder dedicarse a la recuperación de su hijo.

En una hora llegaron a Isla Morada y tomando el camino a casa de Hilda se maravillaron de la belleza del lugar. La vieja casita desvencijada se había convertido en un precioso chalet al estilo canadiense que resaltaba como una joya fabulosa en medio de la espléndida vegetación que rodeaba la mansión en la playa. Louis pudo observar la mano artística de su hermano en los retoques arquitectónicos de la casa y en la planificación inteligente del jardín.

Louis se estacionó aun lado de la casa y pudo observar a una joven de cabello largo que tenía en su regazo a un niño y que ambos estaban jugando con Hilda que movía un sonajero en la mano consiguiendo risotadas tanto del niño como de la joven que lo cargaba. Asombrado se dirigió a grandes pasos a la terraza, seguido de una desconcertada Eva que lo seguía nerviosa y vacilante detrás de él.

Hilda los vio acercarse y sorprendida se levantó al encuentro de ambos. ¿Qué hacen por aquí? No esperaba volver a verte, Louis, dijo la mujer mirando al hombre y a su esposa. Betty tomó al niño para retirarse, pero Hilda la detuvo.
—No te vayas Betty. Esta es nuestra casa y no tenemos nada que esconder. Quédate con el niño en la terraza y sigue con lo que estabas haciendo, dijo Hilda desafiante mirando hacia Louis que no podía dar crédito a lo que sus ojos estaban descubriendo.

Louis se acercó a Hilda y la miró a los ojos buscando una respuesta que no llegó. El hombre fue hacia Betty y posó sus ojos en el hermoso bebé que tenía la muchacha en sus brazos.
—Me puedes explicar que ha pasado aquí, Hilda. ¿Qué me has estado ocultando tanto tiempo tú y esta joven? Dijo Louis aturdido ante los acontecimientos que se avecinaban para complicar su vida.
—Ese niño es tu hijo, Louis. Se llama Alexander, tu hermano y yo so-

mos los padrinos de ese hermoso bebé. El niño es hijo tuyo y de esa niña menor de edad de la que tú tan descaradamente abusaste cuando estaba bajo tú custodia.

—¿Es mi hijo? ¿Ese niño es mi hijo? Decía Louis conmovido ante el hermoso niño que Betty tenía en sus brazos. Deja que lo cargue Betty, por favor.

Louis tomó al niño en sus brazos y pensó que era un regalo del Señor y que Jehová le había perdonado su pecado.

—Reconoceré al niño, Betty. Perdona lo que te hice, pero me volví loco y no medí las consecuencias de mis actos. Perdóname, por favor, en el nombre de nuestro hijo Alexander.

Eva estaba furiosa. Como era posible que esa pobre infeliz tuviera un hijo tan maravilloso y ella hubiera traído al mundo un ser débil y enfermizo. La mujer se acercó a Betty y le dijo: Mira Betty, nosotros nos podemos hacer cargo del bebé, por eso hemos venido a compensarte económicamente para que olvides lo que pasó y a cambio nos llevaremos al niño.

—Louis miró a su mujer y le dijo: Nosotros no vamos a quitarle el hijo a Betty, no señora. Usted tiene a su hijo que la necesita y Betty cuidará del suyo. ¿Cómo puedes ser tan insensible Eva?

—No temas Betty, contestó Louis, tú eres la madre de mi hijo y tú eres la que lo vas a cuidar con la ayuda de todos los Baumann, dijo Louis, agarrando con fuerza el brazo de Eva que se deshacía en insultos contra la muchacha.

—Y tú Eva, vas a dedicarte en cuerpo y alma a tu propio hijo, con eso vas a tener una gran tarea. Vamos a actuar como personas justas y "cada cual lo suyo".

—Bueno, pues quédate con ellos entonces, yo me voy, dijo Eva cogiendo las llaves del carro y abandonando la casa.

Hilda había llamado a Raoul por teléfono buscando apoyo para ella y para Betty ante el brutal ataque de insultos de Eva y el otro Baumann acababa de llegar.

—Ya sabes todo Louis. No te habíamos dicho nada por el embarazo de Eva, pero a la corta y a la larga lo ibas a saber, expresó Raoul.

—Estoy tan emocionado y tan feliz con el descubrimiento de este hijo que no conocía, ¿hasta cuándo me iban a ocultar que tenía un hijo de Betty? Por Dios, conocer a mi hijo Alexander me ha devuelto las ganas de vivir.

—Bendita seas Betty por darme un hijo tan maravilloso. Se parece a papá, verdad Raoul, dijo Louis con el niño en brazos.

—Si Louis, se parece a nuestro padre y a la abuela. Esos ojos azules grandes y profundos son exactos a los de la abuela Anya, contestó Raoul.

—¿Lo vas a reconocer? Preguntó Raoul.

—¿Qué tú crees? La duda ofende, hermano. Alexander es mi hijo y su madre Betty es una gran mujer que lo sabrá educar con la ayuda de todos nosotros. Por cierto, esta muchacha ha cambiado tanto que no la hubiese reconocido si me la encuentro en otro lugar. Se nota que Hilda ha hecho un buen trabajo con Betty.

—Ya lo creo Louis. Betty tiene quince añitos y se está preparando para tomar exámenes libres y entrar a la universidad. Mi ahijada quiere estudiar educación, vamos a ver que decide cuando pase sus exámenes de ingreso a la universidad, dijo Hilda mirando a un asombrado Louis que no podía contener su alegría con el niño en brazos.

—Señor Baumann, dijo Betty, sepa que no le guardo rencor y que he olvidado todo lo que pasé en su casa. Dios así lo quiso y ahora tengo una vida nueva. Le digo esto para que sepa que puede ver a su hijo cuando usted quiera, dijo Betty humildemente mirando con sinceridad a Louis.

—Gracias Betty. Te lo agradezco porque necesito mucho la compañía de este niño que me ha devuelto la vida.

—No te preocupes hermano, dijo Raoul, esto está controlado. Cuando yo me enteré por Mima no lo podía creer y vine a ver al niño. Pero cuando tuve en mis brazos a esta criatura, su sonrisa me derritió y fui el primero en gritar: el padrino soy yo, decía Raoul entre risas.

—Bueno Betty, dime algo que es importante. ¿Te vas a quedar aquí? ¿No te gustaría tener tu propia casa con una sirvienta que te ayude cuando entres en la universidad? Preguntó Louis y Raoul asintió.

—No lo sé, yo me siento muy acompañada por mi madrina y no quiero separarme de ella, contestó Betty.

Pero Betty, en el futuro tú debes darle a tu hijo un hogar propio. Si te gusta esta área de los cayos, yo me puedo ocupar de levantar una tremenda casa al lado de la de Hilda. Nosotros hemos comprado estos terrenos y levantar una edificación nueva es algo muy sencillo. No se hable más, en los próximos días, empezaré a trabajar en los planos de un chalet en el predio de al lado para que seas vecina de Hildita y sigan juntas, concluyó Raoul con la aprobación de Louis.

—Raoul, te voy a pedir que hagas un cuarto de juegos para el niño con vista al mar, dijo Louis.

—Ah, ahora tú que eres un administrador me vas a enseñar a diseñar una casa. Mira muchacho, voy a levantar un chalet que le ronca el mambo. Tú no has visto como quedó esta casa que es una preciosidad, pues la de Betty va a ser igual, un hogar de ensueño para ella y mi sobrino Alex, dijo Raoul risueño mirando a su hermano.

—Louis reaccionó, los voy a tener que dejar. Eva se ha ido y la pobre está sufriendo mucho con la condición de salud de nuestro pequeño. Mi deber es estar junto a ella y apoyarla en el proceso de tratamiento de nuestro hijo, dijo el hombre mirando a su hermano.

—Raoul, ¿me llevas de regreso? Me tengo que ir, temo por la seguridad de Eva, ya tú sabes cómo es ella.

—Hilda se adelantó, gracias Louis, por haber recibido a tu hijo con tanto amor y responsabilidad de tu parte. Puedes pasar por esta casa cuando tú quieras para ver a tu hijo.

—Gracias Hilda y tú también, Betty, eres una buena niña, Dios las bendiga. Los dos hombres se fueron e Hilda se quedó con Betty y el niño en la terraza.

—Madrina, yo a usted le debo tanto que ni volviendo a nacer podría pagarle todo lo que ha hecho por mí, dijo con sinceridad mirando a Hilda.

—Lo sé, mira cariño, creo que debes considerar la propuesta de Raoul y Louis y aceptar que te construyan una casa aquí al lado. Así seremos vecinas y estará construyendo un futuro para tu hijo, dijo Hilda.

—Como usted diga madrina. Yo quisiera seguir a su lado y me encantan los cayos. Sería maravilloso tener una casa para mí y para mi hijo, dijo la muchacha maravillada de todos los cambios que había experimentado su vida en los últimos tiempos.

En los siguientes días, la brigada de trabajo de Raoul estaba limpiando el terreno para poder hincar los primeros cimientos de la casa de Betty. Louis iba por las mañanas a ver a su hijo Alex, se escapaba de la oficina en la mañana y almorzaba en compañía de Hilda, Betty y el niño. Por las tardes, llegaba temprano a su casa a conversar con Eva de los progresos de su pequeño Samuel.

—Si tú vieras como ha mejorado Sam, decía Eva. Nuestro hijo habla y mueve los brazos, el problema del bebé está en las piernas porque no se puede sostener. Dice Shapyro que va a tener que usar un carrito que lo traslade hasta que esté listo para comenzar las terapias que lo llevarán a caminar algún día con la ayuda de muletas. La doctora está maravillada con el progreso de Sam, ella dice que el niño ha progresado más allá de lo que ella esperaba.

—Dios mío Eva, el Señor nos está ayudando con nuestro hijo. Tú verás que en algún momento nos podremos trasladar a Israel y comenzar los tratamientos de Samuel, decía Louis.

—Eso va a ser cuando el niño tenga tres o cuatro años. Por el momento, con la ayuda de prótesis en sus piernitas va progresando y fortaleciendo el tronco superior. Ayer mismo me sorprendí con la fuerza que ese niño tiene en sus brazos, porque se para de cabeza sobre sus hombros y se mueve por todo el cuarto como un bebé normal, dijo Eva.

—Pero él necesita un tratamiento radical como nos dijo Shapyro. No nos podemos conformar con que el niño sea un inválido fuerte, no, él tiene que andar, aunque sea con la ayuda de muletas, contestó Louis a su mujer que asintió con la cabeza.

Eva estaba dedicada a su hijo Samuel y el cuido del niño le tomaba todo su tiempo. Al tener la mente ocupada no tenía tiempo de pensar en recuerdos tristes de su pasado y su depresión había desaparecido dejando lugar a la planificación de la recuperación de su hijo. Eva había cambiado tanto, atrás quedó la mujer egoísta y superficial que solo pensaba en lujos y diversión. Ni tan siquiera tenía interés en coquetear con otro hombre, estaba consciente de que necesitaba a Louis para cuidar a su hijo y había aceptado una relación ya no de amor con su marido, pero sí de complicidad y alianza por el bien de Samuel. Eva estaba pensando en las palabras de la doctora Shapyro, llamó a Alek para averiguar mas de los tratamientos de terapia física en Israel.

—Alek, soy yo Eva. Te estaba llamando porque hace unos días estábamos visitando a nuestro hijo en el hospital y la doctora Shapyro nos dijo que pronto el niño va a necesitar recibir terapias físicas para fortalecer sus extremidades y que en Israel como en Cuba tienen unos tremendos técnicos de acondicionamiento físico.

—Sí, es cierto, lo que dice Shapyro. En Israel hay un hospital donde un equipo especializado que fue adiestrado por los rusos hace maravillas con personas que han quedado inválidas a causa de accidentes y en Cuba, después de la Revolución, el gobierno ha desarrollado un equipo de rehabilitación física dirigido por médicos rusos para tratar las lesiones físicas que surgen en los difíciles entrenamientos de los gimnastas olímpicos y los miembros del ballet Cubano. Incluso creo que hay intercambio de recursos entre ambos países, respondió Alek.

—Por qué no vienes a tu círculo de terapia y hablas con Endré. El viaja a Cuba a través de México y puede ser una persona muy conveniente para realizar un acercamiento con el gobierno Cubano, añadió Alek. Además, tu suegro mantiene negocios con el gobierno de Fidel. El negocio de cítricos de los Baumann sigue funcionando en Matanzas y Fidel no lo ha tocado. Habla con el señor Baumann y toca base con Endre. Si logras que el pequeño sea aceptado en un programa de rehabilitación en Cuba es posible que puedas entrar y salir de la Isla con la autorización del gobierno de Cuba y de los Estados Unidos.

Eva colgó y esperó que llegara su marido en la tarde, hablaría con él para que moviese sus influencias en el partido demócrata y consiguiera un permiso para viajar a la Habana a conocer la clínica de rehabilitación. De momento, ella iría hasta Homestead a su terapia semanal y charlaría un poco con Endre para saber su opinión acerca del viaje a Cuba. Eva cogió ánimo tras la conversación con Alek y se arregló con esmero para ir a su terapia. La mujer se recogió el cabello en un moño y se puso unos aretes delicados con amatistas que hacían juego con un conjunto del mismo color muy favorecedor. Durante el viaje a Homestead puso música Cubana en el carro que fue tarareando hasta que llegó al hospital. En la puerta la recibió Alek acompañado de Endre que era el recurso seleccionado por el hospital para la charla de la tarde.

—Hola Eva, dijo Endre sonriendo a la mujer. Estás espléndida, ya me adelantó Alek de tus planes para buscar un centro de rehabilitación para tu hijo. Los dos centros que me mencionó Alek son buenos. En ambos lugares hacen un trabajo excelente, conozco un caso de un amigo que fue torturado en la franja de Gaza y a causa del maltrato recibido quedó relegado a una silla de ruedas. Los técnicos israelitas trabajaron arduamente con él y lo levantaron de la silla y el hombre hoy en día está bien. Por otro lado, en Cuba tienen a técnicos del Bolshoi que son los mismos que han adiestrado a los israelitas. Por la cercanía de Cuba yo me movería con el gobierno Cubano para ver si te permiten acceder al programa de ellos y evaluarlo para que puedas tomar una decisión.

—¿Qué tu harías si fuera tu hijo? Preguntó Eva.

—Tú sabes que yo soy un Judío devoto, pero como llevo a Israel en mi corazón, la causa Judía me acompaña a todos lados, Israel soy yo. Por eso, iría al lugar más cercano para ayudar a mi hijo y ese es Cuba. No le hagas caso a la opinión general de la gente, en Cuba la medicina está progresando a pasos agigantados y el campo de la terapia física está muy bien atendido por los rusos. Si te decides a ir a Cuba, yo te acompaño durante los primeros días para que no estés sola. Habla con tu marido y convéncelo de que te permita viajar a la Habana, cuando llegues yo te estaré esperando, dijo Endre.

El resto de la tarde, Eva escuchó los testimonios de los pacientes del grupo de ayuda al que ella pertenecía. Sintió que ya no necesitaba a ese grupo, ella se sentía equilibrada emocionalmente. El proceso de tener que ayudar a su hijo la había salvado de la depresión y la angustia en la que había vivido tantos años.

En los próximos días Louis se comunicó con su padre Alejandro que estaba visitando Israel y le planteó la situación de Samuel.
—¿Que hago, padre? Preguntó Louis.
—Mira hijo, Cuba está a cien millas de los Estados Unidos, si no fuera por el maldito embargo, la relación entre ambos países ya se hubiese normalizado. Yo voy a hacer unas gestiones para que tu mujer se mueva a la Habana y el niño sea evaluado por esa famosa clínica. Si Eva queda satisfecha con los técnicos de Cuba, tramitaremos un permiso para que el niño reciba tratamiento allá. Créeme que no hay ningún problema, dijo Alejandro. En unos meses, yo voy a ir a la Habana porque el gobierno Cubano quiere hacer unos edificios multifamiliares y es posible que nosotros nos encarguemos de eso, pero nada de esto es final todavía.

Louis se asombró de cómo el poder económico se seguía moviendo tras bambalinas mientras los Cubanos en el exilio y los Cubanos en la Isla seguían divididos. El grupo hebreo seguía haciendo negocios con Castro y Raoul diseñaría los nuevos edificios del régimen Cubano para las masas proletarias. Eran casi las nueve de la noche cuando Louis llegó a la casa. Eva le preguntó: ¿Dónde estabas? Tu padre ha estado llamando intermitentemente durante más de cuatro horas sin conseguirte. Tenemos buenas noticias: tu padre consiguió que la clínica Cubana evalúe a Sam.

—¿Tan pronto?

—Sí, yo hablé con papá por la mañana, contestó Louis.

—Pues, te diré que en dos semanas me voy para Cuba a través de México. Tenemos tantas cosas que coordinar con la doctora Shapyro.

—¿Crees que puedas viajar sola con el niño? Preguntó Louis.

—Si Louis. Tan pronto llegue, me habrán asignado dos técnicos para acompañarme durante el periodo de evaluación. Yo te estaré llamando a diario, no va a ser fácil, pero creo que solo allá podrán ayudar a nuestro hijo, dijo Eva.

—En dos semanas mi padre se reunirá contigo en la Habana para coordinar que tu estancia en la Isla sea lo más placentera posible, dijo Louis apenado mirando a su esposa.

—No te entristezcas Louis aunque la vida nos está poniendo obstáculos podemos ser felices, pero esto es solo una prueba que el Señor nos ha traído para que aprendamos a tener más resistencia, contestó Eva con serenidad.

Hijo mío, si recibiereis mis palabras y mis mandamientos guardares dentro de ti, haciendo estar atento tu oído a la sabiduría, si inclinares tu corazón a la prudencia, si clamares a la inteligencia y a la prudencia dieres tu voz; si como a la plata la buscares y la escudriñarás como a tesoros. Entonces entenderás el temor de Jehová y hallarás el conocimiento de Dios (Proverbios 1,3).

DÉCIMO MANDAMIENTO
No codiciarás los bienes ajenos. (Éxodo 20: 17).

Alejandro estaba esperando a Eva en el muelle de la Habana el 30 de diciembre de 1966 acompañado de un ortopeda israelita de nombre Arik. El patriarca de la familia Baumann había acudido a los altos dignatarios del régimen Cubano para lograr que aceptaran a su nieto en el novedoso programa de rehabilitación física de la Habana y encontró un gran apoyo en el médico residente israelí Arik Meir.

—El programa de rehabilitación del sistema médico Cubano es excelente. Yo le aseguro que, aunque la condición de su pequeño sea complicada puede mejorar mucho con las técnicas de ortopedia que se aplican en Cuba. Alejandro le comentó el doctor Arik con seguridad y prudencia:

—Doctor Meir, si estoy trayendo a mi nieto a Cuba es porqué confío en que los médicos Cubanos lo pueden ayudar. Yo le pido al Señor de los Ejércitos que acompañe a mi nuera y a mi nieto durante su estadía en la Habana.

—Así será, señor Baumann, contestó Arik.

—Mire Arik, mi nuera ya está bajando del barco con el niño, expresó Alejandro que acababa de ver a Eva descender por las escalerillas de la embarcación seguida de una joven que llevaba al niño en brazos.

Los dos hombres avanzaron hacia la mujer… Alejandro sonreía a su nuera que se veía triste y abatida…

—Eva querida, has llegado… Mira él es el doctor Meir, es un médico residente del hospital de rehabilitación y ortopedia donde evaluaran a Sam.

Eva abrazó a su suegro con afecto y se enganchó del brazo del hombre para caminar hacia el automóvil que esperaba al grupo en el muelle.

—¿A dónde vamos señor Baumann?

—Directamente al hospital, intervino Arik. Me parece que el niño debe empezar su estadía en la Habana en un ambiente donde podamos controlar cualquier situación médica que se nos presente. Tan pronto lleguemos a la clínica y usted señora Baumann tome un descanso, comenzaremos la evaluación médica del niño que consistirá en exámenes clínicos y radiológicos para determinar el curso del programa de rehabilitación que diseñaremos para su hijo.

—Sabe algo señora Baumann, dijo Arik fijando su mirada en Eva. La mayoría de los casos de malformación física que se atienden a temprana edad tienen un buen pronóstico de rehabilitación si se aplican las técnicas de ortopedia necesarias para cada condición. En occidente, continuó el médico, los médicos miran casos como el de su hijo con desdén y descartan a estos pequeños del privilegio de vivir una vida productiva. La corriente médica en muchos países occidentales con las personas incapacitadas es recluirlas en instituciones donde el mundo se olvida de ellas cuando son seres humanos que con el cuidado adecuado pueden llegar a alcanzar una vida digna e independiente.

—Si doctor Meir, lo que usted dice es cierto, expresó Eva con tristeza mirando al médico. Cuando mi hijo nació en Miami, los médicos del hospital me indicaron que si el niño llegaba a sobrevivir le esperaba una vida de reclusión en una institución clínica. Sin embargo, mi esposo Louis rechazó todas las corrientes médicas que le recomendaban olvidarse del niño y se pasaba los días velando la recuperación de nuestro hijo. Milagrosamente, tras 10 días de cuidado crítico, el niño había superado su crisis respiratoria y pudo ser desconectado de todos los aparatos y empezar a recibir un cuidado normal. La doctora Shapyro nos confirmó que nuestro hijo había pasado la crisis y sobreviviría, aún cuando sus miembros estaban terriblemente torcidos y atrofiados. De acuerdo con Shapyro el niño tendría que usar una silla de ruedas el resto de su vida. Pero la doctora también nos habló de las técnicas experimentales que se utilizan en Rusia para ayudar en la rehabilitación de personas inválidas. Seguimos investigando hasta que decidimos trasladarnos a Cuba para someter al niño a esos tratamientos como último recurso de salvación. La enfermera que me acompaña está especializada en rehabilitación física y es la persona que durante meses se ha ocupado de mi hijo en el hospital hebreo de Miami.

—¡Llegamos! Dijo el médico interrumpiendo a Eva.

El grupo avanzó hacia el hospital donde los esperaba un equipo de evaluación clínica. Eva estaba aprensiva e inquieta y se negaba a separase de su hijo.

—Qué va a pasar con mi hijo, doctor Meir? Me puedo quedar con él, preguntó Eva a Meir.

—No, yo preferiría que se retiraran a su lugar de residencia en Cuba. Yo como médico residente del departamento de ortopedia me quedaré al lado del niño durante toda su evaluación, no se preocupen.

Eva y Alejandro dejaron al pequeño Samuel y a su enfermera con el doctor Meir y se dirigieron a su casa. Eva no había parado de llorar desde que había dejado al niño en el hospital, la mujer estaba desesperada y no podía dominar sus nervios. Cuando llegaron a la residencia seleccionada por Alejandro, Eva se percató que era la casa de la familia Alegría, la casa de Mima y Dulce.

—¿Qué hacemos en esta casa, papá? dijo Eva. Yo pensé que íbamos a quedarnos en la casa de ustedes en Miramar.

—Nuestra casa de Miramar es muy grande y se destinó para alojar a una embajada, hemos tenido suerte que esta propiedad no ha sido ocupada por familias que necesitan vivienda. Aquí estarás muy bien, esta zona de la Víbora es céntrica y te podrás mover con facilidad al hospital con un chofer que te va a estar llevando todos los días a ver a tu hijo, dijo Alejandro conciliador pasando un brazo por los hombros de su nuera.

—En pocos días regreso a los Estados Unidos, tengo que ir a Washington para seguir con los trámites de mi compañía en la Habana.

—Mientras yo esté en Cuba pasando trabajo con mi hijo, sus hijos en Miami harán con sus vidas lo que les dé la gana. Raoul seguirá protegiendo a la advenediza de Hilda a la que le ha regalado una casa donde cobijan a mi criada y al hijo que tuvo con mi marido. Yo le ofrecí a esa muchacha dinero para que nos entregara al pequeño y poder criarlo en nuestro hogar como un hijo más de la familia Baumann, pero su hijo me desautorizó y ha seguido cargando a esa gente salida de la nada, gimoteaba Eva mirando suplicante a Alejandro buscando que el patriarca de la familia apoyase sus reclamos ante Raoul y su marido.

A medida que Alejandro seguía oyendo las quejas de su nuera su indignación contra la mujer crecía. Decidió enfrentar el asunto de una vez por todas y tomando a la mujer por un brazo se dirigió a la sala para tomar asiento.

—Mira Eva, ha llegado el momento de sincerarnos el uno con el otro, dijo el patriarca mirando con firmeza a su nuera. Tú, mujer desagradecida como ninguna, has llenado de vergüenza a nuestra familia. Cuando Louis decidió casarse contigo, nosotros te aceptamos porque te amamos y te dimos la oportunidad de llevar una vida llena de privilegios al lado de nuestro hijo. Pero, tú, sin tomar en consideración el dolor que nos ibas a causar llenaste de lodo tu propio hogar con tu conducta inmoral y desvergonzada. Le has faltado el respeto a tu marido con tus infidelidades comportándote como una zorra barata y vulgar y, encima de eso, pretendes marcar la pauta del comportamiento moral de mis hijos. Has retado a Raoul buscando que mi hijo despoje a Hilda de la única vivienda que esa muchacha tiene en los Estados Unidos, cuando ella arriesgó su propia vida para sacar a mi familia de Cuba en circunstancias muy difíciles. Y, respecto a Betty y a su hijo, no voy a permitir que le hagan más daño a esa muchachita ni a su niño que es mi nieto. Mira Eva, no codicies al hijo de esa mujer, porque ya tienes el tuyo propio que te necesita más que a nada en el mundo.

—Tu, mujer impía y pecadora, no tendrás tiempo para nada más que para atender a tu hijo, el pequeño Samuel. Te vas a dedicar a ese niño en cuerpo y alma hasta que se defina cuál va a ser el tratamiento que necesita para llevar una vida digna como cualquier otro ser humano. En Cuba te vamos a estar vigilando para ver si cumples tus obligaciones como madre y te advierto que si fallas lo vas a lamentar, terminó diciendo Alejandro a una desconsolada Eva que no sabía que decir a las acusaciones de su suegro.

—Papá perdóname, yo estaba enferma y no sabía lo que hacía, dijo Eva mirando a su suegro con sinceridad.

—Pero Eva, te quiero preguntar algo. ¿Tú no amas a tu hijo? Preguntó Alejandro tomando en sus brazos a la mujer.

—Lo amo con toda mi alma, respondió Eva.

—Pues entonces, hija, dedícate a ayudar a ese niño y olvida la vida de los demás. No codicies lo que no es tuyo, porque eso es un pecado y molesta a Jehová. La mejor forma de resarcirte ante nuestro Señor es ayudar a tu propio hijo. Cuando regrese de mi viaje a Washington quiero encontrar en ese bello rostro la mirada limpia de una Judía devota que encontró el camino para llevar una vida sin pecados, terminó diciendo el anciano.

—Me dedicaré al niño, papá, te lo prometo, contestó Eva avergonzada ante la mirada compasiva de su suegro.

—Así sea, hija, así sea, dijo Alejandro. Por favor, Eva, ordena el almuerzo, quiero comer algo y llamar a Miami para hablar con mis hijos. Como comprenderás, no quiero seguir con este tema tan desagradable y en lo personal para mí esto se ha arreglado porque espero que cumplas con nuestro acuerdo.

—Si, papá, confía en mí, no te voy a fallar, expresó Eva con sinceridad.

Si Jehová no edificare la casa, en vano trabajan los que la edifican.
Si Jehová no guardare la ciudad, en vano vela la guardia.
He aquí que herencia de Jehová son los hijos, cosa de estima el fruto del vientre, como saetas en mano del valiente. Así son los hijos habidos en la juventud.
Bienaventurado el hombre que llenó su aljaba de ellos.
No será avergonzado cuando hablare con los enemigos en la puerta.
(Salmo 127).

Hilda observaba desde su terraza como los obreros de la compañía Baumann daban los últimos toques a la casa que Raoul había construido para que fuera el hogar de Betty y del pequeño Alex.

—¡Qué preciosidad! Pensaba Hilda en voz alta. Raoul ha hecho una labor maravillosa aprovechando los entornos del área y la exuberante vegetación para realzar la belleza de la estructura de ladrillo y techo a dos aguas que destacaba entre los robles y abedules centenarios del paisaje natural de los cayos de Miami. Este hombre tiene mucho talento, es un artista maravilloso que todo lo que toca lo transforma. Señor, bendice a Raoul y a su familia que tan generosos han sido conmigo siempre.

No sabía cómo Raoul iba a encarar que ella se pasara unas vacaciones en México con Orlando, pero esa era su vida privada y ella necesitaba recibir amor de un hombre y Orlando la llenaba en ese aspecto de una manera total. Con el tiempo había comenzado a amar a Orlando y se sentía feliz a su lado. Si Orlando le pedía que se fuera con él a Cuba, lo iba a aceptar y regresaría a su patria a finalizar lo que había comenzado al inicio de la Revolución. Ella había cumplido con su familia en los Estados Unidos, sabía que los Baumann la necesitaban, pero ella quería hacer su propia vida con Orlando.

Cuando Betty llegó de la universidad, Hilda la estaba esperando.
—A la una de la tarde salgo para el aeropuerto. Raoul me va a llevar y tú mi niña te quedas a cargo de todo. Cuídate mucho y no pierdas tiempo en la universidad para que saques tus cursos a tiempo.

—Si, madrina, voy a estudiar mucho. Pero, estoy triste, tengo un presentimiento de que algo va a salir mal en este viaje. Por favor, no vaya a México, tengo miedo de que le pase algo.

—Pero, bueno, Betty. ¿Qué me va a pasar si lo que voy es a disfrutar con mi marido en las playas de Acapulco? Contestó Hilda sonriente ante la preocupación de su ahijada.

En ese momento, Raoul llega a la casa.
—¿Estás lista Hildita? Preguntó el hombre, cargando la maleta de la

mujer y caminando hacia el carro.

Hilda corrió detrás de Raoul y subió presurosa al vehículo rumbo al aeropuerto.

—Ya que no he podido disuadirte de tu viaje a México con Orlando, te voy a pedir que cualquier cosa rara que veas durante tu estadía en México, nos llamas enseguida. Estaremos pendientes de todo Hildita, dijo Raoul que acababa de estacionarse en el aeropuerto.

El viaje en avión fue placentero, Hilda iba acompañada de un matrimonio de americanos que al igual que ella se dirigía hacia Acapulco a disfrutar de las playas. Cuando bajó del avión, Orlando la estaba esperando con una sonrisa de lado a lado. Hilda corrió a abrazarlo.

—Orlando, cariño, estaba loca por verte, dijo Hilda colmando de besos la cara del hombre.

Orlando levantó a Hilda en sus brazos y a grandes zancadas atravesó la sala del aeropuerto hacia la salida. Las personas los miraban sonrientes y divertidos ante la estampa de aquel grandullón corriendo con la mujer en brazos.

—¡Estamos recién casados! decía Orlando a los asombrados transeúntes del aeropuerto que reían y le contestaban:

—¡Felicidades y mucha suerte!

El nidito de amor que Orlando había escogido era precioso, un hotel pequeño con acceso a una playa privada. La habitación lujosa y amplia tenía una hermosa terraza que se proyectaba sobre la arena de la playa y recibía el impacto de las olas que se desparramaban sobre la arena.

—No sabía que había hospederías privadas tan pequeñas y exclusivas, dijo Hilda a Orlando. Estoy acostumbrada a los hoteles tradicionales grandes y ruidosos.

—Este es un concepto nuevo de hotel, tipo boutique, pequeño y lujoso, contestó Orlando. La tendencia de la hospedería internacional en los próximos años va a estar dirigida a desarrollar lugares como estos, privados y exclusivos para un público selecto como nosotros.

—¿Cómo nosotros, Orlando? ¿Desde cuándo nosotros somos parte de esa clase social alta? No me hagas reír, tú y yo somos Revolucionarios. Aunque, pensándolo bien, los hoteles deben estar al acceso de cualquier familia trabajadora. Nosotros tenemos derecho a disfrutar de la vida al igual que cualquier otra persona, contestó Hilda.

—Déjate de cosas, mi vida y vamos a provechar el tiempo dijo Orlando despojándose de sus ropas y saliendo desnudo a la terraza. Ven aquí muñeca, mira este mar embravecido, recuerda este momento porque va a ser inolvidable para los dos. Hilda miró a su hombre y se excitó, Orlando estaba encendido y sin más la mujer se desprendió de sus ropas y se lanzó a sus brazos. Orlando besó a Hilda en todo su cuerpo, el hombre disfrutaba pasando sus labios por el sexo de Hilda que excitada le pedía que la penetrase, pero él se negaba,

—Todavía, nena, todavía. Disfruta que también yo me lo estoy gozando, nena, no me quites este placer de verte gritando hambrienta de mi amor. Oye, ni niña, ahora sí.., Orlando penetró a Hilda y volvió a hacerlo dos veces más.

—Me vas a matar, por Dios, Orlando, gritó Hilda exhausta.

Cuando acabaron de hacer el amor, Hilda descansaba feliz en los brazos de su hombre.

—Oye Orlando, se ha puesto de noche. ¿Qué hora es?
Preguntó Hilda.

—Deja ver, oye nena, son las ocho de la noche, se nos ha ido el día… Estoy hambriento, voy a pedir la cena al dormitorio. Después, saldremos a pasear por el pueblo.

Orlando e Hilda cenaron una exquisita cena compuesta de guachinango frito y arroz con guisantes, ensalada y un divino flan típico mejicano.

—¡Que rica está la comida! ¡Verdad, Orlando?

—Sí, está sabrosa, pero no tanto como tú, mi vida.

—Vamos, deja eso, que quiero ir a bailar contigo hasta la madrugada, dijo Orlando guiñándole un ojo a la mujer que alborozada se echó a reír también.

El hotel tenía un salón de baile donde estaba tocando un pianista Cubano piezas de jazz para el público estadounidense que bailaba en la pista. Orlando fue hasta el piano y le dijo al hombre:
—Mi hermano… ¿Tú no me puedes tocar un bolero a mi esposa y a mí que estamos de luna de miel? Por favor, toca ahí "Quiéreme mucho".

El pianista empezó a tocar al piano y una de las cantantes del hotel se acercó al piano para entonarla canción de Gonzalo Roig:
"Quiéreme mucho, dulce amor mío, Que amante siempre te adoraré, Yo, con tus besos y tus caricias, mis sufrimientos acallaré".
—Orlando, mi amor, no me quiero separar de ti, dijo Hilda.
—Ni yo, Hilda, ni yo. Vamos a disfrutar de estos días y después regresamos a Cuba a seguir nuestras vidas. Yo tengo una misión en la vida que es mantener la Revolución viva y tú tienes la ilusión de educar al campesinado Cubano. Mi vida, nosotros tenemos que estar juntos porqué nuestro propósito en la vida es el mismo y se llama Cuba.
—Si, Orlando, regreso contigo a la patria, contestó Hilda apoyando su cabeza en el pecho de Orlando que con dulzura besó el cabello de su mujer.

Los días siguientes fueron tan hermosos para Orlando que no cabía en sí de alegría con Hilda a su lado. Sin embargo, la mujer estaba aprensiva y nerviosa.
—¿Orlando, tú crees que estamos seguros aquí en México? Cuando salí de Miami, Betty me dijo que tenía miedo de que me pudiera pasar algo en este viaje, dijo Hilda. Ahora que soy tan feliz a tu lado tengo miedo de perderte.
—No tengas miedo, mi vida, eso es normal, a todos nos pasa, tememos que alguien nos robe la felicidad, pero eso no va a pasar. En un par de semanas, nos vamos para Cuba y cuando llegues, llamas a los Baumann. Te aseguro que no vas a perder el contacto con la familia. Don Alejandro va a Cuba con frecuencia, él tiene negocios con el

gobierno, así que puedes estar tranquila por ese lado, dijo Orlando acariciando el rostro de Hilda y continuó diciendo: Yo tengo un asunto pendiente en Miami, hay una persona que le está haciendo daño al gobierno Cubano y tengo la encomienda de eliminar ese obstáculo. No quiero ocultarte nada, para que estés alerta de lo que pasa a tu alrededor. Estamos hablando de un asesino despiadado, un psicópata que vive obsesionado con la venganza y no podemos permitir que siga extendiendo sus tentáculos en los círculos de poder de Washington. Vamos a dormir una siesta Hilda, estoy cansado y quiero ir a bailar por la noche otra vez. Hoy quiero bailar chachachá y son, para que veas como se mueve tu marido en la pista con una muñeca como tú.

Orlando se recostó y en poco tiempo estaba dormido profundamente. Hilda miró con amor a ese hombre varonil y apasionado que la amaba tanto. Suspiró, lo besó en la frente y se levantó de la cama para ir a darse una ducha. La mujer estaba llenando la bañera de agua caliente cuando oyó que tocaban la puerta.

—¿Quién es? Preguntó Hilda.

—Es la camarera, señora, traigo ropa limpia de la lavandería y una cesta de bombones cortesía del hotel, contestó una voz femenina.

Hilda se envolvió en una toalla y abrió la puerta. Detrás de la camarera había tres hombres armados con metralletas. Uno de ellos, cogió a la empleada del hotel por la espalda y segó su vida cortando su cuello con una navaja de lado a lado. La mujer cayó al piso y el individuo la arrastró hacia el baño. Hilda permanecía paralizada bajo la amenaza de un revolver que uno de los individuos mantenía apuntando contra su sien.

—No hagan ruido, Valdés está adentro.

Orlando se había despertado con el golpeteo de la puerta y avanzaba sigilosamente por el cuarto cuando llegó al vestíbulo y pudo ver a su mujer encañonada por los matones. Orlando tenía en su mano una pistola automática pero no se atrevía a salir al pasillo por temor de que mataran a Hilda. Estaba en un dilema.

—Suelten a la mujer... Y me entrego... Dijo Orlando. Ustedes son gente de del Valle, lo sé, dijo Orlando. Gusanos… miserables
—A tu mujercita la vamos abrir en dos como tú no te entregues ahora mismo, dijo uno de los tipos golpeando a Hilda en la cara que comenzó a llorar.

Orlando estaba a punto de disparar cuando recibió un tiro en el hombro desde la terraza en la que otros dos individuos habían llegado a través de la playa. Orlando cayó al suelo y alcanzó a derribar de varios tiros a los dos hombres que disparaban desde la terraza, mientras tanto los otros individuos habían llegado al cuarto y comenzaron a ametrallar a Orlando que ensangrentado se debatía entre la vida y la muerte pero que seguía disparando y logró alcanzar a otro de los individuos que mantenía agarrada a Hilda. La mujer aprovechó para abrir la puerta y salir corriendo por el pasillo logrando alcanzar la escalera y salir a la playa. Hilda estaba desnuda en medio de la noche, caminó a través de la oscuridad aguantando el dolor que le ocasionaban en las plantas de los pies los pedazos de conchas que había en la arena hasta que alcanzó ver un montón de sargazos putrefactos a la orilla de la playa. La mujer se escondió debajo del manto de algas que despedían un olor hediondo y permaneció callada mientras el único de los matones que había sobrevivido al ataque de Orlando caminaba por la playa en su búsqueda.

—¿Dónde estás, hija de puta? No me voy a ir de aquí hasta que te encuentre. Tu marido está muerto, tiene más de cincuenta tiros en el cuerpo. ¿No lo quieres ver?

Había amanecido y el asesino se cansó de su búsqueda. ¡Maldita sea! Se escapó la puta. ¿Me habrá visto la cara? Voy a tener que seguir buscando a esa puta, no puede salir de México.

Hilda estaba desesperada, sentía que la piel le ardía en todo el cuerpo y tenía mucho frío. Sentía que el matón no se había ido de la playa y no se atrevía moverse de donde estaba. Esperó otro largo rato hasta que oyó las voces de unos hombres que se acercaban por la playa hacia el hotel. La mujer sacó un poco la cabeza y no vio cerca al asesino por lo que salió de su escondite y se dirigió hacia los hombres que asustados miraban a aquella mujer desnuda y llena de sangre que se dirigía hacia ellos a través de los escombros que el mar había dejado en la playa.

—¡No se asusten! Soy una huésped Cubana del hotel que sufrí un asalto. Por favor, llévenme a la embajada de los Estados Unidos, les daré una buena recompensa. No hablen con nadie en el hotel, por favor, suplicaba Hilda.

Los dos hombres, un adolescente y su padre cubrieron a Hilda con una lona de botes y la llevaron hacia su humilde cabaña. Allí, Hilda se lavó con jabón y agua en una palangana. Aceptó de buena gana las ropas que le ofrecieron y tras vestirse le pidió a sus salvadores que la llevaran a la embajada de los Estados Unidos.

Hilda se ocultó en la parte de atrás del camión y el muchacho la cubrió con una lona echando paja sobre ella para disimular. En el trayecto para salir del área del hotel, Hilda pudo ver apostado al asesino en el vestíbulo esperando que ella regresara a buscar sus cosas.

Llevaban una media hora de camino cuando Hilda venciendo el miedo tocó en el cristal de la camioneta, los hombres pararon y Hilda se pasó al frente con ellos. No me tengan miedo, soy una turista estadounidense y como les dije, he sido víctima de un asalto. Les estoy agradecida por su ayuda y los voy a recompensar muy bien por sus favores, no se van a arrepentir de haberme ayudado.

A las tres de la tarde el camión había llegado a la embajada estadounidense, Hilda se acercó al guardia de seguridad y en inglés se dirigió al policía que le abrió paso para que entrara a la embajada.

El funcionario estadounidense que estaba de guardia en la embajada llamó de inmediato a la policía de Miami y a la oficina de Raoul Baumann. Ya la embajada estadounidense había certificado la identidad de

Hilda Linares del Valle como una ciudadana estadounidense radicada en la ciudad de Miami en los Estados Unidos, así que Hilda permanecería asilada en la embajada hasta su salida para Miami.

Hilda les ofreció a los dos hombres su teléfono en Miami y tomó los datos de ellos para enviarles una recompensa a su llegada a suelo norteamericano. El joven se acercó a Hilda y le dijo:

Señora, yo lo que necesito es trabajo, lo que sea, por favor, dijo el muchacho.

—Los ayudaré, se lo aseguro. Tengo su dirección y les prometo que los voy a ayudar, contestó Hilda agradecida mirando a los dos hombres que le habían salvado la vida.

Raoul había tomado el primer avión para México y a primera hora de la mañana había llegado a la embajada de los Estados Unidos. La policía de la ciudad de México lo esperaba para identificar el cadáver de Orlando.

Hilda vio a Raoul que saludaba a los policías mejicanos y abandonaba con ellos la embajada.

—Pensé que tendría que identificar el cadáver de mi marido, preguntó Hilda al Cónsul estadounidense.

—No, señora, usted no debe salir de este recinto hasta que parta de México con el señor Baumann. Las personas que mataron a Orlando Valdés deben estar pendientes de asesinarla a usted también para no dejar testigos. Cuando venga el señor Baumann usted deberá hacer una descripción de los asesinos de Valdés y pasar una ronda de identificación para localizar a esos individuos en el registro de posibles sospechosos de la muerte de su esposo.

Raoul pensó que el asesinato de Valdés era una injusticia de la vida con un hombre tan valiente y bueno como era Orlando. El cuerpo de Valdés estaba acribillado a tiros, fue mejor que Hilda no lo viese así destrozado y casi irreconocible. Los otros cuerpos habían desaparecido de la escena, la policía solo había recuperado el cadáver de Valdés e Hilda decía que eran seis asesinos y que solo uno sobrevivió a los tiros de Valdés. El que orquestó el asesinato de Orlando era un profesional y tenía recursos económicos para mover una operación tan grande. Raoul tenía sus sospechas, pero quería dejar atrás el asunto de Cuba y continuar con la vida en los Estados Unidos.

Cuando llegó a la embajada estadounidense, Raoul agradeció al Cónsul su ayuda y tomando a Hilda le dijo:

—En una hora salimos para Miami, no hay tiempo para rondas de identificaciones, les dirás que no recuerdas nada. En Miami hablaremos con más calma, no te preocupes, lo importante es salir de aquí lo antes posible.

Habían pasado varias semanas desde que Hilda había regresado a Miami. Ella le había dado la descripción de los individuos a Raoul y este continuaba investigando el asesinato de Valdés. La familia Baumann estaba conmocionada con la muerte de Orlando y el peligro al que había estado expuesta la pobre Hilda.

—Nadie está exento de un atentado, recuerdo que papá contaba que en la Habana en las décadas de los cuarenta y los cincuenta hubo muchos atentados, comentaba Raoul a Louis.

—Si, en Cuba la situación era complicada aún para los que no se metían en nada. Papá siempre tuvo seguridad en la casa, en Matanzas y en la Habana también. Sí señor, nosotros teníamos seguridad hasta para ir al colegio, dijo Louis y ahora por lo visto tenemos que seguir con lo mismo en los Estados Unidos.

Louis había ido a visitar a Raoul y le había agradecido que hubiera ido a rescatar a Hilda a México.

—Gracias, Raoul, estaba preocupado por Hilda, lo que tiene que haber pasado la muchacha.

—Ay Louis, no me digas que otra vez estás rondando a Hilda. Pero… ¿Tú no te cansas de los problemas? No acabas de salir del lío de la guajira, perdón de Betty y ya estás pensando en Hilda. Un hombre como tú, tan serio y tan complicado al mismo tiempo. Menos mal, que la niña

Betty anda enamorada de un compañero de la universidad sino estarías metido en la cama de la muchacha otra vez. El muchacho es de una buena familia hebrea de Miami y está prendado de la niña. ¿Qué te parece? A lo mejor, la muchacha se nos casa con un buen partido.

—Me alegro por ella, pero yo no he tenido suerte en el amor. Mi matrimonio con Eva ha sido un suplicio, tú no sabes lo insoportable que es esa mujer. No me divorcio porque se ha entregado en cuerpo y alma a Samuel y eso tengo que agradecérselo, contestó Louis a su hermano.

—Hermano, me voy para casa, mi mujer y mis cuatro hijas me esperan, dijo Raoul dando una palmadita amistosa en el hombro de Louis.

Louis se quedó pensando y decidió visitar a su hijo Alex, llegaría de sorpresa y así, podría encontrarse con Hilda y compartir con ella un rato. Tomó las llaves del carro y se fue hacia los callos. Cuando llegó a casa de Betty, la encontró acompañada de un joven bien parecido.

—Hola, Louis dijo Betty avanzando hacia el con el joven acompañante tomando su mano. Te presento a mi novio. Él es Zac Rosenberg y estudia conmigo en la facultad de pedagogía.

—Hola Zac, dijo Louis.

—Ya me han hablado de usted, señor Baumann. Encantado de conocerlo. Dijo el joven.

—¿No está Alex? Preguntó Louis.

—No, Alex está en casa de tu madre, se ha pasado el día con la abuela Aurore, dijo Betty.

—Ah, entiendo, pues me voy, contestó Louis pensando que había perdido el viaje.

Salió de la casa despidiéndose de la joven pareja y se dirigía su carro cuando alzó la vista y en la lejanía le pareció ver la figura de Hilda en su terraza. Con energía, Louis se dirigió a grandes zancadas hacia la casa vecina. La perra pastora de Hilda salió a su encuentro juguetona y el hombre la acarició, siguió avanzando hasta la terraza y vio a Hilda que apoyada en la baranda tenía la mirada perdida en el movimiento de las olas que se estrellaban contra la arena.

Hilda oyó el alboroto de la perra y se viró para encontrarse a Louis que embelesado la miraba. Las estrellas brillaban en el firmamento como nunca antes e iluminaban la figura de Hilda en la noche, Louis reconoció aquella estrella grande que se destacaba entre todas las demás con su brillo fulminante y que había sido testigo de su noche de amor con Hilda hacía años atrás.

—Dios mío, Hilda, te estaba observando bajo este manto maravilloso de estrellas y me hiciste recordar aquella noche de amor en el jardín de la casa de Raoul y pensé que eres lo mejor que ha pasado por mi vida y que te dejé ir. Por qué las cosas suceden así, de esta manera tan absurda que tuerce los caminos de seres humanos que hubiesen podido ser felices como tú y como yo, dijo Louis con serenidad, pero con infinita tristeza tomando las manos de Hilda.

—No lo sé, Louis. Mi vida ha sido un ir y venir de relaciones que no he buscado pero que se han presentado. La única relación que yo busqué fue la tuya y se la pedí a las estrellas. Esas mismas estrellas que nos han seguido desde Cuba hasta esta tierra han sido testigos de mi amor desesperado por ti. Pero tú me rechazaste porque yo no era la esposa que cuadraba dentro de los planes de tu familia. Si tú supieras todo lo que sufrí por tu desamor y todo lo que tuve que perdonar para poder olvidarte y seguir adelante.

—Cuando tú llegaste estaba pensando en Orlando, él me amaba y era mi última esperanza de ser feliz y ahora también lo perdí. Ay, Louis…el destino me ha llevado por caminos que no he buscado. Cuando éramos jóvenes en Cuba, Dulce y yo te admirábamos tanto a ti y a tu hermano Raoul. Ustedes eran el sueño de cualquier jovencita Cubana en edad de casarse. En el caso de Raoul, él se enamoró de Dulce a primera vista lo que no es de extrañar porque Dulce siempre ha sido una mujer bella y encantadora. Pero tú eras inaccesible para mí y para cualquier otra mujer. Yo no lo entendía hasta que empecé a conocer a la familia tras el matrimonio de Dulce con tu hermano. Para ustedes es importante la tradición familiar, la religión y el poder, después de estos tres valores está el amor. Nosotros los Cubanos no somos así, ya tú ves que a pesar de que me he convertido en una devota Judía sigo siendo la misma mujer apasionada e impetuosa de siempre. Mi amor por ti era una fantasía. Sin embargo, el cariño profundo que me dio Orlando fue lo más real que he tenido en toda mi vida y ahora lo echo de menos e incluso me siento culpable de no haberlo amado como él se merecía.

—Hilda querida, dijo Louis agarrando a Hilda por los brazos, Orlando ya no está con nosotros, la vida se lo llevó injustamente y te privó de un amor sincero y desinteresado. Estoy seguro de que ese hombre te amó mucho y tú también lo amaste a tu manera. Pero, Orlando ya no está con nosotros y no podemos hacer nada. Tu remordimiento es inútil, igual que el mío, cuando me pongo a evaluar mi vida sentimental y todos los errores que he cometido. La culpa nos devora a los dos y creo que estamos perdiendo un tiempo valioso, dijo Louis, pero si tú me lo permites, yo te ofrezco mi corazón que, aunque no es gran cosa, es tuyo. Déjame hacerte feliz, empezar de nuevo otra vez como si acabáramos de conocernos. Yo siempre te he amado, he sido un inmaduro y un imbécil, pero te amo, eso te lo puedo jurar ante Jehová.

—Si esa petición me la hubieras hecho unos años atrás me hubiera vuelto loca de alegría, pero ahora no sé qué te puedo decir, contestó Hilda.

—Te entiendo, mi querida Hilda y no te culpo, dijo Louis con tristeza mirando a la mujer. Perdóname, no sé ni lo que digo. El hombre se sentó al lado de Hilda y miró hacia la playa. ¿Te acuerdas de aquella noche cuando me quedé esperando que salieras de tu cuarto para irnos al jardín y volver a hacer el amor bajo las estrellas?

—Sí, me acuerdo, dijo Hilda y miró a Louis, reconociendo en el hombre aquel rostro que había amado tantas veces. Yo te amaba tanto, Louis y no solo eso, yo te seguí amando cuando te casaste con Eva, e incluso cuando embarazaste a Betty yo te seguía amando.

—¿Qué nos pasó Hilda? La vida nos separó tantas veces y yo no quisiera esperar otra separación más. Por favor, acepta a este hombre que se humilla ante ti y que te ama tanto. Recuerdas esa estrella, es nuestra estrella que nos sigue desde Cuba

Hilda miró a Louis a los ojos y sintió en su corazón que él era el hombre de su vida, el verdadero amor que movía todos los pasos que ella daba en la vida. Ella amaba tanto a ese hombre como no podía amarlo ninguna mujer en la tierra. ¿Sería posible que esa estrella escuchara sus reclamos tan tarde en la vida, pero si Louis le pedía que lo amara, por qué ella lo iba a rechazar? Ese hombre era el centro de su vida a pesar de tantos problemas que habían atravesado. Hilda miró al lucero y sintió que el cosmos le sonreía, el lucero saltaba de contento.

¿Acaso era una señal que las estrellas le estuvieran sonriendo? No iba a perder la oportunidad de ser feliz con el hombre que siempre había amado.
—Si, Louis te amo y siempre te he amado. A veces pienso que estoy loca… Pero no te puedo dejar escapar otra vez. Quiero ser tuya ahora y siempre. Pero… y tu familia, preguntó Hilda.
—Olvida eso, mi amor. Solo contamos tú y yo. Louis tomó a la mujer en brazos y se dirigió a la alcoba depositando a Hilda en la cama y besándola con pasión se entregó al amor toda la noche con la mujer que había amado siempre.

A la mañana siguiente, Louis se levantó lleno de optimismo.
—Querida, le voy a pedir el divorcio a Eva tan pronto llegue a los Estados Unidos con mi hijo. Ya había tomado esa decisión hace tiempo y tú no has tenido nada que ver en esto.
—Yo espero que estés seguro, Louis, dijo Hilda.
—Totalmente, tan seguro como que te amo y quiero hacerte feliz. Voy a llamar a Raoul, estoy seguro que me va a felicitar por mi decisión dijo Louis abrazando a Hilda. Quiero tener hijos contigo, por lo menos una docena, decía Louis sonriendo a la mujer que se abrazaba a él con amor.

—Mi vida, Louis, por fin eres mío, decía Hilda mirando encantada a su hombre.

—¿Y si me arrepiento?, contestaba Louis para molestar a Hilda que con gracia se colgaba de su cuello.

La noticia no sorprendió a Raoul ni al resto de la familia, más bien se alegraron por él porque el pensamiento de todos era que Louis e Hilda se habían amado toda la vida. Mima decía que el reencuentro de Louis e Hilda, dos seres que se amaban tanto, había sido un milagro del Señor. En los siguientes meses, Louis e Hilda exhibían su amor públicamente. Betty había tomado con toda naturalidad el hecho de que Louis e Hilda se amaran. En su interior Betty sabía que Hilda vivía enamorada de Louis Baumann, estaba segura que su madrina era un ser excepcional y la joven la quería como si hubiese sido su propia madre. Gracias a Hilda, Betty había logrado convertirse en una persona digna y respetable en la sociedad. La miseria de su infancia y el dolor de la adolescencia habían quedado atrás, el amor de Hilda la había redimido de una vida triste y le había concedido el derecho a tomar sus propias decisiones. Ahora, Betty era una mujer feliz y realizada, estaba enamorada por primera vez en su vida y se iba a casar con el joven Zachary Rosenberg. Betty no podía creer que la vida la hubiese bendecido de esa manera y de corazón le rogaba a Dios que su madrina alcanzara la felicidad que tanto merecía. Por ello, cuando se encontraba con Louis e Hilda los saludaba con afecto y sinceridad. Al principio resultaba un poco incómodo para Louis, pero pronto se acostumbró al carácter generoso de Betty y llegó a tener un gran afecto por la joven. Al fin y al cabo, Betty era la madre de su hijo y en el corazón de esa mujer solo había afecto y generosidad. Como decía Mima, "el Señor escribe derecho con renglones torcidos". Al final lo único que cuenta en la vida es el amor verdadero y él iba a luchar para que en su familia el amor fuera la razón para mover al mundo.

Louis se había mudado a la casa de Hilda y los dos trataban de recuperar el tiempo perdido. Hilda había dejado la escuela en manos de Betty y una maestra suplente, para poder dedicar todo su tiempo a Louis cuando llegara de su oficina. La pareja se iba a caminar por orilla de la playa y hacían el amor en los lugares más inesperados.

Una tarde cuando habían acabado de hacer el amor apasionadamente sobre la arena, Hilda le dijo a Louis:
—¿Recuerdas esa estrella que nos acompañaba en casa de Mima en Cuba? ¡Mírala! ¡Ahí está otra vez!
Louis estaba tirado en la arena y se percató de que la noche había caído sobre ellos. El cielo estaba cubierto de pequeños puntos luminosos y entre ellos refulgía el lucero de la Habana.
—Si, mi amor, ya lo vi. Es el lucero que ha marcado nuestro destino a través de la vida. Contestó Louis sin soltar la mano de Hilda. ¿Sabes algo, querida? Nunca había sido tan feliz, tanto que a veces siento miedo de despertar y no encontrarte a mi lado.
—Te tengo que decir algo, Louis, dijo Hilda. Estoy embarazada…
—Mi amor, Hilda. ¿Que dices, no me podías dar una noticia mejor? Dios mío, ayuda a mi mujer, envía tus ángeles para que la cuiden en su embarazo, dijo Louis conmovido por la noticia.
—Hilda, mi hijo si es varón se llamará Ariel Bar Kojsba que significa hijo de una estrella y será el futuro líder de nuestra familia, protegerá a sus hermanos y guiará a nuestro pueblo hacia la tierra prometida, dijo Louis como inspirado por el poder de Señor.
—Querido Louis, me encanta ese nombre, hijo de las estrellas, pero la tierra prometida la llevamos en el corazón, nuestra tierra prometida es aquí y ahora, no quiero seguir con esa doctrina de la tierra prometida y del éxodo, el pueblo de Israel lo llevamos en nuestro corazón y nuestro hijo será un varón obediente del Señor aquí en América y en cualquier parte del mundo, contestó Hilda.
—Tienes razón, cariño mío, no quiero seguir errando por el mundo, los seres que yo amo están aquí en los Estados Unidos y en Cuba.

Tenemos que tomar en cuenta a mi hijo Samuel que necesitará seguir tomando tratamientos en la Habana.

—¿Cuando llegan Eva y el niño? preguntó Hilda.

—Pronto, Hilda, muy pronto, contestó Louis apretando a su mujer contra su pecho. No sé cómo Eva tomará mi petición de divorcio, estoy tratando de que no se afecten los negocios familiares con este asunto, pero creo que Eva cederá porque estoy protegiendo más que nada los intereses del pequeño Samuel. Le he enviado los documentos del divorcio a través de su tío Samuel para que el la oriente en este proceso y ella se sienta confiada de que es lo mejor para todas las partes.

—Me preocupa la opinión de Samuel de nuestra relación, no quisiera que pensara que soy una intrusa que quiero romper tu matrimonio, dijo Hilda.

—Por eso no tengas cuidado. Ninguno de nosotros podríamos juzgarte a ti que siempre has actuado con el corazón y sin interés personal alguno. Por el contrario, arriesgaste tu vida en Cuba para sacar a Dulce y a su madre de la Isla cuando estaban siendo perseguidas por el gobierno Cubano. Raoul está muy consciente de que, sin tu ayuda, Dulce no hubiese podido salir de Cuba. Incluso, yo mismo al involucrarme en el problema de Dulce también habría estado expuesto a represalias si tú no nos hubieses conseguido un salvoconducto para protegernos de las revueltas callejeras durante el camino al aeropuerto. Además, mi matrimonio con Eva no funcionó y tengo que confesarte que eso me apena tanto por mí como por ella. Eva no es la mujer perversa que todos se imaginan, solo es una pobre muchacha que ha sufrido mucho y tiene derecho a ser feliz como nosotros lo somos ahora.

—Ay amor, el exilio nos ha hecho tanto daño a todos los Cubanos, somos como ustedes los Judíos que ansiamos regresar a nuestra patria, dijo Hilda suspirando y mirando con tristeza a Louis.

—Ese es el problema, mi amor, los Cubanos y los Judíos hemos convertido el regreso a la patria de un sueño mesiánico a un proyecto político, por eso es que ha muerto tanta gente. Yo estoy cansado de este eterno éxodo y quiero echar raíces en esta tierra, como parte de esta nación.

Para mí se acabó el peregrinaje por el mundo, quiero que mi hijo complete el sueño de mis bisabuelos y llegue a ser una figura importante en este mundo que nos ha aceptado.

—Dios quiera, Louis.

—Así va a ser, querida, Ariel Bar Kojsba será un líder en este país.

Eva estaba recostada en la terraza de la casa de Santos Suárez cuando el cartero trajo la carta de su tío Samuel, en ella su amado tío le hablaba de las conveniencias de aceptar los términos del divorcio de Louis. El matrimonio se disolvía en términos amistosos y Eva seguía conservando su patrimonio dentro de la corporación Sunrise Engineering. El grupo hebreo había protegido a Eva y a su hijo exigiendo que no se disolvieran los bienes gananciales a los fines de no afectar el negocio de construcción. Además, Eva continuaría llevando la misma vida en su casa de Coral Gables con la libertad que ella quería. El tío Samuel le había indicado confidencialmente que Louis se casaría con Hilda Linares bajo el régimen de capitulaciones por lo que la cubanita no tendría acceso a la fortuna de los Baumann. Eva en silencio se alegró de que, aunque Hilda había conseguido capturar el amor de Louis, los socios hebreos habían exigido que la muchacha no formara parte de los negocios de la familia.

—Muy bien, tío Samuel has actuado sabiamente protegiendo a los nuestros, pensó Eva.

Los términos del divorcio eran más que satisfactorios para Eva, la mujer sabía que Louis protegería al pequeño Samuel y a ella también. Así que, por qué no aceptar un divorcio que le daba permiso para llevar su vida con una libertad que ahora no tenía. El niño estaba muy bien, iba progresando a pasos agigantados con sus aparatos de ortopedia que cada día eran más ligeros. En menos de un año, Samuel estaría en condiciones incluso de hacer algún deporte. Eva estaba decidida a firmar el divorcio a su llegada a Miami, lamentaba la decisión de Endre de mudarse a Israel, ese hombre extraño la ayudó en su recuperación, pero le confesó que no la amaba ni tampoco tenía interés en mantener una relación romántica con ella. Endre era solo un amigo, ella podría encontrar a un hombre que se enamorara de la nueva Eva que había nacido en ella tras el nacimiento de su hijo. Dios tenía cosas buenas para ella, confiaría en el plan de Dios para los justos. Ese hombre especial la estaría esperando en algún lugar; de inmediato pensó en Alek Kornilov y su corazón se llenó de júbilo. Sin pensarlo mas cogió el teléfono y llamó a Alek.

—Alek, acabo de recibir la petición de divorcio de Louis.

—¿No me digas? ¿Qué vas a hacer, mi querida Eva? dijo Alek con sorna al otro lado de la línea.

—No te entiendo, Alek… pensé que te alegrarías…

—Bueno, me alegraría que le concedieras el divorcio a Louis y empezaras una nueva vida con la dignidad que tú te mereces, contestó el hombre con suavidad. Yo siempre te he amado Eva y te conozco mejor que nadie en el mundo. Nadie puede amarte como yo te amo y como hombre de ciencia puedo ayudar a tu hijo para alcanzar una vida plena. Eva, mi amor, acepta el divorcio y regresemos a Miami para hablar con los Baumann como personas civilizadas.

—Tienes razón, Alek, dijo Eva. Necesito que hagas los trámites de alta para Sam en la clínica y traslades los expedientes médicos a los Estados Unidos.

—Si querida, lo haré. Pero el niño deberá seguir viajando cada seis meses a revisión a la Habana, contestó Alek.

—¿Cuándo volveremos a Miami? Preguntó Eva.

—Llegaremos cerca de las fiestas de la Pascua para el próximo año. Quiero que Louis Baumann vea a su hijo Sam bajando del avión caminando sobre sus propias piernas sin la ayuda de nadie, lo conseguiremos, te lo prometo.

—¡Por Dios, Alek! ¿Tú crees que lo consigas?

—Claro que sí, no va a ser fácil, porque las terapias son dolorosas para el niño, pero lo lograremos, contestó Alek. El niño ha mejorado mucho, está caminando con la ayuda de una muleta, pero la terapia que recibe es tan intensa que el doctor Meir asegura que en algún momento cercano caminará por sí solo. Ahora le están dando la hormona del crecimiento porque no es muy alto para su edad, pero su condición física es excelente y eso es lo que importa. Todos los adelantos de la recuperación de Sam se los debemos al equipo de médicos Cubanos y ortopedas rusos que se han entregado a la recuperación de tu hijo en cuerpo y alma. Eva, yo no he visto una entrega así en ninguna otra parte del mundo. Sam volverá a los Estados Unidos fuerte y sano como tú querías, esto es un milagro y debemos dar gracias a Dios.

—Está bien, Alek. Firmaré los documentos del divorcio y se los enviaré a mi tío Samuel para que proceda con los trámites que correspondan. Por favor, ven a casa temprano en la tarde para seguir conversando de nuestro regreso a Miami.

—Si querida, tan pronto pase por el hospital a ver a Sam, solicitaré el alta médica y después voy a tu casa, contestó el médico.

Los Baumann estaban reunidos en casa de Alejandro. El patriarca de la familia había reunido a sus hijos para tratar el delicado asunto del regreso de Eva a Miami. Louis había insistido en que Samuel estuviera presente para representar los intereses de su sobrina y a su vez le había pedido a Hilda que no lo acompañase, no quería lucir imprudente ante Samuel a quien tanto respetaba. Hilda estuvo de acuerdo y se mantuvo alejada del círculo familiar en compañía de Mima en su casa. Louis empezó la reunión diciendo:

—El señor de Israel nos trajo a estas tierras y aquí encontramos nuestro destino. Este es nuestro hogar y aquí nos estableceremos y será la tierra de nuestros hijos cumpliendo la promesa de nuestros antepasados. A través del tiempo la familia Baumann ha emigrado a diferentes lugares que nos han acogido para luego lanzarnos al viento. América es diferente, todo hombre y mujer que llegue a esta tierra puede alcanzar la felicidad si alberga en su alma a Dios y trabaja por los ideales que guarda en su corazón. Por eso, la familia Baumann ha alcanzado la libertad que estuvo buscando por más de doscientos años de peregrinar siguiendo a su estrella viajera.

—Esta es la tierra que quiero para mis hijos y para ello necesito que ustedes, mi familia y mis amigos cierren el circulo de la unión familiar. Nos necesitamos todos para sobrevivir y darle continuidad al espíritu de la familia Baumann. Solos no somos nadie, pero unidos constituimos la fuerza homogénea que caracteriza a nuestra raza y a pesar de los vaivenes que hemos tenido en los últimos años para sobrellevar las tormentas que han caído en nuestra familia les pido en nombre de Dios que nos unamos como una sola voz para seguir adelante. En pocos días llega a Miami mi esposa Eva con mi hijo y quiero que todos le proporcionen el amor que ella necesita porque sigue siendo parte importante de nuestra familia y siempre lo será. Yo necesito a mi hijo Samuel aquí para que crezca al lado de su hermano Alex y del otro pequeño que está por venir. No he sido perfecto, pero mis hijos no tienen la culpa de los problemas de los padres. Les pido con toda la humildad del mundo que cerremos filas en torno a nuestros hijos y protejamos los intereses de la familia, terminó diciendo Louis exhausto por la emoción y abrazado a Samuel que con satisfacción apoyó a su sobrino.

Raoul tomó la palabra para seguir la línea del discurso de su hermano:
—Mira mi querido hermano Louis, los Judíos hemos sido los eternos extranjeros, las naciones y los regímenes políticos van y vienen, pero las personas permanecen y yo creo al igual que tú que ha llegado la hora de que terminemos el exilio de la familia Baumann y echemos raíces en la tierra que nos ha cobijado. Ese sueño mesiánico del regreso a la Tierra Santa para mí se acabó, Israel soy yo y para mí Israel es un regalo de Dios que llevo en mi corazón condicionado a cumplir con la Ley de Jehová, dijo Raoul abrazando a su hermano.

Samuel pidió atención:
—Jehová el Dios de Israel ha guiado nuestros pasos hacia la tierra pro-

metida y les digo que el hogar del Dios de Israel lo llevamos en nuestros corazones y lo validamos día a día con nuestras acciones. Hijos míos, los he oído y mi espíritu se ha llenado del amor del Señor. No hay palabras más sabias que las que se han dicho esta mañana en la casa de Alejandro Baumann. Sus hijos son el orgullo de sus padres y los hijos de los hijos continuarán siendo el orgullo de sus padres. Por ello les digo que en la unión está la fuerza de esta familia y apoyo la petición de Louis respecto a mi querida sobrina Eva. Cuando ella llegue a Miami para la fiesta del Pesaj la abrazaremos y daremos gracias a Dios porque Eva y su hijo estarán de regreso con nosotros para la gloria de Dios. Pertenezcamos al mundo presente, celebremos la continuidad de la vida y brindemos todos por la vida que a diario Dios nos regala cada mañana, acabó diciendo Samuel.

—¡Le – Jayim,! Hermanos, dijo Raoul.

—¡Le- Jayim!, contestó Louis.

En la terraza de la mansión Baumann las hijas de Dulce y Raoul hojeaban una revista de modas mientras Hilda y Dulce conversaban con Mima esperando que acabara la reunión.

—¿De qué estarán hablando, mamá? Preguntó Dulce a Mima.

—No lo sé, contestó la anciana. Posiblemente, estarán discutiendo el regreso de Eva y del niño. Habrá que prepararse con mucha paciencia para enfrentar cualquier actitud difícil de esa mujer, por lo que les aconsejo que no se metan a opinar de nada y que ellos resuelvan sus cosas como les plazca, dijo Mima.

—A mí me dijo Louis que Eva aceptó los términos del divorcio, intervino Hilda.

—Bueno mi niña, contestó Mima: por lo que yo he oído la niña Eva no ha sufrido ningún cambio en el aspecto económico porque no dividieron los bienes de la corporación y ella sigue siendo una accionista principal. Tú te estarás casando con Louis bajo unos términos legales que te mantienen fuera del negocio familiar. Vamos… que no tendrías derecho a nada en caso de separación o divorcio.

—Mira Mima, a mí eso no me importa. Los Baumann me han dado todo lo que tengo y, además, lo que yo quiero es ser la esposa de Louis, contestó Hilda.

—Pero, mami, si Hilda tiene a Louis lo tiene todo. ¿Tú no crees? Dijo Dulce.

—Es cierto, pero que lista eres mi hija. ¡Me sorprendes! Es cierto, Hilda. Tú vas a tener todo lo que él quiera darte. ¡Es cierto!

—Pues claro, Mima. Todavía no puedo creer que Louis se vaya a casar conmigo después de tantos problemas que hemos tenido que atravesar en nuestras vidas, dijo Hilda emocionada por la felicidad.

—Mira Dulce, bajen la voz, que los polacos están por salir y nos van a coger cuchicheando de ellos.

—Mami, por favor, no les digas polacos, que ellos son de origen ruso, intervino Dulce.

—Es lo mismo, Dulce, para nosotros son polacos. ¿Qué te puedo decir? Para mí son polacos. En Cuba le decía toda esta gente los polacos porque hablaban en otro idioma…

—¡Cuidado! Terminó la reunión. Por ahí viene el grupo, dijo Hilda.

La familia Baumann había terminado su reunión y el grupo parecía satisfecho. Alejandro y Samuel caminaban abrazados hacia el jardín mientras Raoul y Louis sonreían mirando hacia la terraza donde los esperaban sus mujeres. Los dos hombres llegaron hasta la terraza y Louis preguntó:

—Bueno, Mima. ¿Se puede saber que hay de almuerzo? Tengo un apetito tremendo y estoy loco por probar uno de tus guisos.

—Pues mira mi niño, tengo un fricase de carnero como a ti te gusta, además Hilda te preparó las galletas de pasas que te encantan.

—¿De verdad, mi amor? Dijo Louis mirando a Hilda con cariño.

—Claro, te preparé tus galletas favoritas y para Alex le horneé un bizcocho de chocolate que a él le encanta, dijo Hilda.

—Ay Hilda, eso es lo que me gusta de ti, el amor desinteresado que das a todo el que te rodea. Cuando llegue mi hijo Samuel para la festividad del Pesaj quiero que lo recibas con mucho amor y que lo quieras como si fuera tu propio hijo. ¿Me lo prometes? Dijo Louis.

—Pondré todo mi corazón en hacer feliz a ese niño, te lo prometo, dijo Hilda con sinceridad.

—Raoul se acercó a Dulce y la abrazó. Te amo mucho, a ti y a mis cuatro hijas, pero prepárate que aún estoy buscando al varón.

—Ya tú tienes a Alex, a tu sobrino favorito, mira qué clase de hombre está hecho.

—Es cierto, este niño me ha vuelto loco. ¿Pero que tú dices de papá? El abuelo busca todos los días a su nieto al colegio y se lo lleva para consentirlo en su casa. El pequeño Alexander se parece mucho a la familia de la abuela Anya y a papá. Es como si mi padre regresara a su juventud y estuviera criando de nuevo.

—Oye Louis, comentó Dulce. ¿Qué tú crees del matrimonio de Betty y Zac?

—Me parece bien, siempre y cuando lleguemos a un acuerdo respecto a las relaciones paterno filiales. Alexander es mi hijo mayor, mi orgullo y lo amo profundamente. Quiero que Betty y Zac comprendan que quiero que mi hijo crezca cerca de mí y entiendan la responsabilidad de perpetuar el apellido de nuestra familia. Zac es hebreo y estoy seguro que me van a entender perfectamente, concluyó diciendo Loouis.

Raoul miró a la terraza, allí estaba el hijo de Betty, alto, grande y rubio como la abuela Anya. La madre, Betty, estaba acompañada como siempre por Zac Rosenberg el joven hebreo compañero de la universidad que ya estaba trabajando para la familia Baumann. Parece que Louis controla a ese muchacho. Bueno, parece ser que las cosas no son tan casuales como parecían ser. En fin, que se cumpla voluntad de Dios, pensó Raoul.

LA NOCHE DEL SEDER

Maravilla de maravillas, esa es la obra del Señor nuestro Dios y, así el espíritu de Jehová y sus ángeles descienden a la casa de la familia Baumann en esta la noche del Pesaj.

Alejandro trataba de concentrarse en el mensaje del rabino Samuel Weizman, pero su pensamiento estaba lejos de la celebración del Pesaj. Este hacía solo unas horas que se había reunido con Andrew Spielberg y el joven le había informado que el equipo especial del Mossad había frustrado un atentado de un grupo terrorista árabe contra Golda Meir en su visita al Vaticano. Ante ese hecho, aparentemente, los terroristas del Septiembre Negro tenían apoyo logístico del gobierno ruso y el objetivo común era destruir a Israel, un aliado incondicional de los Estados Unidos.

Se preguntaba Alejandro para sí mismo, ¿por qué venía a su pensamiento, una y otra vez el pasado? ¿Acaso se sentía intranquilo en los Estados Unidos? No podía sacar de su cabeza el recuerdo de las palabras de su padre:

—Alejandro, hijo mío, los Judíos somos un pueblo que vive en un exilio interminable purgando nuestros pecados. Nuestro exilio empezó con la derrota de la independencia Judía ante Roma y a partir de ese hecho empezamos un peregrinaje que solo terminará el día que recuperemos a Jerusalén para la gloria de Israel.

Alejandro no estaba de acuerdo con su padre, el rechazaba la idea del exilio interminable para el pueblo Judío. ¿No eran ellos acaso los justos que hacían posible el reinado de Jehová en la tierra? Había llegado el momento para cruzar de la oscuridad a la luz y fijar raíces en la nación que los había acogido.

Hoy día, la noche del Seder hablaría a su familia de su propio peregrinaje. Esto es, desde que su padre Ariel salió de Rusia hasta que llegaron a América y fijaron sus raíces en el nuevo continente. A su vez, plantearía la importancia de que la sociedad Judía se integrara a la nación norteamericana para recuperar la ciudad Bíblica de Jerusalén. Alejandro rezó:

—Leshaná Habá Yirushalayim", lo cual significa: Ayúdame Jehová a conseguir el pacto de Dios en la recuperación de Jerusalén para el pueblo de los justos.

Samuel había iniciado la noche del Seder con el Kadesh proclamando la bendición de Dios Creador con la primera copa.

—"Baruj Ata Adonai Eloheim Mely…"

Con la segunda copa del Mishpat, el rabino fue derramando una gota por cada una de las diez plagas de Egipto. Luego de realizar la ablución de manos, el rabino Weizman pasó la ceremonia del Maguid a su sobrino Alejandro, el patriarca de la familia Baumann.

Alejandro comenzó a hablar de la historia de la salida de los Israelitas de tierras del Faraón y comenzando el exilio interminable del pueblo Judío. Después de hablar brevemente de la tradición del Maguid, pidió atención:

—Hijos míos, en esta noche maravillosa del Seder les voy a relatar la historia de nuestra huida y del exilio de nuestra familia desde que comenzó la persecución contra los Judíos en Rusia hasta llegar y ubicarse en América. En estos momentos, que todavía soy un hombre joven y fuerte, creo que puedo responder las preguntas de mis nietos. Alejandro había captado la atención de su familia y empezó su relato.

—Al igual que Moisés sacó a nuestro pueblo de Egipto huyendo de la crueldad del Faraón, mis padres Ariel y Anya viajaron desde la oscuridad de la Rusia de los Zares a la luz de esta nación de libertad siguiendo los designios del Dios de Israel e interpretando los signos que el universo le ofrecía a mis padres durante su larga travesía a través de la lectura de las estrellas. Fue de esta forma que el exilio de nuestra familia empezó en la Rusia de los Zares imperiales y mi padre era un orfebre de nombre Ariel Baumanis…

—Alejandro abrazó a Aurore y les dijo: El Dios de Israel ha estado con nosotros desde que mis padres huyeron de Rusia. Cuando era niño allá en la casa del Cerro en Cuba mamá Anya me decía que mirara el firmamento de la noche Cubana y eligiera mi estrella y le pidiera los deseos de mi corazón. Yo le decía: Pero mamá, si yo lo tengo todo… ¿Qué más puedo pedir a las estrellas? Entonces, mamá me decía: Alejandro, pide por tu familia que siempre permanezca unida. En esos momentos y desde entonces seguiría el consejo de mamá, le pediría a las estrellas la continuidad del espíritu de mi familia por encima de toda la destrucción por la que hemos atravesado.

Parecería que el cielo hubiese escuchado las palabras de Alejandro porque un lucero refulgió y los tres seres que tenían el corazón piadoso sintieron que el amor de Jehová se derramaba sobre los justos en la tierra

—El cielo te ha oído sobrino y un ángel bajará a la tierra para auxiliar a los justos de Israel, dijo Samuel.

Alejandro Baumann había terminado la historia de la familia y mirando a sus hijos concluyó:

—Dios nos sacó de Rusia con un propósito y es que tenemos que pertenecer al mundo, no podemos seguir siendo una nación dentro de otra nación, por eso os digo que esta es nuestra nación ahora y los Estados Unidos es nuestra patria. No podemos seguir en un exilio constante buscando un lugar en el mundo. Para nosotros Israel es un estado legítimo y pondremos todos nuestros esfuerzos en que así sea, pero nuestro exilio finaliza en América porque pertenecemos al mundo y no vamos a ser excluidos nunca más en nuestras vidas.

El joven Alex tomando de la mano a su hermano Samuel se dirigió a su abuelo:

—¿Por qué esta noche es diferente a las otras noches?

—Porque estamos celebrando la noche del Seder de la Pascua Judía y además hemos decidido luchar porque el reinado de Jehová gobierne en la tierra, contestó Alejandro. Los nietos acosaban a Alejandro a preguntas que el abuelo contestaba dejando admirados a los niños que sentían un gran orgullo por el patriarca de la familia.

—Louis pensó que su padre tenía razón, la familia Baumann había atravesado la oscuridad para llegar a la luz. Siempre había admirado a su padre por su fortaleza y su honestidad. El viejo era un hombre de una talla humana inmensa, hubiese querido ser como su padre, tradicional, devoto, con muchos amigos y un solo amor, su esposa Aurore. Su hermano Raoul era más parecido a su padre, idealista y apasionado; lleno de amor para todos los que lo rodeaban. Adorado por su mujer y sus hijas, Raoul también tenía una relación especial con su sobrino Alex y es posible que lo amara más que a él. Miró a Eva que estaba con su esposo Alek. Se veían felices y él se alegraba por ella, no era justo que la madre de su hijo siguiera siendo una víctima de las circunstancias. Alek Kornilov era un hombre excelente y Eva tuvo mucha suerte en encontrarlo en su camino.

—Louis se acercó a ellos y abrazó a Eva. ¿Has visto lo bien que se llevan Alex y Sam?

—Si, Louis, estoy muy feliz de que mi Sam tenga un hermano mayor que lo ame tanto. Esos dos niños son inseparables y tan unidos como tu hermano y tú.

—Eva quiero decirte que eres una madre maravillosa y que la recuperación de Sam es en gran medida obra tuya y de este hombre, el buen Alek Kornilov, contestó Louis.

—Gracias Louis dijo el médico, solo cumplo con el mandato de la fe Judía y de mi profesión. La recuperación de Sam es la responsabilidad de todos nosotros, así como la de cuidar y proteger a todos los miembros de nuestra comunidad.

—Mira Louis, Raoul va a comenzar el Nirtzá.

Louis se unió a su hermano en el Nirtzá, la bendición formal de la noche y juntos proclamaron que todo lo que se había realizado en la festividad era del agrado de Dios.

—Te quiero hermano, dijo Louis abrazando a su hermano Raoul.

—Yo también, te amo a ti y a tus hijos, contestó emocionado Raoul que besó a su hermano en las mejillas y le dijo: "Leshaná Habá Yirushalayim"

—"El año próximo en Jerusalén" contestó Raoul.

Había terminado la Hagada y Louis buscó a Hilda. ¿Dónde estaba su mujer? Observó como toda la familia salía hacia la terraza y se iban acomodando en las mesitas que estaban dispuestas con bellos manteles de hilo y encaje de Bruselas para recibir a sus invitados. La luz de la luna llena entraba entre los arcos del jardín e iluminaba de manera natural la estancia, al fin pudo ver a Hilda absorta mirando hacia el cielo de Homestead. La mujer no se percataba de que las estrellas iluminaban su semblante y parecía una imagen surrealista por lo que todo el grupo la miraba embelesado.

—Ve hacia ella, dijo Samuel tomando a Louis por el brazo. No la dejes escapar, es una buena mujer y lleva en su vientre el futuro de una nación.

—¿Qué dices, Samuel?

—Bar Kojsbá, sobrino, él es el hijo de las estrellas. Louis caminó hacia Hilda y la tomó en sus brazos.

—Cariño, qué haces embelesada mirando las estrellas. Acércate a las estufas de la terraza para que no te resfríes.

—Lo vi. Dijo Hilda embelesada mirando hacia las estrellas.

—¿A quién viste, querida? Contestó Louis.

—Oí una voz en el templo que me dijo que cuidara al niño de Israel y salí a la terraza siguiendo esa voz. De repente, un halo de luz me iluminó y caí en un estado de confusión y alegría que no te puedo explicar.

—Querida, yo lo entiendo y tú debes saber que algo maravilloso ha pasado dentro de ti porque llevas en tu vientre el futuro de nuestra nación, dijo Louis

—¿Tú crees que el Señor me eligió para algo tan importante? ¿A mí que soy una mujer tan común y que no soy Judía de nacimiento?

357

Louis e Hilda estaban en medio de la congregación y tenían todas las miradas sobre ellos cuando Louis le dijo:

—Si querida. Tú eres la elegida, llevas en tu vientre a Bar Kojsbá el hijo de las estrellas.

—¡Bar Kojsbá, el hijo de las estrellas! Sí Louis, eso mismo me dijo el ángel: ¡Cuida al niño de Israel! ¡Cuida a Bar Kojsbá!

¡En el cielo se iluminó un lucero y dejó caer una lluvia de polvo de estrellas sobre los presentes! ¡De la luz salió un ángel del Señor y bendijo al niño que Hilda llevaba en su vientre! El peregrinaje de la familia Baumanis había terminado. El futuro de la familia Baumann comenzaba bajo un nombre que sería leyenda en su pueblo: Ariel Bar Kojsbá "el hijo de las estrellas".

Y los hijos de Israel fructificaron y se multiplicaron, y fueron aumentados y fortalecidos en extremo, y se llenó de ellos la tierra.

Entretanto, se levantó sobre Egipto un nuevo rey que no conocía a José y dijo a su pueblo: He aquí el pueblo de los hijos de Israel es mayor y más fuerte que nosotros. Ahora, pues, seamos sabios para con él para que no se multiplique y acontezca que, viniendo una guerra, él también se una a nuestros enemigos y pelee contra nosotros, y se vaya de la tierra.

Entonces pusieron sobre ellos comisarios de tributos que los molestasen con sus cargas y edificaron para Faraón las ciudades de almacenaje, Pitón y Remeses.

Pero cuánto más lo oprimían, tanto más se multiplicaban y crecían, de manera que los egipcios temían a los hijos de Israel.

Y los egipcios hicieron servir a los hijos de Israel con dureza y amargaron su vida con dura servidumbre, en hacer barro y ladrillo, y en toda labor de campo y en todo su servicio, al cual los obligaban con rigor. (Éxodo 2,3).

En aquellos tiempos sucedió que crecido ya Moisés, salió a sus hermanos, y los vio en sus duras tareas, y observó a un egipcio que golpeaba a uno de los hebreos, sus hermanos.

Entonces miró a todas partes, y viendo que no parecía nadie, mató al egipcio y lo escondió en la arena. Al día siguiente salió y vio a dos hebreos que reñían; entonces dijo al que maltrataba al otro: ¿Por qué golpeas a tu prójimo? Y él respondió: ¿Quién te ha puesto a ti por príncipe y juez sobre nosotros? ¿Piensas matarme como mataste al egipcio? Entonces Moisés tuvo miedo, y dijo: Esto ha sido descubierto. Oyendo Faraón acerca de este hecho, procuró matar a Moisés, pero Moisés huyó delante de Faraón, y habitó en la tierra de Madián.
Éxodo 2,3.

GALERÍA DE FOTOS

Familia de la autora cenando en el Tropicana. Cuba 1959.

Abuelos paternos. Cuba 1956

Gonzalo Iravedra, padre de la autora juntos en España, 1964.

Dedicación de Pío XII a Luis Iravedra. 1954. Roma.

Familia de la autora. Cena en el Tropicana. Cuba 1959.

Reunión familiar en Israel. 1950.

Abuelos maternos, Plàcido y María. Granada España. 1940.

Emilia Dago, tía de la autora. Cuba 1950.

Tia, Emilia Dago.

Prisioneros Playa Girón, Cuba.

Juicio de prisioneros cubanos arrestados en Playa Girón.

Gonzalo y Luisa, padres de la autora.

Gonzalo y Luis Iravedra, padre y abuelo de la autora. España 1964.

Prisioneros Playa Girón, Cuba

Gonzalo Iravedra y Luisa Dago padres de la autora. Cuba 1954.

Libro de Emilia Dago sobre su recorrido artístico en América desde 1950 hasta el presente.

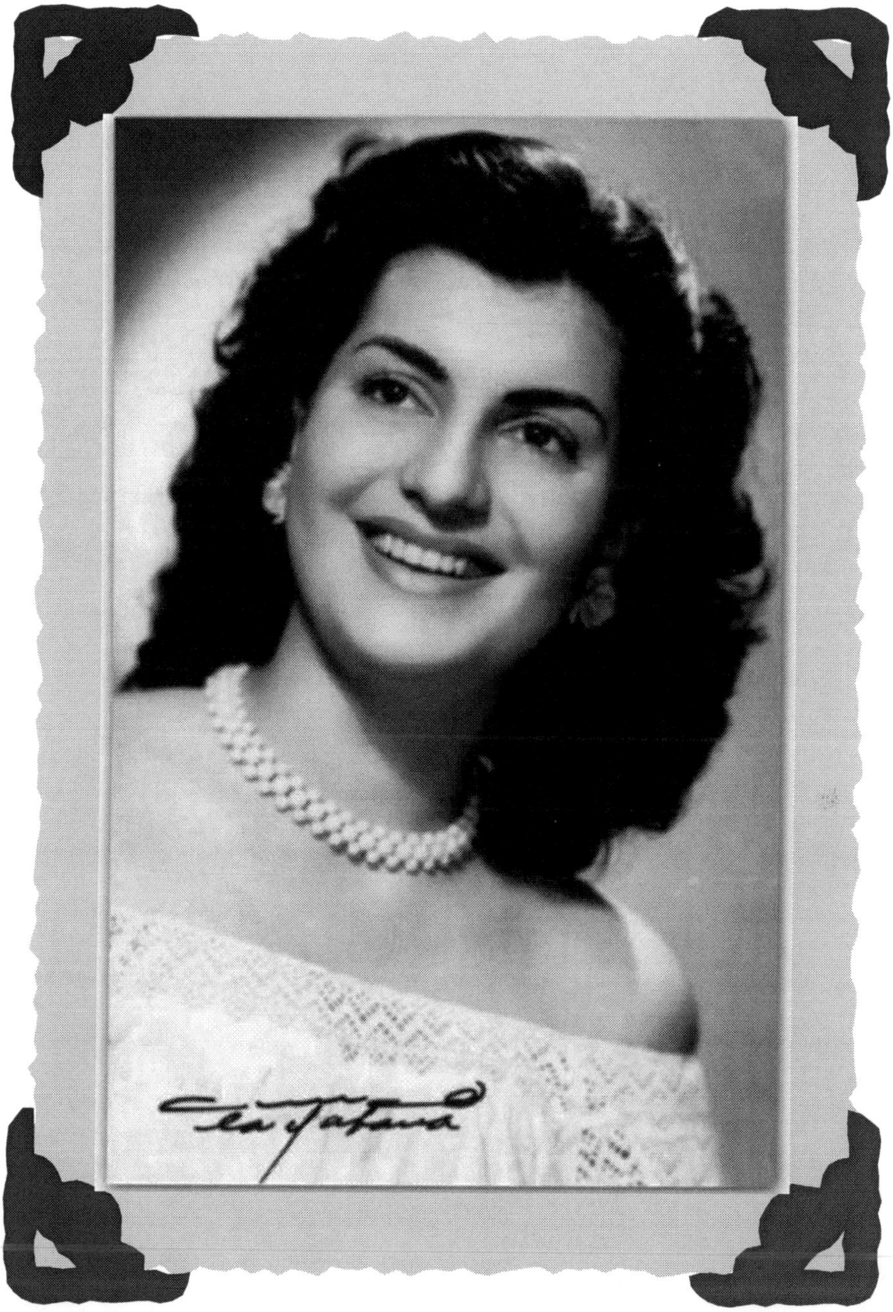

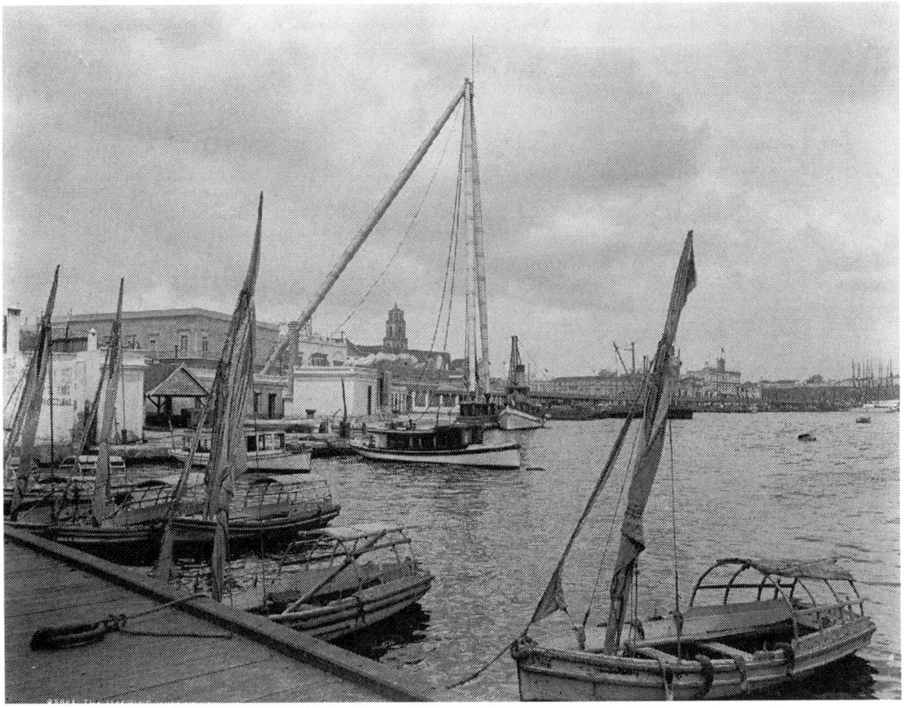

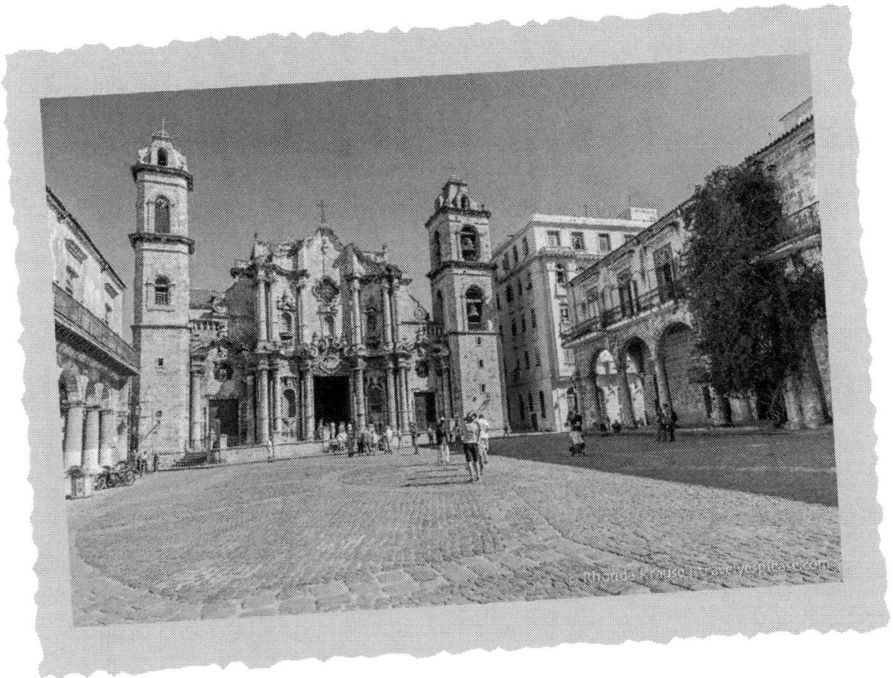

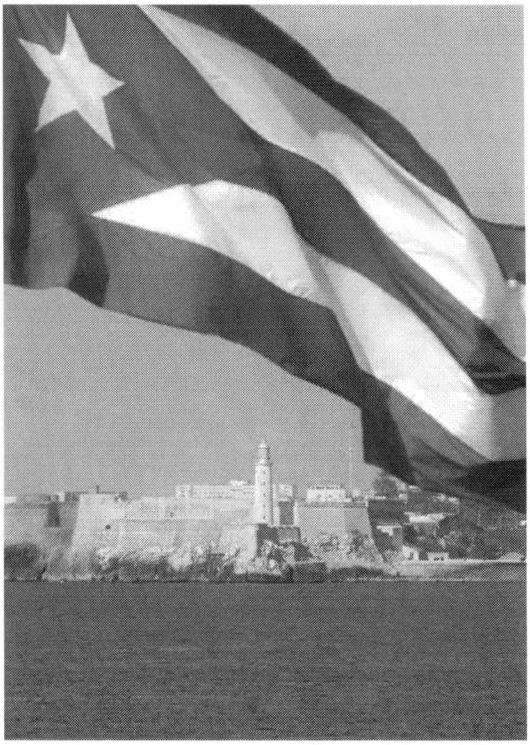

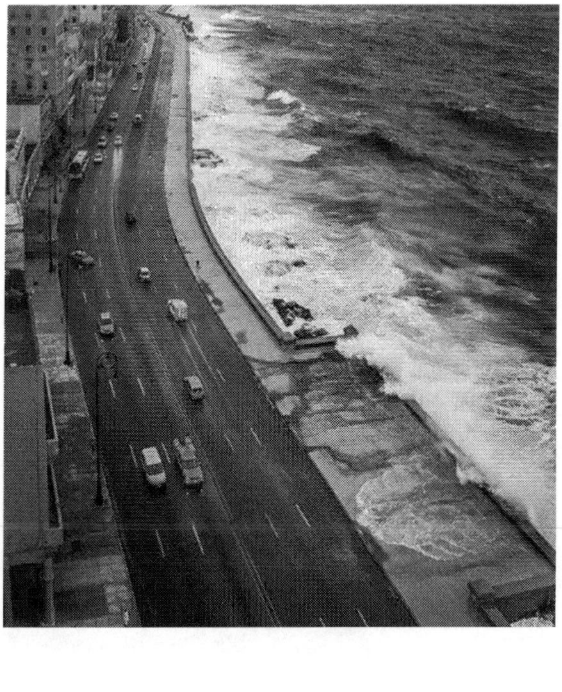

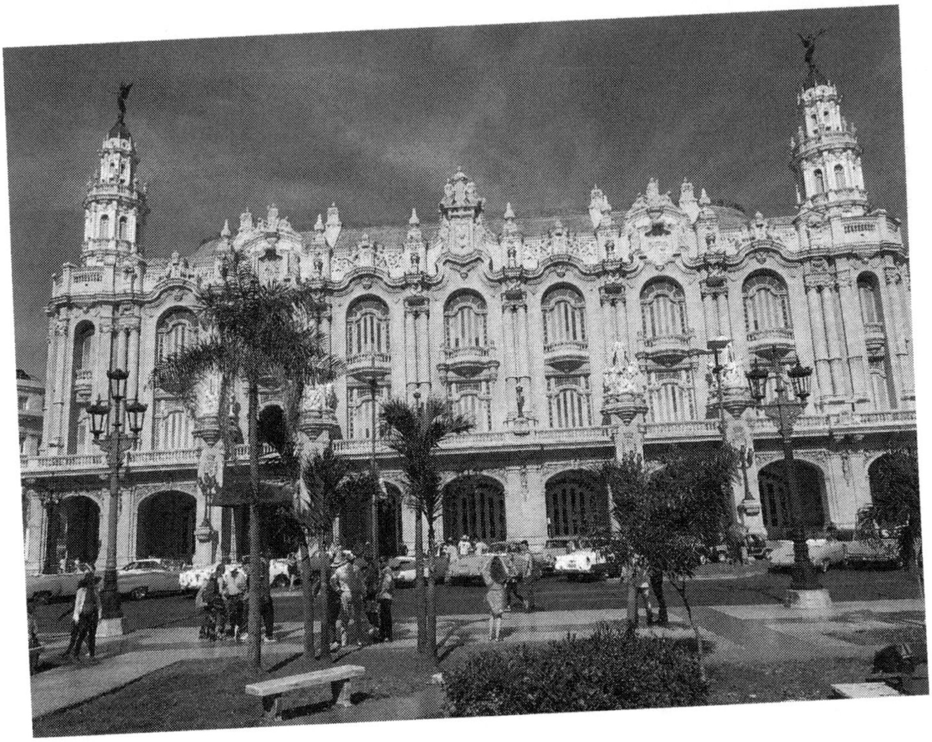

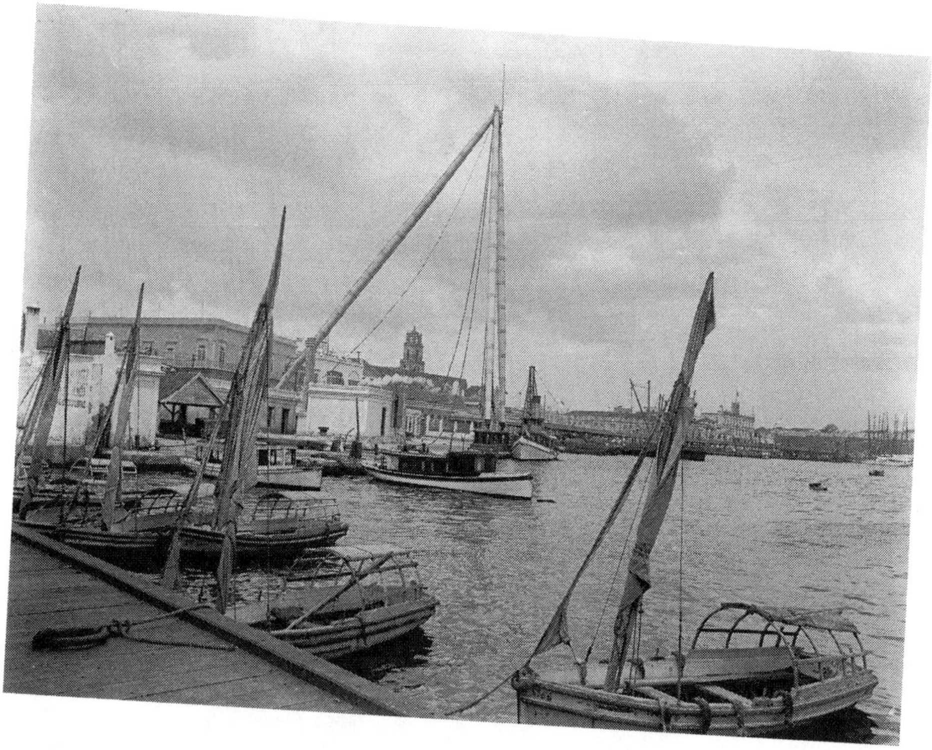

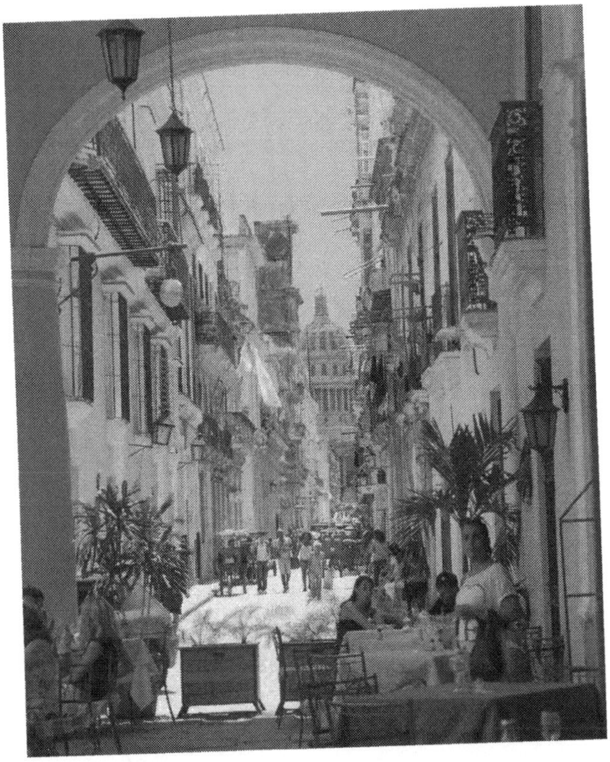

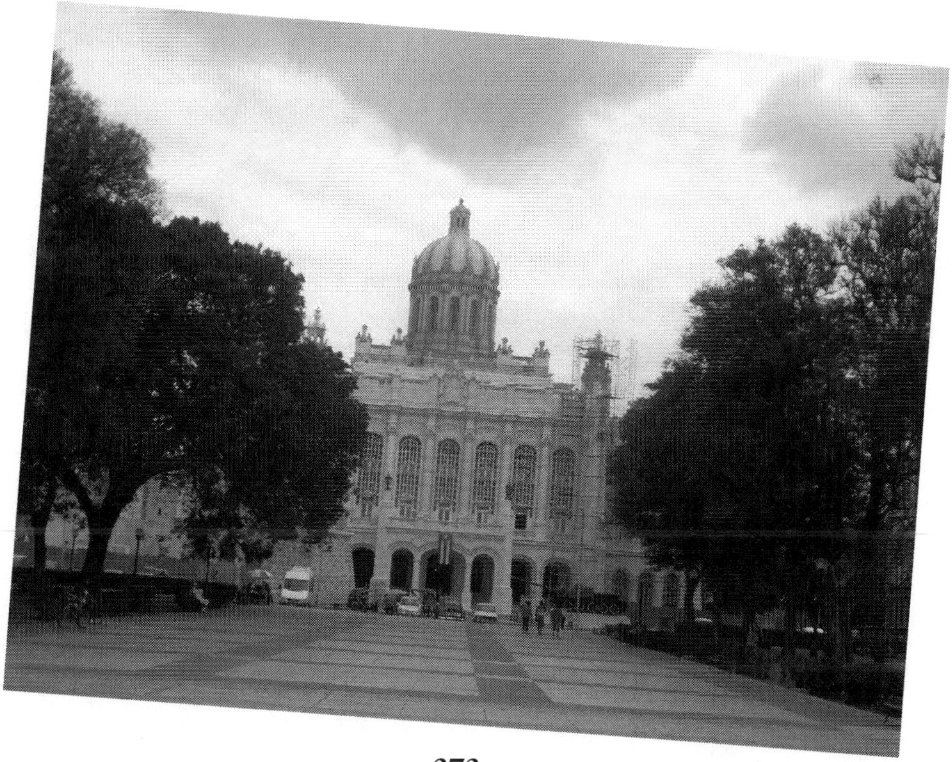

Made in the USA
Columbia, SC
10 July 2024